Eadwine's Canterbury Psalter.

Agents for the sale of the Early English Text Society's Publications.

DUBLIN: WILLIAM MᶜGEE, 18 Nassau Street.
EDINBURGH: T. G. STEVENSON, 22 South Frederick Street.
GLASGOW: OGLE & Co., 1 Royal Exchange Square.
BERLIN: ASHER & Co., Unter den Linden 20.
NEW YORK: C. SCRIBNER & Co., LEYPOLDT & HOLT.
PHILADELPHIA: J. B. LIPPINCOTT & Co.

Eadwine's Canterbury Psalter,

EDITED,

WITH INTRODUCTION AND NOTES,

FROM

THE MANUSCRIPT IN TRINITY COLLEGE, CAMBRIDGE,

BY

FRED HARSLEY, M.A.

Langton Fellow of The Owens College, Victoria University, Manchester.

PART II.

TEXT AND NOTES.

LONDON:

PUBLISHED FOR THE EARLY ENGLISH TEXT SOCIETY

BY N. TRÜBNER AND CO., 57 AND 59 LUDGATE HILL.

M DCCC LXXXIX.

OXFORD
UNIVERSITY PRESS

Great Clarendon Street, Oxford OX2 6DP
United Kingdom

Oxford University Press is a department of the University of Oxford.
It furthers the University's objective of excellence in research, scholarship,
and education by publishing worldwide. Oxford is a registered trade mark of
Oxford University Press in the UK and in certain other countries

© The Early English Text Society 1889

The moral rights of the authors have been asserted

Database right Oxford University Press (maker)

First Edition published in 1889

All rights reserved. No part of this publication may be reproduced,
stored in a retrieval system, or transmitted, in any form or by any means,
without the prior permission in writing of Oxford University Press,
or as expressly permitted by law, or under terms agreed with the appropriate
reprographics rights organization. Enquiries concerning reproduction
outside the scope of the above should be sent to the Rights Department,
Oxford University Press, at the address above

You must not circulate this book in any other form
and you must impose this same condition on any acquirer

Published in the United States of America by Oxford University Press
198 Madison Avenue, New York, NY 10016, United States of America

British Library Cataloguing in Publication Data
Data available

Library of Congress Cataloging in Publication Data
Data available

Original Series, 92

ISBN 978-0-85-991850-3

TEMPORARY NOTICE.

An edition of 'Eadwine's Canterbury Psalter' (the name by which the Manuscript is popularly called in Cambridge) was undertaken about eighteen years ago by Dr. W. Aldis Wright when Librarian of Trinity College; but, through pressure of other literary work and increasing College duties, he was obliged, after having copied the English gloss, to put the work on one side for an indefinite period. Calling upon him last summer, he kindly offered to give me his copy as soon as I found an opportunity of editing. For this copy, for the loan of necessary books, and for other help given during the progress of the work, I owe him my grateful acknowledgments.

Dr. Wright's copy was again carefully collated with the Manuscript and the Latin text added before going to press. The Manuscript was a second time gone through for the erasures, which caused considerable difficulty: and for the footnotes in which these are given (as for the text too, in its present form) I am alone responsible. Finally the proofsheets were collated with the Manuscript to avoid any misreadings which might have been left in the copy; but my stay in Cambridge being a limited one, I only found time to correct the English, the final revision of the Latin being generously undertaken by Mr. James G. Frazer, Fellow of the College. For this timely aid I take this opportunity of expressing my great obligations. Prof. A. S. Napier and Prof. T. Northcote Toller were also kind enough to look at certain peculiar forms which occur in the text, and to the Librarians of Trinity College, especially to Mr. White, thanks are due for the ready way in which they placed the Manuscript at my disposal.

But my warmest thanks must be given to Prof. Skeat for his friendly and frequent assistance. Whenever I was in a difficulty it was always taken to him, and from the kindly way in which he explained my difficulties by reference to similar difficulties he had met with in his own work, I was not only always put on the right track, but learnt much besides. At the moment of writing it is uncertain whether the 'Canticles' which are found at the end of the Manuscript will be ready for publication with the Psalter; but if not, they will be sent out a little later to be bound up with the present text.

I had intended writing a longer Preface with a full description of the Manuscript, etc., but finding all that would have to be repeated in my 'Introduction on the Lautlehre, Dialect, Date,' etc. (in preparation as Göttingen Inaugral Dissertation), it has, for the present, been left. The 'Introduction' will be published as Part I. With it too a full list of the Latin variants will be given.

F. HARSLEY.

BERLIN UNIVERSITY,
Christmas, 1888.

EADWINE'S CANTERBURY PSALTER.

1.

Æðí se were þe ne eode on ðere rede ł þæhte arleasre
1. *Beatus vir qui non abiit in consilio impiorum*
7 on þan wege of þan sunfullan ne stod 7 on þan setele
et in via peccatorum non stetit et in cathedra
of þan quulmere ne set ac on æ of þan lauorde wes
pestilentiae non sedit 2. *Sed in lege domini fuit*
willa his 7 on æ his sceal smægan ł þencean bi deige 7
voluntas eius et in lege eius meditabitur die ac
bi nihte 7 sceal beon al swea treow þet is geset
nocte 3. *Et erit tanquam lignum quod plantatum est*
bi ða rynas of þa wæteras þet his wæstm ł blæd
secus decursus aquarum Quod fructum suum
sceal giuan on his timan 7 his læf ne sceal tofallan 7
dabit in tempore suo et folium eius non decidet et
alle þa þing þa hit æure doth beoð sundfullede Na swa
omnia quaecunque fecerit prosperabuntur 4. *Non sic*
arleasa na swa ah swa þet dust þet se wind aworpet from of
impii non sic sed tanquam pulvis quem proicit ventus a
ansine eorþan Forðan ne arisaþ þa arlesan on dome
faciae terrae 5. *Ideo non resurgunt impii in iudicio*
ne þa firen- ł synfullan on geþeahte ł rede rihtwisra
neque peccatores in consilio iustorum
Forðan þe dryhten cneow weig þara soþfestra 7 siþfet
6. *Quoniam novit dominus viam iustorum et iter*
þara arleasra forwurþað
impiorum peribit

The verses in Ps. 1 numbered as in Stevenson: following Psalms as in the Vespasian Psalter.
1. 1. *-ede ł þæhte arleasre* add. by Corrector on er.   2. *æ* (1st) on er.   *his sceal* cov. by d. ink.   3. *rynas* cov. by d. ink.   *þa*, fin. let. er.   *wæstm ł* prob. add.   Er. bef. *his* (3rd).   4. *Na, a* from *e*.   Er. bef. *arleasa. arleasa*, fin. let. er.   *na* (2nd), *a* from *e. aworpet*, part. on er.   5. Er. aft. *arisaþ. ł syn* wr. over the line and prob. add.   *ł rede rihtwisra* add. on er.   6. Er. bef. *cneow. cneow* in d. ink prob. add.

B

2.

1. Forhwan grymmetedon þeode 7 folc smeagdon idelnesse
Quare fremuerunt gentes et populi meditati sunt inania
2. Et stoden eorðan cyningcs 7 ealdermen becomen tosomne
Astiterunt reges terrae et principes convenerunt in unum
ongean dryhten 7 ongean criste his we tosliten
adversus dominum et adversus christum eius 3. Dirumpamus
heora bendas 7 aweorpan we heora geoc from us Se þe
vincula eorum et proiciamus a nobis iugum ipsorum 4. Qui
eardeð on heofenum ispeð t hyscþ hio 7 drihten hyspeð t holeð
habitat in caelis irridebit eos et dominus subsannabit
hie þonne sprecð he to hem on his irre 7 on his wylme t
eos 5. Tunc loquetur ad eos in ira sua et in furore suo
hatheortnysse he gedrefð heo Ic soþlice heom geseted
conturbabit eos 6. Ego autem constitutus sum
cining from him ofor syon his haligne dune 7 lerende
rex ab eo super syon montem sanctum eius predicans
drihtnes bebod drihten cweð to me min sunu eart
preceptum domini 7. Dominus dixit ad me filius meus es
ðu ic todæg þe acende Gyrn to me 7 ic þe selle
tu ego hodie genui te 8. Postula a me et dabo tibi
þeode yrfeweardnesse þine 7 þine anwældnesse eorðan
gentes haereditatem tuam et possessionem tuam terminos
gemerum þu scęlt stieren hie on isenre gerde 7 swa swa
terrae 9. Reges eos in virga ferrea et tanquam
tygelwyrhten fet þu heo gebrecest 7 nu kyniges
vas figuli confringes eos 10. Et nunc reges
ongeteð bioð gelærede ealle þa þe gedemað on eorðan
intelligite erudimini omnes qui iudicatis terram
þeowiæþ drihten on ege 7 geblissieð him mid fyrhto
11. Servite domino in timore et exultate ei cum tremore
gegrypað lare oððe stiernesse þiles hwonne yrhe drihten
12. Apprehendite disciplinam ne quando irascatur dominus

---

2. 1. -don on er. Er. bef. and aft. folc. Er. aft. smeagdon; -don on er.
2. stoden in pl. of er. Er. aft. 7. From becomen to ongean (2nd) prob. add. in
pl. of er. dryhten, y wr. over the line. his prps. add. 3. we tosliten
add. on er. 4. ispeð t hyscþ add. hyspeð t add. 5. t hatheortnysse
add. by Cor. 8. Gyrn on er. Er. after þeode. anwældnesse smal. on er. Er.
of two lett. bef. eorðan. 9. þu scęlt stieren by Cor. on er. -wyrhten, h wr.
over the line. 10. nu, er. at end. 11. Er. aft. on. 12. Er. bef. lare.

PS. 4.]   EADWINE'S CANTERBURY PSALTER.   3

7 ge forwyrðen of geweyge rihtum   Mydþe þe onberneð
et   pereatis   de   via   iusta   13. Cum   exarserit
in scortnesse hys yrres eadige bioþ ealle þæ þe getreowiað on
in   brevi   ira   eius   beati   omnes   qui   confidunt   in
hine
eum

3.

drihten to hwi gemanifalde synt þa þe tregiað oððe swencað
2. Domine   quid   multiplicati   sunt   qui   tribulant
me manie on ariseð angean me   mánie cweðæt ł seggeð
me multi insurgunt adversum me   3. multi   dicunt
saule minre nis nan hæle hire on gode hire   þu soðlice
anime meae non est salus illi in deo eius   4. Tu autem
dryhten   min onfeng   ært 7 mine wuldor 7 mines hefdes up-
domine   susceptor meus   es   gloria mea   et   exaltans caput
hebbende   Mine stefne to drihten ic cige ł cleopede 7
meum   5. Voce mea ad dominum   clamavi   et
he me gehirde of his þære halgæn dune ł munte   Ic
exaudivit me de   monte sancto suo   6. Ego
slep 7 swefne ic onfeng 7 ic aras forðæn þe drihten me
dormivi et sompnum coepi et resurrexi quoniam dominus sus-
onfeng   Ne ondrede ic me þusend folces me ymbsellendræ
cepit me   7. Non   timebo   milia   populi circundantis me
ac arîs min drihten gedo me halne god min   Forðæn
exurge   domine   salvum me fac deus meus   8. Quoniam
þu ofsloge ł smite ealle wiðergiende me butan intyngan 7
tu   percussisti   omnes adversantes   michi   sine   causa
þæra synfulra tęð þu abrutedest   Drihtnes is hęlo
dentes   peccatorum   contrivisti   9. Domini est salus
7 ofer   þin folc   þin bletsung
et super populum tuum benedictio tua

4.

þanne ic gecigede ðe þu geherdest me god rihtwisnesse mi[n]re
2. Cum   invocarem te   exaudisti   me deus   iustitiae   meae

-wyrðen, ð wr. over the line.   3. 3. seggeð, first g prob. from some
other let.   hire on cov. by d. ink.   gode hire in p. ink.   5. MS. = cleowede.
6. slep, fin. let. (e?) er.   7. Er. aft. ac.   arîs, fin. let. er.   Two lett. er. aft.
halne.   8. Word (mines?) er. aft. ealle.   abrutedest on er.   9. Two lett.
er. after is.   4. 2. þe er. aft. ic. -de ðe add.?

4   EADWINE'S CANTERBURY PSALTER.   [PS. 5.

on geswince þu tobreddest me   Miltse   me drihtæn 7 gehire
in tribulatione   dilatasti   me Miserere michi domine et exaudi
  mine gebed   Monna bearna   hu lange swǽre ł heuie
orationem meam   3. *Filii hominum usque quo   graves*
of heorten to hwon lufiað ge idelnesse 7 secað leasungæ
corde   ut   quid   diligitis vanitatem et queritis mendacium
Witoð   peðte   drihten gemiclædæ   his hæligne   drihtæn
4. *Scitote quoniam magnificavit dominus sanctum suum dominus*
gehirde me þanne ic clypede to him   yrsyað 7 nellen
exaudivit me   dum clamarem   ad eum   5. *Irascimini et nolite*
ge sengien þa þe gecweðæþ on ewræn heortum 7 on ewrum
peccare   quae   dicitis   in   cordibus vestris et in cubilibus
bedcliofum wesæþ onbryrdað ł reowsiað   Onseagæð
vestris   compungimini   6. *Sacrificate*
þa onsegdnesse al geoffrieð offrunge of rihtwisnesse 7 gewenæþ on
sacrificium   iustitiae   et   sperate   in
drihten Monige cweðæþ hwilc ætæweð us gode   getacnod
domino Multi dicunt   quis ostendit nobis bona   7. *signatum*
is ófer   us   drihten þet lioht þinnes onwlitan   þu sealdest
est super nos   lumen   vultus   tui   domine   Dedisti
  blisse   on herte minre   of tide   hwætes wines 7 éles
laetitiam in corde meo   8. *a tempore frumenti vini et olei*
  his hy send gemanifæld   on sibbe   on þ̄ selfe
sui   multiplicati sunt   9. *In   pace   in   id ipsum*
ic slæpe   7   réste   forþon þu drihcten synderlice
obdormiam et requiescam   10. *quoniam tu domine singulariter*
on hyhte þu gesettest me
in   spe   constituisti   me

5.

  Mine   word   drihten   earum   ænfoh   ongiet   mine cli-
2. *Verba mea   auribus   percipe   domine intellige   clamorem*
punge mine   begym stefne gebedes mines kyning
meum   3. *intende   voci   orationis meae   rex*

3. From *hu* to -*nesse* on er.   Er. bef. 7.   Two lett. (ge?) er. bef. *secað*.
4. *peðte* on er.   *se* er bef. *drihten?   his, s* cov. by d. ink;   er. at end.   *hæligne*
cov. by d. ink ;   *i* wr. over the line ; let. er. betw. *g* and *n*.   *cly-* on er.   *him*
on er.   5. Er. bef. *yrsyað*.   *nellen ge* cov. by d. ink.   *onbryrdað ł reowsiað* by
Cor.   6. From -*dnesse* to *rihtwis-* on er. in p. ink.   Er. bef. *cweðæþ*.   *ætæweð us*
gode on. er.   7. *ófer*, false let. er. aft. *f*.   10. *drihcten*, *c* wr. over the line.
5. 2. *Mine*, *e* wr. over the line.   Er. bef. *ongiet*;   aft. it 'ł something' er.
mine (last) on er.   3. *begym stefne* on er.

PS. 5.] EADWINE'S CANTERBURY PSALTER. 5

min 7 min god ForÐæn drihten ic to þe gebidde
meus et deus meus **4.** *Quoniam ad te orabo domine*
on morgen 7 þu gehêrst stefne mine On mergen
mane et exaudies vocem meam **5.** *Mane*
ic þe etstande 7 ic gesyo forÐæn þu eart god na willende
astabo tibi et videbo quoniam non deus volens iniqui-
unrihtwisnesse Ne eardæþ neah þe awirged ne
tatem tu es **6.** *Non habitabit iuxta te malignus neque*
þurþwuniæþ unsoÐfestæn beforan þine eagum þu
permanebunt iniusti ante oculos tuos **7.**
hatest ł feoÐest drihten ealle þa þe wurceþ unrihtwisnesse
Odisti domine omnes qui operantur iniquitatem
þu forspillest þa þe sprecaÐ leasunge wêre blode
perdes eos qui loquuntur mendacium Virum sanguinum
7 fakenfulne amanseÐ ł onscuniaÐ drihten Ic soÐlice on
et dolosum abhominabitur dominus **8.** *Ego autem in*
manege þinre mildheortnesse ic ingonge drihten on þin
multitudine misericordiae tuae introibo domine in domum
hus ic gebidde to þinum halgan temple on þinum ege
tuam adorabo ad templum sanctum tuum in timore tuo
geled me drihten on þine rihtwisnesse fore minum fiondum
9. *Deduc me domine in tua iustitia propter inimicos meos*
gerece on þinre gesihÐæ mine weg ForÐæn nis on
dirige in conspectu tuo viam meam **10.** *Quoniam non est in*
hiræ muÐe sodfestnesse 7 heortæ here ydel is berien
ore eorum veritas cor eorum vanum est **11.** *Sepulchrum*
openende is heore hrache hioræ tungæn facenfulliche deoden
patens est guttur eorum linguis suis dolose agebant
deme hi god Fræm hieræ geþohtum hie afeallæd efter
iudica illos deus Decidant a cogitatibus suis secundum
felefaldnesse arleasnesse heora adref hy forÐæn hy gremeden
multitudinem impietatum eorum expelle eos quoniam exacerbaverunt
þe drihten 7 geblissigen ælle þa þe hyhteÐ on þe on
te domine **12.** *Et laetentur omnes qui sperant in te in*

---

4. Er. bef. *drihten*. *on morgen* on er. 5. *etstande, a* from some other
let. Er. aft. *god. na, a* from *o*. 6. Er. aft. *þe. -ed* on er. Er. aft.
purþwuniæþ. 7. *hatest ł feoðest* on er. *ł onscuniað* add. by Cor. *drihten*,
-ten in pl. of er. 8. *in-* on er.? Er. bef. *gebidde*; also fin. let. er.
9. *-wisnesse* on er.; *n* from *r*? 10. *heortæ*, fin. let. (n?) er. 11. *berien*
openende in d. ink. on er. 7 er. aft. *is*. *hi* one (or two?) fin. lett. er. From
efter to *hy* (1st) in pl. of er. 12. *geblissigen* on er.

ecnesse hyo fagniæð 7 þu on him eærdæst 7 hie wuldrieð on
aeternum exultabunt et inhabitabis in eis et gloriabuntur in
ðe ealle þæ þe lufiæd þine nomæn   Forðæn þu
te omnes qui diligunt nomen tuum   13. *Quoniam tu*
drihten bletsæst þane rihtwisne drihten swa of scylde godes
domine benedices   iustum   domine   ut   scuto   bone
willen þines þu us gehelmedest
voluntatis tuae   coronasti nos

6.

drihten on þinum yrre ne þrægæ þu me   ne   on þinum
2. *Domine ne in ira tua   arguas   me neque in furore*
wylme ne gegrip þu me   Miltsa   me drihten forðæn
tuo   corripias   me   3. *Miserere michi domine quoniam*
ic com seac ł untrum gehele me drihten forðæn þe gedrefede beoð
infirmus   sum   sana   me domine quoniam   conturbata
ł sinden eallæ mine bæn   7 min   sæwle is swiðe gedrefed
sunt omnia ossa mea   4. *et anima mea   turbata est valde*
7 þu drihten hu lange   beo gecyrred 7 genere mine
Et tu domine usque quo   5. *convertere et eripe animam*
sæwle halne me do   fore þinre mildheortnesse   Forðæn þe
meam salvum me fac propter misericordiam tuam   6. *Quoniam*
ne is on deaþe hwylc þe þines gemundige syo on   helle
non est in morte   qui   memor sit tui   in inferno
soðlice hwylc ondetcð þe   Ic swanc on minre geomrunge
autem quis confitebitur tibi   7. *Laboravi in   gemitu meo*
ic wessce þurh sindræ niehtæ min bed mid tearum strelum
lavabo per singulas noctes lectum meum lacrimis stratum
minum ic wete   gedrefed is min eægæ for þinum yrrum
meum rigabo   8. *Turbatus est   prae ira oculus meus*
7 ic eælddige betweoh eallum minum fiondum   gewitæð
inveteravi   inter   omnes inimicos meos   9. *Discedite*
from me erelle þæ þe   unriht   wirchað forþæn þe drihten
a   me omnes   qui   operamini iniquitatem quoniam exaudivit

fagniæð on. er. *wuldrieð* on er. *ealle* on er. 13. *bletsæst*, fin. let. prob.
er. *þane rihtwisne* on er. From *swa* to *willen* in pl. of er. Er aft. *pines.*
Er. betw. *ge-* and *-helm-.* 6. 2. *prægæ, g* from some other let. 3. *ł untrum*
add. ? *beoð ł* add. ? *sinden, d* from *ł.* 4. *min,* a fin. let. er. *-fed,* a fin.
let. er.? *hu lange,* prob. by Cor. part. on er. 5. *beo gecyrred,* prob. by
Cor. part. on er. *halne me do,* prob. by Cor. on er. 6. *gemundige syo* in
p. ink. 7. *-anc* on er. *strelum minum* in p. ink. 8. *min,* fin. c er. *eægæ,*
fin. *n* er.

PS. 7.]   EADWINE'S CANTERBURY PSALTER.   7

geherde stæfne weopes mines   gehyrde   drihten
dominus   vocem   fletus   mei   10. *exaudivit dominus*
    bene   mine 7 drihten   bene   mine   underfeng
deprecationem   meam   dominus   orationem   meam   assumpsit
    gescæmie   7 sien gedrefede eælle   mine fiend syon gecerred
11. *Erubescant et conturbentur omnes inimici mei avertantur*
on hinder 7   scamie   swiðe   hredlice
retrorsum et erubescant valde   velociter

                    ,7.
    Min drihten god on þe ic gehopede gefriolsa i alys me 7
 2. *Domine deus meus   in te   speravi   libera   me*
genere me from   eællum   ehtendum   me 7 genere   me
        ab   omnibus   persequentibus me et eripe   me
    þyles hwonne gegripæð swæ sc leo mine saule þanne
 3. *Ne quando   rapiat   ut   leo   animam meam dum*
nis se þe alise ne þe hælne gedo   Min drihten god
non est qui redimat neque qui salvum faciat   4. *Domine deus meus*
gif ic þis dyde 7 gif is unryhtwisnesse on   handen mine
si feci istud   si   est   iniquitas   in manibus meis
  Gif ic ageald geldendum   me yfela ic ahreose be gewyrhtum
 5. *Si   reddidi   retribuentibus michi mala decidam   merito*
fram fiondum minum on idel   Fulfylgæt   fynd
ab inimicis   meis   inanis   6. *Persequatur inimicus*
minre saule   7   gegripæ   hie 7 fortredeæþ min   lif
animam meam et comprehendat eam et conculcet   in   terra
on eorðæn 7 min wuldor on dúste gelede he   Aris
vitam meam et gloriam meam in pulverem deducat   7. *Exurge*
drihten on erra þinum 7 upaheue on ende   fyonde   þinre
domine in ira   tua   et exaltare in finibus inimicorum tuorum
  Aris   drihten god   min   on   bebode   þet þu bebude
Exurge domine   deus   meus   in   precepto   quod mandasti
     7 gesomnunge i motstowe þinra folcæ ymbselleð þe 7   for
 8. *et   synagoga   populorum circumdabit te Et propter*

9. -*erde* on er. *weopes mines, es* in both cases add. by Cor., the fore-parts
of the words being in p. ink.   10. *gehyrde* on er. in d. ink. From *drihten*
to *underfeng* in another hand in p. ink.   11. From *syon* to *hinder* prob.
by Cor. in pl. of er.   7. 2. -*hopede* on er. prob. by Cor.   *t alys* wr. over the
line by Cor.?   3. *hwonne* on er.   *þanne* on er.   *se þe* part. on er.   *ne* on er.
hælne, ne prob. on er.   4. *þis, i* on er. of another let.   5. -*wyrht-* r from *w*.
6. *Fulfylgæt* on er.   Er. aft. *fynd*.   *hie* er. aft. 7 (1st).   -*pæ*, fin. let. (þ?) er.
7 er. bef. *hie*.   *for-* prps. pref. by Cor.   Er. bef. *min* (2nd).   *on* on er.   Er.
aft. *dúste*.   *gelede he* on er.   7. Er. bef. *drihten* (2nd).   *min.* on er.
8. *gesomnunge t motstowe* on er.   *ymbselleð* in pl. of er.   Er. aft. *for*.

þas on heachnesse agen gechere drichten dem
hanc in altum regredere **9.** *domine iudica*
folcæ dem me drihten Efter minre soðfestnesse 7
populos iudica me domine Secundum iustitiam meam et
efter minræ unscyldinesse handum minum ofer me
secundum innocentiam manuum mearum super me
bio geendod þæ heteniþæs þæræ fyranfulræ 7 gereche
10. *Consummetur nequitia peccatorum et dirige*
þane rihtwisen smægende heortan 7 lendan 𝑖 lundlagan god
iustum scrutans corda et renes deus
rihtwis fultum min fram drihtne se hale
Iustum **11.** *adiutorium meum a domino qui salvos*
deþ rihtwise heorten god deme rihtwis strang 7
facit rectos corde **12.** *Deus iudex iustus fortis et*
langmodi cwistþu eorseð þurh sendrie dages bute
longanimis nunquid irascetur per singulos dies **13.** *nisi*
ge gecherren sweord his ascæcð 𝑖 cwahte bogen
convertamini gladium suum vibrabit Arcum
his he aþenede 7 gýrede hine 7 on him gérede fatu
suum tetendit et paravit illum **14.** *et in ipso paravit vasa*
deaþes flana his byrnendum gefremede eællengæ
mortis sagittas suas ardentibus effecit **15.** *Ecce*
he gcæcnað unryhtwisnesse he onfeng sar 7 he cende
parturit iniustitiam concepit dolorem et peperiit
unrihcwisnesse Seað openede 7 adealf hine 7 onhreas
iniquitatem **16.** *Lacum aperuit et effodit eum et incidit*
on seað þone he wrohte bið gecyrred sar his on
in foveam quam fecit **17.** *Convertetur dolor eius in*
heauode his 7 on hnolle his unrihtwisnesse his astah
capite eius et in verticem eius iniquitas eius descendit
ic andette drihtene efter his rihtwisnesse 7 ic singe
18. *Confitebor domino secundum iustitiam eius et psallam*
drihtnes namen þæs hihstæn.
nomini domini altissimi

---

9. *dem*, fin. let. er.   Er. bef. and aft. *folcæ*. *dem*, fin. let. er. *unscyldinesse* part. on er.   10. *bio*, fin. let. er. *-dod*, fin. let. er. *7 lendan t lundlagan* by Cor. in pl. of er. *-wis*, fin. *ne* er.   12. *cwistþu* on er.   Er. aft. *eorseð*; the scribe was prob. going to write '𝑖 something.'   13. *-æcð t* on er. *gýr-, ǧ* on er.   15. *unryht-, y* from *i*; *t* from *c* by p. ink.   17. *unriht-, t* from *c* by p. ink.   18. *-eite*, second *t* wr. over the line. *-tene*, fin. let. (s?) er. *rihtwisnesse* on er.   *þæs, s* on er. of *m* ?

8.

Drichten god ure hu wunderlich is name þin on
2. *Domine dominus noster quam admirabile est nomen tuum in*
ealre eorðen Forþon upahauen is gemyclung ł merð þin
universa terra Quoniam elevata est magnificentia tua
ofer heofones of muðe childra 7 sukendre þu fulfremedest
super caelos 3. *ex ore infantium et lactentium perfecisti*
lof Fore fiondum þinum þet þu towerpe feond 7
laudem Propter inimicos tuos ut destruas inimicum et
gescyldend Forþan ic geseo heofenes weorc fingre þinra
defensorem 4. *Quoniam videbo caelos opera digitorum tuorum*
monan 7 steorren þa þu gestaðelodest hwet is
lunam et stellas quas tu fundasti 5. *Quid est*
se mæn ꝥ gemendig ert his oþþe monnes sunu forðæn ꝥ
homo quod memor es eius aut filius hominis quoniam
þu neosast hine þu wanedest hine litle læs from eanglan
visitas eum 6. *Minuisti eum paulo minus ab angelis*
of wuldor 7 arweorðunge þu gehelmedest hine 7 gesettes
gloria et honore coronasti eum 7. *et constituisti*
hine ofer wiorc handæ þinræ Eælle þing þu underþiedest
eum super opera manuum tuarum 8. *Omnia subiecisti*
under fotum his sceap 7 oxæn eællæ 7 ufonon ꝥ neat
sub pedibus eius oves et boves universa insuper et pecora
feldes heofæne fuglæs 7 sefysces þa þurchgangeð
campi 9. *Volucres caeli et pisces maris qui perambulant*
stiga sæs Drichten godd ure hu wundorlic
semitas maris 10. *Domine dominus noster quam admirabile*
is þin nomæ on eælre eorðæn
est nomen tuum in universa terra

9.

Ic ondette þe drihten on eællre minre heortæn ic cyþe ł secge
2. *Confitebor tibi domine in toto corde meo narrabo*

8. 2. *-myc-*, orig. *-muc-*. 5. *-mendig*, *e* from *i* by p. ink. *ert his* in p. ink.
Er. aft. *þu. neosast* in p. ink on er. 6. *þu wanedest hine* in p. ink on er.;
hine cov. by d. ink. *litle* cov. by d. ink on er. *læs* on er. by Cor. *eanglan*
cov. by d. ink on er. *-helmedest* on er.; *hine* from *him*. 7. 7 er. before
hine; *e* on er. Er. bef. *ofer*. MS. = *þinræ handæ*, but marked for tranpos.
8. *þing* in p. ink on er. Er. bef. *fotum*. 7 er. bef. *eællæ*. 7 *ufonon* ꝥ in p.
ink. 9. *heofæne*, final *e* prob. add. by Cor. Er. bef. *þa*. From *þa* to *sæs* in
p. ink in pl. of er. 10. *Drichten godd ure* in p. ink on er. 9. 2. Er. aft. *Ic*.

10   EADWINE'S CANTERBURY PSALTER.   [PS. 9.

eælle wundre þine   Ic blissige 7 ic gefagenie on þe 7 singe
omnia mirabilia tua   **3.** *Laetabor et exultabo in te et psallam*
þinum þæm hihstæn namæn   On gecyrringe mine fiend
nomini tuo altissime   **4.** *In convertendo inimicum meum*
on beclincg ł hinder hy geuntrumiað 7 forweorþeð from
retrorsum   infirmabuntur et perient   a
þinre onsine ł sihthe   Forðæn þe þu geworhtes minne
facie tua   **5.** *Quoniam fecisti iudicium*
dom 7 minne intingæn þu sits ouer hcæhsetle ł primsetle
meum et causam meam sedes super   thronum
þu þe demest euennesse ł enlicnesse   þu ðreadest ł ciddest
qui iudicas aequitatem   **6.** *Increpasti*
þiode 7 forwarð se arlease 7 hioræ nomæn þu adilgodes on
gentes et periit impius   nomen eorum delesti   in
ecnesse 7 on worold worulde   fiend getyorodon
aeternum et in seculum seculi   **7.** *Inimici defecerunt*
of sweorde on ende 7 hiræ ceæstræ þu towurpe ł bræce
framea in finem et civitates eorum   destruxisti
hieræ gemind forweorþ mid hlydne   7 drihten on
Periit memoria eorum cum sonitu   **8.** *et dominus in*
æcnesse þurhwuneð he geærwæde on þæm dome his setle
aeternum permanet   Paravit in iudicio sedem suam
7 he demeð   eorðæn ymbhwyrft   on efennysse
9. *et ipse iudicabit   orbem terrae   in aequitate*
he demeð folc mid ryhtwisnesse   7 geworðen is
Iudicabit populos cum iustitia   **10.** *et factus est*
drihten scyld ł rotsung ł frofer þearfana fultumend on
dominus   refugium   pauperum Adiutor in
gehyþelicnessum ł on gerecvm 7   on eærfoðnesse ł swince
opportunitatibus   in   tribulatione

Er. bef. *wundre.* Er. bef. *þine*, wh. is on er. 3. *-sige* on er.; *g* from *e.*
ic gefagenie on er. *ic* er. aft. 7. 4. *On ge-* in p. ink in pl. of er.; *-inge* in
p. ink on er. *geuntrumiað 7 forweorþeð* in p. ink. *ł sihthe* add.? in p. ink.
5. *ouer* in p. ink prob. on er. *ł primsetle* add. on the marg. in p. ink. *-est, t* in
p. ink on er. *euennesse* in p. ink. 6. From *ðreadest* to *arlease* in p. ink in
pl. of er. 7. Er. bef. *fiend.* From *getyorodon* to *on* in p. ink on er. *hiræ*
part. on er. *ł bræce* add. in p. ink; the *a* of the *æ* from *e*. *mid hlydne* in p. ink.
8. From 7 to *þurhwuneð* in p. ink. in pl. of er. *-de* add. in p. ink. 9. *he, e*
from *i*. *ymbhwyrft*, let. (e?) er. aft. *b*; two fin. lett. (es?) er. *on efennysse*
in p. ink under an er. From *demeð* to *ryhtwisnesse* in p. ink in pl. of er.
10. From *geworðen* to *þearfana* in p. ink in pl. of er; *ł rotsung* wr. over the
line. 7 er. bef. *ful-*. *ł on gerecvm* add. by Cor. *ł swince* in p. ink prob. add.

7 wenen ł hyhten on þe ealle þa þe cuðen ł cniewen
11. *et sperent in te omnes qui noverunt*
þinne nomæn Forðæn ne forletst þu secende þe drihten
nomen tuum Quoniam non derelinques querentes te domine
singæþ drihtne ðe eærdæþ on syon ł on besceawodnesse
12. *psallite domino qui habitat in syon*
Secgæþ ł bodieð betweoxe þyode wundora his forðæn
Annuntiate inter gentes mirabilia eius 13. *quoniam*
secende hieræ blod he is gemyndi 7 nis ofergitende
requirens sanguinem eorum memoratus est et non est oblitus
þeærfne gebede geMiltse me drihten 7 gesioh
orationem pauperum 14. *Miserere michi domine et vide*
eædmodnesse mine fram fyondum minum þu þe ahefst
humilitatem meam de inimicis meis 15. *qui exaltas*
me of gatum deofles ł deoðes ꝥ ic bodige ælle lofe
me de portis mortis ut annuntiem omnes laudationes
þine on gatum dohter syon Ic blissige ł winsumie on þinre
tuas in portis filiae syon 16. *Exultabo in salutari*
helo onfestnode sint þiodæ on forwyrde þæ hie geworhten on
tuo infixae sunt gentes in interitu quem fecerunt in
gegrinum þissum þæ hie digledon gegripen is hieræ
laqueo isto quem occultaverunt comprehensus est pes
fot drihtnes domes bið oncneæwen on worcum
eorum 17. *Cognoscitur dominus iudicia faciens in operibus*
hiere hændæ gegripen is se synfullæ gewirfede ł
manuum suarum comprehensus est peccator 18. *Conver-*
gecherred bioð þæ senfullan into helle eælle ðioda
tantur peccatores in infernum omnes gentes
þæ bioþ ofergitende drihten Forðæn na on ende
quae obliviscuntur dominum 19. *Quoniam non in finem*
ofergetelnis þærfena geþild þeærfæna ne forwyrð on ende
oblivio erit pauperum patientia pauperum non peribit in finem

---

11. From *wenen* to *cniewen* in p. ink in pl. of er. Er. (þe?) aft. *Forðæn*,
From *forletst* to *drihten* in p. ink in pl. of er. 12. *ðe* on er. *ł bodieð*
betweoxe þyode in p. ink in pl. of er. *wundora*, *o* dotted. 13. Er. bef. *sec-*.
-fne, fin. let. (s?) er. *-ede*, fin. let. er. 14. Word (mine?) er. aft. *-nesse*. *mine*
fram on er. *minum* on er. 15. Er. bef. *ahefst*. From *ahefst* to *deoðes* prob. in
pl. of er. 16. *-wyrde*, *d* from *ð*. Er. aft. *hie* (2nd). *digledon* on er. 7 er. bef.
gegripen. Er. bef. *is*. 17. *on worcum* in p. ink on er. Er. bef. *gegripen*.
Er. (his?) bef. *is*. *se synfullæ* on er. 18. *sen-*, *s* from some other let. on er.
Let. er. immed. aft. *into*. 19. *na* on er. *ofergetelnis þærfena gepild* on er.

12   EADWINE'S CANTERBURY PSALTER.   [PS. 9.

Aris   drihten   ne   swiþie í framie   mon   beoð gedemed
20. *Exurge   domine   non   prevaleat   homo   iudicentur*
þiode on þinre gesihþe   Gesete þu drihten æs lædend
gentes in   conspectu tuo   21. *Constitue domine legislatorem*
ofer   hie   þet   þiodæ   wytæn   þeð   hyo   men   sint
super   eos   ut   sciant   gentes   quoniam   homines   sunt
    To hwæn drihten gewito þu fyor þu forsyhst ob hiræ
22. *Ut quid domine   recessisti   longe   despicis   in*
gehyþnesse í on gerecvm on eærfodnesse   þonne ofermodgeð
opportunitatibus   in tribulatione   23. Dum   superbit
se arlease   bioð onæled   þarfa   hy biþ gegrypæne   on
impius   incenditur   pauper   comprehenduntur   in
hiræ geþohtum   þam ðe hy þohton   Forðæn bið gehered
cogitationibus suis quas   cogitant   24. Quoniam   laudatur
se synfulle on gewilnunge   his sæule   7   se þe unrihte deð
peccator   in   desideriis   animae suae ut   qui   iniqua   gerit
he byð gebletsod   gremedæ drihcten se synfullæ   efter
benedicetur   25. Irritavit dominum   peccator   secundum
micelnesse í mænigfeldnisse   his yrres ne onsecð   Ne
multitudinem   irae   suae non inquiret   26. Non
is god on gesihðe   his his wégæs bioð besmitene on eghwylce
est deus in conspectu eius   polluuntur viae eius   in   omni
tyde   bioð afyrred   domæs   þine   of ansyne his ælre
tempore   Auferuntur   iudicia   tua   a   facie   eius omnium
feonde   his   he wælt   he cwæð sodliche on
inimicorum suorum dominabitur   27. Dixit   enim   in
heorten his ic ne beom astired on gecynde into gecyonde
corde   suo   non movebor   de generatione in   generatione
buton yfele   þæs muð of wyrgnisse 7 biternesse   full
sine malo   28. Cuius os   maledictione et amaritudine plenum
is 7 of facne Vnder tungen   his geswinc 7   sar   he siteð
est et dolo   Sub   lingua   eius   labor et dolor   29. sedet

20. *Aris*, fin. let. er.   Er. (se?) bef. *mon*.   *beoð gedemed þiode* on er. prob.
by Cor.   21. Er. aft. *drihten*.   *æs lædend* prob. by Cor. in pl. of er.   *þeð
hyo* prob. by Cor. on er.   22. *gewito*, fin. let. (n?) er.   Er. betw. *þu* and
fyor.   *·yhst* on er.   *t on gerecvm* add. by Cor.   23. From *þonne* to *hy*
(1st) on er. prob. by the p. hand.   *þam ðe hy* in pl. of er.   24. Er. bef.
gewil-.   Er. bef. *his* ; *s* from *r* and fin. let. er.   From *se þe* to end of v. in pl.
of er.   25. *gremedæ drihcten* on er.   *synfullæ*, *n* on er. and fin. let. er.
Er. aft. *efter*.   *onsecð*, *on-* on er. and fin. let. er.   26. Er. aft. *is*.   *on* on er.
Er. betw. *his* and *his*.   *-oð* (2nd) on er.   From *þine* to *his* (1st) on er.
27. *beom*, *o* wr. over the line.   *gecynde* ; *gecyonde*, *y* prob. on er. in both cases.
28. *wyrg-*, *g* prob. from some other let.

PS. 9.] EADWINE'S CANTERBURY PSALTER. 13

on searwum   mid   welegum   on digelnesse þeð he ofslea
in insidiis   cum   divitibus   in occultis   ut   interficiat
unscyldigne   Eagan his   on þærfen   beseoð he syrwð
innocentem   30. Oculi eius in pauperem respiciunt insidiatur
on digelnisse   swa swa leo on incleofe his   he syrwð þ
in occulto   sicut   leo   in cubili   suo   Insidiatur ut
he grīpe ðearfen gegripen þearfen þanne he hine fram atyht hine
rapiat pauperem rapere   pauperem dum   attrahit   eum
on grene   his   genyþrað hine he onheldeð hine 7 gehreoseð
31. in laqueo suo humiliabit eum inclinabit se   et   cadet
þonne he wealdeð   þam ðearfen   he cwæð soðlice on
dum   dominabitur   pauperi   32. Dixit   enim   in
heorten his ofergeten is   god he acyrde ansyne hise þiles
corde   suo oblitus est deus   avertit   faciem suam   ne
he geseo   oðð   on   ende   Aris drihten god min 7
videat   usque   in finem   33. Exurge domine deus meus et
sy upahauen   hand   þin ne ofergit þu   þærfene on ende
exaltetur   manus   tua ne obliviscaris   pauperum in finem
     Fore hwet bismrade se arlease drihtne cweð soðlice on
34. Propter quid irritavit impius dominum dixit enim   in
his heortæn   ne secð ł myngeð god   þu gesyhst   þeð
corde suo   non   requiret   deus   35. Vides   quoniam
þu geswinc 7   sar besceawest þ ðu selle hy on handum
tu laborem et dolorem consideras ut tradas eos in manibus
þinum   þe   soðlice læfed   is þearfene steopcilde þu bist
tuis   tibi   enim   derelictus est   pauper pupillo   tu eris
fultumiende   þu forbrytest   þes firenfullæs eærm 7
adiutor   36. Conteris   brachium peccatoris   et
awyrgedes bið soht   scild   his   ne onfunden bioð
maligni requiretur delictum eius nec   invenietur   37.
drihten rixæþ   on ęcnesse   7 on worldæ worlde þiodæ
Regnabit dominus in aeternum et in seculum seculi perib-
forweorðæþ   of his eorþæn   Gewillnung ł gyrnigge
itis gentes de terra eius   38.   Desiderium

29. mid, d prob. from ð.   30. Er. bef. ðearfen.   32. an-, a prob. from o.
34. se arlease on er. -tne, t wr. over the line. secð, ð from e? 35. From
gesyhst to besceawest in pl. of er. From þ to steopcilde prob. in pl. of er.
-cilde, orig. = -cildum ?   36. þu forbrytest prps. on er. awyrgedes, y from i ;
-des on er. From bið to end of v. in pl. of er.   37. worlde add. by Cor.?
38. ł gyrnigge add. ?

14   EADWINE'S CANTERBURY PSALTER.   [PS. 10.

þeærfenæ   gyehirde   drihten   gewilnunge ł gyrnenga   heortan
pauperum   exaudivit   dominus   desideria   cordis

heore   gehirde   þin   eæræ   To demene   steopcilde 7
eorum   exaudivit   auris tua   39.   Iudicare   pupillo   et

eadmodum   ꝥte   na   geteohige ł togesette ofer þet   gemiclien
humili   ut   non   apponat   ultra   magnificare

hine   mon   ofer eorðæn
se   homo   super terram

10.

   on drihten ic getryowe   hu   cweþe ge   minre   sæule
2. In domino   confido   quomodo   dicitis   animae   meae

aleor ł flygan ouer   dune   swæ se spearwe   Forðæn   þe
transmigra   in montem sicut   passer   3. Quoniam

ællungæ þæ firenfullæn   æþeniæþ   heræ   bogæn   geærwiæþ
ecce   peccatores   tetenderunt   arcum   paraverunt

hieræ flane on cocere þette hie scotien on þisternesse þæ rihtæn
sagittas suas in pharetra ut   sagittent in   obscuro   rectos

heortæn   Forðon   þæ ðe   þu fulfremodost hie tebrecon
corde   4. Quoniam quae   perfecisti   destruxerunt

eællungæ se soðfestæn wet dydo he   drihten on his þæm
iustus   autem   quid   fecit   5. Dominus in templo

hælgæn temple drihten   on heofone setle his   egæn   his on
sancto suo   dominus in   caelo   sedes eius   Oculi   eius in

þarfena   beseoð   bræwes hise   ahsiað   mænne sunu ł bearn
pauperem respiciunt palpebrae eius interrogant   filios hominus

   Drihten   axæþ   þæ soþfestæn 7 þæ ærleæsæn soþlice þa þe
6. Dominus interrogat   iustum   et   impium   qui autem

lufigæþ unrihtnesse he fioþ ł hatað   his sæwle   He rinþ
diligit iniquitatem   odit   animam suam   7. Pluit

ofer ðæ firen- ł senfullæn gegrine swæ fires swefðrosm 7 gæst
super   peccatores   laqueos   ignis sulphur et spiritus

38. Er. bef. *gyehirde*; *y* from *i*; *e* er. betw. *r* and *d*? *drihten* on er.
gyrnenga heortan heore in pl. of er.; *y* from *e*. Er. (he?) bef. *gehirde*; *-de* on
er.   39. From *-mene* to *togesette* in pl. of er.; *geteohige*, second *g* from *e*.
Er. aft. *pet*. 7 er. bef. *gemic-*.   10. 2. *ic getryowe* part. cov. by d. ink.
Er. aft. *sæule*. From *aleor* to *dune* on er. Most of the words in the neighbourhood cov. by d. ink.   3. *heræ*, *e* from *i*. *flane* in p. ink on er. *cocere*
in p. ink on er.   4. *ðe* wr. over the line, marked to follow *þæ*. Er. aft. *se*.
wet prps. from *þet*; er. aft. it. *dydo*, fin. let. prob. er.   5. Er. aft. *on* (2nd).
heofone setle his on er.; *-fo-* wr. over the line. Er. bef. and aft. *egæn*. From
on to *ahsiað* on er.   *mænne*, fin. let. (s?) er.   6. *þa* orig. *þæ*.   *hatað* on er.
7. *He*, *e* from some other let. on er. *ł sen-* wr. over the line. Er. bef. *gegrine*.
-ðrosm 7 in p. ink.

ysta ł storm dæl ceolos here　　　　　Forðon þe ryhtwis
procellarum pars calicis eorum　　**8.** *Quoniam iustus*
drihten 7 rihtwisnesse he lufode efennesse gesioþ his onsiene
dominus et iustitiam dilexit aequitatem videt vultus
ł andwlite
eius

11.

hælne me do drihten forðon þe ateorede　se hæli forðon
2. *Salvum me fac domine quoniam defecit sanctus quoniam*
gewænede sint soþfestnesse from mænnæ beærnum　　Idelnesse
diminutae sunt veritates a filiis hominum **3.** *Vana*
hy spræcan anre gewylc to nehstan his welere facne on
locuti sunt unusquisque ad proximum suum labia dolosa in
heorten 7 of heorten hyo spręcon yfele　　Drihten forspille
corde et corde locuti sunt mala **4.** *Disperdat dominus*
eælle inwiddæn ł facne welerǣs 7 þæ yfelcweþenden　tungæn
universa labia dolosa et linguam maliloquam
þæ cwepæþ ure tungæn　we micliæþ　ure welerǣs from
5. *Qui dixerunt linguam nostram magnificabimus labia nostra a*
us sint hwilc is ure drihten　　　　For yrmþe
nobis sunt quis noster est dominus **6.** *Propter miseriam*
unspedigra ł wedlum 7 giomrungum þeærfnæ drihten cweþ nu ic
inopum et gemitum pauperum nunc exurgam dicit
arise　Ic asette ofer help ł halwendnesse　mine getreowfullice
dominus Ponam super salutare meum fiducialiter
ic do on ðæms　　sprece drih[t]nes sprecha sysra seolfor
agam in eo **7.** *Eloquia domini eloquia casta argentum*
on fyre amered eorðen aclensod seofonfaldlice　　　þu
igne examinatum terrae purgatum septuplum **8.** *Tu*
drihten geheældest us 7 beweardest us fram cnyorisse ðisre on
domine servabis nos et custodies nos a generatione hac in

From *ysta* to *here* in p. ink.　**8.** From *ryhtwis* to *efennesse* on er.; *riht-wisnesse, n* from some other let.　**11.** **2.** *ateorede* on er. by Cor. *hæli, i* on er; er. aft. the word.　**3.** From *anre* to *yfele* in pl. of er.　**4.** *ł facne* wr. over the line.　**5.** Er. aft. *tungæn.* 7 er. bef. *ure.*　**6.** *yrmþe, e* from some other let. *unspedigra ł* add on er.? 7 er. bef. *ł.* Er. aft. *-ungum. þeærfnæ* pl. ov. *nunc* but marked for transposition to *pauperum.* From *Ic* (2nd) to *ðæm* in pl. of er. and prob. orig. in the p. ink; part. cov. by d. ink; *ł* wr. over the line.　**7.** This v. on er.　**8.** Er. aft. *drihten.* Er. aft. 7. From *beweardest* to *ðisre* in pl. of er. prob. by Cor.　*on* on er.

16   EADWINE'S CANTERBURY PSALTER.   [PS. 13.

ecnesse   On ymbhwyrfte þæ ærleæsæ gængæð   efter
aeternum   9. In circuitu   impii   ambulant   secundum
þinre heahnesse   þu gemonigfyldes monnæ beærn
altitudinem tuam   multiplicasti   filios hominum

12.

hu   lange   drihten ofergietst þu   me on ende   oþ hwet
Usque quo   domine   oblivisceris   me in finem   quousque
acyrrest ðu onsine þine fram me   hu longe sette ic
avertis   faciem tuam   a me   2. Quam diu ponam
geþeæhtunge   on   mine sæule   on minre heortæn sær þurh
consilium   in animam meam dolorem in corde meo   per
dæg   Oþ wænne bið upahafen   min fyond   ofer me
diem   3. Usque quo exaltabitur   inimicus meus super me
   min drihten god lócæ on me 7 gehire me Onliht
4. respice et exaudi me   domine   deus   meus Illumina
mine cægæn þiles ncfre ic aslæpæ on deæþe   þeð
oculos meos ne umquam obdormiam in mortem   5. Ne
nefre ne cweðe   min fiond   ic magude † swiþige ongean
quando   dicat inimicus meus   prevalui   adversus
him   þæ þe me eærfoþigæþ † swencað hie hyhtaþ † blyssieð gif
eum   Qui   tribulant me   exultabunt   si
ic bio onstyred   ic soþlice on þine mildheortnesse
motus fuero   6. ego autem in tua   misericordia
gehyhte   Min heortæ winsumaþ † blisseð on þine helo
sperabo   Exultabit cor meum   in salutari tuo
ic singe drihtne se me selde góde 7 ic singe þinum nomæn
cantabo domino qui bona tribuit michi et psallam   nomini tuo
þæm hihstæn   .
altissime
                13.

cwæð se unwise † unsnotræ on herte his   nis   god hy gewemmede
Dixit   insipiens   in corde suo non est deus   corrupti

ecnesse by Cor.   9. heahnesse on er.   12. Er. bef. ofergietst; -st
prob. on er.   me on prob. on er.   hwet acyrrest on er.   Several words in the
neighbourhood cov. by d. ink.   2. hu, h from something else. Er. bef. sette.
on (2nd) prob. on er.   sær, er. at end.   þurh dæg on er. ; d from ð.   3. wænne
bið upahafen on er. ; f on er. of some other let.   From me to drihten (v. 4) in
pl. of er.   4. From lócæ to me (2nd) in pl. of er.   Onliht mine on er.   eægæn
on er.   Er. aft. piles.   aslæpæ, let. er. immed. at end.   5. peð nefre on er.
ic magude on er.   -gean on er.   -igæþ, g wr. over the line.   † swencað prob.
add.   † blyssieð prps. add.   6. -hyhte on er.   -eð on er.   selde, de on er.   Er.
aft. nomæn.   13. unwise † prob. add.   From on to -lice in pl. of er.

PS. 13.] EADWINE'S CANTERBURY PSALTER. 17

synt 7 onscunigenlice hie sint ł byoð gewordene on hieræ willæn
sunt et abominabiles facti sunt in voluntatibus suis
Nis se þe do god nis se oðð on ænne Drihten
Non est qui faciat bonum non est usque ad unum 2. *Dominus*
of heofone gelocede ofer mannæ bæærn þet he gesio gif is
de caelo prospexit super filios hominum ut videat si est
ongetende ł understandende oþþe secende gode Eælle
intelligens aut requirens deum 3. *Omnes*
fram ahyldæþ somed 7 on unnytenesse sindon gewordene nis
declinaverunt simul inutiles facti sunt non est
se þe do god ne is odð to æne Openende is byrgen
qui faciat bonum non est usque ad unum Sepulchrum patens est
ciolæn ł hracen hioræ tungæn heore facenfullice hy deodon átter
guttur eorum linguis suis dolose agebant venenum
nedrana under welerum heore þæræ muð of awargednesse
aspidum sub labiis eorum Quorum os maledictione
7 of biternesse ful is 7 hiræ fet hræþe ł snelle to
et amaritudine plenum est veloces pedes eorum ad
ægiotænæ ł to scedende blod Forbrytednesse 7 ungeselignes
effundendum sanguinem Contricio et infelicitas
on hieræ wegum 7 sibbe weg hie ne oncneowon Ne is
in viis eorum et viam pacis non cognoverunt Non est
godes ege beforen hieræ eægum hie ne oncnewon eælle þa þe
timor dei ante oculos eorum 4. *nonne cognoscent omnes qui*
wircæþ unrihtnesse þa þe forswelgæþ min folc swæ méte
operantur iniquitatem Qui devorant plebem meam sicut escam
hlafes gode hie ne gecygden ðær hie forhtodon þer
panis 5. *deum non invocaverunt illic trepidaverunt timore ubi*
ne nes næn ege Forðon god on cneowrisse rihtwisne
non erat timor 6. *Quoniam deus in generatione justa*
is geþeahtunge wedlon ðu gedrefdest forðan god hihte his is
est consilium inopis confudisti quoniam deus spes eius est

---

se (3rd) on er. Er. bef. *ænne.* 2. From *on-* to *-dende* on er. *secende,*
nde prob. add. *gode, e* prob. add. 3. *fram a-* prob. add. *odð* on er.
Openende, -ende add. on er.? *ł hracen* add.? From *heore* to *deodon* in pl. of
er. *nedrana* on er. *of awargednesse* on er. by Cor. *of* (2nd) prob. add.
ful is in pl. of er. *hiræ* er. aft. *is. ł snelle* prob. add. *ł to scedende*
prob. add. Er. bef. *blod. Forbrytednesse* on er. prob. by Cor. *beforen*
on er. of *on*? Er. aft. *eægum.* 4. *þa* orig. = *þæ* (twice). *hlafes* prob. add.;
er. aft. it. 5. *gode* on er. *ðær* on er. *nes* on er. 6. *his* er. aft. *on.*
From *wedlon* to *is* in pl. of er.

C

18   EADWINE'S CANTERBURY PSALTER.   [PS. 15.

hwilc seleð of syon   helo   isrǽhelǽ þanne acyrreð drihten
7. *Quis dabit ex [s]ion salutare israel   dum   avertit dominus*
heftnieþ   his folces Iacob blissǽþ 7 gehyht ysrahel
captivitatem plebis suae Laetetur iacob et exultet israhel

14.

Drihten wylc eǽrdǽþ   on þinre gesele 1 eardungstowe 1 teld
Domine quis habitabit in   tabernaculo tuo
opðǽ wylc restcþ   on þinre hǽlgǽn dune 1 munte   Se
aut quis requiescet in   monte sancto tuo   2. Qui
ingeþ   butǽn wemme 7 wyrcþ rihtwisnesse   Se þe
ingreditur sine macula et operatur iustitiam   3. Qui
sprycoþ soþfestnesse on his heortǽn 7 ne deþ inwyd 1 facn on
loquitur veritatem in   corde suo   et non egit   dolum   in
his tungǽn Ne dyde his niextǽn   yfel   7 edwit 1 hosp ne
lingua sua   Nec fecit proximo suo malum et obprobrium   non
anfeng ongean his niextǽn   To nǽhte   biþ geled
accepit adversus proximum suum   4. Ad nichilum deductus est
on his gesihþe   se ǽwyrgedǽ soðlice þǽ þe drihten ondredǽþ
in conspectu eius   malignus   timentes autem dominum
he hīg gemuclað Se þe swerǽþ his niextǽn 7 hiene ne beswicð
magnificat   Qui   iurat proximo suo et   non decipit eum
    7 his fioh   ne   seleþ to westme oðð to hýre 7
5. *qui pecuniam suam non dedit   ad usuram   et*
his lǽc ne onfehþ ofer ðone unscyldygen Se þe þǽs deþ ne
munera super innocentem non accepit   Qui facit haec non
bið he astyred 1 gedrefed on   ecnesse
commovebitur   in aeternum

15.

geheald me dryhten forðon on þe ic gewene 1 hihte   ic cwiþe
Conserva me domine quoniam in te   speravi   2. dixi

---

7. *seleð, ð* prob. from *n* by Cor. *on* er. bef. *ysrahel. ysrahel*, fin. *e* er.
14. Er. bef. *gesele. eardungstowe* on er. *1 munte* add. by Cor. ?   2. *ingeþ* cov.
by d. ink; *i* on er. Er. aft. 7. *rihtwisnesse* on er.   3. *1 facn* add.   *dyde*
on er. Er. aft. *his. edwit 1 hosp* on er.   *anfeng, a* from *o*; *n* from *h* and *g*
on er. *ongean his* on er.   4. *geled* cr. (of two lett.?) at end.   *-edǽ, c* wr.
over the line. *gemuclað* prps. add. Er. aft. *his*.   5. *hýre, re* wr. over the
line. *astyred* by Cor. on er.; *y* from *i*.   15. *1 hihte* wr. over the line.

PS. 15.] EADWINE'S CANTERBURY PSALTER. 19

min drihten god þu eært forðæn minræ góde þu na
domino deus meus es tu quoniam bonorum meorum non
beðærft þæ hælgæn þe on his eorðæn beoð hie wundriæþ
indiges **3.** *Sanctis qui in terra sunt eius mirificabit*
eælle mines wyllæn betwion hie   Gemonigfealdode sint
omnes voluntates meas inter illos **4.** *Multiplicate sunt*
soþlice hire untrumnesse efter þon þe hie efston   Ic
enim infirmitates eorum postea acceleraverunt Non
ne gesomnige hieræ gemetinga ł somnunge of blodum
congregabo conventicula eorum de sanguinibus
ne ic ne bio gemindig hioræ nómæn þurh mine weleræs
nec memor ero nominum illorum per labia mea
    drihten del minre erfeweardnesse 7 calices mines þu
5. *Dominus pars haereditatis meae et calicis mei tu*
eært þe me gesettest ł agefe yrfeweærdnesse mine   Rapes
es qui restituisti michi haereditatem meam **6.** *Funes*
me gefeollon on bryhtum 7 soþlice yrfewardnes min bryhte
ceciderunt michi in praeclaris et enim haereditas mea preclara
is me   Ic bletsie drihten þe me salde andgyt
est michi **7.** *Benedicam dominum qui michi tribuit intellectum*
ofer þ 7 oðð nyhte begripen me lendene mine
insuper et usque ad noctem increpaverunt me renes mei
    Drihten ic foresceawode on minre gesihþe simle forðæn
8. *Providebam dominum in conspectu meo semper quoniam*
to ðæm swiðran he is me þ ic astyred ne beo   for þis
a dextris est michi nec commovear **9.** *Propter hoc*
gelustfullede min heorte 7 gefagenede tunge mine ofer þ 7
delectatum est cor meum et exultavit lingua mea insuper et
min flesc rest on hyhte   Forðon þu ne forletest
caro mea requiescit in spe **10.** *Quoniam non derelinques*
mine sæwle on helle ne þu ne selest þinne hæligne to gesionne
animam meam in inferno nec dabis sanctum tuum videre
gegrip ł brosnunge   Cuþe þu me dydest liues wegæs 7
corruptionem **11.** *Notas michi fecisti vias vitae*

2. *þu* (2nd), *u* prob. on er. *na*, orig. *næ*. *on* er. aft. *na*? *beðærft* on er. 3.
his on er. Er. bef. *eorðæn*. *beoð* prob. on er. *betwion*, *n* from *h*. 4. *efston*
prob. add. *gemetinga ł somnunge* in pl. of er. Er. bef. *blodum*. *bio*, fin. *m*
er. ? *nómæn*, *ó* in pl. of er. let. 5. From *erfe-* to *mines* by Cor. in pl. of er.?
-ettest ł agefe prob. by Cor. *mine* on er. 7. *begripen me lendene* in pl. of er.
8. *foresceawode* in p. ink. From *swiðran* to *beo* in pl. of er.; *beo, e* from *i*. 9.
-fullede, fin. *e* in pl. of er. lett. *gefagenede tunge* in pl. of er. *ofer* on er. *hyhte*,
y from *i*. 10. *þinne*, *e* on er. and *n* (2nd) prob. from *u* by d. ink. *-igne* on er.

C 2

20   EADWINE'S CANTERBURY PSALTER.   [PS. 16.

þu me gefillest of blisse mid andwliten þine gelustfulnesse on
adimplebis me   laetitia   cum   vultu   tuo   delectationes in
þine swiþræn oþðe on ende
dextera tua   usque in finem

16.

gehyr drihten mine ryhtwisnesse begem ł beheæld   mine
Exaudi domine   iustitiam   meam   intende   deprecationi
bene   mid Earum   onfoh   min gebed   na   on welerum
meae   Auribus   percipe   orationem meam   non in   labiis
facenfulle   of andwlitum þinum   minne dom   yppæþ mine
dolosis   2. *de   vultu   tuo   iudicium meum prodeat oculi*
egæn gesioþ efennesse   þu afandudest mine heortæn 7
mei videant aequitatem   3.   Probasti   cor meum   et
þu neosodest me on niehte mid fire ameredest þu me ł streddest
visitasti   nocte   igne   me examinasti
7   ne is   gemet on me unrihtwisnesse   þeð ne sprece
et non est inventa   in me   iniquitas   4. Ut non loquatur
min muþ mænnæ weorcum   for wordum þinræ welеræ ic
os meum opera hominum   propter verba labiorum tuorum ego
gehyold heærde wegas   Fulfreme mine stepæs on þinum
custodivi vias duras   5. Perfice gressus meos in semitis
stigum þet ne sien astyred swaðu   mine   Ic   clipie
tuis   ut non moveantur vestigia   mea   6. Ego clamavi
forðon þu me gehierdest god onhyld þine eæræn to me 7
quoniam   exaudisti me   deus inclina aurem tuam michi et
gehiere mine word   gewunderlyc þine mildheortnesse þe
exaudi verba mea   7. Mirifica   misericordias tuas qui
hæle gedest hyhtende on ðe   fram wiðerstondende
salvos facis sperantes   in te   8. a   resistentibus
þinre swiþren geheæld me drihten swæ þæræ sione eages under
dexterae tuae   Custodi me domine ut   pupillam oculi sub

11. From *mid* to -*nesse* in p. ink prob. in pl. of er. *ende*, init. let. *h* er. ?
16. -*wisnesse* on er. *mid* in p. ink. *na* in p. ink on er. *welerum facenfulle*
in p. ink on er.   2. From *of* to *þinum* in p. ink on er.   3. -*andudest* on er.
neos-, *e* from *i*. *gemet*, fin. lett. er. 7 er. bef. *on*. -*wis-* wr. over the line.
4. Er. aft. *muþ*.   Er. aft. *for*.   Er. bef. *ic*. -*yold* on er. ?   5. Er. bef. *ne*.
astyred, fin. let. er.   Er. aft. *mine*.   6. -*dest* on er. *onhyld*, *y* from *i* and
fin. let. er.   7. *gewunderlyc*, *ge* on er.; -*erlyc* in pl. of er. *þine*, *e* prob.
in pl. of er. -*st* prob. on er. *hyhtende on ðe* in pl. of er.   8. First two
words part. cov. by d. ink.   Er. aft. *þinre*. *swiþren*, *n* add. *sione eages* in pl.
of er.

þinræ fiþræ scæde gescylde me fræm onsiene ærleæsræ
umbra alarum tuarum protege me 9. *a facie impiorum*
þæ me swencton Mine fiend mine sæulæ ymseældon
qui me afflixerunt Inimici mei animam meam circundederunt
fetnisse ł rysl heore hio betiendon ł belucon ł ymbelicton muþ
10. *adipem suum concluserunt os*
heore sprec on ofermodinesse ł on oferhydo utæwurponde
eorum locutum est in superbiam 11. *Proicientes*
me nu ymbseældon me on eorðæn hie æsettæn hiræ eægæn
me nunc circundederunt me oculos suos statuerunt declinare
to aheldene hye onfengon me swæ gære lyo to þere
in terram 12. *Susceperunt me sicut leo paratus ad*
hlowe ł reaflace 7 swæ swæ þęre leon hwelp eærdiænde bioð on
predam et sicut catulus leonis habitans in
gehildum ł holum Aris drihten forecum hie 7 forwyrf
abditis 13. *Exurge domine preveni eos et subverte*
hie 7 genere ł alys mine sæwle fræm þæm eærleæsæ
eos eripe animam meam ab impio
sword ł meche minræ fiondæ of þinre hændæ Drihten
frameam 14. *inimicorum de manu tua Domine*
fræm feawum of eorðan todref hie 7 underga hy on life
a paucis a terra dispertire eos et subplanta eos in vita
heore Of þinum behyddum gefylled is hieræ wambe
ipsorum De absconditis tuis adimpletus est venter eorum
hy synt gefellede of fetnesse ł of swinisse ł fulnisse 7 hy lyfdon
saturati sunt porcina et reliquerunt
þæ ðer ofer weron hire lytlingum ł cyldum Ic soþlice
quae superfuerunt parvulis suis 15. *Ego autem*
mid soþfestnesse ablice ł oðiwe on þinre gesihþe ic bio gefylled
cum iustitia apparebo in conspectu tuo satiabor
þonne geswotoloð bið þin wuldor
dum manifestabitur gloria tua

9. Er. aft. *pæ*. Er. bef. and aft. *swencton*. *fiend*, *e* from *i* by orig. scribe.
Er. aft. *-don*. 10. *fetnisse ł rysl* on er. From *ł be-* to *-nesse* prob. in pl. of
er. *of* er. bef. *on* (1st). 11. Er. (hie?) bef. *ut-*; *-de* add. Er. bef. *ymb-*.
7 er. bef. *on*. *aheldene* on er. 12. Er. bef. and aft. *gære*. *hlowe, w* prob.
from *p*. *ł reaflace* add. *hwelp*, two fin. lett. er. *-ænde*, let. er. betw. *æ* and
n; prob. orig. *eærdiæp*; *-nde bioð* by Cor. 13. *forwyrf*, fin. let. (e?) er.
sword on er. 14. From *feawum* to *heore* in pl. of er. *behyddum* on er.
Er. aft. *is*. From *wambe* to *pæ* in pl. of er. *t* (last) wr. over the line.
15. *ablice ł oðiwe* on er. *geswotoloð* on er.; *man* er. betw. *ge-* and *-sw-*.

17.

ic lufie ðe drihten mine megne   drihten   þu eært
2. *Diligam   te domine   virtus   mea*   3. *dominus   firma-*
min trymnes 7 mîn gescyld ł gehyht 7 min friolscnd ł alysend min
mentum meum et   refugium meum   Et   liberator meus   deus
  god min gefylstend ł fultumend 7 ic gehihte on   hiene   Min
meus   adjutor meus   et   sperabo   in   eum   Protector
scildend   7 horn hæle minne fultumend ł gefelstend   min
meus   et cornu salutis meae   adiutor   meus
   heriende ic gecige   drihten   7 fræm minum fiondum   ic bio
4. *laudans invocabo dominum   et   ab   inimicis meis   salvus*
hæl   me ymbseældon   deæþes geomrung 7 þæ burnan
ero   5. *Circumdederunt me   gemitus mortis   et   torrentes*
unrihtwisnesse   me gedrefdon   helle sær   hie me
iniquitatis   conturbaverunt me   6. *Dolores inferni circum-*
ymbsealdon 7 me forecomon deæþæs gegryno 7   on geswince
dederunt me   prevenerunt me laquei mortis   et   7. *in   tri-*
ł eærfoþnesse minre ic gecigede   drihten   7   to   gode   mine
 bulatione mea   invocavi   dominum   et   ad   deum meum
ic cleopode 7 he gehierde   mine stemne of his þæn hælgæn
clamavi   Et   exaudivit   de templo sancto suo vocem
temple 7 mine clipunge on   his gesihþe   ingeode   on   his
meam et   clamor meus   in conspectu eius introivit   in   aures
eæræn   And astyred   is corþe 7 forhtæde ł beuede 7
eius   8. *Et   commota   est   et contremuit terra   et*
grundwealles ł dunæ gestæþelungæ siondon gedrefede 7 onstyrede
 fundamenta montium   conturbata sunt et commota
    forþon þe god him is yrre   Astagh smic ł réc on
sunt quoniam iratus est eis deus   9. *Ascendit fumus   in*
his yrre 7 fir byrneþ of his   onsiene   Onheledæ sient gledæ
ira eius et ignis a facie eius exardescit   Carbones succensi sunt

17. 3. *ł alysend* wr. over the line. *gefylstend* prob. on er. *gehihte* prob. on
er. Er. aft. *scildend*. *horn hæle* prob. in pl. of er. 7 er. bef. *minne*. *ł gefelstend* wr. over the line in p. ink. Er. aft. *min*.   4. *ic gecige* on er. Er. bef.
fræm.   5. Er. bef. *me*. *deæpes geomrung* on er. *burnan unrihtwisnesse* on
er.; *n* of *-nesse* from some other let.   6. 7 (2nd) has a line drawn through
— for er.? The Latin *et in tri-* is also on er. in d. ink.   7. *gehierde, d* from
e and *e* add. 7 er. bef. *ingcode* ; *o* on er. (of þ?) and *de* add.   8. *And, A*
from *o* by d. ink. *-ɯde, d* from *c* and *e* add. 7 *grundwealles* prob. add.
9. *Astagh* on er. Er. bef *on*. Er. bef. *fir*. *of* on er.

PS. 17.] EADWINE'S CANTERBURY PSALTER. 23

from him 7   he onhyldeþ heofonæs 7 adun astah 7 dimnesse
ab   eo et 10. inclinavit   caelos   et descendit et caligo
under his fotum   7 he æstag ofer cheruphin 7 he fleah
sub   pedibus eius 11. Et ascendit super cherubin et volavit
7 he fleah   ofer   windæ heanesse ł fiþræs   7 he gesette
volavit   super   pennas ventorum   12. Et   posuit
þystro his digelnesse on ymbhwyrfte his eardungstowe
tenebras latibulum suum in   circuitu   eius tabernaculum eius
ðeosterfull weter on genipum ł wolon lyfte   legrescas
tenebrosa aqua in   nubibus   aeris   13. Pre fulgorae
on his gesihþe nipu ł wolon   færdon   hegle ł yft 7 fyres
in conspectu eius   nubes   transierunt   grando et carbones
gleden   7 denede ł þunerode of heofonæ drihten 7
ignis   14. Et   intonuit   de   caelo   dominus et
se heahesta gef ł selde his stemne   he sende flane his
altissimus   dedit   vocem suam   15. Misit   sagittas
ł strelæ 7 he hi tostencte legte ł legrescas he gemonigfældæ 7
suas et dissipavit eos   fulgora   multiplicavit et
gedrefede hie   7 stywdon ł ataudon wetræ wyllæs 7
conturbavit eos 16. Et apparuerunt   fontes aquarum et
awrigene synt grundweallas ymbhwyrftes eorðan Drihten from
revelata sunt fundamenta   orbis   terrae Ab increpatione
þinræ þrægunge of oneþgunge gæstes yrres ðines   he asende
tua   domine ab inspiratione spiritus irae tuae 17. Misit
of heahnesse 7 me onfeng 7 me genæm   of   manege
de summo   et accepit me et adsumpsit me de   multitudine
wetere   he generede me of fyondum mine ðam strengestum
aquarum 18. Eripuit   me de inimicis meis   fortissimis
7 fram ðyssum þe hateden me forþæm þe hi strængode weron
et ab   his   qui oderunt me quoniam   confortati   sunt

10. adun astah on er. in another hand. dimnesse prob. in another hand.
under on er. Er. aft. his.   11. æstag part. on er. fleah on er. (twice).
ł er. aft. windæ.   12. gesette, first t wr. over the line. digelnesse on ymb-
prob. add. Er. aft. -hwyrfte. eardungstowe ðeosterfull on er.   13. legrescas
on er.; er. aft. it. Er. aft. wolon. -don on er. hegle, g from some other
let. by orig. scribe. -en on er.   14. denede ł þunerode prob. in pl. of er.
-onæ, fin. s er. drihten 7 se heahesta on er. Er. aft. gef. selde, d from some
other let. and e on er.   15. sende, fin. let. prob. er. flane prob. add. Er.
aft. ł. tostencte, fin. te prob. on er. legrescas prob. on er. gemonigfældæ, ge-
wr. over the line and fin. let. er. Er. aft. this word. -de prob. in pl. of er.
let.   16. ataudon on er. wyllæs er. (læs?) betw. l and l. From -læs to
eorðan by Cor. of oneþgunge on er. Er. aft. yrres. ðines part. on er.   17.
he asende of heahnesse on er. Er. aft. of (2nd). wetere on er.   18. he
on er.   From fyondum to me (1st) in pl. of er.

24 EADWINE'S CANTERBURY PSALTER. [PS. 17.

ofer me hy Me forecomon on dege minre geswincednesse
super me **19.** *Prevenerunt me in die afflictionis meae*
7 drihten is geworden scyldend min 7 he geledde me
et factus est dominus protector meus **20.** *et eduxit me*
on tobredednesse halne he me dyde forðæn þe he wolde me
in latitudinem salvum me fecit quoniam voluit me
7 me geeædleænyde ł ageald drihten efter minre riht-
21. *Et retribuit michi dominus secundum iustitiam*
wisnesse 7 efter unscyldinesse minre hændæ me
meam et secundum innocentiam manuum mearum re-
geedleænæde ł ageald Forðæn ic geheold wegas drihtnes
tribuit michi **22.** *Quia custodivi vias domini*
ne arleaslice ic dyde fram gódvm minum Forþæn eællæ
nec impie gessi a deo meo **23.** *Quoniam omnia*
his domæs on minre gesigþe sint æure 7 his rihtwisnesse
iudicia eius in conspectu meo sunt semper et iustitiam eius
ic ne anedde from me 7 Ic bio unwemme beforæn him
non reppuli a me **24.** *Et ero immaculatus coram eo*
7 ic me geheælde from minre unrihtwisnesse 7 drihten
si observavero me ab iniquitate mea **25.** *Et retribuit*
me edleænæþ efter minre rihtwisnesse 7 efter on-
michi dominus secundum iustitiam meam et secundum in-
scyþenesse ł unscyldgunge minre hændæ on his eægnæ
nocentiam manuum mearum in conspectu
gesihþe Mid hælgum hælig þu bist 7 mid were
oculorum eius **26.** *Cum sancto sanctus eris et cum viro*
unscyldigum unscyldig ðu beost 7 mid gecorene gecoren
innocente innocens eris **(27.)** *et cum electo electus*
þu beost 7 mid ferhwyrfedum þu beost forhwyrwed Forðan
eris et cum perverso subverteris **28.** *Quoniam*
þu folc eadmod hal dest 7 eagan ofermodre þu geni-
tu populum humilem salvum facies et oculos superborum humi-

19. *geswinced-*, *-ed* wr. over the line. *min* on er. 20. *7 he* on er. *me* on
er. From *tobred-* to next *me* on er. Er. aft. last *he*. 21. *-yde* on er. *ł
ageald* prob. add. *rihtwis-* on er. *unscyldinesse*, first fonr lett. cov. by d.
ink; rest of word on er. *-de* on er. *ł ageald* prob. add. 22. *þe* er. aft.
Forðæn. *-eold* on er. From *ne* to *minum* in pl. of er. 23. *æure* by Cor.;
init. let. (h?) er. *rihtwisnesse* on er. *anedde* on er. 24. *bio*, fin. let. prob.
er. 25. *rihtwisnesse* on cr. Er. aft. *efter*. *ł unscyldgunge* add. 26.
Er. aft. *Mid*. *were* on er. From *-ldigum* to *beost* prob. in pl. of er. (27.)
From 7 to *gecoren* prob. in pl. of er. 28. From *Forðan* to *-arast* in pl. of er.
ł œdmedest add.

PS. 17.] EADWINE'S CANTERBURY PSALTER. 25

ðarast ł ædmedest   Forþon þu onlyhtes   mine blecernæ
   liabis   **29.** *Quoniam tu illuminas   lucernam*
ł leohtfet min drihten god   onlyhte swartunge ł þistro mine
   meam   domine deus meus   inlumina   tenebras   meas
Forðæn fræm þe ic beo genered fræm costungum 7 on
30. *Quoniam a te   eripiar   a temptatione et in*
minum gode ic ofergange þone weæll   Min god unbesmiten
  deo meo   transgrediar   murum   **31.** *Deus meus inpulluta*
his weg drihtnes gesprecæ of fyre   amered   he is scildend
via eius   eloquia domini   igne   examinata   protector est
eælræ   þæræ þe on hine gehopan   Forðæn hwylc god is
omnium   sperantium in se   **32.** *Quoniam quis deus*
butæn   drihten   oþþe hwylc god butæn urum   gode
preter   dominum   aut   quis deus preter deum nostrum
   god   se   begyerde me of megne 7 gesette   unwemne
33. *Deus qui precinxit me   virtute   et posuit inmaculatam*
minne weig   Se fulfremed   mine   fet   swæ swæ
viam meam   **34.** *Qui perficit   pedes   meos   tanquam*
þæs heortes 7 ofer heahnesse he gesette me   Se þe lereþ minæ
cervi   et super excelsa   statuit me **35.** *Qui docet manus*
hændæ to gefiohte 7 he gesette swa swa   erenne ł cyperene bogæn
meas ad prelium et posuit   ut   arcum aereum
minum eærmum.   7 þu seældæs me   gescildnesse þinre
  brachia mea   **36.** *Et dedisti   michi protectionem salutis*
helo 7 þin swiþre me onfeng 7   lar þin hyo me lerde
tuae et dextera tua suscepit me et disciplina tua ipsa me docuit
   þu gebreddæst mine stepæs under me 7 ne sindon geuntromode
37. *Dilatasti gressus meos subtus me et non sunt infirmata*
mine swæþu   ic fylge ł ehte minum fiondum 7 ic ge-
vestigia mea **38.** *Persequar   inimicos meos et compre-*
grype hie 7 ic ne gecirræ oðð hye geteorieð   ic swence
hendam illos et non convertar donec deficiant   **39.** *adfligam*

---

30. Er. aft. *fræm* (2nd). *ofergange* on er.   31. *unbesmiten*, fin. *e* er. ? *weg*,
fin. -*æs* er. ?   *of* wr. over the line.   -*hopan* by Cor. in pl. of er. ; '*t* something'
er. aft. this word.   33. *se* on er.   *begyerde*, *y* from *i* by d. ink and a fin. let.
er.   34. *Se* on er.   -*med*, fin. *e* er.   An er. under *heortes*.   *heahnesse he* on er.
35. *he* on er.   *gesette*, fin. let. er. ?   *swa swa* add.   *t cyperene* add.   36. Er.
bef. and aft. 7 (3rd).   Er. aft. *lar*.   *hyo* on er.   -*de* in pl. of er.   37. -*dæst, d*
wr. over the line and *t* add. by Cor.   *eærmum* bef. *ic*.   *t ehte* add.
Er. (hie?) aft. *ic*.   7 er. bef. *hie*.   7 *ic* add.   *gecirræ, ge-* prob. pref. by Cor. ;
fin. let. er. ; orig. prob. *acirræ*-.   *oðð hye geteorieð* by Cor. in pl. of er.

26   EADWINE'S CANTERBURY PSALTER.   [PS. 17.

hye ne hye ne magen standen hie gefeæłłæþ under minum fotum
illos nec   potuerunt   stare   Cadent   subtus   pedes   meos
and megne þu me begierdes to gefiohte þu underwyrtwæledæst
40. *et   precinxisti   me virtute   ad   bellum   Subplantasti*
eælle onarisende on me under me   7 minum fyondum
omnes insurgentes in me subtus me   41. *et inimicorum meorum*
þu me seældest bæcc 7 hatiende me þu forspildest   hie
dedisti michi dorsum et odientes me disperdidisti   42. *Clam-*
clypodon ł cigden   nes   se   hæle   gedyde to   drihtne   ne
averunt   nec erat   qui   salvos   faceret ad   dominum   nec
he hie ne geherde   7 ic hie gewænige swæ þet   dust
exaudivit eos   43. *Et comminuam illos   ut   pulverem*
from onsine þes windes 7 swæ þæt fen ł līm þæræ stræte ic hie
ante faciem   venti   ut   lutum   platearum   delebo
adylge   þu Generest ł alysest me of folcæ wiþercwedolnesse ł
eos   44.   *Eripies   me de   contradictionibus*
wiðersacum þu gesetst me on þiode heæfod   þet folc
populi   constitues me in caput gentium   45. *Populus*
þe ic ne oncneow me þeowæde from cæræne gehlyste ł hiernesse
quem   non cognovi   servivit michi   abauditu auris
me gehlyste   fremdæn beærn me syndon liogende
obaudivit michi   46. *Filii   alieni   mentiti sunt michi*
fremdæn beærn synt eældigende 7 hy haltodon from hierre
filii   alieni   inveterati sunt   et claudicaverunt   a   semitis
siðfatum   Dryhten liofæþ 7 min god is gebletsot 7
suis   47. *Vivit dominus   et benedictus deus meus et*
sy upæhafen god helo min   god þu ðe me selest
exaltetur deus salutis meae   48. *Deus qui das vindictam*

---

39. From *swence* to *standen* in pl. of er. by Cor.   *under* on er.   *minum* cov.
by d. ink.   40. *and*, *a* from *o*.   Er. bef. *gefiohte*. From *on-* to *under* in pl.
of er. by Cor.   41. Er. aft. 7.   *-est*, *t* prob. add. by Cor.   Er. aft. this word.
From *bœcc* to *me* in pl. of er.   Er. aft. *þu*.   *-est*, *t* prob. add. by Cor.   42.
clypodon t add.   *cig-* cov. by d. ink ; *-den* prob. add. on er.   *nes* cov. by d.
ink.   *se* in d. ink, with er. aft. it.   Er. bef. *to*.   *geherde*, *-de* by Cor. on er.
43. *-ige*, *g* from *e*.   7 er. bef. *swœ*.   *fen t* add.   *stræte* on er.   44. *þu* prob.
pref. by Cor.   *-est* (1st), *-st* prob. add. by Cor.   *t alysest* add. by Cor. ; misplaced in MS., but marked to follow *Generest*.   *t wiðersacum* add.   *gesetst*, *st*
add. on er.   45. *þe*, fin. *t* er.?   *ic* prob. add., a second *ic* being er. aft. it.
-de add. on er.   *-hlyste t* add.   *gehlyste* (2nd) by Cor. on er.   46. Er.
(þæ?) bef. *fremdæn* (twice).   *-igende*, *g* from *e*.   *hy haltodon* by Cor. on er.
siðfatum in pl. of er. by Cor.   47. 7 *sy* add. in pl. of er.   *-afen*, *a* from *e*
by Cor. ; *n* add. on er.   *min*, fin. let. er.   48. *ðe* add. over the line.

PS. 18.]   EADWINE'S CANTERBURY PSALTER.   27

wrece 7 underðeodest folc under me Drihten is min friolsend
michi et subdidisti populos sub me Liberator meus
ł alysend of ðeodum yrsiendum   7 fram onarisendum on
dominus de gentibus iracundis 49. et ab insurgentibus in
me þu upahefst me 7 fram were unrihtwisum þu generest me
me exaltabis me   a   viro iniquo eripies me
  Forþon on folce drihten ic þe ondette 7 on þinum nomæn
50. *Propter ea confitebor tibi in populis domine et nomini tuo*
sealm ic þe singe   Gemycligende   helo his kyninges 7
psalmum dicam **51.** *Magnificans salutare regis ipsius et*
doende his cristes mildhertnesse dauide 7 sæde his oððe on
faciens misericordiam christo suo dauid et semini eius usque in
worolde
saeculum

18.

  heofones scægæþ ł bodicð   godes   wuldor 7 weorc
2. *Celi   enarrant   gloriam dei   et opera*
his hændæ cyþæþ ł bodiað trvmnesse ł staðel ł fesnesse
manuum eius annuntiat   firmamentum
  Se deig of þem dege belceð   word 7 seo nieht þere nieht
3. *Dies   diei   eructuat verbum et   nox   nocti*
gecyþeð ł bycneþ ingehygð ł wit ł wisdom   Ne sindon
   indicat   scientiam   **4.** *Non sunt*
gespreca ne   word   þæræ ne bioþ gehired hieræ stemnæ
loquele neque sermones quorum non audientur voces eorum
  On eælræ corðæn utgeode sweg heore 7 on endes
5. *In omnem terram exivit sonus eorum et in fines*
ymbwyrftes eorðan word heora   On sunnæn he gesette
orbis   terrae verba eorum **6.** *In sole posuit*
his geteldunge ł ærdunge 7 he   swæ se brydgumæ forþ-
tabernaculum suum   et ipse tanquam sponsus pro-

-derðeodest add. on er. Er. bef. *folc* wh. has fin. *e* er. *me* add. on er.
From *t* to end of v. added in pl. of er. 49. From begin. of v. to *generest* add.
in pl. of er.; -*riht*-, *t* wr. over the line. 50. Er. aft. *on* (1st). *sealm* add. in
pl. of er. 51. *dauide* on er. by Cor. *sæde his oððe* on er. by Cor. 18. 2.
heofones add.? *t bodieð* add. Er. bef. *cyþæp*. *t bodiað* add. part. on er.
trv-, *v* from *y*. *t staðel* add. by Cor. *t fesnesse* by Cor. in pl. of er. 3. *Se
deig* by Cor. in pl. of er. *belceð* add., prob. part. on er. From 7 to *gecyþeð* by
Cor. on er. From *bycneþ* to *wisdom* add. in pl. of er. 4. *gespreca, a* orig.
ω?; fin. let. prob. er. Er. aft. *ne*. Er. immed. bef. *þæræ*. *gehired*, fin. let.
er. ? 5. *utgeode* add. on er. From *heore* to *heora* add. in pl. of er. 6. *he
gesette* add. on er. -*teldunge* add. on er. *t ærdunge* add.

28 EADWINE'S CANTERBURY PSALTER. [PS. 18.

gongende	of	his	brydbure	⁊ gyftbure	he	winsumæde	⁊ blitsode
cedens	de		thalamo suo			Exultavit	,

swæ swæ etenæs weg to iernenne from heofones hihþo
ut   gigans   ad currendam viam **7.** *a summo caelo*
utgang   his 7 edryne ⁊ gencyr his oððe to heahnesse his
egressio eius et   occursus   eius usque ad summum eius
nis se ðe hine behyde fram hetan his   Drihtnes ę̄e
nec est qui se abscondat a calore eius **8.** *Lex domini*
ungripendlic is to gecierrenne saule cyþnes ⁊ witnesse drihtnes
inreprehensibilis convertens animas testimonium domini
getrewful wisdom geærwiende litlingum ⁊ childvm   Drihtnes
fidele sapientiam prestans parvulis   **9.** *Iustitiae*
ryhtwisnesse ryhta geblissiende heortæn bebod drihtnes
domini recte laetificantes corda preceptum domini
bryht onlyhtende eægæn   Drihtnes hælgæ ęge
lucidum inluminans oculos **10.** *Timor domini sanctus*
þurhwunæþ æworoldæ worlde godes domas soþe gerihtwisede
permanet in seculum seculi iudicia domini vera iustificata
on hy sylfe   Gegyrnendlice ofer gold 7 swiðe dior-
in semet ipsa **11.** *Desiderabilia super aurum et lapidem*
wiorðne stæn 7 swetræn ofer hunig 7 biebreæd ⁊ hvnicamb
preciosum multum et dulciora super mel et   favum
witodlice 7 ðeow ðin gehylt hy on geheordnesse ⁊ to
12. *Nam et servus tuus custodiet ea in   custod-*
bewitena ða edlecæn micel   hwylc ongitt gyltes ⁊ scyldes
iendo illa retributio multa **13.** *Delicta quis intelligit*
from minum dieglum geclensæ me dryhten   7 from
ab occultis meis munda me domine **14.** *et ab*
fremdum ára þinum þeowe Gif min hy ne bioþ weældænd
alienis parce servo tuo Si mei non fuerint dominati

---

bure ⁊ gyft- add. *-bure* (2nd) cov. by d. ink. *⁊ blitsode* by Cor. wr. over
the line. Er. bef. and aft. *weg.* 7. From *utgang* to *gencyr* add. in pl. of
er. From *oððe* to end of v. add. in pl. of er. 8. *Drihtnes, e* er. betw. *t* and *n.*
-lic add. From *saule* to *wisdom* add. in pl. of er. *-de* add. on er. *litlingum*
⁊ childvm add. prob. in pl. of er. 9. *ryhtwisnesse, ryhta* add. in pl. of er.
to er. bef. *geblissiende* ; *-de* add. on er. (of ne ?). *bebod* add. on er. Er. aft.
drihtnes. bryht onlyhtende add. in pl. of er. 10. Er. bef. *hælgæ.* *-riht-* on
er. Er. bef. *on. hy, y* on er. *sylfe, e* in pl. of er. 11. *-gyrnendlice* add.
on er. *swiðe* add. on er. ; 7 er. aft. it. *-ne* on er. *stæn,* two fin. lett. (es ?) er. ;
er. aft. this word. *hunig,* two fin. lett. (es ?) er. *⁊ hvnicamb* by Cor. in pl. of
er. 12. From *witodlice* to *on* by Cor. in pl. of er. *edlecæn,* a fin. er. prob.
made. 13. *ongitt gyltes* on er. *⁊ scyldes* add. 14. 7 on er. Er. (þæm ?)
aft. *from. fremdum, -em-* on er. *min,* fin. e er.

PS. 19.]   EADWINE'S CANTERBURY PSALTER.   29

þonne ic bio ungewemmed 7 ic beo clensod from scylde ꞇ gyltum
tunc   inmaculatus ero   et   emundabor   a   delicto
ðam mestan   7 bioþ þette gelicieð sprecæ mines
maximo   15. Et erunt   ut complaceant eloquia oris
muþes 7 smcæwung ꞇ gemind minre heortæn on þinre gesihþe
mei   et   meditatio   cordis mei   in   conspectu tuo
simle Drihten gefelstend   min 7   alysend   min
semper Domine   adiutor   meus et redemptor meus

19.

Gehére þe drihten on dege þinre geswencnesse gescylde þe
2. Exaudiat te dominus in die   tribulationis   protegat te
nomæ iæcobes godes   he ASende þe   fultum of hælgum
nomen   dei iacob   3. Mittat   tibi   auxilium de sancto
7 of syon ꞇ heahnesse he behealde þe   he Gemyndig sie
et de   Syon   tueatur   te   4. Memor   sit
eælre þinre onseigdnesse 7 þin offrung ꞇ onseigdnesse   fett sie
omnis   sacrificii tui   et   holocaustum tuum   pinguefiat
   Selle þe drihten efter   þinre heortæn 7   eæl þin
5. Tribuat tibi dominus secundum   cor tuum   et   omne con-

geþeæht   he getrymme   We blissiæþ on þinre helo 7 on
silium tuum   confirmet   6. Laetabimur in salutari tuo et in
drihtnes namæn   ures   godes we beoð gemiclode   drihten
nomine domini   dei   nostri   magnificabimur   7. Impleat
gefylle eællæ þinæ benæ ꞇ gyrnenga   nu ic oncneow forþæn
dominus omnes   petitiones tuas   nunc cognovi quoniam
halne gedeþ drihten kyning ꞇ criest his   gehereþ hine of
salvum faciet dominus   christum suum   et exaudiet illum de
his hælegæ heofone on his mihte ꞇ anweldum helo his swyþre
celo sancto suo   in   potentatibus   salus dextera eius
   þa ꞇ hy on wenum ꞇ rynum 7 hy on horsum we soþlice on
8.   Hi   in curribus et hi in equis   nos autem in

7 ic beo on er.   ðam mestan on er.   15. Er. bef. gelicieð ; -ð on er.
sprecæ, init. ge- er.   19. 3. he pref. later.   Er. aft. fultum. hælgum, -um
on er.   ꞇ heahnesse he behealde on er.   4. he pref. later.   Er. aft. sie.
-gdnesse (2nd), g from d ; d from some other let. ; er. betw. d and n.   5. þe
on er. eæl, a fin. er. made. þin, fin. e er. geþeæht, er. at end (unge?).   -me
on er.   6. namæn, a on er. ures, r from some other let. ; let. er. betw. r
and e ; orig. = usses?   beoð gemic- on er.   7. gefylle, fin. let. er. gyrnenga
wr. over the line. oncneow = orig. oncneawe? Er. aft. forþæn. MS. halue
not halne ; a orig. æ. drihten on er.   7 er. bef. his ; s in pl. of er. gehereþ,
i er. betw. h and e ; of er. aft. this word. hine on er. hælegæ, fin. let. (n?)
er.   Er. bef. on.   8. þa, orig. = þæ.   ꞇ hy wr. over the line.   From on (1st)
to horsum add. in pl. of er.

drihtnes nomæn ures godes beoð gemiclyde   hi   synt
nomine domini   dei   nostri magnificabimur   9. Ipsi obligati
gewriðene 7   gefeollen we   soþlice   ærysæþ   7 ryhte
sunt   et   ceciderunt nos   vero   resurreximus et erecti
bioþ gewordene   drihten gedo þone kyning hælne 7
sumus   10. *Domine   salvum fac regem   et*
gehiere us on degge on ðam þe we gecygen ꞇ clipien þe
exaudi nos in die   in   qua   invocaverimus   te

20.

Drihten on þinum megne se kyning blissæþ 7 ofer hæle
2. *Domine in virtute tua   laetabitur rex   et super salutare*
þine wynsumæde ꞇ blissade   swiþe ꞇ ðearle   Gewil-
tuum   exultavit   vehementer   3.
nunge ꞇ gyrninge his sæwle   þu him seældest 7 fram wyllæn
Desiderium   anime eius   tribuisti ei   et voluntate
his welere ꞇ lippe þu hine ne becyredest ꞇ bepehtes   Forðæn
labiorum eius   non fraudasti eum   4. Quoniam
þu forecome hine on þinre bletsunge swetnesse þu settest on
prevenisti   eum in   benedictione   dulcedinis   posuisti in
his heæfode helm ꞇ coruna of þæm diorweorþestæn stænum
capite eius   coronam   de   lapide pretioso
     Lyf he bed fram þe 7 þu seældest him langnisse   dage
5. *Vitam petiit a te et   tribuisti   ei longitudinem dierum*
on   worold aworlde   Micel is his wuldor on þinre helo
in saeculum saeculi 6. *Magna est gloria eius in salutari tuo*
wuldor 7 micelne   wlite ðu asetst ofer him   Forðon
gloriam et magnum decorem inpones super eum   7. Quoniam
þu hine selest on bletsunge on world aworlde þu hine geblissæst
dabis eum   in benedictione in seculum saeculi   laetificabis eum
on gefeæn myd þinre onsine ꞇ andwlitan   Forþæn þe se kyning
in gaudio cum   vultu tuo   8. *Quoniam   rex*

<small>*nomæn*, *o* from some other let. *beoð*, *e* wr. over the line. *-de* on er. 9.
-wriðene on er. *-feollen* on er. ; *o* from something else? 10. From *degge* to
end of v. in pl. of er.   20. 2. *hæle þine* on er. *-de* (1st) prob. on er.
ꞇ *blissade* prob. add. *swiþe* ꞇ add. by Cor.   3. *-est, t* (twice) prob. by Cor.
Er. aft. *fram*. *welere* ꞇ *lippe* in pl. of er. ꞇ *bepehtes* add. by Cor.   4. *-come
hine* on er. *þinre* underlined in MS. *helm* ꞇ add. by Cor.   5. *Lyf,* fin. *-es*
er. *fram þe* 7 *þu* on er. *him langnisse* on er.   6. Er. aft. *wuldor* (1st).
asetst, a- on er. ; *-st* on er.</small>

PS. 21.] EADWINE'S CANTERBURY PSALTER. 31

gewencþ ꞇ hyhteð on drihten 7 on þes hihstæn mildheortnesse
sperabit   in domino et in   misericordia altissimi
he ne biþ onwended ꞇ astyred   bio gemet þin hand eællum
non commovebitur   9. *Inveniatur manus tua omnibus*
þinum fyondum þin swiþræ geméte eælle þa þe fiogæþ ꞇ hatedon
inimicis tuis   dextera tua inveniat omnes qui te   oderunt
     þu hie gesetst swæ swa fyrðolle fyres on tyde þinre onsine
10. *Pones eos   ut   clibanum ignis in tempore vultus*
ꞇ andwlite dryhten on his yrre gedrefþ hie 7 fyr hie forswylgþ
tui   dominus in ira   sua conturbabit eos et devorabit eos ignis
     hieræ westm of eorþæn þu forspildest 7 hieræ sed from
11. *Fructum eorum de terra   perdes   et semen eorum a*
mannæ bcærnum   Forðæn hie ahyldon on þe yfela
*filiis hominum   * 12. *Quoniam declinaverunt in te   mala*
hy þohton   geþeæhtunge ꞇ gerun þeð   na   hy ne michton
cogitaverunt   consilium   quod non   potuerunt
gestathelien   Forðæn þu hie asetst niþer ꞇ adune on lafum
stabilire 13. *Quoniam pones eos   deorsum   in reliquiis*
þinum ðu gærwest andwliten heore   upahefe drihten on
tuis   preparabis vultum   illorum 14. *Exaltare domine in*
megne þine we singeð 7 dremað þine megne
virtute tua cantabimus et psallemus virtutes tuas

21.

    God   god   min loce on me forwæn forlete þu me   fyor
2. *Deus deus meus respice in me quare me dereliquisti longe*
fram hele minra   Word   minræ ægyltæ   min god
 a   salute mea   Verba delictorum meorum   3. *deus meus*
ic cige þurh deg ne þu gehierest 7 on nyht 7 na   to
clamabo per diem nec   exaudies   et nocte et non ad
unsnyternesse ꞇ unwisdóme minre   þu soþlice on hælgæn
     insipientiam   michi 4. *Tu autem in   sancto*

8. Er. aft. *biþ*.   9. *bio*, fin. let. er.   *gemet*, two fin. lett. er.   *þin*, fin. let. er.
hand, fin. let. er. ; *a* orig. = *w*.   *þa* orig. = *þa*.   10. -*st* on er.   *swa* on er.   -*ðolle*
fyres on er.   Er. aft. *on* (1st),   Er. bef. *fyr*.   11. *of* on er.   *mannæ*, *a* from
something else.   12. Er. aft. *Forðæn*.   *ahyldon*, *a*- on er.   7 er. bef. *on*.
Er. aft. *þohton*.   *na*, *a* from *e*.   *gestathelien*, part. on er.   13. -*st* on er.
From *on* to end of v. in pl. of er.   14. From *up*- to *on* in pl. of er.   From
þine to *dremað* in pl. of er.   *þine* (2nd), *e* on er.   21. 2. *min* in p. ink
on er.   *fyor fram hele* on er.   3. *ne þu* in pl. of er.   Er. bef. *gehierest*; -*est*
on er.   *on nyht 7 na to* on er.   ꞇ *unwisdóme* prps. add.   4. er aft. *on*.

32   EADWINE'S CANTERBURY PSALTER.   [PS. 21.

eardest lof   israele ł haligen   on þe hyhton ł hopedon
habitas laus   israel   **5.** *in   te   speraverunt*
ure federæs on þe hy gehopeden 7 þu hie alysdest   To
patres nostri   speraverunt et liberasti eos **6.** *Ad*
þe hie clipoden   7   hale   hy gewordene   synt   on þe
te   clamaverunt   et   salvi   facti   sunt   in   te
hie hopodon ł gehihton 7 ne syndon gescende   Ic Soþlice
speraverunt   et non sunt confusi **7.** *Ego autem*
eom wyrm 7 na mann ædwît ł hosp manne 7 aworpednysse
sum vermis et non homo   obprobrium hominum et   abjectio
folces   Eælle þa þe me gesægen hyrpæden ł anscunedon me
plebis **8.** *Omnes qui   videbant me   aspernabantur   me*
hy sprecen mid welleron ł lippen 7 weagedon ł rysedon heofod
locuti sunt   labiis   et   moverunt   caput
he gehyhte ł hopade on drihten he hine generæþ ł alyseþ
9.   *Speravit   in   domino   eripiet eum*
halne he gedeþ hine fordan he wile hine   Forðæn þu
salvum faciet   eum quoniam   vult eum   **10.** *Quoniam tu*
eært þe me fram âtuge of innoðe hope ł hyht min fram
es qui abstraxisti me de ventre   spes   mea   ab
breostwelmum ł tyten moder minre   on ðe aworpen ic eom
uberibus   matris meae **11.** *In te iactatus sum*
of ingerife of innoðe moder minre god min eart þu   Ne
ex utero de ventre matris meae deus meus es tu **12.** *Ne*
gewit þu from me forþon geswinc ł eærfoþu gehende ł neæh
discesseris a   me quoniam   tribulatio   proxima
is 7   nis   se fultomie   Ymbseældon   me
est et non est qui adiuvet **13.** *Circundederunt me*
monegu ceælfæs feærræs fætte   me   forsetnoden   hy
vituli multi   tauri pingues obsederunt me **14.**

---

eardest prob. added. From *israele* to *haligen* on er.   5. From *on* to *hopedon* on er. *hy gehopeden* on er. *alysdest* on er. 6. *-oden* on er. *hale*,
orig. = *hæle*. *hy* on er. *-ene*, fin. e prps. add. by Cor. *hopodon ł* on er. 7.
Er. aft. *na*. *mann* orig. = *mænn*. Er. bef. *ædwît ł*, which is on er. Er. aft.
hosp. From *manne* to *folces* on er.   8. *-sægen* in pl. of er.   *-den ł anscunedon me* on er. From *mid* to end of v. on er.   9. *he gehyhte* on er. *ł hopade*
prob. by two Cors.; first wrote *hopað* and second made *ð* into *d* and add. *e*.
ł alyseþ on er. From *he* to *he* on er.   10. *fram âtuge* on er. Er. aft. *of*.
From *innoðe* to end of v. on er.   11. From begin. of v. to *moder* on er.
min eart þu by Cor.   12. *gewit þu* on er.   *geswinc* on er.   *gehende* on er.
is on er. Er. bef. *7*. Er. bef. and aft. *se*. *-ie* on er.   13. Er. aft.
ceælfæs. *forsetnoden*, *r* and first *n* prob. on er.

PS. 21.]   EADWINE'S CANTERBURY PSALTER.   33

atyndon ł upenedon on me hioræ muþ swa swa lye gripende
Aperuerunt   in me os   suum   sicut   leo rapiens
7 grymetgende   swæ swæ wætær agotene siondon 7
et rugiens   **15.**   *sicut   aqua   effusa   sunt   et*
tostencede beoð eælle mîne ban 7 min heorte his geworden
dispersa sunt omnia ossa mea Et factum est cor meum
swæ swæ meltende wex on middum mines innoþes   Astiðude
tanquam cera liquescens in medio ventris mei   **16.** *Exaruit*
swæ swæ tigle megen min 7 mine tungæ ætfylgþ ł togecleouode
velut   testa virtus mea et lingua mea   adhesit
minum gómum   7   on   dcæþes duste he geledden me
faucibus meis   et   in   pulverem mortis deduxerunt   me
     Forþæn ymbscældon me monigæ hundæs geþeaht ł réd
17. *Quoniam circundederunt me   canes multi   concilium*
awargedre ofsetnode   me   Hie dulfun mine hænde 7
malignantium obsedit   me   Foderunt manus meas et
mine fet   7 ærimeden ł tealdon cælle   mine bæn hi
pedes meos **18.** *dinumeraverunt omnia ossa mea Ipsi*
soþlice bescæwodon   7 behyoldon   me   hy todeldon
vero   consideraverunt et conspexerunt me **19.** *diviserunt*
him hregle   mine 7 ofer min hregl ł wed hie sendon hlyht
sibi vestimenta mea et super   vestem meam   miserunt sortem
      þu soþlice dryhten ne   dó þinne fultum fior   fræm me
20. *Tu autem domine ne longe facias auxilium tuum a me*
to minum gescyldnesse beseoh ł locæ   Genere fram sworde
ad defensionem meam   aspice **21.** *Erue   a   framea*
mine sæwlæ   7   mine annesse of þes hundes hændæ
animam meam   et   de manu canis unicam meam
    Gefriolsæ me of þes leon muþe 7 from horne þes anhornede
22. *Libera me de   ore leonis et a cornibus unicornuorum*
minre cæþmodnesse   Ic cyþe þinum nomon minum broþrum
humilitatem meam **23.** *Narrabo nomen tuum fratribus meis*

14. *ł upenedon* on er. *swa* (1st), orig. = *swæ?*   *swa* (2nd) on er.   Er. aft.
gripende. -etgende, er. betw. *t* and *g.*   15. *agotene, a-* on er.   Er. bef.
siondon. ban, orig. = *bœn. mines, -es* on er.   16. *Astiðude* by Cor. on er.
swæ (2nd) by Cor. on er.   *tigle megen min* in pl. of er.   *ł togecleouode* add.
by Cor.   17. Er. aft. *Forþœn.* Er. aft. *hundæs. geþeaht ł réd awargedre* in
pl. of er.   *ofsetnode,* er. of one (or two?) lett. at end.   18. 7 on er.   *ł tealdon*
by Cor. on er.   *behyoldon* on er.   Er. bef. *me.*   19. -*ldon, o* on er. *him* on
er.   *mine* on er.   20. -*nesse* on er.   21. *fram sworde* on er.   22. *horne*
þes anhornede by Cor. on er.   23. *cyþe* on er.   7 er. bef. *minum.*

D

on midre circeæn ic þe herige   ge þe ondredæþ drihten
in medio aecclesiae laudabo te   **24.** *Qui timetis dominum*
heriæþ hine cæll iæcobes sed gemycliæþ hine
laudate eum universum semen iacob magnificate eum
hine ondredæ eæl israehelæ sed forþæn he ne forhygede
25. *Timeat eum omne semen israel quoniam non sprevit*
7 ne forseah bene ðearfna 7 he ne acyrde onsyne his
neque despexit precem pauperum neque avertit faciem suam
from me 7 þonne ic cleopode to him he me gehirde   Myd
a me et dum clamarem ad eum exaudivit me   **26.** *Apud*
þe min lof on þere miclæn ciercæn dryhten mine gehát
te laus michi in ecclesia magna vota mea domino
ic ægilde beforæn ðam ondredendum hine   þæerfæn etæþ
reddam coram timentibus eum   **27.** *Edent pauperes*
7 bioþ gefillede 7 herigað drihten þa ðe secað hine
et saturabuntur et laudabunt dominum qui requirunt eum
hioræ heortæ lifæþ on world æworl*de*   hie gemuneð 7
Vivet cor eorum in seculum seculi   **28.** *reminiscentur et*
beoð gecyrrede to drihtne cællæ corþæn endes 7 gebiddæþ
convertentur ad dominum universi fines terrae Et adorabunt
on gesyhðe his ealle eþeles þeoda   forðan þe drihtnes
in conspectu eius omnes patriae gentium   **29.** *quoniam domini*
is riche 7 he waldeþ ðeode   hie eton
est regnum et ipse dominabitur gentium   **30.** *Manducaverunt*
7 gebædon éalle welie eorðen on gesyhðe his falleð
et adoraverunt omnes divites terrae in conspectu eius procident
eælle þe niðæræstigæþ on eorðæn   Ond min sæwl
universi qui descendunt in terram   **31.** *Et anima mea*
hym libbe 7 min sed him þewæþ   Bið cypæd ł bodad
ipsi vivet et semen meum serviet illi   **32.** *Adnuntiabitur*
drihtne þæ towerdæ cneowrisse 7 heofonæs cyþæþ ł bodiað
domino generatio ventura et adnuntiabunt caeli

24. *ge þe* on er. *eæll*, fin. let. er.   25. *hine, e* on er. *ondredæ*, fin. let.
(þ?) er. *israhelæ*, orig. = *irwhelæ*; *s* being from *i* and *i* pref. From *he* (1st)
to *onsyne* in pl. of er. by Cor. Er. aft. *his*. *þonne ic cleopode* on er. by Cor.
gehirde, de on er. by Cor.   26. *gehát*, orig. = *gehæt*?   27. From *herigað*
to *hine* by Cor. in pl. of er.   28. -*nið* on er. From 7 to *drihtne* by Cor. in
pl. of er. Er. bef. *eorþæn*. *hie* er. aft. 7. on *gesyhðe his* by Cor. on er.
ealle eþeles þeoda by Cor. in pl. of er.   29. All by Cor. in pl. of er.   30. Er.
aft. *eton*. Er. aft. 7. From *gebædon* to *falleð* by Cor. in pl. of er.; *falleð*, er.
betw. *l* and *l*. *niðær*, prps. pref. by Cor.   31. *hym* on er.   32. *cypæd*,
d on er. *towerdæ*, fin. let. er. *ł bodiað* by Cor. on er.

PS. 22.]   EADWINE'S CANTERBURY PSALTER.   35

rihtwisnesse his   folcæ   þæ   geboren biÖ   þet   geworhte
iustitiam   eius   populo   qui   nascetur   quem   fecit
drihten
dominus

22.

drihten me gerecht 7 nawuht me wane biÖ   on
Dominus regit me   et nichil michi deerit   2. in
þæræ stowe fosternoÖes Öer he me gestæþelede   Ofer weteræs
loco   pascue   ibi me collocavit   Super aquam
gereordunge he gefedde me   sæwle   mine he gecyrde
refectionis   educavit me   3. animam meam convertit
He ledde me ofer siÖfet ł stige rihtwisnesse for   his nomæn
Deduxit me super   semitam   iustitiae propter nomen suum
Witotlice 7 gef ic gange on myddæn deæþes sceaduwe ne
4. Nam   etsi ambulem in medio   umbre mortis non
ondræde ic yfæle forþæn þu myd me bist ł ært þin gierd 7
timebo mala quoniam tu mecum   es   Virga tua et
stef þin hy me frefredon   þu gæærwodest beod
baculus tuus ipsa me consolata sunt 5. Parasti in conspectu
on minre gesihþe ongean þa þe cærfoþigæþ ł swencton me
meo mensam   adversus eos qui   tribulant   me
þu onbryddæs ł mestest min heæfod on ele 7 þin dryncefæt
Inpinguasti   in oleo caput meum et   poculum tuum
drungniende   hu   bryht ł mere is   7 þin mildheortnesse
inebrians   quam preclarum est 6. Et misericordia tua
me efterfylgend eællum dægum mines lifes þet ic eærdige on
subsequitur me omnibus diebus vitae meae Ut inhabitem in
drihtnes huse on langnesse minræ dægæ
domo domini in longitudine dierum

þæ, fin. let. prob. er.   22. gerecht, ht on er. na-, orig. næ-. wanc
biÖ by Cor. on er.   2. fosternoÖes by Cor. on er. gestæpelede, þ from e ?;
-ede prob. by Cor. on er. From -ordunge to me by Cor. on er.   3. mine
he gecyrde by Cor. on er. He ledde me by Cor. on er. From siÖfet to
-nesse by Cor. on er. nomæn, o from something else.   4. From Witotlice to
gange by Cor. on er. sceaduwe by Cor. on er. ne ondræde ic by Cor. on er.
yfæle, e prob. add. by Cor. ł ært prob. add. by Cor. From þin (2nd) to frefredon in pl. of er. by Cor. 5. -wodest, t prob. add. by Cor. ongean þa þe
in pl. of er. by Cor. ł swencton me add. by Cor. ł mestest add. by Cor. þin,
fin. ne er. ? -fæt by Cor. on er. is in d. ink. 6. -fylgend, fin. e er. langnesse by Cor. on er.

D 2

23.

Drihtnes is sio eorþe 7 gefelledness hire ymbwyrft eorðena 7
Domini est terra et plenitudo eius orbis terrarum et
ælle þa ðe eærdiæþ on hieræ he ofer ses gegrund-
universi qui habitant in ea **2.** *Ipse super maria fun-*
wallede hyc ł gestæþolædæ 7 ofer streæmæs he geærwode hie
davit eam et super flumina preparavit illam
hwylc æstigæþ on drihtnes dune opðæ wylc stent on his þere
3. *Quis ascendit in montem domini aut qui stabit in loco*
ælgæn stowe þæ underiende hændæ 7 þæ clenæ heortæn
sancto eius **4.** *Innocens manibus et mundo corde*
se þe na onfeng on ydelnesse his sæwlæ ne ne swor on facne
qui non accepit in vano animam suam nec iuravit in dolo
his niehxtæn þes onfehþ bletsunge from drihtne 7
proximo suo **5.** *Hic accipiet benedictionem a domino et*
mildheortnesse fram gode hæle his þios is cnyowris
misericordiam a deo salutari suo **6.** *Haec est generatio*
secændra drihten secændre onsiene iæcobes godes
querentium dominum requirentium faciem dei iacob
       Geopeniæþ gæto eowre eældormonne 7 upæhebbæþ þæ ece-
7. *Tollite portas principes vestras et elevamini porte*
lecæn gæto 7 ingeþ se wuldorfestæ kyning hwilc is
aeternales et introibit rex gloriae **8.** *Quis est*
þes wuldorfestæ kyning drihten his mihtig 7 stræng drihtæn
iste rex gloriae dominus fortis et potens dominus
is stræng on gefiohte Geopeniæþ gæto eowres eældor-
potens in prelio **9.** *Tollite portas principes*
monnes ond upæhebbæþ ðæ ecelecæn gæto 7 ingeþ se wuldor-
vestras et elevamini porte aeternales et introibit rex
festæ kyning hwilc is þes wuldorfestæ kyning drihten
gloriae **10.** *Quis est iste rex glorie dominus*
of meigne he is kyning on wuldre
virtutum ipse est rex gloriae

23. *gefelledness* on er. 7 *ælle þa ðe* in pl. of er. *-iæþ, i* wr. over the line.
2. *is* er. aft. *he. gegrundwallede hyc* ł in pl. of er. prps. by Cor. *hie, e* on
er. 4. *underiende* by Cor. on er. *clenæ,* fin. let. er.; the *e*-part of the *æ*
in d. ink. *þe,* orig.=*þæ. na, a* from some other let. (e?). *swor on facne his*
in pl. of er. prob. by Cor. A second *facne* er. aft. *facne.* Er. aft. *his.* 5. *fram
gode hæle his* by Cor. on er. 6. *þios, o* dotted. *cnyowris,* fin. *n* er. Er.
aft. this word. *-dra* on er. *-dre* on er. of *-ne*? 7. *eowre,* fin. *s* er. *-monne*
fin. *s* er. 9. *-monnes, es* in d. ink on er.?

24.

To þe drihten ic upahof mine sæwle min god on þe
Ad te domine levavi animam meam **2.** *deus meus in te*
ic getreowe ic ne scæmige 7 na bysmrien me mine
confido non erubescam **3.** *Neque irrideant me inimici*
fiend 7 soþlice ealle þa ðe anbidigeð drihtne na hy beoð gescynde
mei etenim universi qui te exspectant domine non confundentur
Sien gescynde þa unrihtwisan doende idelu þinc wegæs drihten
4. *Confundantur iniqui facientes vana vias tuas domine*
gedo me cuþe 7 þine stygæ ɫ siþfatu gelere me Gerece me
notas fac michi et semitas tuas edoce me **5.** *Dirige me*
on þine soþfestnesse 7 lere me forðon þu eært god mín helend
in veritate tua et doce me quia tu es deus salutaris meus
7 ðe ic ærefne ɫ þyldgode æle deg gemune miltsunga
et te sustinui tota die **6.** *Reminiscere miserationum*
þinre drihten 7 þinre mildheortnesse þe of worlde sindon
tuarum domine et misericordiae tuae quae a saeculo sunt
Ægyltæs iuguðhades minre 7 nitenesse minre ne gemune ðu
7. *Delicta iuventutis meae et ignorantiae meae ne memineris*
drihten efter micle mildheortnesse þinre gemyndig byo ðu
domine secundum magnam misericordiam tuam memor esto
min god for þinre godnesse drihten swete 7 rihtwis
mei deus Propter bonitatem tuam domine **8.** *dulcis et rectus*
drihtæn fore þissum æ he sette ðam agiltendum on wege
dominus Propter hoc legem statuit delinquentibus in via
he gerecþ bilewite ɫ cæþmoden on his dome he lereþ þam softon
9. *diriget mites in iudicio docebit mansuetos*
his wegæs Eælle drihtnes wegæs myldheortnesse 7
vias suas **10.** *Universe vie domini misericordia et*

---

24. 2. *on þe ic getreowe* by Cor. on er. 3. *7 na* on er. in d. ink. *me* in
d. ink. *ealle þa ðe* by Cor. on er. *anbidigeð*, *a* from *o* by Cor.; *-igeð* by Cor.
on er. From *drihtne* to *gescynde* by Cor. in pl. of er. 4. Er. aft. *gescynde*,
þa, orig. =*þœ*. *-wisan* by Cor. on er. *doende idelu* by Cor. in pl. of er. ɫ
siþfatu prob. add. by Cor. 5. Er. aft. *god*. 7 *ðe* by Cor. on er. *œle* by
Cor. on er. *deg*, fin. let. er. 6. From *gemune* to *þinre* (1st) by Cor. in pl.
of er. *þe of* by Cor. on er. 7. From *iuguðhades* to *micle* by Cor. on er.
gemyndig byo ðu by Cor. on er. *min* cov. by d. ink. *drihten* by Cor. on er.
8. *swete* by Cor. on er. *þissum*, first *s* wr. over the line. Er. aft. this word.
œ he by Cor. in pl. of er. *sette*, init. *ge* er.; also fin. let. er. From *ðam* to
wege by Cor. in pl. of er. 9. From *he* to *bilewite* by Cor. in pl. of er. 7 er.
bef. *he* (2nd). *þam softon* by Cor. on er. 10. *Eælle*, fin. *s* er.

soþfestnesse ðam secendum gecyþnesse his 7 gewitnesse his
veritas requirentibus testamentum eius et testimonia eius
For þinun nomæn dryhten þu gemildsast minum synnum
11. *Propter nomen tuum domine propitiaberis peccato meo*
soþlice hiræ is manigfeald hwylc is se mæn se him
copiosum est enim **12.** *Quis est homo qui timeat*
drihten ondrede æ ł ewe he him gesette on wege þam he gecyst
dominum legem statuit ei in via quam elegit
his sæwle on gode biþ wunigende 7 his sed yrfewerærdnesse
13. *Anima eius in bonis demorabitur et semen eius haereditate*
ǽgende eorðæn trymnesse is dryhten ðam ondred-
possidebit terram **14.** *Firmamentum est dominus timen-*
endum hine cyþnesse his þ heo sie geswutelad heom
tibus eum et testamentum ipsius ut manifestetur illis
Min eægæn symle to drihtne forþæn þe he oferswyþeþ
15. *Oculi mei semper ad dominum quoniam ipse evell-*
ł utaluceð of gegrynum mine fet Locæ ł syoh on me 7
et de laqueo pedes meos **16.** *Respice in me et*
myltsæ me forþæn anlic 7 þeærfe ic heom Eærfoþnesse
miserere mei quoniam unicus et pauper sum ego **17.** *Tribulationes*
minre heortæn tobredde siendon of niedþeærfum mine genere me
cordis mei dilatatae sunt de necessitatibus meis eripe me
Gesioh mine eæþmodnesse 7 gewin ł swinc min 7 forlet
18. *Vide humilitatem meam et laborem meum et dimitte*
ealle synne mine locæ ł beseoh on mine fiend forðæn
omnia peccata mea **19.** *Respice inimicos meos quoniam*
hy gemonifeældode syndon 7 fioung ł hatunge unryhtæ hy hatedon
multiplicati sunt et odio iniquo oderunt
me Geheæld saule mine 7 genere me drihten na ic be
me **20.** *Custodi animam meam et eripe me domine non con-*
onscynd forðan ic gecleopode þe þæ unscyldie 7 þæ rihtwise
fundar quoniam invocavi te **21.** *Innocentes et recti*

Er. aft. *soþfestnesse.* ðam *secendum* by Cor. on er. 11. *þu gemildsast* by
Cor. on er. 12. *æ* ł add. by Cor. *gesette*, part. on er. 7 er. bef. *on*, wh. is
on er. *þam he* on er. 13. *ǽgende*, accent doubtful. *on* er. bef. *eorðæn*.
14. From ðam to *hine* by Cor. in pl. of er. Er. bef. *his*. *geswutelad* on er.
with er. aft. it. 16. *ł syoh* add. by Cor. *anlic* on er. *þeærfe*, fin. let. er. ?
17. *niedþeærfum*, let. er. betw. *d* and *þ*. 18. *Gesioh, h* on er. of some other
let. From *gewin* to *mine* by Cor. in pl. of er. 19. *fiend*, fin. *e* er. *ł hat-*
unge by Cor. on er. *un-* on er. *-y hatedon me* by Cor. on er. 20. From
saule to end of v. by Cor. on er. 21. *-die* on er. Er. at end of *riht-* ; *-wise*
add. by Cor.

PS. 25.]   EADWINE'S CANTERBURY PSALTER.   39

me etfyolæþ ł togeþeoddon   forþæn   ic forbær   þe   drihten
   adheserunt   michi   quoniam   sustinui   te   domine
      Ælys me ysræhelæ god of eællum minum angsumnesse
22. Redime me   deus israel ex omnibus   angustiis meis

                                  25.

Dem   me drihten   forþan   þe   ic on   mynre   unscyldignesse
Iudica me domine   quoniam   ego in   innocentia mea
ic ingange 7   on   drihten   hopiende   na   ic   untrumie
ingressus sum et   in   domino   sperans   non   infirmabor
     Gecosta ł afanda me drihten 7 costa me bern edren mine 7
2.   Proba   me domine et tempta me ure   renes meos et
heortan mine   Forðæn þæ þin myldheortnesse is beforæn
   cor   meum   3. Quoniam   misericordia tua   ante oculos
minum eægæn 7 ic gelicode on þinre soþfestnesse   Ic ne sæt
 meos est   et complacui in   veritate tua   4. Non sedi
on ydelnesse gemotstowe 7 myd þæm unrihtberendum ł dondum
in   concilio   vanitatis et cum   iniqua   gerentibus
ic in ne gængæ   Ic fiode ł hatude gesomninge   awyrgedra
 non introibo   5.   Odivi   congregationem malignorum
7 myd þæm ærleæsum   ic ne   sitte   Ic ðwea   mine
et cum   impiis   non sedebo   6. Lavabo   inter
hænde betwyoh ðæm unscyldige ic ymbgonge wifod þin
 innocentes   manus   meas   et   circuibo   altare tuum
drihten   þet ic gehiere stemne   þines lofes 7 þet ic
domine   7. Ut   audiam   vocem   laudis tuae   ut
secge ł cyþe   cælle   þine wundoru   drihten   ic lufude
 enarrem   universa mirabilia tua   8. Domine   dilexi
wlite   þines huses 7 stowe   eærdungæ   þines wuldres
decorem domus   tuae et locum habitationis gloriae   tuae
     Ne forspil þu myd þæm ærleæsum mine sæwle 7 myd werre
9. Ne perdas   cum   impiis   animam meam et cum viris

ł togeþeoddon add. by Cor. forbær on er. 22. Er. bef. angsumnesse.
25. -ldignesse ic ingange by Cor. on er. hopiende na ic untrumie by Cor. in
pl. of er. 2. ł afunda add. by Cor.? costa me bern by Cor. on er. 3. 7
ic gelicode by Cor. on er. 4. sæt on er. ł dondum wr. over the line. 5.
ł hatude add. by Cor. gesomninge by Cor. on er. awyrgedra by Cor. on er.
6. Ic ðwea by Cor. on er. unscyldige by Cor. on er. wifod þin by Cor. on er.;
wifod, a fin. let. rubbed out while wet. 7. wundoru, u add. by Cor. 8.
-ude by Cor. on er. Er. aft. stowe. 9. þu on er. Er. aft. myd (2nd).

40   EADWINE'S CANTERBURY PSALTER.   [PS. 26.

blodum   min   lyf   on   þæræ   hondum   siendon
sanguinum vitam meam   10. in quorum manibus iniquitates
unryhtnesse   hioræ   swyþræ gefylled is læcum ł medsceattum
       sunt   Dextera   eorum   repleta   est   muneribus
    Ic soþlice on mynre unscyldinesse ic ingeode   æles   me
11. ego autem   in   innocentia mea   ingressus sum redime me
7 myltsæ me   fot soþlice min stod on rihtum wege on
et miserere mei   12. Pes enim meus stetit in   via recta   in
cyrceæn ic bletsie drihten
aecclesiis benedicam dominum

26.

Drithen is min onlihtnesse 7 mine helæ ðone ic me ondrede
Dominus   illuminatio mea   et salus mea   quem   timebo
Drihten is scyldon mines lifes for ðæn ic forhtie   Midþy
Dominus defensor vitae mee a quo trepidabo   2. Dum
genealæcað ofer me sceþðende þet hie eton flesc mine þa ðe
adpropiant super me   nocentes   ut   edant carnes meas qui
swencat   me   fynd mine   sint geuntromode 7 gefeælleð
tribulant   me inimici mei ipsi infirmati sunt   et ceciderunt
    Gif stondæþ   ongean me weredu na ondredeð heorte min
3. Si consistant adversum me castra non timebit   cor   meum
gif ærisæþ on me gefioht on þisum ic gehyhte ł gewene
si exsurgat in me prelium in   hoc   ego   sperabo
    Anes ic bæd fram drihtne þæs ic sece ł gegyrnde þet
4. Unam   petii   a   domino hanc   requiram   ut
ic on dryhtnes huse eærdic eælle   dægæs mines lifes þet
inhabitem in domo domini   omnibus diebus   vitae   meae Ut
ic gesio mines drihtnes willæn 7 ic sie gescylded from his
videam   voluntatem domini   et   protegar   a   templo
halgæn temple   forðæn þe me gehidde on his geteldunge
sancto   eius   5. Quoniam abscondit me in tabernaculo suo

  10. Er. aft. hioræ.   11. on on er.   unscyldinesse ic ingeode by Cor. on
er. æles, e from i by Cor. and fin. let. er.   12. From fot to stod by Cor. on
er.   26. A fresh hand (in p. ink) begins here. It ends with the last
v. of Psalm 77. Drithen by Cor.   2. genealæcað by Cor.   sceþðende by
Cor. þa ðe cov. by d. ink by Cor.   From swencat to mine by Cor., fynd being
on er.   3. hie er. aft. Gif. ongean by Cor. ; er. of two lett. betw. n and g.
weredu na ondredeð by Cor. on er.   min by Cor. on er.   Er. bef. gif (2nd).
þisum, þi- cov. by d. ink.   gehyhte ł by Cor.   4. -ed in d. ink on er.   fram
cov. by d. ink.   -tne cov. by d. ink.   ł gegyrnde ins. by Cor.   þe er. aft. his.
temple by Cor.

PS. 26.]   EADWINE'S CANTERBURY PSALTER.   41

on dege þærӕ yflӕ gescilde me on gedygelnesse getecӕldunge his
in   die   malorum   protexit   me   in   abscondito   tabernaculi sui
on þӕn stӕnӕ he upӕhof me   Nu ðonne soðlice upӕhefþ mîn
6. *in   petra   exaltavit   me   Nunc   autem exaltavit caput*
hӕfod ofer   fiend mine ic ymbgonge 7 ic offrige on his
meum   super   inimicos   meos   circuibo   et   immolabo   in taber-
getecӕldunge onsӕgdnesse lofes ꞇ dremes ic singe 7 secӕlm
naculo eius   hostiam   iubilationis   cantabo   et psalmum
ic cwiðe drihtne   Gehier   drihten   mine   stemne   þӕ
dicam   domino   **7.** *Exaudi domine vocem   meam   qua*
ic chige ꞇ clypie to þe mildsӕ me 7 ongehiere me   þe
clamavi   ad te miserere mei et exaudi   me   **8.** *Tibi*
sӕgde min heorte ic sohte   ðine andwlitan ꞇ onsine ðine
dixit cor meum   quesivi   vultum tuum   vultum tuum
dryhten ic sece   Ne acyrre ðu þine onsiene from me 7
domine requiram   **9.** *Ne avertas   faciem tuam   a   me et*
ne hyld ꞇ becyrre ðu on corre   þeowe þine Gefylstend min
ne   declines   in   ira   a servo   tuo   Adiutor   meus
þu beo ne   forlet þu me ne   forSioh þu me god   mine
esto   ne derelinquas me neque despicias   me   deus salutaris
helo   Forðӕn feder mîn 7 moder min hy forleton me
meus **10.** *Quoniam pater meus et mater mea dereliquerunt me*
drihten soðlice   anfeng   me   Ӕwe   me   gesette
dominus autem   assumpsit   me   **11.** *Legem michi constitue*
drihten on wege ðinum 7 gerece me on stigӕ ꞇ on siðfӕte rihtӕ
domine   in   via   tua   et dirige me in   semita   recta
for   fiondum minum   Ne   sele þu   me on Sӕwlӕ
propter inimicos meos   **12.** *Ne tradideris me in animas*
ehtendrӕ   me forðӕn   onrison   on me cyþras ꞇ gewiten
persequentium me quoniam insurrexerunt in me   testes

---

5. *-dygel-* by Cor. on er.   6. *ofer*, er. of a let. at end.   *mine, e* by Cor.
7 *ic offrige* by Cor. on er.   From *onsӕgdnesse* to *dremes* by Cor. on er.   *ic
singe* by Cor.   *secӕlm*, a fin. let. er.   7. *Gehier*. fin. let. (e ?) er.   *-en* cov.
by d. ink.   *ꞇ clypie* add. by Cor.   8. *þe sӕgde* by Cor. on er.   *ic sohte* by
Cor. on er.   *andwlitan* by Cor.   Er. betw. *andwlitan* and *ꞇ*.   From *ꞇ* to
dryhten by Cor. part. on er.   Er. aft. *sece*.   9. *acyrre ðu* by Cor.   *hyld ꞇ* in
d. ink.   From *eorre* to *min* by Cor. part. on er.   *þu* cov. by d. ink.   *beo* in d.
ink.   Er. aft. *forlet*.   *þu* by Cor.   *ne for-* cov. in d. ink by Cor.   10. *hy* by
Cor.   Er. bef. *forleton*.   *anfeng* by Cor.   11. *gesette, s* cov. by d. ink.   Er.
aft. *on* (2nd).   *ꞇ on siðfӕte* add. by Cor.   *for*, fin. *e* er.   12. *onrison* by Cor.
A let. er. aft. *me*.   *cyþras ꞇ ge-* by Cor.

unrihtwise 7 leasfyrhte is unryhtwisnes him   Ic geliefe
iniqui   et   mentita   est   iniquitas   sibi   13. *Credo*
drihtnes god to gesionne on liuiendræ eorðæn   ic onbide
videre bona domini   in   terra viventium   14. *exspecta*
drihtnes 7 ic werlice do 7 si gestrængod þin heorte 7 geanbida
dominum et viriliter age et confortetur   cor tuum et sustine
drihten
dominum

27.

To þe drihten ic clipode min god ne swiga þu from me 7
1. *Ad te domine clamavi deus meus ne sileas a   me et*
ic bío gelic þæm niþerstigendum on seþe   Gehire
ero similis   descendentibus   in lacum 2. *Exaudi*
stemne mines gebedes midþie   ic togebidde 7 ðonne
vocem deprecationis meae dum   oro ad te et dum
ic uphebbe mine hænde to þinum hælgæn temple   Na
extollo manus meas ad templum sanctum tuum 3. *Ne*
somod þu selle me mid synfullum 7 mid þæm wircendum
simul tradas me cum peccatoribus et cum operantibus
unrihtnesse ne forspil ðu me Mid þysum þe her sprecæð sibbe
iniquitatem ne perdas me Cum his qui   loquuntur pacem
mid hirum nixtum soðlice yfel sint on hioræ heortæn
cum proximo suo mala autem sunt in cordibus eorum
Sele hem efter hioræ weorce 7 efter hiore niþhete
4. *Da illis secundum opera eorum et secundum nequitiam*
hioræ gecneorþnisse t tilengæ geedlerenæ hem Agield hioræ
studiorum ipsorum   retribue   illis Redde retri-
edleænængæ hem   forðon þe hie ne ongeæton drihtnes
butionem eorum ipsis 5. *quoniam non intellexerunt in opera*
weorc 7 on his worce his honde hie ne sceæwodon Tobrec
domini et in opera manuum eius   non considerant Destrue
hie ne þu hie ne getimbre   gebletsæd drihten forðon þe
illos nec   aedificabis eos   6. *benedictus dominus quoniam*

Er. bef. *unrihtwise*; *-wise* by Cor. From *leasfyrhte* to *him* by Cor. on er.
13. *Ic* cov. by d. ink.   14. *-bide* cov. by d. ink. 7 *geanbida drihten* by
Cor.   27. 1. *To* by Cor. *-ode* by Cor. on er. *ne swiga þu* by Cor. *seþe*
cov. by d. ink.   2. From 7 to *uphebbe* by Cor. *mine* part. cov. by d. ink.
Er. aft. *þinum*.   3. From *Na* to *selle* by Cor. Er. bef. and aft. *mid*. *syn-*
by Cor. *ðu*, *-u* by Cor. on er.   4. *hem*, *e* from *i*. *gecneorþnisse t* add. by
Cor. *hem* (2nd), *e* from *i*. *hem* (3rd), *e* from *i*.   5. *honde*, the *e* made by
d. ink.   6. *sæd*, *d* in d. ink prob. add. by Cor. *þe he* in d. ink.

he gehierde stemne mines gebedes   Drihten is min
exaudivit   vocem deprecationis mee **7.** *Dominus adiutor*
fultum 7 min scyldend 7 on hine gehyhte ꝥ gewenep min heorte
meus et protector meus et in ipso   speravit   cor meum
7 gefultumod ic eom 7 blostmæt ꝥ bleow min flesc 7 of minum
et adiutus   sum Et   refloruit   caro mea et ex voluntate
willum ic ondette him   Drihtnes strengðo his folce 7
mea   confitebor illi **8.** *Dominus fortitudo plebis suae et*
gescyld   crist hiora helo   is   Gedo hæl   þin
protector salutarium christi sui est **9.** *Salvum fac populum*
folc drihten 7 gebletsæ þine hyrfeweærdnesse 7 gerece hie 7
tuum domine et benedic   haereditati tuae   et rege eos et
genim ꝥ ahefe hie oþþe on world ꝥ on ecnisse
extolle   illos usque   in aeternum

28.

gebringað drihtne godes beærn gebrengæð drihtne   weþræs ꝥ
Afferte   domino   filii dei   afferte   domino   filios
romma beærn   Gebrengæð drihtne wuldor 7 arwurðunge
arietum   **2.** *Afferte   domino gloriam et honorem*
gebrengæð drihten wundor his næmon Gebiddæþ drihten on
afferte   domino gloriam nomini eius Adorate dominum in
his hæligre hælla   drihtnes stem   ofer weteru 7 godes
aula sancta eius   **3.** *vox domini   super aquas   deus*
megenþrym ontyneþ ꝥ onswegde drihten ofor monigo weteru
maiestatis   intonuit   dominus super   aquas multas
   Drihtnes stem on megene drihtnes stem on micelnessæ
4. *Vox domini   in   virtute   vox domini   in magnificentia*
   Drihtnes stem gebrecende þone cedorbeæm 7 drihten ge-
5. *Vox domini confringentis   cedros   et confringet do-*
briceð cederas of libani   7 forgnideð hie swæ swæ þet sceælf
minus cedros libani **6.** *et comminuet eas tanquam vitulum*

þe er. aft. *he.* *gehierde* cov. by d. ink.   7. Er. aft. *fultum.* *gehyhte* ꝥ
add. by Cor. 7 cov. by d. ink; an er. aft. it. *gefultumod* cov. by d. ink. *ic
eom* in d. ink by Cor. *blostmæt* part. cov. by d. ink. ꝥ *bleow* add. in d. ink.
8. *his* from *þis?*   9. ꝥ *ahefe* add. by Cor.   ꝥ *on ecnisse* by Cor.   28. *gebringað* by Cor. *weþræs, s* by Cor. ꝥ *romma* by Cor. 2. *Geb-* cov. by Cor.
7 *arwurðunge* by Cor. on er. *gebrengæð, ge-* part. cov. by d. ink. *hæligre* by
Cor. *-lla* by Cor.   3. *weteru, -u* by Cor. ꝥ *onswegde* by Cor. *weteru, -u*
by Cor.   5. *cederas of libani* by Cor.   6. 7 *forgnideð* by Cor.   Er. bef.
and aft. *hie.   swæ* (1st) part. cov. by d. ink.

44   EADWINE'S CANTERBURY PSALTER.   [PS. 29.

on libani 7 leofne   swæ swæ   beærn   ænhyrnedes diores
libani   et dilectus   sicut   filios   unicornuorum
Drihten stem tosceaddendis   leg   þæm fire   stefn drihtnes
7. *Vox domini intercidentis flammam ignis*   8. *vox domini*
hrysiendis on westen 7   astyred   drihten onwendeþ westen
concutientis solitudinem et commovebit dominus   desertum
gefeællende   Drihtnes stem geærwiende þæ heortes 7 to onwreonne
cades   9. *Vox domini preparantis cervos et revelabit*
þiccettu ł hioræ den 7 on his temple eælle cweþæþ wuldor
condensa   et in templo eius omnes dicent   gloriam
          Drihtæn   flod   oneærdæþ   7 onsitt drihten kining on
10. *Dominus diluvium inhabitat et sedebit dominus   rex   in*
eccnesse   Drihtnes megen   his folce seleoð 7 gebletsæð
aeternum   11. *Dominus virtutem populo suo dabit et benedicet*
folc   hys   on sibbe
populum suum in pace

29.

Ic ahebbe þe drihten forðæn   þu me onfenge ne þu na to-
2. *Exaltabo te domine quoniam suscepisti me nec   delect-*
breddest   mine fiend ofer me   Min drihten god to þe ic
asti   inimicos meos super me   3. *Domine deus meus   cla-*
chige ł cleopode 7 þu me geheldest   drihten þu widtihx from
mavi ad te   et   sanasti me   4. *domine abstraxisti   ab*
helwarum   mine sæwle   7 þu me geheldest from þæm niþersti-
inferis   animam meam   salvasti me   a   descenden-
gendum on þone Seæþ   Singæð drihtne his hælgum 7
tibus   in   lacum   5. *Psallite domino sancti eius et*
ondettæþ mid geminde his hælignisse   Forðæn eorre biþ
confitemini memoriae sanctitatis eius   6. *Quoniam   ira*
on ebylgnesse his 7 lyf on his willæn On ðon efen bið
in indignatione eius et vita in voluntate eius Ad vesperum dem-

---

From *on* to *leofne* by Cor. on er., the 7 being merely cov. in d. ink. Er. bef. *ænhyrnedes*; the *es* by Cor. on er. *diores, es* by Cor. on er. 7. *tosceaddendis leg* by Cor. on er. 8. *stefn* by Cor. on er. *hrysiendis* by Cor. on er. *westen* by Cor. on er. Er. aft. 7. *astyred* by Cor. on er. 7 er. bef. *drihten*. 9. *piccettu* ł by Cor. 10. *flod* by Cor. Er. bef. *oneærdæþ*. *onsitt*, let. (d) er. betw. *n* and *s*. 11. *hys* by Cor. 29. 2. *Ic ahebbe þe* by Cor. *ne þu na to-* by Cor. -*dest, ł* add. by Cor. 3. *ł cleopode* add. by Cor. ·*est* by Cor. on er. 4. *helwarum* by Cor.; er. aft. it. -*dest, d* wr. over the line. 5. Er. bef. *his* (1st). *hælignisse* cov. in d. ink by Cor.

PS. 30.] EADWINE'S CANTERBURY PSALTER. 45

wuniende wóóp 7 to þæm uhtlicum ł dægred blis   Ic
orabitur fletus et ad matutinum letitia   **7.** *Ego*
soðlice cwęð on minre genihtsumnisse þet ic me ne onwende ł astyred
autem dixi in mea habundantia non movebor
on ecnesse   drihten on þinum goðæn willæn þu geærwedest
in aeternum   **8.** *Domine in bona voluntate tua prestitisti*
minum wlite þin megen þu ǽwirfdes þine onsine fram me 7
decori meo virtutem avertisti faciem tuam a me et
ic geworden eom   gedrefed   drihten to þe ic cliepie 7 to
factus sum conturbatus   **9.** *Ad te domine clamabo et ad*
minum godum 7 ic bio biddende   hwylc netnesse on minum
deum meum deprecabor   **10.** *quae utilitas in sanguine*
blode þonne ic niðærstige on gegripnesse ł onbrosnunga Is þes
meo dum descendo in corruptionem Nun-
wén þet ic þe ondette þe dust opðe bodaþ soþfæstnisse þine
quid confitebitur tibi pulvis aut annuntiabit veritatem tuam

Drihten gehierde 7 is miltsigende   me   drihten is geworden
11. *Audivit dominus et misertus est michi dominus factus est*
ge min fultumend ł gefylstend   ðu gecirdest   minne heof
adiutor meus   **12.** *Convertisti planctum meum*
on gefeæn   me   þu tostlite ł -curfe mine sęc ł hæran 7 me be-
in gaudium michi conscidisti saccum meum et pre-
gierdest me on blisse   þ ic singe þe wuldor min 7 ic ne
cinxisti me laetitia   **13.** *ut cantem tibi gloria mea et non*
síe ł ne beo onbryrd Min drihten god on   ecnesse ic ondette þe
conpungar Domine deus meus in aeternum confitebor tibi

30.

On þe drihten ic gewene ł hyhte þet ic ne sie gescynd on
2. *In te domine speravi non confundar in*

6. *ł dægred* add. by Cor.   7. *cwęð*, a fin. let. er.   *minre, i* on er.   *-nisse* on
er. by Cor.   *ł astyred* add. by Cor.   8. Er. bef. *goðæn*.   *-est, t* prob. add.
by Cor.   *minum* on er.   Er. aft. 7.   *eom* by Cor. on er.   10. Er. of about
two lett. bef. *netnesse*.   *þonne* by Cor. on er.   *niðær-* in d. ink; er. betw. it
and *-stige*.   *ł onbrosnunga* by Cor.   From *þe* (2nd) to *þine* by Cor.; first four
words being in pl. of er.   11. *gehierde, de* by Cor. in pl. of er.   Er. bef. *drihten*.
ge by Cor.   *ł gefylstend* by Cor.   12. *heof, o* in d. ink on er. of another let.
Er. aft. this word.   *-eæn* cov. by d. ink.   *me* in d. ink.   *-stlite ł* crowded in
by Cor.; the *to* is in the p. hand and orig. belonged to *-curfe*; therefore
printed as above with hyphen bef. *curfe*.   *ł hæran* add. by Cor.   *me on
blisse* by Cor. on er.   13. *þ ic singe* by Cor.   *min* 7 *ic* by Cor.   *ł ne
beo* by Cor.   *-rd* prob. by Cor. on er.   *drihten god* part. cov. by d. ink.
30. 2. *ł hyhte* add. by Cor.   *gescynd*, fin. let. (e?) er.

46   EADWINE'S CANTERBURY PSALTER.   [PS. 30.

ecnesse on þinre sopfestnesse gefriolsæ ł alys me 7 nere me
aeternum in tua iustitia libera me et eripe me
Onhyld þin eæræ to me 7 þu hredlice ł efest nere me
3. *Inclina ad me aurem tuam accelera ut eripias me*
Beó þu me on gode gescyldend 7 on stowe rotnisse oþþet
Esto michi in deum protectorem et in locum refugii ut
þu me hæle gedó Forðæn mine trimnesse 7 min
salvum me facias **4.** *Quoniam firmamentum meum et refu-*
gescyld west þu 7 for þinum nomæn min lættþeow þu bist
gium meum es tu et propter nomen tuum dux michi eris
7 þu me afeddest 7 læddest þu me of gryne þissum þa
et enutries me **5.** *Et educes me de laqueo isto quem*
me gedieledon forðon þu art gescyldend min drihten
occultaverunt michi quoniam tu es protector meus domine
on þine hænde ic etfeste ł ic bebeode þe mine gæst þu me
6. *in manus tuas commendo spiritum meum* Rede-
alisdest drihten god on soðfestnesse þu fiodes ł hatudest
misti me domine deus veritatis **7.** *odisti*
þæ beweardgende idelnesse ofer þæ emettgæn ł unnytlice Ic soðlice
observantes vanitatem super vacue Ego autem
on drihten hyhte ic winsumie ł fægenie 7 blissiæ on þine
in domino sperabo **8.** *exultabor et laetabor in tua*
mildheortnessæ Forðæn þu gelocedes ł sawe eæþmodnesse mine 7
misericordia Quia respexisti humilitatem meam
hele me gedydest of minum níedþeærfnessvm ł nedum sæwle
salvam fecisti de necessitatibus animam
mine ne ðu na beluce me on fiondæs hændum þu gesettest
meam **9.** *nec conclusisti me in manus inimici Statuisti*
mine fęt on stowe rumre ł widgilre miltsæ me drihten
in loco spatioso pedes meos **10.** *miserere michi domine*

From *ł* to *me* (2nd) by Cor. on er. ? 3. *Onhyld,* fin. let. (ο ?) er. *ł efest*
add. by Cor. *nere me* by Cor. on er. From *Beó* to *gode* by Cor. on er. *ge-*
pref. by Cor. *rotnisse* by Cor. wr. above an er. Er. aft. *rotnisse.* 4. *lætt-*
þeow part. cov. by d. ink. 5. *læddest þu* cov. by d. ink. *of gryne* by Cor.
on er. *þissum,* er. betw. *s* and *s.* Er. aft. *þissum. gedieledon,* let. er. aft.
second *e.* *þu art gescyldend* by Cor. *min* by Cor. on er. 6. *etfeste,* last *e*
in d. ink. *þe* by Cor. *-est, ł* prob. add. by Cor. 7. *ł hatudest* add. by Cor.
beweardgende by Cor. on er. *ł unnytlice* add. over the line by Cor. *hyhte* by
Cor. 8. *ic winsumie* part. cov. by d. ink. *ł fægenie* (or *fægnie* ?) by Cor.
ł sawe by Cor. ; er. aft. it. *mine* by Cor. *ł nedum* add. by Cor. 9. From
ne to *on* (1st) by Cor. *-dæs, s* in d. ink. *-est, ł* prob. add. by Cor. *rumre,*
prob. cov. by d. ink by Cor. *ł widgilre* by Cor. 10. *miltsæ,* let. (m ?) at
end er.

PS. 30.] EADWINE'S CANTERBURY PSALTER. 47

forþon ic iem geeærfoþod Gedrefed is min egæ for irre
quoniam tribulor Conturbatus est in ira oculus meus
sæul mîn 7 innoð min Forðæn þe teorode min lyf on
anima mea et venter meus **11.** *Quoniam defecit in dolore vita*
særæ 7 mine geær on giomrungum Geuntrumed is on þeærflicnisse
mea et anni mei in gemitibus Infirmata est in paupertate
mægen min 7 bæn mine gedrefede synt Ofer eællæ
virtus mea et ossa mea conturbata sunt **12.** *Super omnes*
mine fiend geworden ic eom hosp neahgeburum minum
inimicos meos factus sum obprobrium vicinis meis
to swiðe 7 ege cuþum minum ða þe me gesiowon ute hie flugon
nimium et timor notis meis Qui videbant me foras fugiebant
from me 7 ic gefeol swæ swæ dead fram heortæn 7 ic eom
a me **13.** *excidi tanquam mortuus a corde et factus*
geworden swæ swæ þet forlore fęt Forðæn ic gehierda
sum sicut vas perditum **14.** *Quoniam audivi*
tale manigra ymbeærdiendra On him ða hy
vituperationem multorum circumhabitantium In eo dum con-
gesomnodon eælle Somed ongean me þet hie onfeangen mine
gregarentur omnes simul adversum me ut acciperent animam
sæwle hy geþeahtiende sindon Ic soðlice on þe gewene î
meam consiliati sunt **15.** *Ego vero in te sper-*
hyhte drihten ic cweð þu eært min god on þinum hændum
avi domine dixi tu es deus meus **16.** *in manibus tuis*
sint mine tidæ Gefriolsæ î alyse me 7 genere me of minræ fiondæ
tempora mea Libera me et eripe me de manibus inimi-
hændum 7 from me ehtendum Onlihtæ þine onsiene
corum meorum et a persequentibus me **17.** *Inlumina faciem tuam*
ofer þinne þiow 7 gedo me hælne on þinre mildheortnesse
super servum tuum et salvum me fac in tua misericordia

---

min, fin. *e* er. *egæ*, fin. *n* er. Er. aft. *sæul. min* (3rd) by Cor.; er. immed.
bef. it. **11.** *teorode* by Cor. Er. aft. *geær. -licnesse* by Cor. Er. aft. it.
mægen by Cor. *min*, fin. *e* er., also an er. bef. the word. *mine* by Cor. *synt*
by Cor. **12.** *geworden ic eom hosp* by Cor. on er. From *neah-* to *ege* by
Cor.; *h* on er. of *g. minum* (2nd) by Cor. on er. *ða, a* altered from some other
let. *-owon* by Cor. part. on er. *-ugon* by Cor. on er.? **13.** *gefeol* by Cor.
swæ dead by Cor. on er., also an er aft. it. *fram* by Cor. on er. *-lore* prob. by
Cor. on er. **14.** *-da* by Cor. on er.; orig. = gehiere? *manigra* on er., also
er. bef. and aft. it. *ymbeærdiendra*, fin. *e* of *ymb-* er.; also one let. er. bef. the
first *e*, and *-ra* by Cor. on er. (of *e*?). *ða hy* by Cor. on er. *-on* by Cor. on
er. (of *e*?). *ongean* by Cor. *-feangen* by Cor. part. on er. **15.** *î hyhte* by
Cor. *cweð*, fin. let. (*e*?) er.

drihten þet ic ne sie gescynd forðon ic þe chide Sceæmigen 18. *domine non confundar quoniam invocavi te Erubescant* ærleæsum 7 Sien geledde on helle dumbe Sien geworðen *impii et deducantur in infernum* 19. *muta efficiantur* weleras facenfulle þe sprecað ongen ryhtwisne unrihtwisnesse *labia dolosa quae loquuntur adversus iustum iniquitatem* on ofermodnisse 7 forscwennisse hu micel is þin menigo *in superbia et contemptu* 20. *Quam magna multitudo* þinre swetnesse drihten þe ondredendum þæ þu behiddest *dulcedinis tuae domine quam abscondisti timentibus te* 7 þu hie fulfremedest on þe gewenende ł hyhte on gesihþc mænnæ *et perfecisti eam sperantibus in te in conspectu filiorum* beærnæ ðu gehyddest hie on dygelnesse þinre onsiene *hominum* 21. *Abscondes eos in abditu vultus tui* from gedrefnesse mænnæ ðu hie ge[s]cildest on þinre *a conturbatione hominum Proteges eos in taber*cærdungstowe from þæm wiðercweðelum tungum Gebletsod *naculo tuo a contradictione linguarum* 22. *Benedictus* drihten forðæn wuldrede his his mildheortnesse on ymbstan*dominus quoniam mirificavit misericordiam suam in civitate* dendræ þære ceæstre Ic soðlice cwęð on minre firhte *circumstantiae* 23. *Ego autem dixi in pavore meo* ic eom aworpen from onsine þinræ cægænæ Forþon þu gehierdes *proiectus sum a vultu oculorum tuorum Ideo exaudisti* stemne minre bene þonne ic clepedo to þe drihtæn *vocem deprecationis meae dum clamarem ad te* 24. *Diligite* lufiæþ eælle his hælge forðon hi secæð soðfestnesse 7 drihten *dominum omnes sancti eius quoniam veritatem requiret dominus et* edlenæð þam þe geinehtsumnesse doþ ofermodinesse *retribuet his qui habundanter faciunt superbiam*

18. *chide, d* from *e*? *þæ* er. aft. *Sceæmigen*. 19. *-ðen, n* add. by Cor.; er. aft. this word. *weleras facenfulle þe* by Cor. on er. *·að*, by Cor. on er. *ongen ryhtwisne*, by Cor. on er. *-wisnesse* by Cor. on er.; *s* (1st) wr. over the line. *on ofermodnisse* by Cor. partly on er. *forsewennisse* by Cor. on er. 20. *-dest* (1st), *t* in d. ink prob. add. by Cor. *-dest* (2nd) *t* in d. ink over the line prob. add. by Cor. *ł hyhte* by Cor. 21. *-ddest, t* in d. ink prob. add. by Cor. *dygel-* by Cor. on er. *-ldest, st* prob. add. by Cor. *-stowe* by Cor. *from*, MS. *=fron.* 22. *Gebletsod* blotted by d. ink betw. *s* and *o*. *·drede* by Cor. on er. MS. *= -stænd-?* 23. *cwęð*, fin. *e* er. *on* in d. ink. Let. er. bef. *onsine. þonne* by Cor. on er. *clepedo, e* from *i* in both cases; *-do* prob. by Cor. 24. 7 er. bef. *edlenæð. þam, am* by Cor. on er. MS. *=-ineht-*. Er. aft. *doþ. -modinesse* by Cor.

PS. 31.] EADWINE'S CANTERBURY PSALTER. 49

doþ werlice 7 sie gestronged eowre heortæn cælle þæ
25. *Viriliter agite et confortetur cor vestrum omnes qui*
gewenеþ hyhten on drihten
speratis in domino

31.

Ædige þara þe forgefene sint hioræ unrihtwisnesse 7 ðara
1. *Beati quorum remisse sunt iniquitates et quorum*
þe bewrigene synt synna   Eadig wer þæm þe na ne
tecta sunt peccata   2. *Beatus vir cui non*
ætwiteð dryhten his synnæ 7 ne nis on muðe his facn
imputavit dominus peccatum nec est in ore eius dolus
Forþæn ic swigie 7   ealle mine bæn eældiæþ midþy þonne
3. *Quoniam tacui inveteraverunt omnia ossa mea dum*
ic clipie to ðe ælce ł allan deige   Forðæn deges 7 niehtes
clamarem tota die   4. *Quoniam die ac nocte*
gehefogod is ofer me þin hænd 7 ic eom gewyrfed on geriwo ł on
gravata est super me manus tua conversus sum in erum-
angnisse mine þonne bið tobrocen hrycgban   Mine egyltæs
pna mea dum confringitur spina   5. *Delictum meum*
ic dide þe oncnæwe 7 mine unsoðfestnesse ic ne oferwreah Ic cweð
cognitum tibi feci et iniustitias meas non operui Dixi
þet ic sege ł bodige ongean ł wiþ me 7 mine unsoþfestnesse drihten
pronuntiabo adversum me iniustitias meas domino
7 þu forlete arleasnesse minre heortæn   For þisum gebiddæþ
et tu remisisti impietatem cordis mei   6. *Pro hac orabit*
ealle hælige to þe on tide gehyþelicre ðeah hweþre Soðlice
ad te omnis sanctus in tempore oportuno verum tam-
þonne on flode wętra monigræ to him na togencælecæþ
en in diluvio aquarum multarum ad eum non adproximabunt

25. 7 *sie* in d. ink. *hyhten on* by Cor. on er. 31. 1. *Ædige* by Cor. *þara þe* by Cor. on er. *for-* cov. by d. ink; *-gefene* by Cor. on er.? *-twisnesse* part. cov. by Cor.; orig. = *unrihtnesse*? From *ðara* to *synna* by Cor. in pl. of er. 2. *pæm, m* by Cor. From *na* to *dryhten* by Cor. in pl. of er. From 7 to *muðe* by Cor. on er. *his* part. cov. by d. ink. *facn* by Cor. on er. 3. *swigie* part. cov. by d. ink. *þonne* by Cor. From *ło* to *allan* by Cor. *deige*, *-ige* by Cor. 4. *þin*, fin. *e* er. *hænd*, fin. let. (æ?) er. *ł on angnisse* add. by Cor. From *mine* to *-ban* by Cor. in pl. of er.; the c of *hrycgban* wr. over the line. 5. Er. bef. *oncnæwe*. *oferwreah* by Cor. on er. *cweð*, fin. let. (e?) er. *ł bodige ongean ł* add. by Cor., the *g* of *bodige* prob. from *e*. *arleasnesse* on er.; the first *a* orig. prob. *æ*. 6. Er. aft. *tide*. *gehyþelicre ðeahhweþre* by Cor. in pl. of er. *-ne on flode* by Cor. on er. Er. aft. *wętra*.

E

50 EADWINE'S CANTERBURY PSALTER. [PS. 32.

þu cært min frofr fram ofðriccednisse þe ymbsealde
7. *Tu es michi refugium a pressura quae circumdedit*
me blis min alyse me fram ymbsellendum Ondgiet
me exultatio mea redime me a circundantibus me **8.** *Intellectum*
ic þe selle 7 ic þe lære on þisum wege þe þu in ongangest
dabo tibi et instruam te in via hac qua ingredieris
ic getrymme ofer þe eagan mine nellen ge beon swa hors
firmabo super te oculos meos **9.** *Nolite fieri sicut equus*
7 mul on þæm nis nenig ontgiet On þæm bridle 7 on
mulus in quibus non est intellectus In freno et
þęre walde ceocan heoræ gewryð ł gebind þa na togenealecað
chamo maxillas eorum constringe qui non adproximant
to þe Monigo ł fela swîpo ł swingella þæræ firenfulræ ł
ad te **10.** *Multa flagella pecca-*
synfulra lihtende soþlice on drihten mildheortnis ymbselð utan
torum sperantes autem in domino misericordia circumdabit
we blissiæð on drihtne 7 fægniað rihtwise 7 eælle wuldriæd
11. *Laetamini in domino et exultate iusti et gloriamini omnes*
on rihtre heortæn
recti corde

32.

gefeinigað ryhtwise on drihtne ryh[t]wise gerist somodhering
1. *Gaudete iusti in domino rectos decet conlaudatio*
Ondettæþ drihtne on cærpungum 7 on psalterum tyen
2. *Confitemini domino in cythara in psalterio decem*
strenga singæþ him Singæþ him niewne song and
cordarum psallite ei **3.** *Cantate ei canticum novum*
wel singæþ him on wyndreame ł on lofe Forðæn þe
bene psallite ei in iubilatione **4.** *Quoniam*
riht is drihtnes word and eælla his weorc on lofe
rectus est sermo domini et omnia opera eius in fide

---

7. *frofr* by Cor. on er.? From *þe* to *fram* by Cor. in pl. of er. Er. bef.
ymb-. 8. *Ond-* part. cov. by d. ink. *lære* by Cor. on er. *þe þu in ongan-*
gest wr. over an er. *eagan mine* by Cor. on er. 9. *nellen ge beon swa* by
Cor. on er. *walde* by Cor.? *ceocan* by Cor. on er. *-ryð* by Cor. on er. From
ł gebind to *-lecað* by Cor. prob. on er. 10. *ł swingella* and *ł synfulra*
crowded in. *mildheortnis* by Cor. on er.? 11. *fægniað* on er. 32.
The whole of the first v. by Cor.?; *gefeinigað*, first *i* on er. of *g*. 2. *Ondettæþ*
part. cov. by d. ink. *tyen strenga* by Cor. on er. Er. aft. *strenga*. 3. *and*,
a prob. from *o*. From *on* (1st) to *lofe* by Cor. on er. 4. *and*, *a* from *o*.
eælla, *a* in d. ink. *on lofe* by Cor. on er.

PS. 32.] EADWINE'S CANTERBURY PSALTER. 51

he lufæþ miltheortnesse 7 drihtnes dóm his mildheortnesse
5. *Diligit   misericordiam   et   iudicium   misericordia*
drihtnes   ful   is   eorþe   drihtenes wordes 7 heofonæs
domini plena est terra   6. *verbo domini   caeli*
Sient getrimede 7 on gaste his muðes eæll hioræ megen
firmati sunt   et   spiritu   oris eius omnis virtus eorum
Gesomniende swæ swæ on bytt wætere sæs gesettende on
7. *Congregans   sicut   in utrem aquas maris ponens   in*
goldhordum on niwolnesse ꞇ grundas   drihten him ondrędæþ
thesauris   abyssos   8. *Timeat dominum*
cælle   eorþe   from   him   soðlice   bid   onwended
omnis   terra   ab   ipso   autem   commoveantur   universi
ond eælle þæ þe cærdigæþ on ymbhwirfte   Forþæn he
et omnes qui   habitant orbem   9. *Quoniam ipse*
eweð 7 gewordene sind he bebead and gesceæpene hy synd
dixit et   facta   sunt ipse mandavit et   creata sunt
    Drihten tostencte geþeaht þiodæ he wyðcyst soðlice
10. *Dominus dissipat consilia gentium reprobat   autem*
geþohtas þæræ þiodæ ꞇ folca 7 wiðcostode þære geþoht aldra
cogitationes populorum   et   reprobat consilia principum
   geþeæht soþlice drihtnes wunæþ on ecnesse his heortæn
11. *Consilium vero   domini   manet in aeternum cogitationes*
geþoht on alraworld æworold   Eædig þiod þes ðę is
cordis eius in saeculum saeculi 12. *Beata gens cuius est*
hioræ drihten god folc þem drihten gesceæs on
dominus deus eorum populus quem   elegit dominus in
yrfeweardnis him   Drihten of hefonum gelocode 7 geseah
hereditatem sibi 13. *De caelo prospexit dominus et vidit*
cællæ monnæ beærn   be þere gearwunge his eardunge
omnes filios hominum 14. *de   preparato   habitaculo suo*

---

7. *swæ on bytt wætere sæs* by Cor. on er. *goldhordum, -um* by Cor. ꞇ
grundas add. by Cor. 8. Er. aft. *on*. 9. Er. (þe?) aft. *Forþæn*. *gewordene* by Cor. on er. *he bebead* by Cor. on er. *and, a* from *o*? *hy synd* by Cor. 10. *geþeaht* by Cor. on er. *he wyðcyst* by Cor. on er. *soðlice geþohtas* by Cor. on er. *þiodæ* part. cov. by d. ink. ꞇ *folca* add. by Cor. *geþoht aldra* by Cor. on er. 11. *geþeæht, t* cov. by d. ink. *soþlice drihtnes* by Cor. on er. *wunæþ* part. cov. by d. ink. Er. aft. *geþoht*. *on alr-* prob. pref. by Cor.; -*world, l* cov. by d. ink. 12. *þiod, d* from ð. *drihten* by Cor. *on yrfeweardnis him*, by Cor. on er. 13. *gelocode*, er. bef. it; *ge-* and -*ode* by Cor. on er. *geseah, h* in d. ink on er.

E 2

52 EADWINE'S CANTERBURY PSALTER. [PS. 33.

7 he locode ofer eælle þe eœrdiæþ on ymbhwirft Se
respexit super omnes qui habitant orbem 15. *Qui
hiwode* Sienderlice hioræ heortæn þæ angetæþ on ealle hioræ
finxit singillatim corda eorum qui intelligit in omnia opera
weorc Ne biþ se kining geheled þurh his micle
eorum 16. *Non salvabitur rex per multam virtutem*
megen ne se eten ne bið geheled on mycelnesse ꝉ menigo
suam nec gigas salvus erit in multitudine
his streingþo leæs hors to hęlo on geniehtsumnesse
fortitudinis suae 17. *Falsus equus ad salutem in abundantia*
soðlice megenes his ne bioþ hal in gesyhþe eagan drihtnes
autem virtutis suae non erit salvus 18. *Ecce oculi domini*
ofer andredende hine hyhtende soþlice on mildheortnisse his
super timentes eum sperantes autem in misericordia eius
ꝥ he nerige fram deaðe saule hioræ 7 fede hy on hungre
19. *ut eripiat a morte animas eorum et alat eos in fame*
Soþlice ure sæule forbyrdigað ꝉ geðolað drihten forðon
20. *Anima autem nostra sustinet dominum quoniam*
gefylsta 7 gescildend ure he is 7 on him blissiad
adiutor et protector noster est 21. *et in ipso laetabitur*
heorte ure 7 on noman halgum his we hyhtað Drihtæn
cor nostrum et in nomine sancto eius sperabimus 22. *Fiat*
Sie þin mildheortnes ofer us swæ swæ we hyhton on þe
domine misericordia tua super nos sicut speravimus in te

33.

Ic bletsige drihten on egwilc tid simle his lof on
2. *Benedicam dominum in omni tempore semper laus eius in*
minum muðie On drihtne biþ hered min sawle
ore meo 3. *In domino laudabitur anima mea*

14. *-ode* by Cor. on er. *ymbhwirft*, fin. *e* er. 15. *hiwode* by Cor. on er.
Er. both bef. and aft. *Sienderlice. an-, a* from *o* by d. ink. Er. aft. *angetæp.
on ealle* by Cor. 16. ꝉ *menigo* add. by Cor. 17. *leæs*, about two lett. er.
both immed. bef. and aft. this word. Er. aft. *hęlo.* on by Cor. Er. aft. *soðlice. hal*, orig. = *hœle*? 18. From *in gesyhþe* to *on* by Cor. on er.
mildheortnisse his by Cor. 19. From ꝥ to *saule* by Cor. part. on er. *hioræ*
part. cov. in d. ink. 7 *fede hy on* by Cor. on er. *hungre* part. cov. by d. ink.
20. *Soþlice* by Cor. on er. From *forbyrdigað* to *gefylsta* by Cor. part. on er.
7 *ge-* by Cor.; *-scildend* part. cov. by d. ink. From *ure* to end of v. 21 by
Cor. part. on er. 22. Er. aft. *swœ* (1st). *swœ we hyhton on* by Cor. *þe*
part. cov. by d. ink. 33. 2. *Ic bletsige* in d. ink. 3. *hered*, let. er.
betw. *r* and *e*, also er. aft. the word; orig. = *heriende*?

PS. 33.]   EADWINE'S CANTERBURY PSALTER.   53

hie geheren þæ geþwernesse ł bilewitan 7 blissiæn   geMi-
audiant   mansueti   et laetentur   4. Mag-
cliæþ   drihtæn   mid me 7 we upæhebbæn his nomæn eow
nificate   dominum   mecum et   exaltemus   nomen eius in in-
betwionum   Ic sohte   drihten 7 he me gehirde 7 of
vicem   5. Inquisivi dominum et exaudivit me et ex
eællum minum eærfoþnessum he me generede   Genealæcet
omnibus tribulationibus meis   eripuit me   6. Accedite
to him 7 hie bioþ onlihte 7 andwlitan eowre ne onsccæmiæþ
ad eum et inluminamini et vultus vestri non erubescent
ðes þcærfæ clipæde 7 drihten hiene gehyrde 7 of eællum
7. Iste pauper clamavit et dominus exaudivit eum et ex omnibus
his eærfoþnessum ł geswincum alysde hiene he alysde ł gefriolsæþ
tribulationibus eius   liberavit eum
    drihten onsendeð his englon   ymbhwyrfte ł gænge hine
8. Inmittet angelum dominus in   circuitu   timen-
ondredende 7 he hie genereþ   Onbirgæþ 7 gesioþ   hu
tium eum et   eripiet eos   9. Gustate et videte quoniam
winsum drihten is cædig biþ Se wer þe gehyht on hine
suavis   est dominus   beatus vir   qui sperat in eum
    Ondredæþ drihten eælle his hælige forðæn nenigwyht
10. Timete dominum omnes sancti eius quoniam   nichil
wana is ðam ondredendum hine   wælige beþorfton 7
deest   timentibus   eum   11. Divites eguerunt et
hy hyngredon þa Soþlice secende drihten ne geteoriað eællum
esurierunt   inquirentes autem dominum non deficient omni
godum   Cumæþ beærn gehieræþ me drihtnes   ege
bono   12. Venite filii audite me timorem   domini
ic eow lere   hwilc is se mon se þe wile lif ond wilnæþ
docebo vos   13. Quis est homo qui vult vitam et cupit

geheren, -eren on er. of something else; this word orig. ending in *þ*. ł
bilewitan in d. ink. *blissien, n* in d. ink (on er. of þ ?).   4. *geMicliœþ, ge*
in d. ink prob. pref. by Cor., *M* being a capital; *M* part. cov. by d. ink.   *eow*
betwionum part. cov. by d. ink.   5. *Ic* in d. ink. A second *ic* er. bef. *sohte*.
generede, fin. *e* prob. add. by Cor. and *d* prob. from ð.   6. *Genealœcet*
to him by Cor. part. on er.   *andwlitan eowre ne* by Cor.   *on-, o* prob. pref.
later in d. ink; fin. let. (e ?) er.; orig. prob. this *on-* was *ne*.   7. *clipœde, d*
from ð?; *e* prob. add. by Cor.   *gehyrde, d* from some other let. (e?) and fin. let.
er.   ł *geswincum alysde* by Cor.; *ge-* on er.?   *he alysde ł* by Cor.   8.
-hwyrfte ł in d. ink.   *gænge, n* cov. by d. ink.   9. *On-* prob. pref. by Cor.
gehyht on hine by Cor., but prob. only cov.   10. From *nenigwyht* to *hine*
by Cor.   11. *wælige beþorfton* by Cor. on er.   *hyngredon* by Cor. on er.
þa by Cor.   Er. bef. *ne*.   *geteoriað* by Cor. on er.   *-um* (twice) by Cor.

gode dægæs tó gesionne   bewere þine tungæn   from
  videre dies bonos   **14.** *Cohibe linguam tuam   a*
yfle 7 þine weleræs þet hie ne sprecen facen   Acer †
malo et   labia tua   ne loquantur   dolum **15.** *De-
gewit* from yfle 7 do god   sec sibbe and folgæ hiere
verte   a   malo et fac bonum inquire pacem et   sequere eam
      Drihtnes eægæn ofer þæ Soþfestæn 7 his eæræn to hioræ
16. *Oculi domini   super   iustos   et aures eius ad preces*
bene   Soðlice andwlita drihtnes ofor   donde yfelu þet
eorum **17.** *Vultus autem   domini super facientes mala ut*
he forspilde on eorðæn gemind hire   ðæ soðfestæn
perdat   de terra   memoriam eorum   **18.** *Clamaverunt*
clipiæþ 7 drihten hi gehireþ 7 of eællum eærfoþnessum
iusti et dominus exaudivit eos et ex omnibus   tribula-
† geswincum heora he aliesde hy   Neæh is drihten
tionibus   eorum   liberavit eos **19.** *Iuxta est dominus*
þem þe geswencedre synt heortan 7 eaðmode on gaste he gehelþ
his qui tribulato sunt corde et humiles spiritu salvabit
      Monigæ eærfoðnesse þæræ soðfestræ 7 be þisum eællum
20. *Multe tribulationes   iustorum   et de his omnibus*
alyseþ hem drihten   ðrihten gehealdeþ ealle bæn
liberabit eos dominus **21.** *Dominus custodit omnia ossa*
heora an of ðam ne bið tobrocen   deaþ synfulra
eorum unum ex his non   conteretur   **22.** *Mors peccatorum*
wyrst is 7 þa ðe hatedon ryhtwise he forlet   ðrihten
pessima est et qui oderunt iustum delinquent **23.** *Redimet*
æliscd sæwle þiowræ his 7 na forleateþ he ealle þæ
dominus animas servorum suorum et non derelinquet omnes qui
þe hyhtat on hine
sperant in eum

---

14. *facen* by Cor. on er.   15. *Acer † gewit* by Cor. on er.   Er. aft. *god.
sec*, fin. let. (e ?) er.   17. From *andwlita* to *yfelu* by Cor. on er.   Er. bef.
gemind.   hire by Cor.   18. *soðfestæn*, fin. let. er.   *of, f* in d. ink.   Er. aft.
eællum.   geswincum prob. by Cor. ; -*um* on er.   *heora he* by Cor.   *aliesde*, a-
and -*de* by Cor. ; *d* from *t.   hy* in d. ink on er.   19. From *þem* to *gaste* by
Cor. on er.   20. Er. aft. *eællum.   alyseþ hem drihten* by Cor. on er.   21.
ðrihten, ð cov. by d. ink ; er. aft. this word.   *gehealdeþ ealle* by Cor. part. on
er.   From *heora* to *to-* by Cor. part. on er.   22. From *deaþ* to *ryhtwise* by
Cor. on er.   23. Er. aft. *sawle.   -rw, r* wr. over the line in d. ink.   From
his to *ealle* by Cor. on er.   From *þw* to *hine* by Cor.

34.

Dem drihten deriende me oferwin onwinnendes me
Iudica domine nocentes me expugna inpugnantes me
Gegrip wepn 7 Scild 7 æris me on fultum
2. *Apprehende arma et scutum et exurge in adiutorium michi*
Ægiot ut sword 7 beluc ꞇ betiene ongean hy þe me
3. *Effunde frameam et conclude adversus eos qui me*
eahtað sege sæwle minre helo þin ic eom Gescamigen
persequuntur dic anime meae salus tua ego sum 4. *Confundantur*
7 cirrede ꞇ wandien mine fiend þæ þe seccæþ mine sæwle
et revereantur inimici mei qui querunt animam meam
Sien gewirfede ꞇ sin gecyrrede on bęcling ond scæmige þæ þe
Avertantur retrorsum et erubescant qui
me þencæþ yfeles Sin hie swæ þęt dust beforæn
cogitant michi mala 5. *Fiant tanquam pulvis ante*
onsine þes windes 7 drihtnes engel hie swencende Sin
faciem venti et angelus domini adfligens eos 6. *Fiant*
wegas heora þystro 7 stlidornis 7 angel drihtnes ehtende
vie eorum tenebre et lubricum et angelus domini persequens
hie Forðæn gifum hy hyddon me forwirð grines
eos 7. *Quoniam gratis absconderunt michi interitum laquei*
heora on idel hy hyspton mine sawle Cumo hem
sui vane exprobraverunt animam meam 8. *Veniat illis*
grin þet hi ne gecnawaþ 7 gegripennis þare þæ hie
laqueus quem ignorant et captio quam occult-
gedigledon gegripæ hy on grino hie gefeælled on þet selfe
averunt adprehendat eos in laqueum incidant in id ipsum
Soðlice min sæwle blissode on drihtne lustfulleð
9. *Anima autem mea exultabit in domino et delectabitur*

---

34. *Dem* by Cor. on er. From *deriende* to end of v. by Cor. part. on er.
2. Er. bef. *wepn.* Er. bef. *Scild.* 3. *ut* by Cor.; er. aft. it. *sword* by Cor.;
er. bef. and aft. it. *-luc t be-* add. by Cor. *ongean hy* by Cor. part. on er.
eahtað by Cor. on er. *sege* by Cor.; er. bef. it. *minre* by Cor. on er. *þin ic*
eom by Cor. part. on er. 4. *Gescamigen* by Cor. on er. *t wandien* prob.
add. by Cor. *t sin gecyrrede* by Cor. over the line. 5. *Sin*, let. (e?) er. betw. *i*
and *n*. *swencende* by Cor. on er. 6. This v. by Cor. (except *Sin*) on er. 7.
From *gifum* to *hyspton* by Cor. part. on er. (except *forwirð* wh. is cov. by d. ink).
8. *Cumo*, fin. *n* er. *hem*, *e* from *i* by Cor. *grin*, init. lett. (ge?) er.; also fin. *o*
er. *þet* part. cov. by d. ink; fin. let. (or lett.) er. *hi* cov. by d. ink. From
ne to *gegripennis* by Cor. part. on er. Er. (of hie n- ?) bef. *gegripæ*; *geg-* in
d. ink; a fin. let. (or lett.) er. *grino, g* cov. by d. ink; init. *ge-* er. 9. Er.
aft. *sæwle. þy* er. bef. *blissode. blissode on drihtne* by Cor. part. on er.
-fulleð cov. by d. ink.

56 EADWINE'S CANTERBURY PSALTER. [PS. 34.

ofer his helo Eælle mine bæn cweþæð drihten hwile
super salutare eius 10. *Omnia ossa mea dicent domine quis*
gelic þe nerigende unspedigne of hænde strengran his
similis tibi eripiens inopem de manu fortioris eius
wedlæn ł elþeodigne 7 þeærfæn from him reafiendum
egenum et pauperem a rapientibus eum
Ærisende cypras unryhtwise þa ic nyste hy acsodon
11. *Exsurgentes testes iniqui quae ignorabam interrogabant*
me 7 aguldon me yfelu for gode 7 stedignisse sawle
me et 12. *retribuebant michi mala pro bonis et sterilitatem anime*
minre Ic soðlice þonne me unyþgiende weron
meae 13. *Ego autem dum michi molesti essent*
ic scrydde me of heron 7 ic eæðmodde on festenum mine
induebam me cilicio et humiliabam in ieiunio animam
sæwle 7 min gebed on bosm minum si gecirred Swæ suæ
meam et oratio mea in sinu meo convertetur 14. *Sicut*
niextæn 7 swæ urne broþur swæ ic licode swa swa
proximum et sicut fratrem nostrum ita conplacebam tanquam
heofendæ geunrotsod swæ ic geeæðmedde Ongean
lugens et contristatus ita humiliabar 15. *Adversum*
me hy blissodon 7 tosomne becomen 7 hy gegæderedon on me
me laetati sunt et convenerunt et congregaverunt in me
swipæn ł swyngla 7 hy nyston Tolysede sind ne
flagella et ignoraverunt 16. *Dissoluti sunt nec*
hy abryrde sind hy fandedon bismeredon hie of hleahtre
compuncti sunt temptaverunt me et deriserunt derisu
hy gristbitedon on me toþum heora Drihten hwonne
striderunt in me dentibus suis 17. *Domine quando*
forelocæst þu þet þu gesette mine sæwle from hioræ yflum
respicies restitue animam meam a malefactis

10. Words er. bef. and aft. *gelic*. -*ende, d* on er. *unspedigne* by Cor. on er. Er. aft. *hænde.* -*ran* by Cor. ; *r* on er. Er. aft. *his. ł elþeodigne* add. by Cor. Er. aft. 7. *reafiendum* by Cor. on er. 11. Er. aft. *Ærisende*. From *cypras* to end of v. by Cor. in pl. of er. 12. From *me* to end of v. by Cor. in pl. of er. ; *sawle, w* from *u.* 13. Er. aft. *soðlice*. *scrydde* by Cor. on er. ; *y* er. aft. *c.* Er. aft. *ic. eæðmodde* from *cæðmode* (or -*mede*?). *bosm minum si* by Cor. on er. 14. *suæ* by Cor. on er. -*ode* prob. by Cor. on er. ; er. aft. it. *swa swa* in d. ink. Er. aft. -*dæ.* Er. aft. *ic.* -*de* prob. by Cor. on er. 15. *Ongean* by Cor. on er. -*odon* prob. by Cor. on er. *tosomne* prob. by Cor. -*en, n* on er. *hy gegæderedon* prob. by Cor. on er. Er. bef. *swipæn.* 7 *hy nyston* by Cor. on er. 16. From *ne* to *fandedon* by Cor. on er. ; er. aft. the last word. -*eredon* by Cor. ; er. aft. it. From *of* to *on* by Cor. part. on er. *heora* prob. by Cor.

PS. 34.] EADWINE'S CANTERBURY PSALTER. 57

dędum 7 from ænnesse þæræ leonæ Ic þe andette
eorum et a leonibus unicam meam **18.** *Confitebor tibi*
drihten on halgresomninga micelre on folce hefigum ic þe herige
domine in aecclesia magna in populo gravi laudabo te
   þet na bysmerigen on me þa þe wiþerweardiað me un-
19. *Ut non insultent in me qui adversantur michi in-*
rihtlice þa hatedon me   7 bycnedon mid egum
iquae qui oderunt me gratis et annuebant oculis
   Forðæn þe me witodlice gesibsumlice he spręcon 7 ofer
20. *Quoniam michi quidem pacifice loquebantur et super*
yrre facenfullice hy þohten   hie gebreddon on me heoræ
iram dolose cogitabant **21.** *Dilataverunt in mę os*
muð hie cwedon eulæ cule hie gesæwæn uræ eægæn
suum dixerunt euge euge viderunt oculi nostri
   þu gesæewe drihten ne swiga þu drihten ne gewit þu fram me
22. *vidisti domine ne sileas domine ne discedas a me*
   Aris drihten 7 beheæld minne dóm min drihten god
23. *Exurge domine et intende iudicium meum deus meus et dominus*
min intingæn min   Dem me drihten efter
meus in causam meam **24.** *Iudica me domine secundum*
þinre mildheortnesse min drihten god þet na bismerien
misericordiam tuam domine deus meus ut non insultent
on me mine fiend   ne ne cwedæn on hioræ heortæn
in me inimici mei **25.** *nec dicant in cordibus suis*
eala ł wellawel ure sæwle ne cwedæn we besencton hyne
euge euge animae nostrae nec dicant obsorbuimus eum
   Scæmien 7 arweorþien ætgedere þa ðe þanciað yfelum
26. *Erubescant et revereantur simul qui gratulantur malis*
minum Sin gescrydde forwandunge 7 arweorþunge þe mætu
meis induantur pudore et reverentia qui maligna

---

18. From *hal-* to *hefigum* by Cor. on er.   19. *þet, þ* cov. by d. ink ; two fin. lett. (*te* ?) er.   *na, a* from *e* by Cor.   *bysmerigen* by Cor. on er.   Er. aft. *me*, this er. being the gloss of *inimici mei*, wh. is dotted.   From *þa þe* to *egum* by Cor. on er.   20. Er. aft. *ofer*.   *facenfullice hy* on er.   21. *heoræ, e* from *i* ; *o* wr. over the line.   22. *-en* prob. by Cor.   *ne swiga þu* by Cor. on er.   *gewit* by Cor. on er.   *fram* by Cor.   23. *Aris*, fin. *e* er.   7 er. bef. *min* (2nd) wh. has about two fin. lett. er.   *min* (3rd) in d. ink.   24. *Dem*, fin. *e* er.   *na bismerien* by Cor. on er.   25. *ne ne* in d. ink with er. bef. *-dæn* (twice), *n* in d. ink on er. of another let. (þ ?).   *eala* ł *wellawel* by Cor. ; orig. *ealla*, but second *l* er.   *we* from *þe* ?   *besencton hyne* by Cor. on er.   26. From *arweorþien* to *minum* by Cor. on er.   *Sin, e* er. betw. *i* and *n*.   From *gescrydde* to *me* by Cor. on er.

58 EADWINE'S CANTERBURY PSALTER. [PS. 35.

specaþ   ongean   me   Fægnien 7 blissiæþ þa þe þæ þe
loquuntur adversum me   27. Exultent et laetentur qui
willæþ ryhtwisnisse min 7 cweþen symle Sio gemiclod drihten
volunt   iustitiam   meam et dicant semper magnificetur dominus
þa ðe willað sybbe þeowes his   7 eac tunge min
qui volunt pacem servi eius   28. Sed et lingua mea
smeægendæ þine ryhtwisnesse ęlce dei þin   lof
meditabitur   iustitiam tuam   tota die laudem tuam

35.

         Cwæð se unrihtwise þet he forlet ł agylte on him Selfum
2. Dixit   iniustus   ut   delinquat   in   semetipso
ne is ęge   beforæn his cægum   Forðæn facenfullic
non est timor dei ante   oculos eius   3. Quoniam dolose
de dide on gesichðe his þette he gemette unrihtwisnesse his
egit   in conspectu eius ut   inveniret   iniquitatem suam
7 hatunge   Word his muðes unrihtwisnesse 7 facn
et odium   4. Verba oris eius   iniquitas   et dolus
he nolde ongetan þ̄ he węl dede   unrihtwysnisse
noluit intelligere ut   bene ageret   5. iniquitatem
he smeade on his bedcliofum he Etstod eælle wegæs ne god
meditatus est in   cubili suo Astitit omni   vie non bone
hetenið ł yfelnisse soðlice na he hatode   Drihten on
malitiam   autem non odivit   6. Domine in
hefonum þin mildheortnes 7 þin soðfestnes oþþet to
caelo   misericordia tua   et   veritas tua usque ad
wolcn ł genipum   þin soþfestnes swæ swæ godes dún
nubes   7. Iustitia tua   sicut   montes
ł muntas 7 þine domæs deopnis ł niowelnesse felafæald
  dei et iudicia tua   abyssus   multa

27. *Fægnien* by Cor. on er. *þa þe* by Cor. (over *qui*) ; he did not notice the
þæ þe (of the p. hand) which, with *willæþ*, is wr. over *volunt*. Hence the gloss
of *qui* is repeated. From *ryht-* to *symle* by Cor. on er. Er. aft. *symle.* -*od*
prob. by Cor. on er. From *drihten* to end of v. by Cor. on er. 28. From 7
to *min* by Cor. on er. *ryhtwisnesse* by Cor. on er. ; er. aft. it. *dei þin lof* prob.
by Cor. 35. 2. *Cwæð se un-* by Cor. -*rihtwise* on er. *ł agylte* add. by
Cor. *ne* by Cor. on er. Er. aft. *is.* *be-* by Cor. 3. From *facen-* to *on* by
Cor. *his* by Cor. -*wisnesse* by Cor. on er. *hatunge* on er. 4. From -*wisnesse* to *dede* by Cor. in pl. of er. 5. -*wysnisse* by Cor. on er. *he, e* from *i*
on er. -*de* by Cor. on er. -*fum*, let. er. betw. *f* and *u*. *he* (2nd) pref. later.
Er. aft. *ne.* *ł yfelnisse* add. by Cor. *na* by Cor. *hatode* by Cor. on er.
6. *to* by Cor. *ł genipum* add. by Cor. 7. *swæ* (1st) by Cor. *ł muntas* add.
by Cor. Er. aft. *domœs.* *deopnis ł* by Cor. on er. *niow-* cov. by d. ink.
felafæald add. by Cor.

Men 7 niteno þu hæle gedest drihten swa swa
Homines et iumenta salvos facies domine 8. *quemadmodum*
þu gemonigfœldeæst þine mildheortnesse god Mænnæ bearn
multiplicasti misericordias tuas deus Filii autem
soðlice on geScildnisse þinræ fiþræ byhtat ł gewenæþ
hominum in protectione alarum tuarum sperabunt
ondrunenende 7 of genyhtsumnisse þines huses 7 of burnan
9. *inebriabuntur ab ubertate domus tuae et torrente*
þines willæn þu drencæst hy Forþæn mit þe is
voluntatis tuae potabis eos 10. *Quoniam apud te est*
lifes wielle ond on þinum liohte we gesioþ lioht Aspread
fons vitae et in lumine tuo videbimus lumen 11. *Pre-*
ł þene þine mildheortnesse þe witendum þine soðfestnesse
tende misericordiam tuam scientibus te et iustitiam tuam
þam þe rihte heortæn sindon Ne cume me fot
his qui recto sunt corde 12. *Non veniat michi pes*
ofermodinesse 7 hand synfulra ne styrige me ðer
superbie et manus peccatorum non moveat me 13. *Ibi*
hie gefiollon eælle þæ þe wircæþ unrihtwisnesse hi sint utacnyssed
ceciderunt omnes qui operantur iniquitatem expulsi sunt
⁊ hie ne mæhton stondon
nec potuerunt stare

36.

Nelle þu þe onscuniæn betwioh þæm awyrgendan ne onhyred
Noli emulari inter malignantes neque emulatus
þu beo ða dondan unrihtnesse Forðæn swæ swæ heg
fueris facientes iniquitatem 2. *Quoniam tanquam foenum*
hreadlice hy adrigiað 7 swa swa blæda ł leæf wyrta raðe
velociter arescent et sicut holera herbarum cito
hreosað ł feællęþ Gewene ł hyht on drihten 7 do godnesse
cadent 3. *Spera in domino et fac bonitatem*

8. *swa swa* by Cor. on er. with er. aft. *soðlice* add. by Cor. *-nisse* prob. add. by Cor. *hyhtat ł* add. by Cor. ; er. bef. it. 9. *of genyhtsumnisse* by Cor. on er. *of burnan* by Cor. on er. *þu, þ* from *r* by Cor. ; *u* part. cov. by d. ink. *drencæst, e* from *i* by Cor. ; *t* add. by Cor. *hy* by Cor. 11. *Aspread* by Cor. on er. *ł þene* by Cor. on er. *-endum,* let. er. betw. *n* and *d*. 12. *fot* part. cov. by d. ink. From *ofer-* to *me* by Cor. on er. 13. *-wisnesse* add. by Cor. *utacnyssed, uta-* in d. ink ; *-ssed* in d. ink. *⁊* by Cor. from *þe*? *-hton* prob. by Cor. on er. ; *g* prob. orig. stood in pl. of *h*. 36. *Nelle þu* by Cor. *on-* part. cov. by d. ink. *awyrgendan* by Cor. From *ne* to *dondan* by Cor. on er. 2. Er. bef. and aft. *swa swæ*. From *hey* to end of v. by Cor. on er. 3. *ł hyht* by Cor. wr. over the line. *do* in d. ink.

60 EADWINE'S CANTERBURY PSALTER. [PS. 36.

       7 þu cærdest on corðæn 7 þu bist fed on his welum
et   inhabita   terram   et   pasceris   in   divitiis eius
     Gelustfullæ on drihtæn 7 he þe seleþ bene þinre
4. *Delectare in domino et dabit tibi petitionem cordis*
heortæn   Awrioh drihtne þinne weg 7 gewene ł hyht
tui   **5.** *Revela domino viam tuam et   spera*
on hine ond he deð   7 he ðe ledeþ swæ swæ þet lioht
in eum et ipse faciet **6.** *Et educet tamquam   lumen*
þinre soðfestenesse 7 ðinne dom swæ swæ middeig
iustitiam tuam   et iudicium tuum   sicut   meridiem
    Beo ðu drihtne underþied 7 halsa hine na onhyre
7. *S bditus esto domino   et obsecra eum ne emulatus*
ðu hine þe bið gesunfullod on wæge his on men dondum
fueris eum qui prosperatur in via sua in homine faciente
unrihtwisnesse   Ablin from yrræ 7 forlet hatheor[t]nesse
iniquitatem   **8.** *Desine ab ira et derelinque furorem*
na anhyre ðu þ nearolice þu do   Forðæn þæ þe heteniþ
ne emuleris ut nequiter facias   **9.** *Quoniam qui nequiter*
doþ beoð geteorode þa ðe soþlice geanbidiað drihten hie
agunt exterminabuntur qui   vero expectant dominum ipsi
yrfewexrdnesse agon corðæn   lytel fæc nugyt 7
hereditate possidebunt terram **10.** *Pusillum adhuc et*
ne bið synful 7 secest his Stowe na þu gemetest
non erit peccator et queris locum eius nec   invenies
    þa geþwæran soþlice agun corðan 7 gelustfulliað on
11. *Mansueti   autem possidebunt terram et delectabuntur in*
manigfealdnisse sibbe   beginþ þe synfulla riht 7
multitudine   pacis **12.** *Observabit peccator iustum et*
grimetað ofer hine toþum his   drihten soþlice
fremet   super eum dentibus suis **13.** *dominus   autem*

Er. aft. *fed.* 4. *-læ*, fin. let. (þ?) er. 5. *Awrioh*, let. (n?) er. betw. *A* and *w*.
Er. bef. *drihtne. weg* in d. ink. *ł hyht* in d. ink. Er. of two lett. aft. *he*.
6. *swæ* (2nd) in d. ink. *on* er. bef. *middeig*; er. of about two lett. betw. *d* and *d*.
7. *Beo ðu* cov. by d. ink. *halsa*, let. er. betw. *l* and *s*. From *halsa* to *dondum*
by Cor. on er. *-wisnesse* prob. add. by Cor.; first *s* wr. over the line. 8. From
hat- to end of v. by Cor. on er. 9. *Forðæn* part. cov. by d. ink. From *doþ*
to *drihten* by Cor. on er. *agon*, orig. *ægon*; er. aft. it. 10. *lytel fæc nugyt*
by Cor. on er. Er. bef. 7. Er. aft. *bið. synful* by Cor. on er. *secest, -st* by
Cor. prob. on er. Er. aft. *Stowe. na*, a by Cor. from some other let. *þu* by
Cor. on er. *gemetest, ge-* prob. pref. by Cor.; *·st* on er. 11. From *þa* to
corðan by Cor. on er. Er. aft. 7. *gel-* part. cov. by d. ink; *-iað* prob. by Cor.
on er. Er. bef. *on. manigfealdnisse* by Cor. on er. 12. *beginþ þe synfulla*
by Cor. on er. From 7 to *toþum* by Cor. on er. Er. aft. *his*. 13. From
soþlice to end of v. (except *þ*) by Cor. on er.

PS. 36.] EADWINE'S CANTERBURY PSALTER. 61

onhyscð him forðan þe he forsceawað ꝥ cumeð dęg his
irridebit eum   quoniam   prospicit   quod   veniet dies eius
Sweord of sceaðe atugon þæ synfullan æþenedon hioræ
14. *Gladium evaginaverunt   peccatores   tetenderunt arcum*
bogæn þet hi æwiorpen unmagan 7 wedlen ł þearfan ꝥ hy ewelmen
suum   ut   deiciant   inopem et   pauperem   ut trucident
ryhtwise on hiortæn   hioræ sweord ongeþ on heoræ
rectos   corde 15. *Gladius eorum intret in cor*
heortæn ond hioræ bogæ bið gebrocen   Selre ł betere
ipsorum et arcus eorum conteratur   16. *Melius*
is medmicel þam rihtwisan ofer welan synna manige
est modicum   iusto   super divitias peccatorum multas
Forðæn earmas synfulra beoð tobrocene getrimeð soþlice
17. *Quoniam brachia peccatorum conterentur confirmat autem*
rihtwise drihten   Can drihten wegas onwemmendra
iustos dominus   18. *Novit dominus vias immaculatorum*
7 hiræ yrfæweærdnis on ecnesse bið   Ne bioþ gescende
et haereditas eorum   in eternum erit   19. *Non confundentur*
on þere yflen tyde 7 on þæm hingriendum dægum bioð gefillede
in tempore malo et in   diebis famis   saturabuntur
forðæn synfullæn forwiorþæþ Fynd soþlice drihtnes sona
20. *quoniam peccatores   peribunt Inimici autem domini mox*
gearweorþode 7 upahafene beoð geteoriend swa swa smic
honorati   et exaltari fuerint deficientes   ut   fumus
he geteorað   borgað se synfulla 7 ne ł agylt bið ælised
deficient 21. *Mutuatur peccator et non   solvet*
se rihtwise soþlice ofearmað 7 alenð   Forðæn
iustus   autem   miseretur et commodat 22. *Quoniam*
hine bletsiende agun   eorðan yfelcweþelginde soþlice hine
benedicentes eum possidebunt terram maledicentes autem illum
forworðaþ   From drihtne stæpas monnæs beoþ gerihte
disperient 23. *A   domino gressus hominis   dirigentur*

14. *Sweord of sceaðe* by Cor. on er. Er. bef. *þæ. synfullan* by Cor. on er.;
a from some other let. Er. aft. *hi. unmagan* prob. by Cor. on er. *ł þearfan*
prob. add. by Cor. From *ꝥ* to *on* by Cor. on er. 15. *heo-* (1st) on er. 16. *ł*
betere wr. over the line by Cor. From *þam* to end of v. by Cor. on er. 17.
From *earmas* to end of v. by Cor. on er. 18. From *Can* to *-dra* by Cor. part.
on er. *-nis* add. by Cor. 19. Er. bef. *bioð*. 20. Er. aft. *forðæn. syn-* prob.
by Cor. on er. (of *þe firen-*?). From *Fynd* to end of v. (except *smic* wh. has an
er. of two lett. immed. bef. it) by Cor. on er. 21. *borgað se synfulla* by Cor. in
pl. of er. *ł agylt* in d. ink. From *se rihtwise* to end of v. by Cor. on er. 22.
From *agun* to end of v. by Cor. in pl. of er. ; *hine* from *him*. 23. *stæpas* prob.
add. by Cor. *monnæs, s* prob. add. by Cor. From *beoþ* to *he* by Cor. on er.

7 wæg his he wilnæþ swiþe   þonne hreoseþ se rihtwisa
et viam eius   cupiet   nimis 24. Cum ceciderit   iustus
na hi bið gedrefed forðon dryhten trymcð hand his
non   conturbabitur   quia   dominus firmat manum eius
       Ic wes giongre 7 ic cældode 7 ic ne seæh ryhtwisne
25. Iunior fui   et   senui   et   non vidi   iustum
forlætenne na sæd his þarfende hlæfe   Elce deie
derelictum nec semen eius   egens   pane   26. Tota die
he miltseoþ 7 lænþ 7 his sed on blctsunge   biþ
miseretur   et commodat et semen eius in benedictione erit
   Onheld from yfle 7 do god 7 onwune ꞇ cærdæ on world
27. Declina a malo et fac bonum et   inhabita   in seculum
æworld   Forðæn drihten lufæþ   dóm 7 na forlætæþ
seculi   28. Quoniam dominus amat iudicium et non derelinquet
his hælgæn on ecnesse hy bioþ gehældene unryhtwise soþlice
sanctos suos in aeternum   conservabuntur   Iniusti   autem
beoð gewitnode 7 sæd ærleæsræ forweorþeþ   ryhtwise
punientur   et semen impiorum   peribit   29. Iusti
soþlice yrfeweærdeiesse ægon corðæn 7 oneærdæþ on
vero   haereditate   possidebunt terram   et inhabitabunt in
world aworlde ofer hy   Muð ryhtwises smeað ꞇ gemyneþ
seculum seculi super eam 30. Os   iusti   meditabitur
wisdom 7 his tunge spricþ   dóm   Godes ǽ his
sapientiam et lingua eius loquetur iudicium 31. Lex dei eius
on his heortæn ond ne bioþ underwirtwælede ꞇ plantade
in corde ipsius   et   non   supplantabuntur
his stepæs   beosceawaþ þe synfulla ryhtwisne 7 secþ
gressus eius 32. Considerat   peccator   iustum et querit
hine tóforspillan   Soþlice drihten ne forlet hiene
perdere eum   33. Dominus autem non derelinquet eum
on his hondum ne hine ne geniðræþ midþy him bið demend
in manibus eius nec damnabit eum   cum   iudicabitur illi

24. The whole of the v. by Cor. in pl. of er.   25. -re 7 ins. by Cor. ?   From
ryht- to sæd prob. by Cor. in pl. of er.   26. miltseoþ prob. by Cor. on er.
lænp on er. 27. Onheld, e from i prob. by Cor. ; fin. e er. ; ge er. aft. this word.
on-, fin. let. (d ?) er. ; -wune ꞇ prob. add. later by Cor., ꞇ being wr. over the line.
28. Forðæn, -æn cov. by d. ink, the e-part of the æ not cov.   na forlætæþ prob.
by Cor. on er. Er. aft. his. From un- to sæd by Cor. on er. Er. bef. ær-.
29. ryhtwise soþlice by Cor. on er. Er. bef. yrfe-. on er. bef. corðæn. hy, y
by Cor. in pl. of two or three other er. lett.   30. From ryht- to wisdom by
Cor. on er.   Er. bef. and aft. his.   31. Godes, s cov. by d. ink. ǽ his part.
cov. by d. ink ; his orig. = hioræ? ꞇ plantade by Cor.   32. From beo- to
-wisne by Cor. on er. -lan by Cor. on er. (of lænne?)   33. demend, fin. e er.

PS. 37.] EADWINE'S CANTERBURY PSALTER. 63

GeOnbide drihten 7 geheæld his wegæs 7 he upahefeð
34. Expecta dominum et custodi vias eius et exaltabit

þe ꝥ þu oneærdige corðæn þonne forwcorþað synfulle þu gesihst
te ut inhabites terram cum pereunt peccatores videbis

Ic gescæh arleasne ofergeuferudne 7 upahafenne ofer
35. Vidi impium superexaltatum et elevatum super

cedertrowes   Ic ferde ꞇ ofercode 7 on gesyhðe
cedros libani 36.   Transivi et ecce

he næs ꞇ na wes ic sohte hine 7 ne is gemet his stow
non erat quesivi eum et non est inventus locus eius

Geheæld soðfestnesse 7 gesioh efennisse forðæn Sient
37. Custodi veritatem et vide aequitatem quoniam sunt

forletnesse ꞇ laue mon geSibsumum   Soðlice þæ
reliquiae homini pacifico 38.   Iniusti

unryhtwise forwiorþeþ somod lafa ærleæsræ forwiorþeþ
autem disperient simul reliquiae impiorum peribunt

Soðlice helo þæræ soþfestræ to drihtne is 7 hioræ gescild
39. Salus autem iustorum a domino est et protector eorum

is on tide eærfoðnesse 7 gefylsteþ hy drihten 7
est in tempore tribulationis 40. Et adiuvabit eos dominus et

alyseð hi 7 genereð hy from synfullum 7 hale gedeþ
liberavit eos et eripiet eos a peccatoribus et salvos faciet

hy forþæn gewenæþ ꞇ hihton on hine
eos quoniam speraverunt in eum

37.

Dryhten ne on eorre þinum þu ðreage me na on
2. Domine ne in ira tua arguas me neque in

hatheortnesse þinre þu nyrewe me Forðæn þine strele
furore tuo corripias me 3. Quoniam sagittae

34. *GeOnbide*, *Ge-* and *-e* by Cor.; *d* from *ð*. *-ten* prob. by Cor. (in pl. of orig. *-enes*?). Er. aft. *he*. *upahefeð*, *a* wr. over the line; *ð* by Cor. Er. bef. *ꝥ*. Let. (or lett.) er. immed. aft. *ꝥ*. *þu on-* by Cor.; *-ige* by Cor. on er. From *þonne* to end of v. by Cor. on er. 35. From *arleasne* to end of v. by Cor. on er. 36. From 7 to *hine* by Cor. in pl. of er. *gemet*, fin. *-ed* prob. er. 37. *efennisse* by Cor. on er. *ꞇ laue* prob. add. by Cor. *mon*, fin. lett. (-næ ?) er. *geSibsumum, ge-* prob. pref. by Cor.; *-mum* on er. 38. *-ryhtwise* by Cor. on er. *somod, d* on er. *lafa* by Cor. on er. 39. *to* on er. 40. From begin. of v. to *alyseð* by Cor. on er. Er. aft. *from*. *syn-* by Cor. on er. (of firen ?). *hale gedeþ hy* by Cor. on er. *ꞇ hihton* prps. add. by Cor.; er. of two lett. (hi ?) betw. *i* and *h*. 37. 2. From *on* (1st) to end of v. prob. by Cor. on er.

64   EADWINE'S CANTERBURY PSALTER.   [PS. 37.

ł flane on me sint gefestnode 7 þu getrimedest þin hænd
tuae   infixe sunt michi   et   confirmasti   super me
ofer   me   Na is hælþe on flæsce mina of andwlitan
manum tuam   **4.** *Nec est sanitas in carne mea a vultu*
corres þines 7 ne is sibbe banum minum of ansine minræ
irae   tuae   et non est pax ossibus meis   a facie peccatorum
Sinnæ   Forþæn mine unrihtnesse   oferseton   min
meorum   **5.** *Quoniam iniquitates meae superposuerunt caput*
hcæfod swa swa byrþe hefige gehefogode sindon ofer me
meum   sicut   onus gravae   gravatae   sunt   super me
     rotodon   7   wyrsodon   dolswaðo mine of ansyne
6. *Conputruerunt et deterioraverunt cicatrices meae a facie*
unwisdomes mines   Of yrmþum geswenced ic eom 7
insipientiae   meae   **7.** *Miseriis   aflictus   sum   et*
gedrefed oþ on ende alla dæg geunrotsod ic ineode
turbatus sum usque in finem tota die contristatus ingrediebar
Forþæn þe sæwl min gefylled is bysmrungum 7 na is
8. *Quoniam anima mea completa est inlusionibus et non est*
hælþe on minum flescum   gebyed ic am 7 gceæðmed
sanitas in   carne mea   **9.** *Incurvatus sum et humiliatus*
ic am agehwar ic grymetede of geomrunga heortæn minre
sum usquequaque rugiebam   a   gemitu   cordis   mei
   7 beforan þe is æl gewilnung min 7 geomrung min
10. *et ante   te est omne desiderium meum et gemitus meus*
fram þe ne is behid   Min heortæn gedrefed is
a   te non est absconditus **11.** *Cor meum conturbatum est*
on me 7 forlet me strengo min 7 lioht minræ egænæ
in me et deseruit me fortitudo mea et lumen oculorum meorum
minre ne is mid me   Mine frend 7 mine nixtan
       non est   mecum   **12.** *Amici mei et proximi mei*

<small>3. *ł flane* add. by Cor. *·dest, t* prob. add. by Cor. *þin hænd,* fin. let. (e?) er. in both words. 4. From the *a* (of *Na*) to *pines* by Cor. on er. From *sibbe* to *an-* by Cor.? 6. From *rotodon* to end of v. by Cor. in pl. of er.; except *mine* wh. is only cov. by the d. ink. 7. *geswenced ic eom* 7 by Cor. on er. Er. aft. *-fed.* From *oþ* to end of v. by Cor. on er. 8. Er. (of *min*?) bef. *sæwl.* From *min* to *hælpe* by Cor. in pl. of er. 9. *gebyed ic am* by Cor.; er. betw. *y* and *e.* Er. aft. 7. *·med,* two fin. lett. er. From *ic am* to *geomrunga* by Cor. on er. *minre* by Cor. on er. 10. From 7 to *gewilnung* by Cor. on er. 7 *geomrung min* by Cor. on er. Er. aft. *is.* *behid,* two fin. lett. er.? 11. *forlet me* by Cor. on er. *min* 7 prob. by Cor. *minre* cov. by d. ink. 12. *Mine, e* by Cor. on er. *frend* in d. ink.</small>

PS. 37.]   EADWINE'S CANTERBURY PSALTER.   65

ongen   me   generelęcton   7   stodon   7   mine   þæ   niextæn
adversum   me   adpropiaverunt   et   steterunt   et   proximi   mei
    fer   stodon   7   nyd   dydon   þa   þe   sohton
a   longe   steterunt   13.   *Et   vim   faciebant   qui   querebant*
mine   sæwle   7   þæ   sohton   yfel   me   hye   sprecen
animam   meam   et   qui   inquirebant   mala   michi   locuti   sunt
idelnesse   7   facne   elce   dei   hye   smcæiden   Ic   soðlice
vanitatem   et   dolos   tota   die   meditabantur   14.   *Ego autem*
swæ   swæ   deæf   na   ic   geherde   7   swæ   swa   dumb   Se   ne
velud   surdus   non   audiebam   et   sicut   mutus qui non
ontyende   his   muð   Ond   ic   com   geworden   swæ   swæ
aperuit   os suum   15.   *Et   factus sum   ut*
mon   ne   gehierende   7   ne   hębbende   on   his   muðe   on   geþræorspreca
homo non   audiens   et non   habens   in   ore suo   increpationes
        Forðæn   on   þe   drihten   ic   hyhte   ic   cweð   þu   gehirsþ   drihten
16.   *Quoniam   in   te   domine   speravi   dixi   tu   exaudies   domine*
god   min   Forðæn   sæde   ł   cwiþe   þyles   ahwonne
deus meus   17.   *Quia   dixi   ne   aliquando*
hyspen   on   me   mine   fiend   7   þonne   weron   astyrede   fet   mine
insultent   in   me   inimici mei   et   dum   conmoventur   pedes mei
on   me   fela   hy   sprecen   Fordæn   ic   to   swingellum
in   me   magna   locuti   sunt   18.   *Quoniam   ego   ad   flagella*
gearo   ic   eom   7   ęær   min   ongean me   is   simle   Forðæn
paratus   sum   et dolor meus   ante   me est semper   19.   *Quoniam*
unrihtwisnesse   mine   ic   cyþe   7   ic   þynce   for   sinne
iniquitatem   meam   ego   pronuntio   et   cogitabo   pro   peccato

    ongen in d. ink.   *gene-* in d. ink, the *ne* being only part. cov.   Er. bef. and
aft. last 7.   *fer, -er* in d. ink (on er.?).   13. 7 on er.   *nyd* prob. by Cor. on er.
Er. aft. *þa þe*.   *sohton* part. cov. by d. ink.   Er. aft. *þæ*.   *sohton* (2nd) part.
cov. by d. ink.   *me* prob. from something else.   Er. aft. *sprecen*.   *facne* in d.
ink.   *hye* part. cov. by d. ink.   *smcæiden* prob. from *smeægende* by Cor.
14. *swæ* (2nd) in d. ink on er.   *na* by Cor. on er.   *geherde* prob. from *gehere*
by Cor.   *swa* in d. ink.   *on-* part. cov. by d. ink ;   *-ende* prob. by Cor. (on
er.?).   15. *swæ* (2nd) by Cor. on er.   *-ende* (1st) by Cor. in pl. of er.
hębbende part. cov. by d. ink.   *his, -is* in d. ink, prps. on er.   *-præor-*, the e-
part of the *-æ-* and the *-or-* in d. ink on er. ;   *-spreca* in d. ink.   16. *on* in
d. ink.   Er. aft. *drihten*.   *hyhte* by Cor. on er.   *cweð* part. cov. by d. ink ;
fin. *e* er.   *þu* cov. by d. ink.   17. *sæde ł* by Cor.   *cwiþe þyles* part. cov. by
d. ink.   *ahwonne hyspen* by Cor. on er.   *þonne weron astyrede* by Cor. on
er.   Er. bef. *fet*.   *mine* add. by Cor.   *fela hy* by Cor. on er.   Er. aft. *sprecen*.
18. Er. bef. and aft. *to*.   *to swingellum* part. cov. by d. ink ; *lum* er. betw. *l*
and *l*.   *gearo ic eom* by Cor.   Er. aft. 7.   *min ongean* by Cor. in pl. of er.
19. From *-wisnesse* to *for* by Cor. in pl. of er.   The word *cyþe* through
some defect in the MS. peeled off but was pasted in again.   *sinne* altered
(from *synnum*?) by Cor.

F

minne   Soþlice mine fiend liebbæþ ⁊ lifiað 7 gestrængode
meo   20. Inimici autem mei   vivent   et   confortati
Sient ofer me 7 gemonigfeældode sindon þæ þe me fiogæþ ⁊
sunt super me et   multiplicati   sunt   qui   oder-
hatedon on unriht   ðæ þe me edleæniæþ ⁊ agyldon yfelu
unt me inique   21. Qui   retribuebant michi   mala
for godon hy tældon   me   forðon fylgende rithwisnesse
pro bonis detrahebant michi quoniam   subsecutus sum
sind ⁊ soðfestnesse   Ne forlet þu me drihten min god
iustitiam   22. Ne derelinquas me domine deus meus
ne gewite ðu from me   beheæld on minne fultum
ne discesseris a   me   23. intende in adiutorium meum
drihten god mine helo
domine deus salutis meae

38.

           Ic cwæð ic gehælde minne wegæs þet ic ne forlete ⁊ agylte
2. Dixi   custodiam   vias meas   ut   non delinquam
on minræ tungæ Ic asette minum muþe geheordunga þonne
in   lingua mea   Posui   ori meo   custodiam   dum
standað se synfulla ongean me   Ic ædumbede 7 geædmed
consistit peccator adversum me   3. Obmutui et humiliatus
ic eom 7 ic swigeode fram godum 7 min sær geedniwod ys
sum et   silui   a   bonis et dolor meus renovatus est
  hatud   min heortæ on me 7 on mi[n]re Smeægunge
4. Concaluit   cor meum intra me et in   meditatione mea
bierned   fyr   Ic eom sprecende on minre tungon gedo
exardescit ignis   5. Locutus sum in lingua mea   notum
me cuþe drihten ende minn 7 getæl ⁊ gerim minræ daga
michi fac domine finem meum et   numerum   dierum meorum

---

minne added by Cor. 20. ⁊ *lifiað* add. by Cor. *t hatedon* add. by Cor.
21. ⁊ *agyldon* add. by Cor. *yfelu, u* by Cor. *godon* by Cor. From *hy* to
forðon by Cor. on er. *rithwisnesse* and the ⁊ wh. follows *sind* added by Cor.
22. *gewite ðu* by Cor. on er.   23. *on* by Cor.   38. 2. *Ic cwæð* by
Cor. ⁊ *agylte* add. by Cor. *asette, a-* pref. by Cor. Er. aft. *muþe. geheordunga* part. on er.; cov. by d. ink. From *þonne* to *ongean* by Cor. on er.
3. Er. aft. 7. *-med*, fin. *-ed* er. (cf. *-modud* of Vesp. Ps.). *eom 7 ic* by Cor.
on er. *swig-, g* from *c. fram godum* by Cor. *geedniwod ys* by Cor. on er.
4. *hatud* by Cor. on er. *mi[n]re*, a let. er. betw. *i* and *r*. Er. bef. *fyr*.
5. From *ende* to *gerim* by Cor. *daga*, orig. = *dægæ*.

PS. 38.]   EADWINE'S CANTERBURY PSALTER.   67

hwelc ys þet ic wite hwæt wana sie me   On gesihðe
quis est ut sciam quid desit michi   **6.** *Ecce*

ealde þu gesettest minne dægæs 7 mine spedæ   swæ swæ
veteres posuisti   dies meos et substantia mea tanquam

næht beforæn þe is þeah hweþre   cæll ydelnessæ cælc
nichil ante te est Veruntamen universa vanitas omnis

man libbende   þeælhþe on godes onlicnesse gænge
homo vivens   **7.** *quanquam in imagine dei   ambulet*

Se mon hweþre on ydel he bioþ gedrefed Goldhordæþ 7 he ne wæt
homo tamen   vane   conturbabitur Thesaurizat et ignorat

hwam he somnaþ þa   7 nu hwilc is min anbidung
cui congregat ea   **8.** *et nunc quae est expectatio mea*

hu ne nu drihten 7   sped   min swæ swæ næht beforæn
nonne dominus et substantia mea tanquam nichilum ante

þe is   From eællum minum unrihtwisnesse genere me
te est **9.** *Ab omnibus iniquitatibus meis   eripe me*

hosp   7 unsnytro ł unwisum þu me Seældest   Ic
obprobrium insipienti   dedisti me   **10.** *Ob-*

ædumbude 7 ic ne ontinde minne muð forðæn þu dydest
mutui   et non aperui   os meum   quoniam tu fecisti

astyre fram me wite þine   fram strengo soþlice
11. *amove a me plagas tuas*   **12.** *a fortitudine enim*

hande þinre ic geteorode on steorum ł onþræwunge   For
manus tuae ego defeci   in   increpationibus Propter

unrihtwisnesse þu nyrwdest mæn 7 aswindan ł weorpian
iniquitatem   corripuisti hominem et   tabescere

þu didest swæ swæ attercoppan sæwle his þah hwæþre   all
fecisti sicut   aranea   animam eius Veruntamen universa

ydelnessæ ælc mon liuiende   gehir god   min
vanitas omnis homo vivens **13.** *exaudi deus ora-*

---

hwelc ys by Cor. *þet* orig. = *þette* ? *ic* add. by Cor. *wite hwet* part. cov.
in d. ink by Cor. *wana sie me* by Cor. on er.   6. *On gesihðe ealde* by Cor.
swæ (2nd) by Cor. Er. immed. bef. *næht. is* part. cov. by d. ink. *þeah
hweþre* by Cor. on er. *eæll*, fin. let. (e?) er. *eælc* part. on er. *man* cov. by
d. ink.   7. *on* by Cor. on er. *-nesse, -se* add. by Cor.? *gænge*, fin. let. er.
he on er. *bioþ* cov. by d. ink. *-fed*, fin. let. (e?) er. Er. bef. *Gold-. hwam
he somnaþ* by Cor.; er. betw. *n* and *a*. *þa* orig. *þæ*; er. aft. it.   8. *an-, a*
from *o* by Cor.; from *-bidung* to *min* by Cor. on er.   9. *-wisnesse* by Cor.
on er. *ł unwisum þu* by Cor. in pl. of er.   10. Er. aft. *þu. -st* by Cor. on
er.   11. This v. by Cor. on er.   12. From *fram* to *steorum ł* by Cor. on
er. From *un-* to *nyrwdest* by Cor. on er. Er. bef. *mæn*. From 7 to *-coppan*
by Cor. on er. *þah hwæþre all* by Cor. on er. *-ende*, fin. *e* from some other
let.   13. *gehir*, fin. let. (e?) er. *min*, fin. let. er.

68 EADWINE'S CANTERBURY PSALTER. [PS. 39.

bed 7 mine bene mid eærum onfoh mine
tionem meam et deprecationem meam auribus percipe lacrimas
teæræs ne swigæ þu from me forþæn wræcce ic eom mid þe
meas ne sileas *a me Quoniam incola ego sum apud te*
on eorðæn 7 elþidig swæ swæ eælle mine fedras forlet
in terra et peregrinus sicut omnes patres mei 14. *Remitte*
me þet ic bio æcęled er þæm þe ic gange 7 ma ic ne
michi ut refrigerer priusquam eam et amplius non
bio
ero

39.

Geanbidigende ic onbad drihtnæs 7 me forlocede t he beheold
2. *Expectans expectavi dominum et respexit me*
7 gehierde mine bene 7 me utgelędde of sceæþe
3. *et exaudivit deprecationem meam et eduxit me de lacu*
yrmðæ 7 of fenne drosna 7 he gesette mine fet ofer stǽn
miserie et de luto fecis Et statuit supra petram pedes meos
7 gerehte mine stapæs 7 he ondsende on mine múð
et direxit gressus meos 4. *et inmisit in os meum*
niwne song and ymnæd urum gode Monegæ gesioð 7 ondredæþ
canticum novum ymnum deo nostro Videbunt multi et timebunt
7 gewenæþ t gehihtað on drihten Eædi wer þes ðe
et sperabunt in domino 5. *Beatus vir cuius*
næma is drihtnes his hiht 7 na beseah t locæde on ydelnesse 7 on
est nomen domini spes eius et non respexit in vanitates et in
wedendum læsingum Monegæ þu dydest drihten min
insanias falsas 6. *Multa fecisti tu domine deus*
god þinræ wundræ 7 þinum geþohtum na is hwelc gelic
meus mirabilia tua et cogitationibus tuis non est quis similis
þe Ic cyþde 7 ic eom sprecende 7 gemonifældode sien ofer
tibi Adnuntiavi et locutus sum et multiplicati sunt super

mid add. by Cor. Er. bef. *mine. wræcce ic eom* by Cor. on er. 14. *þe ic gange* by Cor. on er. *ma* orig. *mæ. bio*, fin. let. er. 39. 2. From *Ge-* to *ic* by Cor. *onbad* orig. *onbæd. t he beheold* by Cor. 3. *-rde, d* from ð and fin. *e* by Cor. *-dde, -de* by Cor. Er. aft. *seæpe.* 7 on er. *fenne drosna* by Cor. on er. *he* prob. add. by Cor. *-hte* by Cor. on er. *stapæs, a* from *e*. 4. 7 *he* prob. add. by Cor. 7 er. bef. *ond-. múð*, accent doubtful. *and, a* from *o* by Cor. *t gehihtað* on prob. by Cor. *-ten*, let. er. betw. *t* and *e*. 5. *ðe* by Cor. *hiht* in d. ink; *-ht* on er. *na* in d. ink; let. er. immed. bef. *n*; *a* on er. of another let. *beseah t* by Cor. on er. *-de*, fin. *e* prob. add. by Cor. *on* (2nd), fin. let. er. 6. *-est, t* prob. add. by Cor. *na* by Cor. on er. *hwelc* by Cor. on er. *þe* by Cor. *cyþde, -de* by Cor. prob. in pl. of *e*. *sien*, fin. let. (t?) er.

PS. 39.]   EADWINE'S CANTERBURY PSALTER.   69

gerym   onsegidnisse 7 tobrengnesse ꞇ ofrunge ðu noldest
numerum   7. *sacrificium et   oblationem   noluisti*
soðlice lichomon þu   me   fulfremedest   Eæc   swilce
corpus autem   perfecisti michi   Holocausta
ansægidnisse ꞇ offrunge fore scyld ꞇ gylt na þu bede
etiam   pro   delicto   non   postulasti
þonne ic sægde on gesihðe ic cume On heæfde þere boces
8. *tunc   dixi   ecce   venio   In   capite   libri*
awriten is be me   þet ic dó þinne willæn   min god
scriptum est de me   9. ut faciam voluntatem tuam deus meus
ic wolde 7 þine æé ꞇ ewe on midre minre heortæn   Welic
volui et legem tuam in medio cordis mei   10. Bene
bodude þine ryhtwisnesse on þere miclæn cierceæn cællæ mine
nuntiavi iustitiam tuam   in   ecclesia magna   ecce labia
welcræs ic ne bewerie ꞇ forbeode drihten þu onenewe   þine
mea   non prohibebo   Domine tu cognovisti   11. ius-
rihtwisnesse na ic gehydde on minre heortæn þine soðfestnesse
titiam tuam non abscondi   in   corde meo   veritatem tuam
7 þine helo ic cweð Ic ne behydde þine mildheortnesse 7
et salutare tuum dixi   Non celavi   misericordiam tuam et
þine soþfestnesse from micelræ gemotstowe ꞇ gesomnunga   ðu
veritatem tuam   a   synagoga   multa   12. Tu
soðlice drihten ne do þu fior þine mildheortnesse from me
autem domine ne longe facias   misericordias tuas   a   me
þine mildheortnesse 7 þine soðfestnessæ simle hy me onfengon
misericordia tua   et   veritas tua   semper susceperunt me
    Forðæn me ymbscældon yfel þæræ   ne is gerim
13. *Quoniam circundederunt me mala quorum non est numerus*
  me gegrypon   mine unrihtnesse ond na ic ne mihte þet
comprehenderunt me iniquitates meae   et   non potui   ut
ic hie gesæwe hy Gemonifældode sint ofer loccæs mines
viderem   Multiplicati   sunt super capillos capitis

gerym, let. (g?) er. betw. *e* and *r.*   7. *-idnisse* by Cor. on er. Er. aft. 7.
ꞇ *ofrunge* add. by Cor. *-est, t* add. by Cor. (twice). Er. (þone or þane?) bef.
lic-. ansægidnisse t add. by Cor. *scyld t gylt* by Cor. Er. bef. *na* wh. is
in d. ink.   8. *ic sægde on gesihðe* by Cor. on er. *boces, s* prob. add. by Cor.
9. *wolde* by Cor. on er. *æé t* by Cor. in pl. of er.   10. *ryhtwisnesse* by Cor.
in pl. of er. *t forbeode* add. by Cor.   11. *rihtwisnesse* by Cor. on er. *na*
by Cor. Er. aft. *ic* (1st). *cweð, e* from *i* by Cor.; orig. = *cwiðe*? *-hydde* by
Cor. on er. *-stowe* by Cor. *t gesomnunga* by Cor. in pl. of er.   12. 7 er.
bef. *þine* (2nd). *hy* by Cor.   13. *na ic* by Cor. on er. *mihte, e* by Cor. (in
pl. of on?).

hæfdes 7 min heorte me forlet   gelicige þe
mei   et cor meum dereliquit me **14.** Complaceat tibi
drihten þet þu me generie drihten on mine fultum gelocæ
domine ut   eripias me domine in auxilium meum respice
        Sien gescende 7 gewirfede ꝉ forwandian somod ðæ þe secæþ
15. Confundantur et   revereantur   simul qui querunt
mine sæwle ꝥ hi œfyrren hie Sien gecirrede under beeling 7
animam meam ut auferant eam   Avertantur   retrorsum et
forscæmien ꝉ ablysien þæ þe me þencæþ yfeles   hy beren
  erubescant   qui cogitant michi mala   **16.** Ferant
hredlice here gesciendnesse þæ þe me cweðæþ ealæ ealæ
confestim confusionem suam   qui   dicunt michi euge euge
        Gehihtæþ 7 blissiæþ þæ þe secæþ þe drihten 7 hie cweðæn
17. Exultent et letentur qui querunt te domine et dicant
simle gemiclæd sic   drihten ðæ þe lufiæþ þine helo
semper magnificetur   dominus   qui diligunt salutare tuum
        Ic soðlice wedlæ 7 ðeærfæ eom drihten hævæð hoge ꝉ
18. Ego vero egenus et pauper sum dominus curam ha-
gemenne min gefultum min 7 alysend min þu eart drihten
 bet   mei Adiutor meus et liberator meus es tu domine
ne lætæ þu
ne tardaveris

40.

        eadig se þe ongeteþ ofer þone wedlæ 7 þone þeærfæn on dage
2. Beatus qui intellegit super egenum et pauperem in die
yfle drihtæn hi gefriolsæð ꝉ alyseð   drihten gehcældeð
malo   liberabit eum dominus   **3.** Dominus conservet
hine 7 geliffesteð hine 7 cædigne gedóþ hine 7 he geclensæð on
eum et vivificet eum et beatum faciat eum et emundet in

14. *gelicige, ge-* by Cor. on er. ; *-ige* by Cor. on er.   *on mine* on er.   *gelocœ,
ge-* prefixed by Cor. ?   15. *gescende, s* wr. over the line prob. by Cor. ; *e*
(1st) from *i.* Er. aft. 7. *ꝉ forwandian* add. by Cor. *somod, o* in both cases
from some other let. (e ?).   *hie* by Cor. *beeling* prob. add. by Cor. *forscœmien,
for-* prob. prefixed by Cor.; *n* add. by Cor. *ꝉ ablysien* add. by Cor.   16. *hy
beren* by Cor. in pl. of er. *here,* first *e* from *i.*   17. *-ðœn, n* by Cor. on er.
(of þ ?). *-lœd, d* add. by Cor. *sie* add. by Cor.   18. *hœvœð, v* from something else. *hoge ꝉ* by Cor. *min 7 alysend* by Cor. on er. *þu eart* by Cor. on
er.   40. 2. *eadig* by Cor. *-age* by Cor.; *a* on er. Er. (hiræ?) bef.
yfle; *-le* in d. ink; fin. let. (s ?) er. *ꝉ alyseð* add. by Cor.   3. *-deð, ð* by
Cor. on er. *-teð, ð* add. by Cor. *gedóþ, þ* prob. add. by Cor. *he* prob. add. by
Cor.   *sæð, ð* add. by Cor.; er. (hine ?) aft. this word.

PS. 40.] EADWINE'S CANTERBURY PSALTER. 71

cordæn his sæwle 7 hinc ne seleð on hændæ his fiondæs
terra   animam eius et non tradat eum in   manus inimici eius
drihten sprede bringeð him ofer bedd sares his
4. *Dominus opem   ferat   illi super lectum doloris eius*
ælle strele his þu acyrdest on untrumnesse his
universum stratum eius   versasti   in   infirmitate eius
Ic cweð dryhten gemiltsa min hæl sawle mine forðan ic
5. *Ego dixi domine miserere mei sana animam meam quia pec-*
syngode þe   Fynd mine cweðon ł sægdon yfela to me
cavi tibi 6. *Inimici mei   dixerunt   mala michi*
hwonne swelteð 7 forwerþeð nama his   7 hy geodcn in
quando morietur et   periet   nomen eius   7. *Et ingrediebantur*
ꝥ hy gesawan idelu gesprec heorte heora hy gaderedon
ut viderent   vana locutum est cor   eorum congregaverunt
unryhtwisnesse him 7 hy geodon ut 7 hy sprecon
iniquitatem   sibi Et egrediebantur foras et loquebantur
somod on an hy bysmredon aelle fynd mine ongean
8. *simul in unum susurrabant Omnes inimici mei adversum*
me þohton yfelu me   word unrihtwis hy bebudan
me cogitabant mala michi   9. *verbum iniquum mandaverunt*
ongean me Cwystþu se þe slapð ne geycþ he ł teohað ꝥ
adversum me Nunquid   qui dormit non   adiciet   ut
he arise   soðliche mann sybbe minre on ðam ic hyhte
resurgat 10. *et enim homo pacis mee in quo sperabam*
þæ þe æt minne hlæf he geycte ł monigfæeldode ongean me
qui edebat panes meos   ampliavit   adversum me
underþidnesse   ðu soðlice drihten miltsæ me 7
supplantationem 11. *Tu autem domine miserere mei et*
æwece ł arer me 7 ic agylde hem ł geceædleænie   On
resuscita me et   retribuam illis   12. *In*
þam ic oneneow ꝥte þu me woldest forðæn na blissað
hoc cognovi quoniam voluisti me   quia non gaudebit

seleð, ð add. by Cor. -dæs, s prob. add. by Cor.   4. MS. swæde ; orig.=
swæ ? the -de add. by Cor. ? From bringeð to on by Cor. in pl. of er. his by
Cor. From begin. of v. 5 to hyhte of v. 10 (exactly one page of the MS.) wr.
by one of the Cors. ; not on er., shewing that this Cor. was a contemporary of
the scribe who wrote the orig. text.   8. þohton, h from something else (o ?).
9. slapð, p on er. of some other let.   10. minne, first n dotted. he add. by
Cor. -ycte ł ins. by Cor. ongean on er.   11. ł arer add. by Cor. agylde
ins. by Cor. hem ł by Cor. on er. ; e from i.   12. þam, -am by Cor. on er.
oneneow, e orig.= æ ; -ow by Cor. on er. ; orig.= onenæwe? ꝥte by Cor. on er.
-est, t add. by Cor. na blissað by Cor. on er.

fiond min ofer me Fore minre unscyþenesse
inimicus meus super me 13. *Propter innocentiam autem*
sodlice þu me onfenge 7 me getrymedest on þinre gesihþe on
meam suscepisti me et confirmasti me in conspectu tuo in
ecnesse Gebletsæd drihten god isræhele æworld 7
aeternum 14. *Benedictus dominus deus israel a seculo et*
oþþe on worlde si swæ si swæ
usque in seculum fiat fiat

41.

Swæ Se heort wylnæþ to þes weteres willæn swæ wilnæþ
2. *Sicut cervus desiderat ad fontes aquarum ita desiderat*
min sæwl to þe drihten Min sæwle þirsteþ to þæm lifi-
anima mea ad te deus 3. *Sitivit anima mea ad deum*
endæn gode hwænne ic cume 7 etiewe beforæn godes onsiene
vivum quando veniam et apparebo ante faciem dei
Me weron mine tcæræs hlæfæs on dege 7 on niehte þonne
4. *Fuerunt michi lacrimae meae panes die ac nocte dum*
bið eweðend me elce deg hwer is þin god þas
dicitur michi cotidie ubi est deus tuus 5. *Haec*
ic gemunde 7 ægcæt on me mine sæwle forðæn ic ingænge
recordatus sum et effudi in me animam meam quoniam ingrediar
on stowe eærdunge ł geteldes wundorlices oþ godes hus on
in locum tabernaculi admirabilis usque ad domum dei in
stemne blisse ł winsumnesse 7 swegie onddetnesse wistfulgend ł
voce exultationis et confessionis sonus epulan-
simliende Forhwy sari ł unrot eart þu min Sæwl 7 forwæn
tis 6. *Quare tristis es anima mea et quare*
gedrefest þu me hyht on god forðæn ic ændette him helo
conturbas me spera in deum quoniam confitebor illi salutare
onsien ł andwlitan mines 7 god min From me silfum
vultus mei 7. *et deus meus A me ipso*
Sæwl min gedrefed is forþan gemindy ic beo þin arihten of
anima mea turbata est propterea memor ero domine de

min by Cor. on er. 13. *-est, t* prob. add. by Cor. 41. 2. *-yln-* in
d. ink; *y* on er. 3. *Min,* fin. let. prob. er. 4. *on* prob. ins. by Cor.
(twice). *dege,* fin. *s* er.? *niehte,* fin. *s* er. *þonne* by Cor. on er. *me* by Cor.
on er. *deg,* fin. let. (e?) er. 5. *þas* by Cor.; orig. word prob. ended in *-es*.
-unde by Cor. on er. *t geteldes* add. by Cor. *blisse t* add. by Cor. *wistfulgend t* add. by Cor. 6. *-hwy* by Cor. on er. *eart þu* by Cor. *hyht* by Cor.
on er. *t andwlitan* add. by Cor. 7. *for-,* fin. let. er.; *-þan* by Cor. part.
on er. *ic beo* add. by Cor. *þin* by Cor. *drihten* by Cor. on er.

PS. 42.] EADWINE'S CANTERBURY PSALTER. 73

corðan iordænis 7 hermonis from dunc unmicelre   Dyopnes
terra iordanis et hermonis   a   monte   modico   8. Abyssus
diopnesse chicð   on stefne geheftræ rihtræ ł wæterædrana
abyssum   invocat   in   voce   cataractarum
þinræ   eællæ   hihþo   þine   7   yþa   þine   ofer   me   ferdon
tuarum   omnia   excelsa   tua   et fluctus tui   super   me transierunt
   On   dege   bebeæð   dryhten   mildheortnesse   his   7   on   niht
9. In   die   mandavit   dominus   misericordiam   suam   et   nocte
he gesweotolode Mid me gebed godc lifes mines   ic cwiþe
declaravit   Apud me oratio   deo   vitae meae   10. dicam
gode onfeng min þu ært Forhwi me þu ofergete 7 forhwi me
deo susceptor meus   es   Quare   me   oblitus es   et quare   me
þu utawyltest ł anyldest 7 forhwi unrot ł sári ic gange þonne
   reppulisti   et quare   tristis   incedo   dum
swencð   me   fiond   þonne bioð tobrocene   eælle bæn
affligit   me inimicus   11. Dum confringuntur omnia ossa
mine   me   edwitodon   þe   eærfoþodon ł swencað   me   midþi
mea exprobraverunt me qui   tribulant   me   um
bið cweþende   me   þurh Syndric dægæs hwer is   god þin
dicitur   michi   per singulos dies   ubi   est   deus tuus
   Forhwi unrot is sæul min 7 forwæn þu gedrefest me hyht on
12. Quare tristis es anima mea et quare   conturbas me Spera in
god forþæn ic ændette him   helo   ondwlite mines 7 god min
deum quoniam confitebor illi salutare   vultus   mei et deus meus

42.

dem me god 7 toscead intingæn minne of þiode unhæligre
Iudica me deus et discerne causam   meam de gente non sancta
fræm men   unrihtwisum 7 facenfullen genere me   Forðæn
ab homine   iniquo   et   doloso   eripe me   2. Quia
ðu eært god   min 7 strengþo min forwæn me ðu ædrife ł ðu
tu   es   deus   meus et fortitudo mea quare   me   reppu-

────────

unmicelre in d. ink.   8. Dyopnes diopnesse by Cor. on er. About two
lett. er. immed. bef. chicð. rihtræ ł wæterædrana by Cor.   9. on (2nd)
prob. add. by Cor. he gesweotolode by Cor. on er. lifes mines, -es in both
cases prob. add. by Cor.   10. þu ært by Cor. on er. From Forhwi to me
(3rd) by Cor. flond cov. by d. ink.   11. þonne by Cor. on er. ł swencað
add. by Cor.   12. -hwi by Cor. on er. min, fin. let. er. -fest, -st by Cor.
on er. hyht by Cor. in pl. of er. mines, -es by Cor.   42. toscead, an
er. immed. at end. unhæligre, un- by Cor. in pl. of er. ; -igre by Cor. on er.
-wisum 7 facenfullen by Cor. in pl. of er.   2. min (2nd), fin. e er. ł ðu
aryddest add. by Cor.

aryddest 7 forwæn unrot ic inga þonne swencð me fiond
listi   et quare   tristis incedo   dum   affligit me inimicus
Asend lioht ðin 7 soðfestnesse þine hy me leddon 7
3. *Emitte lucem tuam et veritatem tuam ipsa me deduxerunt et*
togeleddon on dune hælgæn ðine 7 on cærdunge ðine   Ic
adduxerunt in monte sancto tuo et in tabernaculo tuo **4.** *In-*
ingonge to wifode godes to gode þe geblissiæð giogoðe mine
troibo ad altare   dei ad deum qui laetificat iuventutem meam
Ic ændette ðe on hcærpæn god god min   forwæn sari
Confitebor tibi in cythara deus deus meus   **5.** *quare tristis*
þu ært Sæwl min 7 forwæn gedrefest þu me Gewene Ɨ hyht on
es   anima mea et quare   conturbas me   Spera   in
god forðæn ic ændette him helo ondwlitæn min 7 god min
deum quoniam confitebor illi salutare vultus   mei et deus meus

43.

god cærum urum we gehierdon faderes ure cyþdon Ɨ
2. *Deus auribus nostris audivimus patres nostri annunt-*
bodedon us Weore ðet þu worhtest on dagum hieræ
iaverunt nobis Opus quod operatus es in diebus eorum
ond on dagum eældum   hand ðin ðiodæ forspilde 7
et in diebus antiquis **3.** *Manus tua gentes disperdet et*
þu plantodest Ɨ wirtwælædæst hie ðu gebigdest Ɨ swenctest
plantasti   eos   adflixisti
7 þu utædrife hie   Na soðlice on sweorde his
populos et expulisti eos **4.** *Non enim in gladio suo*
hy agon corðæn 7 cærm hioræ ne gehęlð hie Ac
possidebunt terram et brachium eorum non salvabit eos Sed
swiðre ðin 7 cærm þin 7 onliehting andwlitan Ɨ onsien
dextera tua et brachium tuum et inluminatio   vultus

From *ic* to *me* by Cor. in pl. of er.   3. *Asend*, fin. let. er.? -*nesse*, -*se*
add. by Cor. *pine*, *e* add. by Cor. *hy* by Cor. on er. *leddon*, init. *ge-* er.;
-*don* by Cor. on er.? -*don* (2nd) in d. ink. *ðine*, let. er. betw. *i* and *n* (twice).
4. Er. bef. *gio*-. *mine*, *e* by Cor. in pl. of er.   5. *sari þu ært* by Cor. in pl.
of er. *Sæwl*, *wl* by Cor. on er. -*est*, *t* by Cor. on er. *þu* by Cor. *Ɨ hyht* add.
by Cor. -*tæn*, *n* add. by Cor.   43. 2. *fad-*, *a* from *e*. *t bodedon* add.
by Cor. *þu worhtest* by Cor. on er. Er. bef. *on* (1st). *dagum*, orig. *dægum* in
both cases. Er. bef. *eældum*; -*um* by Cor. on er.   3. *hand*, orig. *hænd*.
ðin, fin. let. (*e*?) er. 7 *þu plantodest* add. by Cor. -*lædæst*, *a*-part of *æ* (1st)
from *e*; *t* add. by Cor. -*dest*, *t* prob. add. by Cor. *t swenctest 7 þu ut-* by
Cor. in pl. of er.   4. *Na soðlice* by Cor. in pl. of er. *hy* add. by Cor.
agon orig. *ægon*. *Ac*, *c* on er. *andwlitan t* add. by Cor.

[PS. 43.] EADWINE'S CANTERBURY PSALTER.   75

þines forðæn gelicæde ðe on him   ðu cært self king min
tui quoniam complacuit tibi in illis 5. *Tu es ipse rex meus*
7 god min þu ðe bebiódest   hęlo   israhel ł iæcobe   On
et deus meus qui   mandas   salutem iacob   6. In
þe fiond   ure we windwioð 7 on nomæn þin we forhogyen
te inimicos nostros ventilabimus et in nomine tuo spernemus
onærisonde on us   Ne soðlice on bogan minum ic gewene
insurgentes in nos   7. *Non enim   in arcu   meo   sperabo*
7 sweord min ne geheleð me   ðu gefriolscdes soðlice us
et gladius meus non salvabit me 8. *Liberasti enim nos*
of ðæm swencendum us 7 þa   þe us fiodon ðu gescyndest
ex affligentibus nos et eos qui nos oderunt confudisti
On gode we beoþ herede alne deg 7 on namæn þinum we
9. *In deo   laudabimur   tota die et in nomine tuo con-*
ændetteþ on worolde   Nu soðlice ðu aneddest 7 ðu
fitebimur in secula 10. *Nunc autem   reppulisti et*
gescindest ł drefdest us 7 ne utgængest god on megnum
confudisti   nos et non egredieris deus in virtutibus
urum   ðu acyrdest us on becline fore fiondum urum 7
nostris 11. *Avertisti nos retrorsum prae inimicis nostris et*
þa þæ fiodon ł hatedon us hyo reafodon him   þu gescældest
eos qui oderunt   nos diripiebant sibi   12. Dedisti
us swæ swæ Sceæp mettæ 7 on ðiodum ðu us tostenctest
nos tanquam oves   escarum et in gentibus dispersisti nos
ðu sældest ł cyptest   folc þin buton wiorðe 7 ne wes
13. *Vendidisti   populum tuum sine   precio et non fuit*
menigo on stirengum ł behwearfum hioræ   ðu gesettest
multitudo in   commutationibus   eorum   14. Posuisti
us on edwite neæhgeburum urum nostri of leahtrum 7 hyrwnesse
nos in opprobrium   vicinis   nostris derisum et con-

þines, -es by Cor. *-æde, d* from *ð* and *e* add. by Cor. 5. *self* prob. add.
by Cor.; fin. let. er. ? *þu ðe* by Cor.; er. betw. these words. *-est, t* add. by
Cor. *israhel t* add. by Cor.   6. *we* add. by Cor. Word of about two lett.
er. betw. *wind-* and *-wioð*. *-nde* by Cor. in pl. of er. 7. Er. aft. *Ne*. From
on to *ic* add. by Cor.   8. *-est, t* add. by Cor. ?   9. *we beoþ herede* by Cor. on
er. *deg*, fin. let. er. *nam-* orig. *næm-*. Er. immed. bef. *ænd-*. 10. *aneddest* by Cor. on er. *t drefdest* add. by Cor. *-gest, st* by Cor. 11. *acyr-*
by Cor. in pl. of er. *ł hatedon* add. by Cor. *hyo reafodon* prob. by
Cor. on er.   13. *sældest* on er. *ł cyptest* add. by Cor. *ł behwearfum* add.
by Cor.   14. *-est, t* add. by Cor. ?   *neæhgeburum, -hgeburum* prob. add.
by Cor.; the orig. word was prps. *neæn, h* being from the last *n*. *of* by Cor.
on er.

76   EADWINE'S CANTERBURY PSALTER.   [PS. 43.

ꞇ hogunge ðam   ðæ on ymbegænge   ure   sindon   ðu gesettest
temptum   his   qui   in   circuitu   nostro   sunt   15. *Posuisti*
us on   gelicnesse   ðiodum æwendnesse ꞇ styringe heæfdes on
nos in similitudinem gentibus   commotationem   capitis   in
ðiodum ꞇ folcum   Alne dei   scamu   min ongean me is 7
plebibus   16. *Tota die verecundia mea contra me est et*
gescindnes onsien   ꞇ andwlitan mines oferwreah me   Fram
confusio   vultus   mei   operuit   me   17. A
stemne hyspendes   7 ongeansprecendes from onsine fiondæs 7
voce   exprobrantis et   obloquentis   a   facie   inimici   et
from   ehtendes   ðæs   cællæ   comon   ofer   us   7
persequentis   18. *Haec omnia venerunt super nos et*
ofergitende we ne sindon ðe 7 unrihtlice we ne deden on
obliti   non sumus   te et iniquae   non egimus   in
cyþnesse ðine   7   ne gewat on bec heorte   ure
testamento   tuo   19. *et non recessit   retro   cor   nostrum*
7 ðu aheldest   stigæ ꞇ siþfatu uræ from   ðinum   wege
Et   declinasti   semitas   nostras   a   via   tua
        forðæn   ðu geeæðmeddest us on stowe geswencednesse 7
20. *quoniam   humiliasti   nos in loco   afflictionis   et*
oferwreah us scadu deæþes   Gif we sien ofergitende
operuit   nos umbra   mortis   21. *Si   obliti   sumus*
nomon godes ures 7 gif we áþeniæð hænde ure to gode
nomen   dei   nostri et si expandimus manus nostras ad deum
fremdum   hwu ne god secæþ ðæs he cællengæ cnaweð
alienum   22. *Nonne deus requiret ista ipse enim   novit*
diglæ heortæn   Forðæn   fore   ðe deæde we bioþ gewordene
occulta cordis   Quoniam propte[r] te   morte   afficimur
elce   deg   we   bioþ   gewenende   swæ   scep   acweællednesse
tota   die   estimati sumus   ut   oves   occisionis

ꞇ *hogunge* prps. add. by Cor. ð*am, -am* by Cor. on er.   15. *-est, t* add.
by Cor. ꞇ *styringe* add. by Cor. ꞇ *folcum* add. by Cor. 16. *ongean* by
Cor. on er. ꞇ *andwlitan* add. by Cor. *mines, -es* add. by Cor. *oferwreah* by
Cor. on er.   17. *Fram* by Cor. on er.   *hyspendes* by Cor. on er. *ongeansprecendes* by Cor on er. *-dæs, s* prob. add. by Cor. *-des, s* by Cor. in pl. of
er.   18. *we* add. by Cor. ð*e,* ð from some other let. Er. bef. *unrihtlice,
-tlice* by Cor. on er.   *deden, e* (1st) on er.; second *d* from ð.   19. *gewat*
orig. *gewæt*. *aheldest* by Cor. on er. ꞇ *sipfatu* add. by Cor.   20. *geswenced-,
-ed-* wr. over the line by Cor. *oferwreah* by Cor. on er. *-cadu* by Cor. on er.
21. *áþeniæð, á* prob. orig. *ǽ* ; *-þ-* by Cor. Er. bef. *fremdum*.   22. *hwu ne*
on er.   *cnaweð* by Cor. *diglæ,* about two lett. immed. bef. and one let.
immed. aft. this word er. *deæde,* second *d* from ð. *we* by Cor. *deg,* fin. *e*
er. Er. aft. *swæ*. *-lednesse* by Cor. on er.

PS. 44.]   EADWINE'S CANTERBURY PSALTER.   77

Aris   forwæn   slepest   þu   drihten   æris   ne anyd þu ł
23. *Exsurge   quare   obdormis   domine exurge et ne repell-*
7 ne ædrif þu us oððe   on ende   Forwæn onsîene þine
as   nos usque   in finem   24. *Quare   faciem tuam*
æhwirfst þu ofergitest unspede ł wedlæn   ure   7 cærfoðnesse ł
avertis   oblivisceris   inopiam   nostram et   tribula-
swinc   ure   Forðæn   geeæðmæd   is   on   duste
tionem nostram   25. *Quoniam   humiliata   est   in   pulvere*
sæule ure   etfylhð ł clyuode on corðæn wamb ł innoð   ure
anima nostra   adhesit   in   terra   venter   noster
Æris   drihten gefultumæ   us   7   alys ł   friolsæ   us   fore
26. *Exsurge domine   adiuva   nos et   libera   nos propter*
nomæn ðinum
nomen tuum

44.

belcette heorte min   word   god   cwiðe ic wiorc mine
2. *Eructavit   cor   meum verbum bonum dico   ego opera mea*
kininge Tunge min writingfeþere gewriteres hrædlice writendes
regi Lingua mea   calamus   scribe   velociter scribentis

Wlitig heow fore beærnum mænnæ ægoten is gifu
3. *Speciosus forma   pre   filiis   hominum diffusa est gratia*
on welrum þinum Forðæn gebletsode þe god on   ecnesse
in   labiis   tuis Propterea benedixit   te deus in aeternum

to begirdænne sweorde ðinum ymb þæ lendeno mihtigliche ł
4. *accingere   gladio   tuo circa   femur   poten-*
þeoh riclicost   Wlite ðinne 7 fegernesse dine behæld
tissime   5. *Specie tua et pulchritudine tua intende*
gesundfullice forðgæwit   7   rixæ   Fore   Soðfestnesse   7
prospere   procede   et   regna Propter   veritatem   et
geþwernesse 7 rihtwisnesse 7 geledeþ þe wundorliche swiðre
mansuetudinem et   iustitiam   et deducet te mirabiliter dextera

23. *Aris* = orig. *Æris.* -*est þu* add. by Cor. *þu us* add. by Cor.   24.
onsîene, fin. *e* prob. add. by Cor. *þine* add. by Cor.   Er. bef. *æhwirfst*;
ł add. by Cor. *þu* add. by Cor. -*est*, -*st* by Cor. on er. *unspede ł* add. by
Cor.; *ł* on er. -*nesse, se* add. by Cor. 25. *ł clyuode* add. by Cor. *wamb ł*
add. by Cor.   26. *alys ł* add. by Cor.   44. 2. *belcette* by Cor.
heorte, fin. *e* prob. add. by Cor. *writingfeþere*, by Cor. on er. -*eres* add. by
Cor.   3. -*ig* in pl. of er. by Cor.? -*ow* by Cor. on er. -*ode* by Cor. *þe*
by Cor.   4. Er. bef. *mihtigliche*; -*igliche* by Cor. on er.   5. *gesundfullice* by Cor. on er. -*wit* on er. *rixæ, æ* from *e*. *rihtwis-* by Cor. on er.
Er. aft. 7. *þe* add. by Cor. -*liche* add. by Cor.   .

78 EADWINE'S CANTERBURY PSALTER. [PS. 44.

ðin   strelæ ꞇ flanc ðine scæœrpe ðes mihtigestæn folc
tua   6.   Sagittae   tuae   acute   potentissime populi
under ðe gefeallcþ on heortæn   find   þes kinges   Setle
sub   te cadent   in cordae inimicorum regis   7. Sedes
þīn god on woroldæ world gierd riht   is gird rices þines
tua deus in seculum seculi virga recta est virga regni   tui
     ðu lufodest rihtwisnesse 7 þu fiodest ꞇ hatudest unrihtwisnesse
8.   Dilexisti   iustitiam   et   odisti   iniquitatem
foreðæn smirede ðe god god ðin of ele blisse forc efnlinge
propterea unxit   te deus deus tuus oleo laeticiae pre consortibus
þine   Murræ 7 swete dropen 7 swete wirt from girelæn
tuis   9.   Mirra et   gutta   et   cassia   a   vestimentis
ðinum of stapum ælpenbanenum of ðam   gelustfulladon
tuis   a   gradibus   eburneis   ex quibus te delectaverunt
     dohtre ciningæ on arwur[ð]nisse ðinre Etstod Sio cwen
10. filiae   regum   in   honore   tuo Adstitit regina
ðeræ swiðræn þines on girelæn of golde   ymbgyrd mislicnisse
a   dextris   tuis in vestitu deaurato circumamicta varietate
     Gehier dohtor 7 gesioh 7 onhild cære þin 7 ofergit
11.   Audi   filia   et vide   et inclina aurem tuam et obliviscere
folc   ðin   7   hus   federes   þines   Forðæn
populum tuum et domum patris   tui   12. Quoniam
gewilnæde kining wlite ꞇ hiw ðinne forðæn he is drihten
concupivit   rex   speciem   tuam   quia   ipse est dominus
god ðin   7 hine gebiddæþ   dohtore tire on læcum
deus tuus et adorabunt eum   13. filiae tyri in muneribus
Onsin ꞇ andwliton ðin bioð biddende cællæ welige folces
Vultum   tuum   deprecabuntur omnes divites plebis
     cæl wuldor his dohtora ciningæ from on innen On fnedum
14. omnis gloria eius filiae   regum   ab   intus In fimbriis

6. ꞇ flane add. by Cor. under by Cor. on er. MS. has heortæn on, but marked for transposition. 7. Setle, fin. e prob. add. by Cor. 8. lufodest, ꞇ prob. add. by Cor. rihtwis- by Cor. on er. fiodest, ꞇ add. by Cor. ꞇ hatudest add. by Cor. -wisnesse add. by Cor. of add. by Cor. blisse fore add. by Cor. efnlinge by Cor. on er. 9. swete dropen 7 swete wirt by Cor. on er. of stapum by Cor. on er. From æl- to ðam by Cor. in pl. of er. -don by Cor. 10. dohtre by Cor.; er. aft. it. on arwurnisse by Cor. on er. -od by Cor. on er. -gyrd by Cor. on er. -nisse by Cor. on er. 11. Gehier, fin. let. er. dohtor by Cor. on er. Er. immed. aft. -git. 7 by Cor. on er. federes, -es add. by Cor. 12. -de by Cor. on er. ꞇ hiw add. by Cor. 13. dohtore by Cor. on er. ꞇ andwliton add. by Cor. 14. ewl, fin. -le er.? dohtora by Cor. on er. on by Cor. on er. -nen by Cor. on er. fnedum by Cor. on er.

PS. 45.] EADWINE'S CANTERBURY PSALTER.

gyldenum ymbgyrd ł cæfed missenlihnesse To bioð
aureis 15. *circumamicta varietate Addu-*
geledde kininge femnæn ł medenan efter ðon nixtum his
centur regi virgines post eam proxime eius
to bioð borene ðe on blissæ 7 on hyhte ł gefægnunge
adferentur tibi 16. *in laetitia et exultatione*
hy bioð geledde on temple kininges Fore federum ðinum
adducentur in templum regis 17. *Pro patribus tuis*
cynnede sint ðe beærn þu gesetest hie eældormen ofer cælle
nati sunt tibi filii constitues eos principes super omnem
corðæn Gemindyge bioð næmon þin drihten on eællum
terram 18. *Memores erunt nominis tui domine in omni*
cneorisse 7 cynne Forcðæn folc ondettæþ ðe on
generatione et progenie Propterea populi confitebuntur tibi in
ecnesse 7 on worold aworlde
aeternum et in seculum seculi

45.

God ure gescildent ł frofr 7 megen fultumend on swincum
2. *Deus noster refugium et virtus adiutor in tribu-*
ł eærfoþnessum þæ gemetton us swiðe Forðæn
lationibus quae invenerunt nos nimis 3. *Propterea*
we ne ondredæð þonne beoð gedrefed eorðe 7 bioð ofer-
non timebimus dum conturbabitur terra et trans-
farende ł borene dunæ on heortæn sæs Swegdon 7
ferentur montes in cor maris 4. *Sonaverunt et*
gedrefede Sint wetere his gedrefede sint dunæ on Strangnysse
turbate sunt aquae eius conturbati sunt montes in fortitudine
his Stréæmæs ł flodes onres geblissæþ cæestre godes
eius 5. *Fluminis impetus laetificat civitatem dei*
he gehælgæde geteld ł cærdungstowe his þu hihsta god
sanctificavit tabernaculum suum altissimus 6. *deus*

15. *-gyrd* ł *cæfed* by Cor. on er. *-senlihnesse* by Cor. prob. in pl. of er.
ł *medenan* add. by Cor. 16. ł *gefægnunge hy* add. by Cor. 17. *-st* add. by
Cor. 18. *-dyge, -ge* prob. add. by Cor. *cneorisse* add. by Cor. *cynne* by Cor.
on er. 45. 2. *-ent* ł *frofr* add. by Cor. *to* er. immed. bef. *ful-. swincum* ł
add. by Cor. Er. (on?) immed. bef. *gemetton*. 3. *Forðæn*, let. (e?) er. aft. *r.*
þonne beoð by Cor. in pl. of er. *-fed*, fin. *e* er. ł *borene* add. by Cor. *sæs*,
second *s* from some other let.; orig. = *sæwe*? 4. *wetere*, fin. *e* prob. add.
by Cor. 5. ł *flodes onres* by Cor. in pl. of er. *geteld* ł prob. add by Cor.

on midle hise ne biðonwenden ł astired gefultumat hic god
in medio eius   non commovebitur   Adiuvabit eam deus
andwlitan ł onsine his   gedrefede sint ðiodæ 7 onhilde
vultu   suo   **7.** *conturbatae sunt gentes et inclinata*
sint rice Selde stefne his se hihsta 7 astyred is corþe
sunt regna dedit vocem suam altissimus et mota est terra
drihten megene mid us onfeng ure god iacobes
8. *Dominus virtutum   nobiscum   susceptor noster deus   iacob*
Cumæþ 7 gesioð wiore drihtnes þa he gesette foretacne
9. *Venite et videte opera domini quae posuit prodigia*
ofer eorðan   Afyrrende gefioht oððet to endes eorðan
super terram   **10.** *Auferens   bella   usque ad fines terrae*
bogæ he forbryteð 7 gebricð wepnæ 7 scylde he forbernþ
arcum   conteret   et confringet arma et scuta   comburet
on fyre   geemtiæþ 7 gesioð forðæn ꝥ ic eom god ic bio
igni   **11.** *Vacate et videte quoniam ego sum deus exal-*
uphæfen on ðiodum 7 bið uphæfen on eorðæn   drihten
tabor in gentibus et exaltabor   in terra   **12.** *Dominus*
megen mid us onfeng ure god iacobes
virtutum nobiscum susceptor noster deus iacob

46.

ælle ðioðæ heofæð ł blissiad hændum winsumiæþ gode on
2. *Omnes gentes   plaudite   manibus   iubilate   deo   in*
stefne hihte ł blisse   Forðæn god heah egeslic 7
voce   exultationis   **3.** *Quoniam deus summus terribilis et*
cing micel ofer ealle godas   he Underþeod folc
rex magnus super omnes deos   **4.** *Subiecit   populos*
us 7 ðiodæ under fet ure   he Geceæs us on
nobis et gentes sub pedibus nostris   **5.** *Elegit   nos in*
yrfeweærdnesse him hiw iacobes ðone he lufode   Æstigæþ
haereditatem sibi speciem iacob quem dilexit   **6.** *Ascendit*

6. *ł astired* add. by Cor. *hie, e* from some other let.? *andwlitan ł* add. by
Cor. 7. *Selde, -de* by Cor. on er. *se,* fin. let. er. *astyred* by Cor. on er.
9. *þa he* by Cor. in pl. of er. *-taene* by Cor. 10. *endes, s* prob. add. by
Cor. *he forbryteð* by Cor. on er. *gebricð, ð* by Cor. in pl. of er. *wepnæ, æ*
prob. add. by Cor. *on fyre, on* and *-e* add. by Cor. 11. ꝥ add. by Cor.
ic (2nd) by Cor. on er. *bio, o* from *d* or *ð.* 46. 2. *ælle* by Cor.
ł blissiad add. by Cor. *ł blisse* add. by Cor. 3. *heah* by Cor. on er. *godas,
s* prob. add. by Cor. 4. *he* pref. by Cor. *-þeod* on er. 5. *he* pref. by
Cor. (twice). *Geceæs,* let. (*s*?) er. betw. *e* and *c.*

PS. 47.]   EADWINE'S CANTERBURY PSALTER.   81

god on   winsumnesse ꞇ dræme 7 drihten on stefne bimæn
deus in   iubilatione   et dominus in   voce   tube
    Singæð gode ure singæþ singæþ kininge urum singæþ
7. *Psallite   deo nostro psallite psallite   regi   nostro psallite*
    Forðæn kining ælre eorðæn god is singæþ snytro ꞇ
8. *Quoniam   rex   omnis   terrae   deus   psallite   sapi-*
wisliche   Rixæþ drihtæn on ofer eælle þiodæ god
enter   9. *Regnabit dominus   super   omnes gentes deus*
sitt ofer setle hæligam his   Eældormen folces tosomne
sedet super sedem sanctam suam 10. *Principes populi con-*
becomen mid gode abræhæmes forðæn godas strænge on eorþen
venerunt cum deo abraham quoniam dii fortes   terrae
swiþe upæhæfen sindon
nimium   elevati   sunt

47.

    Michel   drihten 7 hergendlic swide on ceæstre godes
2. *Magnus dominus et laudabilis nimis in civitate dei*
ure on dunæ hælie his   gebredende hyhtes   eælle
nostri in monte sancto eius 3. *Dilatans exultationes universae*
corðe munt ꞇ dune sion siden norðdeles ceæster kininges miceles
terrae   mons   syon latera aquilonis civitas   regis   magni
    god on stepum his bioð gitende ꞇ cnawen þonne he oufoð
4. *Deus in gradibus eius   dinoscitur   dum   suscipiet*
hie   Forðæn eællengæ kininges corðe gesomnede beoð
eam   5. *Quoniam ecce   reges   terrae   congregati*
ꞇ sint 7 togedere comen on ænum   hy gesiende þa
sunt et   convenerunt   in unum   6. *Ipsi videntes tunc*
wundriende sint gedrefede sint 7 onfarede ꞇ astyrede sint
admirati   sunt conturbati sunt et   commoti   sunt
    firhto ꞇ bifung gegripþ hie ðer   Sar   swa   swæ
7. *tremor   apprehendit eos Ibi dolores   sicut*

6. ꞇ *dræme* add. by Cor. 8. *ælre* by Cor. on er. *is* add. by Cor. ꞇ *wis-liche* add. by Cor. 9. *on*, aft. this word is an er. wh. glosses *in æternum* (wh. has a red line drawn through it for er.); prob. *on* should have been er. too. 10. Er. bef. *folces*. *tosomne becomen* by Cor. on er. *on* add. by Cor. *eorþen, n* add. by Cor. 47. 2. *Michel* by Cor. 3. *-ende*, fin. *e* add. by Cor. *hyhtes* by Cor. on er. *munt* ꞇ add. by Cor. *siden norðdeles* by Cor. in pl. of er. 4. *bioð* from something else. ꞇ *cnawen* add. by Cor. *þonne he* by Cor. prob. in pl. of er. 5. *beoð* ꞇ add. by Cor. *togedere comen* by Cor. on er. 6. *hy, y* from *i* by Cor. *þa* orig. prob. = *þæ*. ꞇ *astyrede* add. by Cor. 7. ꞇ *bifung* add. by Cor.; fin. let. er. *Sar* orig. = *Sær* (accent doubtful). *swa* add. by Cor.

G

æcniendes on gastæ swiþe brecende scypa tharsis
parturientis **8.** *in spiritu vehementi conterens naves tharsis*
swæ we gehirdon swæ 7 we gesæwon on ceæstre drihten
9. *Sicut audivimus ita et vidimus in civitate domini*
megene on ccæstre godes ure god gestæðolode hy on
virtutum in civitate dei nostri deus fundavit eam in
ecnesse We onfengon god mildheortnesse þine on
aeternum **10.** *Suscepimus deus misericordiam tuam in*
middæn temple þin Efter nomæn ðinum god swæ
medio templi tui **11.** *Secundum nomen tuum deus ita*
7 lof þin on ende eorðæn rihtwisnesse full is swiðræ ðin
et laus tua in fines terrae iustitia plena est dextera tua
blissiæþ munt ł dún syon 7 hihtæþ ł fæogen dohtre iudæn
12. *Laetetur mons syon et exultent filiae iudae*
for dome þine drihten Ymbsellæð sion 7 bewindæþ
propter iudicia tua domine **13.** *Circundate syon et complec-*
ł ymbclyppað hy secgæþ ł cyþað on stepelum his settæþ
timini eam narrate in turribus eius **14.** *ponite*
heortæn eowræ on megen his 7 todeleð stepæs his ðette
corda vestra in virtute eius et distribuite gradus eius ut
gesegæn ł cyþen on eneowrise ł cynrede oðrum Forðan
enarretis in progeniae altera **15.** *Quoniam*
þes is god ure on ecnesse 7 on worold aworolde 7 he
hic est deus noster in aeternum et in saeculum saeculi et ipse
gerecet us on worolde
reget nos in secula

48.

gehyrað ðæs eælle ðiodæ mid eærum onfoð þæ ðe eærdiæþ
2. *Audite haec omnes gentes auribus percipite qui habitatis*
on ymbwirft 7 gefylce eorðware ł eordcende 7 beærn
orbem **3.** *Quique terrigene et filii*

æcniendes add. by Cor. on er. 8. *scypa* by Cor.; er. bef. it. 9. *we* (2nd) by Cor. wr. over the line. *megene*, fin. *e* add. by Cor. *-lode* by Cor. on er. *hy, y* from *i* by Cor.; er. immed. aft. it. 11. *rihtwisnesse* by Cor. on er. 12. *dohtre* by Cor. on er. *for*, fin. let. (e?) er. Er. bef. *dome*. *þine*, *e* prob. add. by Cor. 13. *ł ymbclyppað* add. by Cor. *hy, y* from *i* by Cor. *ł cypað* add. by Cor. *on stepelum* by Cor. on er. 14. *todeleð* by Cor. on er. *ł cyþen* add. by Cor. *-e ł cynrede oðrum* add. by Cor. 48. 2. *gehyrað* by Cor. *mid* add. by Cor. *ðe* add. by Cor. *on* by Cor. 3. From 7 (1st) to *-cende* by Cor. on er. (MS. =*gefylce*.)

PS. 48.]   EADWINE'S CANTERBURY PSALTER.   83

mænnæ   semed   on   æn   welig   7   þeærfæ   Muð   min
hominum simul   in   unum   dives   et   pauper   4. *Os meum*
sprecð snytro ꝥ wisdom 7 smæaung ꝥ gemynd heorte minre
loquetur   sapientiam   et   meditatio   cordis   mei
gleawnisse ꝥ wisdom   Ic Onhilde to   gelicnesse   eære
prudentiam   5. *Inclinabo ad similitudinem aurem*
min ic ontine on spaltere foregesetenesse minre   To
meam aperiam   in psalterio propositionem meam   6. *Ut*
hwon ic ondrede on dege yfelæn unrihtwisnesse spuran mine
quid   timebo   in   die   mala   iniquitas   calcanei mei
ymbscælde me   ðæ þe getriwæð on megene heora
circumdedit   me   7. *Qui   confidunt   in   virtute   sua*
witoþlice on genihtsummunga ꝥ fulsumnesse welenæ   hiræ
quique   in   abundantia   diviciarum suarum
bioð wuldriende   broðor ne ælisede ælisede mon ne
gloriabuntur   8. *Frater non redemit redemit homo non*
selcð gode gecwemnesse ꝥ licungæ his   ne wiorþ
dabit   deo   placationem   suam   9. *nec precium*
alisnesse   saul   his   7   sceal   swinccan   on   ecnesse
redemptionis   anime   suae   et   laborabit   in aeternum
  7 lifæþ on ende   Forðæn ne gesihþ   forwird
10. *et vivet in finem*   11. *Quoniam non videbit interitum*
þonne he gesihþ wise ꝥ snitro sweltende somed unwis ꝥ snitro
cum   viderit   sapientes   morientes   simul   insipiens
 7 disig forwiorðæþ 7 hi forletæþ fremdæn welæn heræ
et stultus peribunt   Et relinquent   alienis   divitias suas
   7 birigene heræ hus heræ on ecnesse Eærdungæ ꝥ
12. *et sepulchra eorum domus eorum in aeternum   Taberna-*
geteld hioræ on cneowrisse ꝥ on cynrene 7 forecneowrisse
cula   eorum   in   generatione   et   progeniae
gecigæþ nomæn hiræ on corðum hiræ   7 mon
invocabunt nomina eorum in terris ipsorum 13. *Et homo*

4. *sprecð*, ð by Cor. on er. *ꝥ wisdom* add. by Cor. *ꝥ gemynd* add. by Cor.
gleawnisse ꝥ add. by Cor. 5. *Ic* pref. by Cor. 6. *hwon* on er. *-wisnesse*
by Cor. on er. Er. bef. *mine*. 7. *þe* add. by Cor. *heora* prob. by Cor. in
pl. of er. *-unga ꝥ fulsumnesse* by Cor. part. on er. 8. *ælisede* (twice), *d*
from ð?, fin. *e* add. by Cor.? About two lett. (se?) er. immed. bef. *mon.*
gecwemnesse ꝥ add. by Cor. 9. *7 sceal swinccan* by Cor. on er. 11. *þonne*
he by Cor. in pl. of er. *wise ꝥ* add. by Cor. *-wis ꝥ* add. by Cor. *disig*, fin. let.
(*e*?) er. *fremdæn*, let. er. aft. *e.* *heræ*, *e* from *i* by Cor. 12. *-gene*, fin. *e*
add. by Cor. *heræ*, *e* from *i* by Cor. (twice). *ꝥ geteld* add. by Cor. *ꝥ on*
cynrene by Cor. part. on er. *eorðum* by Cor. on er.

84   EADWINE'S CANTERBURY PSALTER.   [PS. 48.

mid wiorðmynde   wes   ne   ongiet   efenameten ł wiðmeten is
cum   in honore   esset non intellexit   comparatus   est
nietenum   unwisum   ł   unsnytrum   7   gelic   geworden   is   him
iumentis   insipientibus   et similis   factus   est illis
ðes weg hioræ æswic ł wroht him 7 efter þæm on muðe
14. *Haec via   eorum   scandalum   ipsis et   postea   in   ore*
hiræ bletsiæþ   swæ swæ scep on helle gesette sindon
suo benedicent   15.   *Sicut   oves in inferno positi   sunt*
7 deæþ misfedeþ ł fritt hii 7 begitæþ hii soðfeste ðe on
et   mors   depascet   eos Et obtinebunt eos   iusti   in
uhttide ł in morgentid 7 fultum   hiræ eældæþ on helle
matutino   et auxilium eorum veterascet in inferno
7 fram wuldor hiræ onweg adrifene sint   þeah hweþre
et   a   gloria   sua   expulsi   sunt   16.   *Verumtamen*
god gefriolsæþ   sawle   mine   of   hænde   helle   midþi
deus   liberabit   animam   meam   de   manu   inferi   dum
he onfehð me   Ne ondred þu þe þonne welyg geworden
acceperit me   17.   *Ne   timueris   cum   dives   factus*
bieð   mon   7   þonne gemonifalded   bið   wuldor   hus   his
fuerit homo   et   cum   multiplicata   fuerit   gloria domus eius
      Forðæn   na   þonne   he   swylteð   onfehþ   ðæs   eallæ
18. *Quoniam   non   cum   morietur   accipiet   haec   omnia*
ne   semed   astǽh   adúne   mid   him   wuldor   hus   his
neque   simul   descendit   cum   eo   gloria   domus   eius
      Forðan   sæwl   his   on   life   his   bið   gebletsad   7   bið
19. *Quoniam anima eius in   vita ipsius   benedicetur   et   con-*
geandette   þonne ðu weldest   him   7 ingeð   oðþe
fitebitur tibi dum   benefeceris   ei   20. *Et introibit usque*
on forekinred fedræ hioræ 7 oððet on ecenesse ne gesioþ
in progeniem patrum suorum et usque in aeternum non videbit
lioht   7 man þa he on weorðscipe ł are wes ne
lumen   21. *Et homo cum   in honore esset   non*

---

13. -*mynde, y* from *i* by Cor. *efenameten* by Cor. on er. *ł wiðmeten* add. by
Cor. -*enum, um* prob. add. by Cor. *unwisum* ł add. by Cor.   14. *weg* from
wei?   *æswic* by Cor. on er.   *ł wroht* add. by Cor.   15. *swæ* (2nd) add. by
Cor. *mis-* pref. by Cor. *ł fritt* add. by Cor. -*tide ł in morgentid* by Cor.
on helle add. by Cor.   *onweg adrifene* by Cor. on er.   16. *helle* by Cor.
he add. by Cor.   17. *þonne* by Cor. on er. (twice).   -*falded, ed* add. by Cor.
18. From *na* to -*teð* by Cor. in pl. of er. *astǽh,* accent doubtful. *adúne* add.
by Cor. ; accent doubtful.   *mid, d* from *ð.*   19. *gean-,* er. betw. *e* and *a.*
20. *oðþe,* fin. let. er.   21. *man, a* from *o.*   From *þa* to *wes* on er.

PS. 49.]   EADWINE'S CANTERBURY PSALTER.   85

ongiet   he   gemetfest   ł   efenmeten   is   nietenum   unsnytrum   ł
intellexit   comparatus   est   iumentis   insipi-
unwise 7 gelic geworden is his
entibus et similis   factus   est illis

49.

God   goda   drihten   sprecende   is 7 chigð ł cleopede   eorðæn
Deus deorum dominus   locutus   est et   vocavit   terram
From sunnæn upgange oððe setlgange   of sione hyow
A   solis   ortu   usque ad occasum   2. *ex syon species*
his wlites   god openliche cimeþ god   ure 7 ne
decoris eius   3. *Deus manifeste veniet deus noster et non*
swigoð   Fyr   on   gesihþe   his   birnþ 7   ymbegænge his
silebit Ignis in conspectu eius ardebit et in   circuitu   eius
storm st[r]ang   to he gechigde hefon   up 7 eorðæn
tempestas valida   4. *Advocavit caelum sursum et terram*
ðet he sceæwie , folc   his   gesomniæð hredlice hælige
discerneret populum suum   5. *Congregate   illic sanctos*
his ðæ gcendebyrdan cyþnesse   his ofer offrungæ ł æsegdnessæ
eius qui ordinaverunt testamentum eius super   sacrificia
7   Cyþað   hefonæs rihtwisnes his forðæn god demæ is
6. *Et adnuntiabunt caeli   iustitiam eius quoniam deus iudex est*
Geher folc   min 7 sprece to isræhele 7 ic cyðe ðe
7. *Audi populus meus et loquar   israel   et testificabor tibi*
ðætt   god god þin ic com   Na ofer æsegðnessæ
quoniam deus deus tuus ego sum   8. *Non super sacrificia*
þin ic þræwie þe ofrungæ ł onsegdnisse eællengæ ðine on gesiehðe
tua   arguam te   holocausta   autem tua in conspectu
minre sint simle   Ic ne onfo of huse þinum ceælfru
meo sunt semper   9. *Non accipiam de domo tua vitulos*
ne of ewedum ðinum buccæn   Forðæn mine sint
neque de gregibus tuis   hyrcos 10. *Quoniam meae sunt*

49. *God goda* by Cor. *ł cleopede* add. by Cor. *setlgange* prob. by Cor. on er.   2. *wlites*, s prps. add. by Cor.   3. *openliche* by Cor. on er. *swigoð*, fin. let. er.; *ð* prob. from *d* by Cor.   *storm st[r]ang* by Cor. in pl. of er.   5. *-endebyrdan* by Cor. *offrungæ ł* add. by Cor.   6. *-það* by Cor. on er.   *rihtwisnes* by Cor. on er.   7. *-her*, *e* from *i* by Cor.; fin. let. prps. er.   *ðætt* by Cor. on er.   8. *Na*, *a* by Cor.?   *ł onsegdnisse* add. by Cor. *ðine*, *e* add. by Cor.   9. *Ic ne onfo* by Cor. in pl. of er.   *-ru* add. by Cor. *-cæn*, *n* add. by Cor.

cælle wildedeor on wudæ nietenæ on dunum 7 oxæn
omnes   fere   silvarum   iumenta   in montibus et boves
    Ic oncneow cælle ða flegende ł fugulæs hefonæs 7 hiw
11. *Cognovi   omnia   volatilia   caeli   et species*
landes mid me is   gif ic hingrie ic ne segge þe min
agri mecum est 12. *Si esuriero non dicam tibi meus*
is soðliche ymbhwirft corðæn 7 filnes   his   Is ðes wén ðet
est enim   orbis   terrae et plenitudo eius 13. *Nunquid*
ic ete flesc feærræ oþþe   blod   buccænæ ic drince
manducabo carnes taurorum aut sanguinem hyrcorum potabo
    offra gode onsegdnesse lofes 7 ic gild ðæm hihstæn
14. *Immola deo sacrificium laudis et   redde   altissimo*
gehat þin   Gechige me on dei geswinkes ł eærfoðnesse
vota tua 15. *Invoca me in die   tribulationis*
þin þet ic generie ðe 7 ðu gemiclæst me   To þam senfullæn
tuae ut eripiam te et magnificabis me 16. *Peccatori*
soðlice cweð god forwæn þu segst rihtwisnesse mine 7 genimest
autem dixit deus quare tu enarras iustitias   meas et adsumis
cyðnesse   min ðurh muð ðinne   ðu soðlice fiodes
testamentum meum per   os   tuum   17. *Tu vero   odisti*
þiodscipe ł lare 7 þu awirpe spræce ł word mine efter ðe   Gif
disciplinam et proiecisti sermones   meos post te 18. *Si*
ðu gesage ðiof   samed þu urne mid him 7 mid unrihthemeðe
videbas furem simul currebas cum eo et cum   adulteris
    dæl þine þu setest   Muð ðin genihtsumæde of hete ł niþæ
portionem tuam ponebas 19. *Os tuum   abundavit   nequitia*
7 tunge þin sang ł leoðrade facen ł sær   Sittende   wiþ
et lingua tua concinnavit   dolum 20. *Sedens   adversus*
broðor þine þu tildest 7   wið   sunu modor þinre þu settest
fratrem tuum detrahebas et adversus filium matris tuae ponebas
geswic ł flit   þæs ðu didest 7 ic swigude þu gewendes
scandalum 21. *Haec fecisti et   tacui   existimasti*

10. *wildedeor on* by Cor. in pl. of er. 11. *ða flegende ł* add. by Cor.
tandes, a from *o* by Cor. 12. *segge* by Cor. on er. *soðliche* by Cor. on er.
14. *offra* by Cor. on er. *gild,* fin. let. er. *gehat,* orig. = gehæt? 15.
Gechige, Ge- by Cor. on er.; second *g* from some other let. by orig. scribe.
geswinkes ł by Cor. in pl. of er. 16. *To þam sen-* by Cor. on er. *rihtwis-*
by Cor. on er. *genimest* by Cor. on er. 17. *ł lare* add. by Cor. *spræce ł*
word by Cor. in pl. of er. *ðe* by Cor. on er. 18. *-sage* by Cor. in pl. of er.
samed, a from *o.* Er. bef. *dæl. -st* add. by Cor. 19. *-æde, d* prob. on er. of
another let. *of* add. by Cor. *ł niþæ,* the *ł* and *-æ* add. by Cor. *sang ł leoðrade*
by Cor. in pl. of er. *facen ł* add. by Cor. 20. Er. aft. *þu. -ldest* by Cor.
on er. *þu settest* by Cor. on er. *ł flit* add. by Cor. 21. *didest, t* add. by Cor.

PS. 50.]   EADWINE'S CANTERBURY PSALTER.   87

unrihtnessæ þet ic bio ðe gelic   Ic præge þe 7 ic gesette þa
iniquitatem quod   ero   tibi similis Arguam te et statuam illa
ongen onsiene þin   ongitæð ðæs eælle þa ofergitelieð
contra faciem tuam   **22.** *intelligite haec omnes qui obliviscimini*
drihten ne hwonne gereafic 7 ne sie se alise ł anerige
dominum ne quando   rapiat   et non sit qui   eripiat
Æsegdnessæ lofes wiorðæð ł áreð me ond þer siðfet is on ðæm
23. *Sacrificium laudis honorificabit me et illic iter est in quo*
ic ettiewe him   helo   godes
ostendam illi salutare dei

50.

gemiltsa me god   efter   þere micelre mildheortnesse ðinre
3. *Miserere mei deus secundum magnam misericordiam   tuam*
Ond efter   micelnesse ł manege   mildsunga   þinræ adilgæ
Et secundum   multitudinem   miserationum tuarum dele
unrihtwisnesse minre   Ma   þweach me from unrihtwisnesse
iniquitatem   meam   **4.** *Amplius lava me ab   iniustitia*
minre 7 from egyltum ł scylde minre clensæ me   Forðæn
mea et   a   delicto   meo munda me   **5.** *Quoniam*
unrihtwisnesse minre ic ongite ł anenáwa 7 egylt ł scyld min
iniquitatem   meam ego   agnosco   et delictum   meum
beforæn me is simle   ðe anum ic sinegode 7 yfel beforæn
coram me est semper **6.** *Tibi soli   peccavi et malum coram*
þe ic dyde þet þu beo gerihtwisad   on   wordum þinum 7
te feci   ut   iustificeris   in sermonibus tuis   et
oferswiðe ðu midþi ðu demed eart   Eællengæ witoðlice on
vincas   dum   iudicaris   **7.** *Ecce   enim   in*
unrihtwisnesse geeæcnod ic eom 7 on egyltum cende me moder
iniquitatibus conceptus sum et in delictis peperit me mater

præge, -ge by Cor. on er.? *þa ongen* by Cor. on er. *onsiene,* fin. *e* prob.
add. by Cor.   22. *þa* by Cor. on er. *-lieð* by Cor. in pl. of er. *ne hwonne*
by Cor. on er. *-eafie* by Cor. on er   Er. immed. aft. *se.* ł *anerige* add. by
Cor. in pl. of er.   23. *lofes, es* add. by Cor.?   ł *áreð* add. by Cor.
50. 3. *gemiltsa me god* by Cor. *micelre, re* add. by Cor.? *ðinre* by Cor.?
ł *manege* add. by Cor. *-sunga* on er. by Cor.? *-wisnesse* by Cor. on er.
minre, re prob. add. by Cor.   4. Er. aft. *Ma. þweach* by Cor. *unrihtwisnesse* by Cor. on er. ł *scylde* add. by Cor.   5. *-wisnesse* add. by Cor. ł *anenáwa* add. by Cor. Er. aft. 7. ł *scyld* prob. add. by Cor.   6. *ic* add. by
Cor. *sine-,* init. *ge* er. *ic* (2nd) add. by Cor. *beo gerihtwisad* by Cor. in pl.
of er. *ðu* add. by Cor. *-ed, d* by Cor. on er. of another let. *eart* add. by
Cor.   7. Er. aft. *-nesse. ic eom* by Cor. *cende, ce* prob. by Cor. on er.

88 EADWINE'S CANTERBURY PSALTER. [PS. 50.

min   Eællenga witoþlice soðfestnesse ðu lufodes ungewissa 7
mea   8. *Ecce   enim   veritatem   dilexisti   incerta   et*
ðæ   dihlu   wisdomes   ł   snitro   þines   þu gecyþdes   me
occulta   sapientiae   tuae   manifestasti   michi
ðu astregdest me myd ysopo 7 ic beo geclensod þu þweælhst me 7
9. *Asperges   me   ysopo   et   mundabor   lavabis   me et*
ofer snæw ic bio gehwitad   gehiernesse min þu selest gefeæn
super nivem   dealbabor   **10.** *Auditui   meo   dabis   gaudium*
ond blisse   7 hihtæþ ł gefeogað bæn cædmodæn   Ahwirf ł acer
et laetitiam et   exultabunt   ossa   humiliata   **11.** *Averte*
onsiene ðine from synnum mine 7 eælle unrihtwisnessæ mine
faciem tuam   a   peccatis   meis et omnes   iniquitates   meas
adilgæ   heorte   clene   scype on me god 7   gæst   rihtne
dele   **12.** *Cor   mundum   crea   in   me deus et spiritum rectum*
geniwæ on   innoðe   minum   Ne æwiorp ðu me from onsine
innova in visceribus meis   **13.** *Ne   proicias   me   a   facie*
ðinre 7   gæst   hæligne þinne ne æfyrre þu from me   Agild
tua   et spiritum sanctum tuum ne auferas   a   me   **14.** *Redde*
me   blisse   helo   ðine 7 of gæste eældordomlican getrime
michi laetitiam salutaris tui et spiritu   principali   confirma
me   Ic lere ðæ unrihtwisan wegæs þine 7 þa arlcæsre to þe
me   **15.** *Docebo   iniquos   vias   tuas et   impii   ad te*
beoð gecirrede   Gefriolsæ me of   blodum   god   god
convertentur   **16.** *Libera   me   de   sanguinibus deus   deus*
helo   mine   7 winsumæð   tungæ   min rihtwisnesse   ðine
salutis   meae   et   exaltabit   lingua   mea   iustitiam   tuam
drihtæn   welerǽs   mine   ðu untyn   7   muð   min   segeð ł
17. *Domine   labia   mea   aperies   et   os   meum   ad-*
bodaþ ł cyþeð   lof   þin   Forðæn gif ðu woldest
nuntiabit   laudem   tuam   **18.** *Quoniam   si   voluisses*
onsegdnesse   ic seælde   witodlice   offrengæ   soðlice   ne
sacrificium   dedissem   utiquae   holocaustis   autem   non

8. *ungewissa* add. by Cor. *dihlu, u* add. by Cor. on er.? *wisdomes* ł add.
by Cor. *þines, es* add. by Cor.   9. Er. aft. *ðu*. *-gdest, g* by Cor. on er.;
ł add. by Cor. *myd ysopo* by Cor. on er. *ic beo* add. by Cor. *-sod*, two fin.
lett. er. *þu þwewhst, þu* and *-st* add. by Cor. *-ad* add. by Cor.   10.
ł *gefeogað* add. by Cor.   11. *Ah-* prob. by Cor. on er. ł *acer* add. by Cor.
onsiene ðine, e add. by Cor. in both cases. *mine* (1st) add. by Cor. *-wisnessæ*,
er. betw. *s* and *n*.   12. *geniwæ, w* prob. from *þ*.   13. *þu* add.. by Cor.
15. *þa* by Cor. on er. *beoð* add. by Cor.   16. *rihtwisnesse* by Cor. part. on
er.   17. *untyn*, fin. let. er. Er. aft. *min*. *segeð* ł *bodaþ* ł add. by Cor.
18. *-st* (1st) add. by Cor. *witod-, d* prob. by Cor. on. er.

PS. 51.]   EADWINE'S CANTERBURY PSALTER.   89

gelustfullæst þu   Onsegdnesse gode   gæst   geswenced ł
delectaberis   19. Sacrificium   deo spiritus   contribu-
geunrotsod heorte forgnidene 7 ðæ eæðmodæ god ne forhogad
latus   cor   contritum et humiliatum deus   spernit
Estelice do drihten on góde willæn þines sion þett sien ge-
20. Benigne fac domine in bona voluntate tua syon ut   aedifi-
tymbrede wcællæs hierusælem   ðonne þu onfehst
centur   muri   hierusalem   21. Tunc   acceptabis
offrunge ł onsegdnesse of rihtwisnesse bringas ł oflaten ond
sacrificium   iustitiae   oblationes   et
offrunge ðonne onsetteð ofer wifod ðin ceælfre
holocausta tunc inponent super altare tuum vitulos

51.
hwet wuldræst ðu on niþe ł on yfelnisse þu ðe mihtig ært on
3. Quid gloriaris   in   malitia   qui potens es in
unrihtwisnesse   Ealchæ dege on unrihtwisnesse ðohte
iniquitate   4. Tota die   iniustitiam   cogitavit
tungæ þin swa swæ scersæx scearpe þu dydest faken
lingua tua sicut novacula acuta   fecisti   dolum
ðu lufedest hetenið ł yfelnysse ofer   godnesse unrihtwisnesse
5. Dilexisti   malitiam   super benignitatem iniquitatem
mæ ðone gesprecæn rihcwisnesse   ðu lufedest ealle word
magis quam   loqui   aequitatem   6. Dilexisti omnia verba
fortrugadnysse ł hryres on tungan facenfulre   Foreðæn
precipitationis   in   lingua   dolosa   7. Propterea
tobreche ł toweorpð þe god on ende útaluceð þe 7 útadrifeð þe
destruet   te deus in finem evellet te et emigrabit te
of ðinre Eardunge ł tilde 7 wyrtwelæ ðin of eordæn lifigendra
de   tabernaculo tuo   et radicem tuam de terra viventium

19. On- by Cor.? From geswenced to -dene by Cor. in pl. of er. eæðmodæ,
fin. let. er. forhogad by Cor. on er. 20. pett, t (2nd) from some other let.
by Cor. sien, en by Cor. 21. offrunge t add. by Cor. From of to oflaten
by Cor. in pl. of er. -re add. by Cor. 51. 3. hwet by Cor. ðu by Cor.
Er. aft. on (1st). yfelnisse by Cor. on er. þu by Cor. ðe, ð by Cor. on er.
ært on add. by Cor. -wisnesse by Cor. 4. unrihtwisnesse ðohte by Cor. on
er. swa by Cor. scersæx by Cor. on er. þu add. by Cor. faken by Cor. aft.
er. 5. ł yfelnysse add. by Cor. god- on er. -cæn, n prob. add. by Cor.
rihcwisnesse by Cor. on er. 6. -est, t add. by Cor. fortrugadnysse t by
Cor. on er. facenfulre by Cor. part. on er.? 7. t toweorpð add. by Cor.?
Er. bef. and aft. út- (1st). t tilde add. by Cor. of, f in d. ink on er. of
another let.

gesioð ðæ soðfestæn 7 ondreðæð 7 ofer hine hlethað 7
8. Videbunt   iusti   et timebunt et super eum ridebunt et
cweðæð   Eællengæ man se ne gesette god to fultome him
dicent   **9. Ecce   homo qui non posuit deum adiutorem sibi**
æh gewenæde ł hyhte on manifeldnesse welena   here 7
sed   speravit   in   multitudine   divitiarum   suarum   et
strongað on idelnesse his   Ic eallengæ swæ swæ eletreow
prevaluit in vanitate sua   **10. Ego autem   sicut   oliva**
westmberende on huse drihtnes ic gehihte on mildheortnesse godes
fructifera   in domo domini   speravi in   misericordia   dei
mines on ecnesse 7 on world   aworlde   Ic ondette þe
mei in aeternum et in seculum   seculi   **11. Confitebor tibi**
drihten on world forþon ðu geworhtes 7 ic onbide naman ðinne
domine in seculum quia   fecisti   et expectabo nomen tuum
forðan gód is beforan gesihðæ haligra ðinra
quoniam bonum est ante conspectum sanctorum tuorum

52.

cwæþ se vnsnoter ł se unwise on heortan his ne is god
Dixit   insipiens   in   corde   suo non est deus
gewemde sindon 7 onscunienliche gewordene sindon on
2.. corrupti   sunt et   abominabiles   facti   sunt   in
hiora willum Ne his se þe do god ne is opðæ on
voluntatibus suis Non est qui faciat bonum non est usque ad
anne   drihten of hefeon foreseah ofer bearn monna
unum   **3. Dominus de   caelo prospexit super filios hominum**
Þ he gesio gif is ongetende oþþe secende god   Ealla
ut videat si est intelligens aut requirens deum   **4. Omnes**
onhyldon somed unnytte geworðene syndon ne his se þe
declinaverunt simul inutiles   facti   sunt non est   qui
deþ god ne his oðþe on ænne   hwu ne onenewæþ
faciat bonum non est usque ad unum   **5. Nonne cognoscent**

8. *hlethað* add. by Cor.; er. aft. it.   9. *man*, about two fin. lett. er.
ł hyhte add. by Cor.   *manifeld-* pref. by Cor.; er. immed. bef. *-nesse.*
strongað by Cor.; er. aft. it.   10. *swa* (2nd) add. by Cor.   *-treow* prob. on
er.   *-hihte* by Cor. on er.   11. *forþon, for-* pref. by Cor.; *-þon*, one (or
two?) fin. lett. er.   *onbide, d* from ð.   52. *ł se unwise* prps. add. by Cor.
2. *gewemde* by Cor. on er.   *onscunienliche* by Cor. in pl. of er.   3. *Þ* by Cor.
on er.   *he* by Cor. on er.   *gesio*, fin. let. er.   *is* in pl. of er.   *oþpe*, fin. let. er.
4. Er. immed. bef. *unnytte*; *-te* prob. by Cor. on er.   Er. bef. *deþ*.   *on ænne*
add. by Cor.?   5. *hwu ne* by Cor. in pl. of er.

calle þa ðe wirced unrihtwisnesse þa ðe forswelgað folc
omnes   qui operantur iniquitatem   qui   devorant plebem
min swæ swæ mete hlæfes   god ne gechigdon ðer
meam sicut   escam panis   6. *deum non invocaverunt illic*
hy forhtodon ł cwacedan of ege þer ne wes nan ege Forðan
trepidaverunt   timore ubi   non erat   timor Quoniam
god tostencæþ bæn manna him liciendræ ł cwemendra gescinde
deus dissipat ossa hominum sibi   placentium   confusi
syndon forðon god forhogode hie   hwylc seleð of Sion
sunt   quia deus sprevit   eos 7. *Quis dabit ex syon*
hęlo israhele þanne acerreð drihten   heftnied folces his
salutare israel dum avertit dominus captivitatem plebis suae
hyhteð iacob 7 blissæð israhel
Exultabit iacob et laetabitur israel

53.

God on næmæn þinum hælne me gædó 7 on mægne þine
3. *Deus in nomine tuo salvum me fac et in virtute tua*
gefriolse me   god gehir gebed   minæ mid eærum
libera   me   4. *Deus exaudi orationem meam   auribus*
onfoh word muðes mines   Forþan fremde onærison
percipe verba oris mei   5. *Quoniam alieni insurrexerunt*
on me 7 strange sohten   sawle mine 7 næ foregesetton
in me et fortes quesierunt animam meam et non proposuerunt
god beforæn onsine ł sihðe his   Eællengæ soðlice god
deum ante   conspectum suum 6. *Ecce   enim   deus*
gefultumæð me 7 dryhten   onfeng is sæwle minre
adiuvat   me et dominus susceptor est animae   meae
æhwyrf yfele of findum minum 7 on soþfestnesse ðinre
7. *Averte mala inimicis meis et in veritate tua*
forspil hie   wilsumlice ic offrie ðæ 7 ic ondette
disperde illos 8. *Voluntariae sacrificabo tibi et confitebor*

-*wisnesse* by Cor. in pl. of er. ð*e* add. by Cor. *swæ* (2nd) add. by Cor.
-*es* add. by Cor.   6. -*don* (1st) by Cor. on er. *hy* add. by Cor. -*todon* by
Cor. on er.   ł *cwacedan of* add. by Cor.   *nan* add. by Cor. *manna* orig. =
mannæ.   ł *cwemendra* add. by Cor. *forhogode* prps. by Cor. in pl. of er.
7. *hwylc* by Cor. on er. *þanne acerreð* by Cor. on er. *israhel*, *l* by Cor. in pl.
of er.   53. 4. *gehir*, fin e er.   5. ł *sihðe* add. by Cor.?   7. *æhwyrf*,
fin. *e* er. -*spil* by Cor. in pl. of er.   8. *wilsumlice*, *s* from *l* (by Cor.?);
-*lice* add. by Cor.?   Er. aft. *ic* (1st). *offrie* by Cor.?

92   EADWINE'S CANTERBURY PSALTER.   [PS. 54.

nomæn ðinnum drigten forðæn god he is   Forðæn
nomini   tuo   domine quoniam bonum est   9. Quoniam
of ællum eærfoþnesse ł geswince ðu generedest me 7 ofer
ex omni   tribulatione   eripuisti me et super
fiend mine foreseah eagæ ðin
inimicos meos respexit oculus tuus

54.

gehyr god gebed   min 7 ne forsioh   bene
2. Exaudi deus orationem meam et ne despexeris deprecationem
mine   beheæld on me 7 gehir me geunrotsod ic eom on
meam   3. intende in me et exaudi me Contristatus sum in
ymbhwyrfte ł geswynce minum 7 gedrefed ic eom   fram
exercitatione   mea et conturbatus sum   4. a
stemne fendes 7 from earfoðnesse ðęs synfulles Forðan
voce inimici et   a   tribulatione peccatoris Quoniam
hy onhyldon on me unrihtwisnesse 7 on erra hefigmode hy węron
declinaverunt in me iniquitates et in ira molesti   erant
me   min heorte gedrefed is on me 7 fyrhto deæþes
michi 5. Cor meum conturbatum est in me et formido mortis
gefyl ofer me   ege 7 fyrhto comon ofer me 7
cecidit super me   6. Timor et tremor venerunt super me et
bewrigon me ðistro   7 ic cweð hwilc seleð me
contexerunt me tenebrae   7. Et dixi quis dabit michi
fyþræ swæ culfre 7 ic flio 7   reste   cællenge
pennas sicut columbe et volabo et requiescam 8. Ecce
ic aferrode flionde 7 ic wunode on westene   ic onbidede
elongavi fugiens et   mansi   in solitudine 9. expectabam
him ðe me heælne dyde from medmiclum mode 7 hreohnesse
eum qui me salvum faceret a   pusillo   animo et tempestate
     Afyl drihten 7 todel tungæn hioræ forðæn ic geseac
10. Precipita domine et divide linguas eorum quoniam vidi
unrihtwisnesse 7 wiþorewidolnesse on ceæstre   deges 7
iniquitatem et contradictionem in civitate 11. die ac

Er. bef. god.   9. ł geswince add. by Cor. ? -dest add. by Cor. ? eagæ, fin.
let. er.   54. 2. Er. bef. bene.   3. gehir, fin. e er. -hwyrfte, er. betw.
f and t.   4. fend-, e from i. Er. aft. ðęs. Er. aft. hy. erra, e from i.
From hefig- to me prob. on er.   5. gefyl, fin. let. er.   7. cweð, e from i.
flio, er. at end.   Er. bef. reste.   8. ic aferrode by Cor. on er.   9. heælne,
er. betw. n and e.   10. todel, fin. æ er. geseac, e from i by Cor. ; -ac by
Cor. ? -wisnesse on er.

PS. 54.]   EADWINE'S CANTERBURY PSALTER.   93

nichtes Ymbseleð hie ofer weælles his unrihtwisnes 7 swinc
nocte Circundabit eam super muros eius iniquitas et labor
on midle his   7 unrihtwisnesse 7 ne geteorade of
in medio eius 12. *et   iniustitia   Et non defecit de*
stretum his gestreone ł gauel 7 facne   forðan gif
plateis eius   usura   et dolus 13. *quoniam si*
fiond min wyrgde me ic hit forbære witoðlice 7
inimicus meus maledixisset michi   subportassem   utique Et
gif ðes þe hatude me ofer me ma miclæn   sprece
si is qui oderat me super me   magna   locutus fuisset
ic hyddo me witodlice fram him   þu soðlice mon
absconderem me utique ab eo 14. *Tu vero homo*
anes modes heretogæ mín 7 cuðæ min   ðu þe semæð
unanimis   dux   meus et notus meus 15. *qui simul*
mid me swete gripe mettæs on huse drihtnes we geodon
mecum dulces capiebas cybos in domo domini ambulavimus
mid sibbe   Cumæð deæð ofer hie 7 adune æstygæð
cum consensu 16. *Veniat mors super illos et   descendant*
on helle liuiænde Forðan hete ł nið on gisthusum hiora
in infernum viventes Quoniam nequitia in hospitiis eorum
on midle hiora   Ic soðlice to drihtne clypede 7
in medio ipsorum 17. *Ego autem ad dominum clamavi et*
dricten geherde me   On efen 7 on morgæn 7
dominus exaudivit me 18. *Vespere   mane   et*
on midne dei ic cyþe 7 bodige 7 he gehereð stemnæ
meridie   narrabo et adnuntiabo et exaudiet vocem
míne   gefriolsæþ on sybbe sawule mine from þisum ðæ
meam 19. *Liberabit in pace animam meam ab   his qui*
nealecæð me forðam betweox monegæ wes mid me
adpropiant michi quoniam inter   multos erat mecum
       gehire god 7 geeæðmetdeþ hy þe is beforan woruld 7
20. *Exaudiet deus et humiliabit eos qui est ante secula et*

---

11. -*wisnes* by Cor.?   12. *unrihtwisnesse*, -*riht-* by Cor.; -*wis-* in pl. of
er. *geteorade* on er. by Cor.? *facne*, *e* prob. add. by Cor.   13. Er. bef.
me. Er. aft. *ðes*. *þe hatude* in pl. of er. by Cor.? *ma* in d. ink on er.
sprece, er. at end. *hyddo*, init. *ge-* er.; fin. *n* er. Er. aft. -*lice*. 14.
anes modes orig. = *œnes moðes*. 15. *þe* add. by Cor. -*eodon* by Cor. on er.
Er. aft. *sibbe*. 16. *ł nið* add. by Cor. 17. *geherde, e* (2nd) from *i*.
18. *bodige* 7 *he gehereð* by Cor. on er. 19. -*sæþ, þ* prob. add. by Cor. Er.
(þe?) bef. *ðæ*. *betweox, e* (2nd) from *i*; -*ox* by Cor. on er. *wes* by Cor. in pl.
of er. 20. From -*deþ* to *gcnesse* by Cor. in pl. of er.

wunaþ on ęcnesse Ne is sodlice him styrung t awendednis
manet in aeternum Non est enim illis commutatio
7 ne hi ondredon god he æðeneð hand his on
et non timuerunt deum 21. extendit manum suam in
ędleænunga him hy besmiton weron cyðnesse his hy
retribuendo illis contaminaverunt testamentum eius 22. di-
todelede sindon from irra andwlitæ his 7 togenealæhð heorte his
visi sunt ab ira vultus eius et adpropiabit cor eius
hy hnescodon spręca here ofer ele 7 hi sindon flana
Mollierunt sermones suos super oleum et ipsi sunt iacula
aweorp on gode geðoht þinne 7 he þæ fedæt na
23. Iacta in deum cogitatum tuum et ipse te enutriet Non
he seleð on ęcnesse t effre yðgunga rihtwisum ðu
dabit in aeternum fluctuationem iusto 24. tu
soðlice god geledest hie on ðone sceæð t on pyt forwirðe weræs
vero deus deduces eos in puteum interitus Viri
bloda 7 facenfulle na healfe getillað t gemidliat dagæs hira
sanguinum et dolosi non dimidiabunt dies suos
ic soðlice on ðæ gewene drihten
ego vero in te sperabo domine

55.

gemildsa me driyhten forðæn træd me mæn ealnæ
2. Miserere michi domine quoniam conculcavit me homo tota
dęi fiohtende swencte t earfoðaþ me Tręden me
die bellans tribulavit me 3. Conculcaverunt me
fiend mine ealnæ dęi from hyhðo ðes deges Forðan
inimici mei tota die 4. ab altitudine diei Quoniam
monige þe fiohteð wið me ondredeð ic soðlice on ðæ gewene
multi qui debellant me timebunt ego vero in te sperabo
drihten on gode ic herie word mine elce dege on
domine 5. In deo laudabo sermones meos tota die in

sodlice, d from *ð*? *t awendednis* add. by Cor. 21. *he* add. by Cor. *-neð*
from *-nede* by Cor. *-unga* by Cor. on er. *besmiton* on er. 22. *sindon, d*
from *ð*. *togenealæhð* on er. From *hy* (2nd) to *here* by Cor. on er. *flana* on
er. 23. *aweorp, a* prob. pref. by Cor.; a fin. let. er. From *na* to *effre* by
Cor. on er. *rihtwisum* on er.; *t* wr. over the line. 24. *-est* add. by Cor.
na healfe getillað on er. 55. 2. *gemildsa* by Cor. *me*, er. immed. at
end. *træd* by Cor. on er. *mæn*, let. er. immed. bef. this word. Er. bef. *fioh-*;
init. *ge-* er.?; er. of about one let. betw. *i* and *o*; *-ende* prob. add. by Cor.
swencte t add. by·Cor. *-foðaþ*, let. er. betw. *o* and *ð*. 4. Two lett. er. bef.
þe. 7 er. bef. *fiohteð*; *ð* by Cor. *wið* add. by Cor.

PS. 56.] EADWINE'S CANTERBURY PSALTER. 95

gode ic wene ic ne ondręde hwet do me mon Elche
deo sperabo non timebo quid faciat michi homo **6.** *Tota*
dęge word mine onscunedon ongean me ealla gerun ꝥ geþeæht
die verba mea execrabantur adversum me omnia consilia
hiræ on yfel Oneardigað 7 gehydæð hie
eorum in malum **7.** *Inhabitabunt et abscondent ipsi*
sporetengæ ꝥ hælspuran mine gehealdæð swa swa onbidode
calcaneum meum observabunt sicut expectavit
sawle min fore næwihta hale þu dest hie on yrra
anima mea **8.** *pro nichilo salvos facies eos in ira*
folc þu gebricest god lif min ic segede ðæ
populos confringes Deus **9.** *vitam meam nuntiavi tibi*
ic gesette teæras mine on ðinre gesihðe swa swa on behate
posui lacrimas meas in conspectu tuo sicut in promissione
ðinre syen gecirrede mine fiend on becling on swa
tua **10.** *Convertantur inimici mei retrorsum in qua-*
hwilcum dege ic þe gecige eallenge ic onenewa forðan god
cumque die invocavero te ecce agnovi quoniam deus
min ðu eart On gode ic heriga word 7 on drihtne
meus es tu **11.** *In deo laudabo verbum et in domino*
ic heriga word on god ic gewene ic ne ondredæ hwet
laudabo sermonem in deo sperabo non timebo quid
dó me mæn On me syndon god gehat þa
faciat michi homo **12.** *In me sunt deus vota quae*
ic agildæ herenesse ðæ Forðæn ðu generedest sawl
reddam laudationes tibi **13.** *quoniam eripuisti animam*
min of deaþe egan mine fram tearum fet mine fram
meam de morte oculos meos a lacrimis pedes meos a
slide þeð ic licige beforan drihten on liohte lifigendra
lapsu ut placeam coram domino in lumine viventium

56.

Gemildsa me god mildsa me forðan on ðe getriwæð
2. *Miserere mei deus miserere mei quoniam in te confidit*

5. *do* on er.   6. *onscunedon ongean* by Cor. in pl. of er.   *gerun* ꝥ add. by
Cor.   7. ꝥ *hælspuran* add. by Cor.   *onbidode* by Cor. from *onbit*?   *min*, fin.
e er.   8. *dest*, init. *ge-* er.?; *t* add. by Cor.?   *hie* add. by Cor.   9. *ic*
pref. by Cor. (twice).   *-de, d* from ð; *e* add. by Cor.   *on behate* by Cor. on er.
10. *sy-* on er.   *-ecir-* on er.   *mine, -ne* on er.   11. *heriga* (twice) fin. lett.
(ð?) er.   12. *þa* by Cor.   *-nesse*, fin. *e* by Cor.   13. *-est*, *t* add. by Cor.
mine (2nd) by Cor.   *peð ic* by Cor.   56. 2. *Gemildsa* by Cor.

96 EADWINE'S CANTERBURY PSALTER. [PS. 56.

saul min 7 on scuadwe fiðra ðinre ic wene oððet forð-
anima mea et in umbra alarum tuarum spero donec trans-
gewite unrihtwisnesse ic scel clypien to godæ ðam
eat iniquitas 3. *Clamabo ad deum al-*
hyhstum 7 to drihten se ðæ god dæde me he Sende
tissimum et ad dominum qui benefecit michi 4. *Misit*
of heofonum 7 gefriolsede ł lisde me he scalde on edwite
de caelo et liberavit me dedit in obprobrium
þa fortredende me Sende god mildheortnesse his 7 soðfest-
conculcantes me Misit deus misericordiam suam et veri-
nesse his saule mine he generede of middele
tatem suam 5. *animam meam eripuit de medio*
hwælpæ leonæ ic slæp gedrefed bearn mannæ teð
catulorum leonum dormivi conturbatus Filii hominum dentes
hiræ wæpn 7 strelæ ł arwen 7 tunga hira sweord scearpe
eorum arma et sagittae et lingua eorum machera acuta
Upahefe ofer hefonæs god 7 ofer ealle eorðan wuldor
6. *Exaltare super caelos deus et super omnem terram gloria*
ðin grino hi gearwodon fotum mine 7 hy gebygdon
tua 7. *Laqueos paraverunt pedibus meis et incurvaverunt*
saulæ minæ hy dulfon beforan æensinæ minre pit ł seæð
animam meam Foderunt ante faciem meam foveam
7 hie fiollon on hine gearwæ heortæ min god
et ipsi inciderunt in eam 8. *Paratum cor meum deus*
geærwæ hertæ min ic singæ 7 sæelm ic cwiðæ drihtne
paratum cor meum cantabo et psalmum dicam domino
aris wuldor min aris Saltere 7 hearperas ic arise
9. *Exurge gloria mea exurge psalterium et cythara exurgam*
on morgen ic ondette ðæ on folc drihten sealm
diluculo 10. *Confitebor tibi in populis domine psalmum*
ic cwiðæ ðe betwioh ðiodum Forðan gemiclod is
dicam tibi inter gentes 11. *Quoniam magnificata est*

-*dwe* add. by Cor.? -*wisnesse* prob. add. by Cor. 3. *ic scel clypien* by Cor. on er.; *l* (2nd) wr. over the line. *dæde* (or *dæðe*?), fin. *e* add. by Cor. 4. -*friolsede*, *de* by Cor. on er. *ł lisde* add. by Cor. *þa for-* add. by Cor. -*heortnesse*, *e* er. betw. *t* and *n*. -*nesse* (2nd), *se* add. by Cor. 5. -*de*, *d* from ð and *e* add. by Cor.? Er. bef. *gedrefed*; fin. *d* from ð? *ł arwen* add. by Cor. *sweord* prob. by Cor. in pl. of er. 6. -*ahefe* by Cor. in pl. of er. 7. *grino*, init. er. of about two lett. made. *hi* in d. ink prob. add. later. *hy gebygdon* by Cor. in pl. of er. *hy* (2nd) by Cor. Er. immed. bef. *fiollon*.

PS. 57.]   EADWINE'S CANTERBURY PSALTER.   97

oðð̄æ to hiofenum mildheortnes ðin 7 oðð̄æ to wolcnæ soðfestnes
usque ad   caelos   misericordia tua et usque ad   nubes   veritas
ðin   Upæhefe ofer hefonæs god 7 ofer   eællæ eorð̄æ
tua   12. *Exaltare super caelos   deus et super omnem terram*
wuldor ðin
gloria tua

57.

       Gyf soðlice gewitodlice rihtwisnessæ gesprecæð rihte demæð
2. *Si   vere   utique   iustitiam   loquimini iuste iudicate*
bearn   manne   7 soðlice on heortæn   unrichtwisnesse
filii   hominum   3. *Et enim   in   corde   iniquitates*
ge bioð wyrchende on eorðan unrihtwisnesse handæn   eowre
operamini   in   terra   iniquitatem   manus   vestrae
midswegæ ɫ syrwað   Afremdodæ sinðon ðæ senfullen
concinnant   4. *Alienati   sunt   peccatores*
of innoðæ hy gedwolodon of innoðe ɫ wombe sprecendæ synðon
ab   utero   erraverunt   a   ventre   locuti   sunt
leæsingæ   yrre him   efter   gelicnesse   nedræn swæ
falsa   5. *Ira illis secundum similitudinem serpentis sicut*
nedræn   deafe 7 fordemmende eæran hira   ðæ   ne
aspidis surdae et obturantis   aures suas   6. quae non
gehiræð stemne wigeleren ɫ galendra 7 ætrene ðæ þe beoð
exaudiet vocem   incantantium   et   venefici quae
gewigelode ɫ begalene fram wisvm ɫ snytro   god tobriceð
incantantur   a   sapiente   7. Deus conteret
teð hiræ on muðæ hiræ wongtæð ɫ weohlan leonæ gebriceð
dentes eorum in ore ipsorum   molas   leonum confringet
drichten   to   næwihte hy becymeð swa swa weter
dominus   8. *Ad nichilum devenient   velut   aqua*
irnende   aþeneð bogæn his oðð̄e hit bið geuntrumod
decurrens intendit arcum suum donec   infirmetur

---

11. *mildheortnes, d* from *t*; *t* wr. over the line.   12. *Upæhefe* from
something else; a final er. made.   57. 2. *Gyf soðlice ge-* perhaps by Cor.
rihtwis- on er. *rihte* on er.   3. *-wisnesse* (twice) on er. *-ende, d* from ð.
ɫ syrwað add. by Cor.   4. *of innoðe ɫ* add. by Cor; *ɫ* on er.   6. *wigeleren*
prob. by Cor. on er. *ɫ galendra* by Cor. Er. aft. 7. *ɫ* er. bef. *ætrene* wh.
is by Cor. From *þe* to *wisum ɫ* by Cor. in pl. of er.   7. *to-* pref. by Cor.
wongtæð ɫ weohlan by Cor. in pl. of er.   8. *hy* add. by Cor. *swa swa* by
Cor.; er. aft. these words. *hit* add. by Cor.?

H

swæ swæ weax meltende bioð æfirredæ ofer hie gefil fyr
9. *Sicut cera liquefacta auferentur super eos cecidit ignis*
7 ne gesioð sunnæ Ærðæn þe forðleden ðornes
et non viderunt solem **10.** *Priusquam producant spinae*
cowre telgan ł wefeðorn swæ swæ ða lifiendæ swæ on irra
vestrae ramnos sicut viventes sic in ira
geforswilgeð hie blissæð soðfeste þonne he gesiehð
obsorbet eos **11.** *Laetabitur iustus cum viderit*
wrece arleæsra hændæ his he ðwihð on blode
vindictam impiorum manus suas lavabit in sanguine
senfulra ł firenfulræ 7 cwið mon gif witoðlice is
peccatorum **12.** *Et dicet homo si utique est*
westm rihtwisum witoðlice is god demende hie on corðæn
fructus iusto utique est deus iudicans eos in terra

58.

Nere me of minum fiondum god min 7 from ðæm arisendum
2. *Eripe me de inimicis meis deus meus et ab insurgentibus*
on me álys me Genere me fram wyrcendum unriht-
in me libera me **3.** *Eripe me de operantibus iniqui-*
wisnesse 7 fram werum blodæ hẹl me Forðæn
tatem et de viris sanguinum salva me **4.** *Quia*
callengæ hy ofþrycton saul min onhruron on me strange
ecce occupaverunt animam meam irruerunt in me fortes
7 na unrihtwisnesse min ne synnæ min drihten
5. *neque iniquitas mea neque peccatum meum domine*
butan unrihtwisnesse ic ern 7 ic gereht wæs Aris on
Sine iniquitate cucurri et dirigebar **6.** *exurge in*
minum geænrynum 7 gesyoh 7 ðu drihten god mẹgena
occursum michi et vide et tu domine deus virtutum

---

9. Er. bef. *bioð. geftl*, a fin. er. made. Er. bef. *ne.* 10. *forðleden, ge*
er. betw. ð and *l.* *ł wefeðorn* add. by Cor. ; *e* (1st) from *w. swæ* (2nd) add.
by Cor. *-dæ*, fin. let. er. *geforswilgeð* by Cor. on er. 11. *þonne he* by
Cor. on er. *he* (2nd) add. by Cor. *ðwihð* by Cor. on er. *senfulra ł* add. by
Cor. 12. *cwið*, fin, *e* er. *riht-* by Cor. on er. 58. 2. *Nere* by Cor. *of,*
f by Cor. on er. ? *álys* by Cor. on er. 3. *fram* by Cor. in pl. of er. *-wis-*
nesse by Cor. on er. *fram werum* by Cor. on er. *hẹl* orig. = *gehẹle.* 4. *hy*
ofþrycton by Cor. on er. 5. 7 *na* by Cor. on er. *-wisnesse* by Cor. on er.
ne by Cor. on er. *min*, fin. let. er. *-wisnesse ic ern* by Cor. in pl. of er.
gereht, ht by Cor on er. 6. *rynum, r* from *w. gesyoh, h* by Cor. on er.
mẹgena, a add. by Cor.

PS. 58.]   EADWINE'S CANTERBURY PSALTER.   99

god israel beheald to geneosienne ealla ðiodæ na þu mildsast
deus israel Intende ad visitandas omnes gentes non miserearis
eallum ðæ ðe wircceð unrihtwisnesse   Sin gecirrede
omnibus qui operantur iniquitatem   **7.** *Convertentur*
to efenne **7** hunger þrowigen swæ hundes **7** ymbyrnað
ad vesperum et famem pacientur ut canes et circuibunt
ceæstre   Eallenga hie spreceð on muðe heore **7**
civitatem **8.** *Ecce ipsi loquentur in ore suo et*
sweord is on welerum hiræ Forðæn hwylc gehyrde   **7**
gladius est in labiis eorum Quoniam quis audivit **9.** *et*
þu dryhten bismrast *t* spest hie for naht þu heafst eallæ
tu domine deridebis eos pro nichilo habebis omnes
ðiodæ   Strengðo mine to ðæ ic gehalde forðan
gentes   **10.** *Fortitudinem meam ad te custodiam quia*
ðu god onfeng min ært   god min mildheortnes
tu deus susceptor meus es **11.** *deus meus misericordia*
his forecumeð me   god min oþiwe me gód
eius preveniet me   **12.** *Deus meus ostende michi bona*
betweox fiend mine ne cwealle ðu hie ðylęs hyo ofergeten
inter inimicos meos ne occideris eos ne quando obliviscantur
æs *t* ewę þine Tostenc hie on megene þinum **7** tobręc hie
legis tuae Disperge illos in virtute tua et destrue eos
scilden min drihten   Scyldes *t* Agyltas muðes hira
protector meus domine **13.** *Delicta   oris eorum*
word *t* spræce welera hira **7** hy bioð gegrypene on
sermo   labiorum ipsorum et   conprehendantur in
oferhyda hera **7** of scununga **7** leasungæ hy bioð adrifene *t* anedde
superbia sua et de execratione et mendatio   conpellantur
  on irræ geEndunge **7** hy ne bioð **7** hy witen þet god
14. *in ira consummationis et non erunt Et scient quia deus*

---

7 er bef. *beheald*; *d* from ð. *geneosienne, ge-* by Cor. in pl. of er.; *g* from
some other let.; *e* (2nd) by Cor. from *i*; *-ne* by Cor. on er. *ðiodæ*, *d* from ð.
na þu mildsast by Cor. on er. *-wisnesse* by Cor. on er. 7. *-gen*, about two
fin. lett. er. *-yrnað* by Cor. on er.   8. *spreceð*, ð by Cor. on er. *heore* by
Cor. on er. 9. *bismrast*, about two init. lett. er. *t spest* add. by Cor. 7 er.
bef. *for*; fin. let. (e?) er. *naht*, fin. let. er? *þu* add. by Cor. 10. *œrt* by
Cor. on er.   11. -ð me add. by Cor. 12. *betweox* by Cor. *hyo* add. by
Cor. *œs t* add. by Cor. *Tostenc*, fin. *e* er? *megene*, fin. *e* by Cor. on er.
13. *Scyldes t* add. by Cor. *Ag-* orig=*Æg-*. *t spræce* add. by Cor. *hy*
add. by Cor. (twice). *hera* by Cor. on er. *of scununga* by Cor. on er. *t*
anedde add. by Cor.   14. *hy* (2nd) add. by Cor. *-en* by Cor. on er. *þet*
by Cor. on er.

100   EADWINE'S CANTERBURY PSALTER.   [PS. 59.

wealdeþ   iacobes 7   enda   eorðan   Sien gecirrede to
dominabitur   iacob   et finium   terrae   15.   *Convertentur ad*
efenne   7   hunger bið þrowigende swa   hundæs 7   ymbgangæð
vesperam et famem   pacientur   ut   canes et   circuibunt
ceastre   Eallengæ hie bioð tostencede ł tofarene to
civitatem   16.   *Ecce ipsi   dispergentur   ad*
etanna   gif soðlice hy ne bioð gefillede 7 gnorniæð
manducandum   si   vero   non fuerint   saturati et   murmu-
ł murcniað   Ic Soðlice   singe   męgen   ðinum 7
rabunt   17.   *Ego autem cantabo virtutem   tuam   et*
ic upæhebbe on mergen mildheortnesse þine Forðæn geworden
exaltabo   mane   misericordiam tuam   Quia   factus
þu eart onfeng   min 7   gescild   min on dęge earfoþnessæ
es   susceptor meus et refugium meum in die   tribulationis
mine   fultumend min þe ic singe Forðæn þu god
meae   18.   *adiutor   meus tibi psallam   Quia   tu deus*
onfeng min ært god min mildheortnes min
susceptor meus es deus meus misericordia mea

59.

god ðu adrife us 7 tobrece   us irre ðu ært 7 mildsod
3. *Deus reppulisti nos et destruxisti nos iratus es   et misertus*
ært us   ðu astiredest eorðæn 7 ðu gedrefdest hie hæl
es nobis   4.   *Commovisti   terram et   conturbasti eam sana*
unrotnesse hire forðan æstyræð hýo is   ðu oðiewdes folce
contritiones eius quia   mota est   5. *Ostendisti populo*
ðinum herdnes þu drænctest   us of wine onbryrdednesse
tuo   dura   potasti   nos   vino   compunctionis
ðu sealdes ondredendum þe getæcnunge þet hie flion from
6. *Dedisti   metuentibus te significationem ut fugiant a*
onsine bogan þet syn friolsede ł alysed gecorene ðine   hælnæ
facie arcus ut   liberentur   electi tui   7. *Salvum*

-deþ, þ by Cor. on er.   enda, init. ge- er. ; a from some other let. (u ?) ; fin.
let. er.   15. *Sien* or *Sen?*   Er. aft. *swa*.   16. *ł tofarene* add. by Cor.
7 er. bef. *to*.   *ł murcniað* add. by Cor.   17. *męgen*, fin. e er.   *þu eart* by
Cor. in pl. of er.   *dęge*, altered by Cor. from *dęi?*   18. *ic* add. by Cor.   Er.
bef. *singe*.   *ært* by Cor. on er.   59. 3. *god* by Cor.?   *ðu ært* by Cor.
-sod ært by Cor. on er.   4. *astiredest* by Cor. on er.   *eorðæn, n* add. by
Cor.?   *est* (2nd), *ł* add. by Cor.   *hire* by Cor. on er.   *hýo is* by Cor. in pl. of
er.   5. *-ænctest* by Cor. on er.   *-yrdednesse* by Cor. on er.   6. *bogan, n*
prob. add. by Cor.   *þet*, fin. *te* er.?   *syn*, about two fin. lett. er.   *ł alysed*
add. by Cor.   *ðine, e* add. by Cor.

PS. 60.]   EADWINE S CANTERBURY PSALTER.   101

me do of swiðren þinre 7 gehir me   god   sprec   on
me fac   dextera   tua   et exaudi me   8. deus locutus est in
halgum   his   blissige   7   ic   todele   swæ lyllæ   7   holedene
sancto   suo   laetabor   et   dividam   sicimam   et   convallem
eærdungæ ł teldum   Min   is   helm   7   min   is to
tabernaculorum   metibor   9. Meus est galaad et meus est
wunienne 7 to onfonne strengðo heæfedes mines Iudæ kynig min
manasses et   effrem   fortitudo capitis   mei   Iuda   rex   meus
næmæ   hyhte min on fnestum him ic aðenie scoe ł scyeuange
10. moab olla spei meae in   idumea   extendam   calciamentum
mine   me   næmæ underðiedde sinðon   h[w]ylc geleded me
meum michi allophili   subditi   sunt   11. Quis   deducet   me
on   ceæstre   gestrangode   oððe   wilc   geleded   me   oððe   on
in   civitatem   munitam   aut   quis   deducet   me   usque   in
ða eorðlican þing   Nealles þu god þe aneddest us 7 na
idumeam   12. Nonne   tu deus qui reppulisti nos et non
þu utgæst god on megenum urum   Sele   us   fultum
egredieris deus in virtutibus nostris   13. Da nobis auxilium
of eærfoðnessum 7 idel helo mannæ   On gode we doð
de tribulatione et vana salus hominis   14. In   deo   faciemus
megen 7 he to nawiht geledeþ þa swencende ł dreccende us
virtutem et ipse ad nichilum deducet   tribulantes   nos

60.

gehyr   god   bene   mine   beheæld gebeda   min
2. Exaudi deus deprecationem meam   intende   orationi   meae
from enðe eorðæn to ðæ ic clipode midðy bið genirwed hiorte
3. a   finibus terrae ad te clamavi   dum   anxiaretur   cor
min on stanæ þu upæhofe me   ðu geleddest me forðæn
meum in petra   exaltasti   me   4. Deduxisti   me   quia

---

7. *of* add. by Cor.   *-n þinre* add. by Cor.   *gehir*, fin. *e* er.   8. Er. aft. *sprec*.   *-ige* 7 *ic* by Cor. in pl. of er.   *holedene* add. by Cor.   *ł teldum* add. by Cor.   9. *kynig*, about two fin. lett. er.   10. *ic* add. by Cor.   *-ie* by Cor. on er. *scoe ł scyeuange* add. by Cor.   11. *gestrangode* add. by Cor.   From *on* (2nd) to *þing* add. by Cor.   12. *þe aneddest* add. by Cor.   *na þu utgæst* prob. add. by Cor.   *megenum* by Cor. part. on er. ?   13. 7 *idel* add. by Cor.   14. *gode*, fin. *s* er.   *megen* by Cor. part. on er.   *-þ* add. by Cor. Rest of verse by Cor. prob. in pl. of er.   60. 2. *gehyr* by Cor.   *-da* by Cor. in pl. of er.   3. *ende* or enðe ?   *-ode* by Cor. on er.   Er. bef. *hiorte*, *on* by Cor. on er.   4. *-est*, *t* add. by Cor.

geworden ært hyht min torr ł stepel strengnesse of ansene fiondæs
factus   es   spes   mea   turris   fortitudinis   a   facie inimici
Ic oneærdie on eærdunge ðine on woroldæ ic beo scilded on
5. *Inhabitabo   in   tabernaculo   tuo   in   secula   protegar   in*
wrignesse fyðræ þynræ   Forðæn ðu god ðu gehyrdest
velamento alarum tuarum   6. *Quoniam tu deus exaudisti*

gebed   mine ðu sealdest yrfewirðnese ondredendum næmæn
orationem meam   dedisti   haereditatem   timentibus   nomen
ðinne   dagæs ofer dagæs kyninges þu geæccst ger his oððet
tuum   7. *Dies super dies   regis   adicies   annos eius usque*
on dege worolde 7 worolde   þurhwuniæð on ecnesse on
in diem saeculi et saecula   8. *permanebit in aeternum in*
gesihðæ godes Mildheortnesse 7 soþfestnesse wyle seceð hyræ
conspectu dei   Misericordiam et veritatem   quis requiret eorum
swæ ic singe namæn ðine god on worolde woruld ðæt ic gieldæ
9. *sic psallam nomini tuo deus in seculum seculi ut reddam*
gehæt min of dege on dege
vota mea de die in diem

61.

hu ne nu godæ underþeod beoð sawl min fram him soðliche
2. *Nonne   deo   subdita   erit anima mea   ab   ipso   enim*
hele   min   he is god min 7   hele   min
salutare meum   3. *Et enim ipse est deus meus et salutaris meus*
fultumend   min   ne   beo ic ma gestired   hwu lange
adiutor   meus   non   movebor amplius   4. *Quo usque*
onhreosæ ge on man ge oneweælðeð eælle swæ swæ wagum
irruitis   in homines   interficis   universos tanquam parieti
onhyldon 7 stangaderunge onheldum   þah hwæþre
inclinato et   maceriae   inpulsae   5. *Verumtamen*

ært add. by Cor. *ł stepel* add. by Cor. *-nesse* by Cor.; *-ne-* on er. *of*
add. by Cor. *an-*, *a* from *o* by Cor. *-dæs*, *s* add. by Cor. 5. *ic beo* by
Cor. in pl. of er. *scilded*, init. *ge-* er.; fin. *d* add. by Cor. 6. *-est*, *t* add.
by Cor. (twice). *-nese*, fin. *e* add. by Cor.? *-endum* by Cor. 7. *dagæs*
orig. = *dægæs* (twice). *þu gewcest ger* add. by Cor. *-olde*, *e* add. by Cor.?
8. MS. = soþwestnesse. 9. *ic* prob. add. by Cor. Er. bef. *namæn*; fin. *n*
add. by Cor. *-olde*, *d* from *ð*. *woruld* add. by Cor. *of*, *f* by Cor. prps. from
b. *dege*, *ge* prob. by Cor. in pl. of er. of one let. 61. 2. *hu ne nu* by
Cor. From *un-* to *sawl* by Cor. From *fram* to *min* by Cor. 3. *he is god*
by Cor.? *min* (1st) by Cor. on er. *min* (2nd) fin. let. er. *ful-*, init. lett. er.
From *min* (3rd) to end of verse by Cor. in pl. of er. 4. *hwu lange* by Cor.
in pl. of er. *ge* by Cor. *man*, two (or three) fin. lett. er. *ge oneweælðeð*, *ge-*
pref. by Cor.; fin. *ð* add. by Cor. *wagum* add. by Cor. From *stan-* to end of
verse by Cor. part. on er. 5. *þah hwæþre* by Cor. in pl. of er.

PS. 61.] EADWINE'S CANTERBURY PSALTER. 103

weorþunge min hy þohton anydan ꝧ adrifon ic arn on þurst
honorem meum cogitaverunt   repellere   cucurri   in sitim
of muðe 7 he sie hy bletsodon 7 hyræ heorten hy yfel-
ore   suo   benedicebant et corde   suo   male-
cweðon ꝧ wyrgden   Soðlice hweðre gode underðid bið sawul
dicebant   6. Veruntamen deo subdita erit anima
mine forðæn from him is geðylð min   7 soðlice he is
mea quoniam ab ipso est pacientia mea   7. Et enim ipse est
god min 7   helo   min ፡ fultumend   min ic ne afeorrie
deus meus et salutaris meus ˏ adiutor meus non emigrabo
On godæ helo   min 7 wuldor min god fultumes mines 7
8. *In deo salutare meum et gloria mea deus auxilii mei et*
hyht min on gode is   hyhtað on hine ealc gemeting ꝧ
spes mea in deo est 9. *Sperate in eum omnis   con-*
efenmeteð folces ageotað beforæn him heortæ eowra forðan god
ventus plebis effundite coram illo corda vestra quia deus
fultum ure is   Soðlice idle suna ꝧ bearn mænnæ
adiutor noster est 10. *Veruntamen vani   filii   hominum*
lease bearn mannæ on wegum ðet hy beswicen hye of
mendaces filii hominum in stateris ut decipiant ipsi de
idelnesse on þ selfe   Nellen ge wenæn ꝧ hyhten on
vanitate in id ipsum 11. *Nolite   sperare   in*
unrihtwisnessum 7 on gereaflacum nellen ge gytsian wclæn
iniquitate et in rapinis nolite concupiscere Diviciae
gif hio flowen nellen ge heortan tosetten ane siðe sprec
si affluant nolite cor apponere 12. *semel locutus est*
god twa þas ic gehyrde Forðæn mihte ꝧ anweald godes is
deus duo haec audivi Quia   potestas   dei   est

From *weorþ-* to *-dan* ꝧ (except *min*) by Cor. *ic* by Cor. on er. *arn on
þurst of* add. by Cor.? *muðe, e* add. by Cor.? *he, e* from *i*. *sie hy* crowded
in by Cor.? *-en hy* add. by Cor.? *ꝧ wyrgden* add. by Cor. 7. *soðlice he*
add. by Cor. Er. bef. *ful-*. *min ic* by Cor. *afeorrie* by Cor. in pl. of er.
8. *min* (1st) fin. *e* er. 9. *hyhtað on hine* by Cor. *gemeting ꝧ* add. by Cor.
ageotað add. by Cor. 10. *suna ꝧ* add. by Cor. *lease, se* by Cor. in pl. of er.
wegum by Cor. on er. *ðet*, two fin. lett. er.? *hy* add. by Cor. *-swicen* by
Cor. on er. *of* by Cor. on er. *on þ selfe* add. by Cor. 11. *Nellen* by Cor.
part. on er. *wenæn*, init. *ge* cr.; fin. *n* by Cor. on er. of ð? ꝧ *hyhten on* add.
by Cor. *-wis-* wr. over the line by Cor. From *-reaf-* to *gytsian* by Cor. in
pl. of er. From (3rd) *nellen* to *-setten* by Cor. part. in pl. of er. 12. *ane siðe*
by Cor. *sprec*, several fin. lett. er. Er. bef. *god*. *twa þas ic gehyrde* add.
by Cor. *-e ꝧ anweald* add. by Cor.

104   EADWINE'S CANTERBURY PSALTER.   [PS. 62.

7 ðæ dryhten mildheortnesse forðæn ðu geldest sendrigum
13. *et tibi domine   misericordia   quia   tu   reddes   singulis*
efter   weorc   hioræ
secundum opera   eorum

62.

god god min to þe of liohte ic wecie ðyrste on ðæ sæul
2. *Deus deus meus ad te de luce   vigilo   Sitivit in te anima*
min hu monifealdlice 7 flęsc min   on westene 7 on wege
mea quam multipliciter et caro mea   3. *In deserto et in invio*
7 on weterige swæ on haligum ic atawede þe dæt ic gesage
et in aquoso sic in sancto   apparui tibi ut   viderem
megne ðin 7 wuldor þin   Forðæn selre is milðheortnes
virtutem tuam et gloriam tuam   4. *Quia melior est misericordia*
ðin ofer lyf weleres mine herigæð ðæ   Swæ ic bletsye ðe
tua super vitam labia   mea laudabunt te   5. *Sic benedicam te*
on lyfe mine 7 on namæn ðinum ic upæhebbæ hænd mine
in vita mea et in nomine   tuo   levabo   manus meas

Swæ swa mid seime 7 mid fetnesse gefelled beoð sawul min 7
6. *Sicut   adipe et pinguedine   repleatur   anima mea et*
weleres upahefednysse herigað næman þinne   Swæ gemindig
labia   exultationis laudabunt nomen tuum   7. *Sic   memor*
ic wæs ðines ofer   bedd   min on uhtlicum t degrede ic smeæ-
fui   tui super stratum meum in   matutinis   medi-
gede on þe   forðæn þu gewurðen ært felstend min 7 on
tabor in te   8. *quia   factus es   adiutor meus Et in*
oferbrædelse fiðræ ðinræ ic blissige   togeþeodde saul
velamento alarum tuarum exultabo   9. *adhesit anima*
min efter þe me onfeng swiðra þin   hyo soðlice on
mea post te me suscepit dextera tua   10. *Ipsi vero in*

13. *sendrigum efter* add. by Cor.   62. 2. *god* (1st) by Cor.   *of, f* by
Cor. prob. from some other er. let.   *ic* add. by Cor.   *-ie* by Cor. on er.   *-lice*
by Cor. in pl. of one er. let.   3. *on westene* by Cor. on er.   *-ige* by Cor.   From
on to *þe* by Cor. in pl. of er.   *-age* by Cor. on er.   5. *ic* add. by Cor.   *ðe*
orig. = *ðæ. mine, e* add. by Cor. (twice).   6. *swa* add. by Cor.   *mid seime*
by Cor. on er.   *mid* (2nd) by Cor. on er.   *gefelled beoð* add. by Cor.   *upahe-*
fednysse by Cor. in pl. of er.   *herigað*, er. immed. bef. *h*; *-igað* by Cor. on er.
7. *dig* by Cor on er.   *wæs* by Cor. on er.   *bedd* add. by Cor.   *min*, fin. let.
er.   *t degrede* add. by Cor.   *-gede, de* add. by Cor.   8. From *þu* to *min*
by Cor. in pl. of er.   7 *on oferbrædelse* add. by Cor.   *ic blissige* add. by Cor.
9. *togeþeodde* add. by Cor.   *þe* add. by Cor.   *onfeng* add. by Cor.   10.
From *hyo* to *sohtan* add. by Cor.

PS. 63.]   EADWINE'S CANTERBURY PSALTER.   105

idel   sohtan   saul   min   hy ingað   on þa neoþeran eorðæn
vano quesierunt animam meam introibunt   in   inferiora   terrae
         hyo beoð sæld on hand sweordes 7 dæles   foxa hy beoð
11. *tradentur   in   manus   gladii   et partes vulpium erunt*
      kining   soþlice   blissað   on drihtne   herigað   cælle ðæ þe
12. *Rex   vero   laetabitur   in domino laudabuntur omnes   qui*
sweriæð on hine fordæn   fordett   is muð sprecendræ unriht
iurant   in   eo   quia obstructum est os   loquentium iniqua

63.

      Gehyr   god   gebed   min þanne ic bio geeærfoðod ł swenced
2. *Exaudi deus orationem meam   cum   tribulor*
from   ege   fyondæs genere   saul   min   ðu bewruge me
a   timore inimici eripe animam meam   **3.** *Protexisti me*
from gencyme ł metinge warigendra from   menigo   wyrcendra
a   conventu   malignantium a multitudine operantium
unrihtwisnesse   Forðæn hy hwetten   swæ   sweord   tungen
iniquitatem   **4.** *Quia   exacuerunt   ut   gladium   linguas*
heora   hy onðenedon ł beheoldon bogæn ðing   biter   þet
suas   intenderunt   arcum   rem amaram   **5.** *ut*
hy scotigen ł strelien   on dygelnesse þa unwemme   Ferlice
sagittent   in   occultis   inmaculatum   **6.** *Subito*
scotigen hine 7 ne ondredon hy trymedon him   word   yfel
sagittabunt eum et non timebunt firmaverunt sibi verbum malum
hy geteældon ł fliton þ hy hydden   grino hy cweðon hwylc
disputaverunt   ut absconderent laqueos dixerunt   quis
gesihð hie   hy Smeageden unrihtwisnesse hy geteorodon
videbit eos   **7.** *Scrutati sunt   iniquitatem   defecerunt*

<small>From *hy* to *neoþeran* add. by Cor.   *eorðæn, n* add. by Cor.   11. This
v. add. by Cor.   12. From *kining* to *herigað* add. by Cor. *þe* prob. add.
by Cor. *fordett* add. by Cor.   Word of about two lett. er. bef. *unriht*.
63. 2. *Gehyr* prob. by Cor. *þanne* by Cor. in pl. of er. *ł swenced* add. by
Cor. *fyondæs, o* from some other let.; *s* add. by Cor.   3. *bewruge me* by
Cor. in pl. of er.   *ł metinge warigendra* by Cor. on er. *-wisnesse* by Cor. on
er.   4. *hy hwetten* by Cor. on er. *heora hy on-* by Cor. in pl. of er. *ł beheoldon* add. by Cor. *ðing biter* by Cor. on er.   5. *-tigen* by Cor. on er.
ł strelien add. by Cor. *-se* by Cor. (orig. = -sum ?). *-me* by Cor. on er.   6.
Ferlice by Cor. on er. *-tigen* by Cor. on er. *hy* (1st and 2nd) pref. by Cor.
ł fliton þ add. by Cor. *hy* (3rd) by Cor. on er. *hydden*, two lett. er. immed.
bef. it; *n* add. by Cor. *grino*, init. *ge-* er. ? *hy* (4th) add. by Cor.   7. *hy*
add. by Cor. *-den* by Cor. on er. *-wis-* add. over the line by Cor. *hy
geteorodon* by Cor. in pl. of er.</small>

106 EADWINE'S CANTERBURY PSALTER. [PS. 64.

smeagenðe ł scrudniende	smœægunge	Togenealehte	mæn	to
scrutantes	scrutinium	Accedet	homo	ad
heorton heagre	7 bioð upahafen	god	Strelæ	cilde
cor altum	8. et exaltabitur	deus Sagittae parvulorum
gewordene sinðon wunden ł witu	heræ	7 fore	naht
factae sunt	plage	eorum	9. et pro nichilo
hefðo weron ongean hie	tungan	hera · gedrefede	sint
habitae sunt contra eos	linguae ipsorum Conturbati	sunt
ealle ðæ þe gesegen hie	7 ondrędde	ælc man	7
omnes qui videbant eos	10. et timuit	omnis homo	et
hy bebodedan weore	godes	7 deda his	hy ongietæn
adnuntiaverunt opera	dei	et facta eius	intellexerunt
blissiæþ rihtwis on drihten	7 gehihteð	on hine	7
11. Letabitur iustus in domino	et sperabit	in eo	et
beoð geherede eallæ rihtwise heorte
laudabuntur omnes recti corde

64.

þe geriseð ymen ł lofsang god on sion 7 ðæ bið agolden
2. Te decet hymnus deus in syon et tibi reddetur
gehæt ł lest on hierusalem gehier gebed min to ðæ
votum in ierusalem 3. Exaudi orationem meam ad te
ealc flesc cymeð word unrihtwisra strangoden ł rihsodon
omnis caro veniet 4. Verba iniquorum prevaluerunt
ofer us 7 arleasnæsse urum ðu gemiltsast cadig
super nos et impietatibus nostris tu propitiaberis 5. Beatus
ðane ðu gecure 7 name ł afenge oneardæþ on geteldungum
quem elegisti et adsumpsisti inhabitabit in tabernaculis

ł scrudniende add. by Cor. Aft. -gunge, 'ł something' no longer legible—
prob. for the Latin. Togenealehte by Cor. on er. heagre by Cor. 8.
-ahafen orig. = ahæfen ? wunden ł add. by Cor. heræ, e from i. 9. -naht,
fin. e er. ongean by Cor. in pl. of er. hera, e from i. gesegen, -sege- altered
by Cor. from something else; n add. by Cor. 10. -e ælc by Cor. on
er. bebodedan by Cor. on er. weore, e from i (by Cor. ?). deda by Cor. on
er. 11. -siæp, þ add. by Cor. ? rihtwis by Cor. on er. From gehihteð to
beoð by Cor.; gehihteð on er. -ede, first e from i; de by Cor. on er. -wise by
Cor. on er. 64. 2. þe geriseð by Cor. ł lofsang add. by Cor. agolden,
init. a and fin. -en on er. ł lest add. by Cor. 3. gehier, i dotted; fin.
let. (e ?) er. flesc, let. er. betw. l and e. 4. -wisra by Cor. on er. strangoden ł rihsodon by Cor. in pl. of er. Er. bef. ar-. gemiltsast by Cor. on er.
5. ł afenge add. by Cor.

ðinum We beoð gefelled on godum huses þines hælig is
tuis Replebimur in bonis domus tuae sanctum est
te[m]pel ðin wundorlic on efennesse gehir us god
templum tuum 6. mirabile in equitate Exaudi nos deus
helo ure hyht ealræ ende corðæn 7 on sęwe ł sæ feor
salutaris noster spes omnium finium terrae et in mari longe
gearwienda dunæ on megene ðinum begierd of anwalde ł mihte
7. Preparans montes in virtute tua accinctus potentia
þu drefest grund ł diop sæs sweig yða hire hwa
8. qui conturbas fundum maris sonum fluctuum eius quis
arefneð bioð gedrefede ðioda 7 ondrędað ealle ða þe
sustinebit Turbabuntur gentes 9. et timebunt omnes qui
eardiæð on endes eorðæn fram tæcnum ðinum Utgœng
habitant fines terrae a signis tuis Exitus
uhtlecæn ł degredes on efene ðu gelustfullæst ł blissað
matutini et vespere delectaberis
ðu niosodest eorðæn 7 ondrenctest hie ðu monigfældodest
10. visitasti terram et inebriasti eam multiplicasti
to geweligan hie Stręæm ł flod godes gefylled is of wętere
locupletare eam Flumen dei repletum est aqua
þu gearwodest mete hiræ forðæn swæ is geærwung ðin
parasti cibum illorum quia ita est preparatio tua
his reneles drencende gemonigfeæld encowrissa his on
11. Rivos eius inebrians multiplica generationes eius in
dropungan his he blissæð ðanne he bið upcumen ðu blet-
stillicidiis suis laetabitur dum exorietur 12. Bene-
sest trendel geræs estinesse ł medemnesse ðinre 7 feldes ðine
dicens coronam anni benignitatis tuae et campi tui

beoð by Cor. on er. *-es pines* add. by Cor. 6. *-lic*, fin. let. er. *on efennesse* by Cor. on er. *gehir*, fin. let. (e?) er. *ł sœ* add. by Cor. *feor* by Cor. on er. 7. *gearwienda* by Cor. on er. *begierd, i* dotted. *of* by Cor. on er. *anwalde ł* add. by Cor. 8. *grund ł diop sœs* by Cor. in pl. of er. *sweig, g* add. by Cor. *-a hire hwa* prob. by Cor. 9. *-diœð* or *-diað?* on prob. add. by Cor. *endes, s* add. by Cor.? *ł degredes* add. by Cor. over the line. *ł blissað* add. by Cor. 10. *-est* (1st), *ł* add. by Cor.? *ondrenctest*, first *e* on er. ; *-test* on er. by Cor. ? *-fœldodest, ge* er. bef. *f*? ; *t* prob. add. by Cor. *to geweligan* by Cor. in pl. of er. *ł flod* add. by Cor. *of* add. by Cor. *-e þu* add. by Cor. *-est* (4th) *ł* add. by Cor. Er. bef. *swœ*. 11. *his* by Cor. in pl. of er. *reneles drencende* by Cor. in pl. of er. *gemonigfeœld, ge* prob. pref. by Cor. ; let. (e?) er. betw. *g* and *f*; fin. let. (e?) er. *-rissa, a* add. by Cor. ? *his, s* by Cor. in pl. of er. *on dropungan* by Cor. in pl. of er. *he* add. by Cor. ? *ðanne he* add. by Cor. ; these two words misplaced but marked for transposition. 12. *trendel* by Cor. on er. *ł medemnesse* add. by Cor. *feldes, es* prob. add. by Cor. *ðine, e* prob. add. by Cor.

108 EADWINE'S CANTERBURY PSALTER. [PS. 65.

bioð gefylled of genihtsumnesse   Fettigað endes on westene
replebuntur   ubertate   13. Pinguescent fines deserti
7 of blissunga beorges beoð ymbgert   Gescrydde sinðon
et exultatione   colles   accingentur   14. Induti   sunt
rammas sceæpæ 7 denæ genihtsumiað of hwetes 7 soðlice
arietes   ovium et convalles habundabunt   frumento   etenim
hy clypiað 7 imen ł lofsang cweðæð
clamabunt et   hymnum   dicent

65.

Herigað gode eal eorða   scælm cweðað naman his
Iubilate deo omnis terra   2. psalmum dicite nomini eius
sellað wuldor lofe his   cweðæð ł secgað gode hu
date gloriam laudi eius   3. Dicite   deo quam
egeslecu sinðon wiorc ðin on manigfealnesse mægenes ðines
terribilia sunt opera tua in   multitudine   virtutis tuae
liogenð ðe fiend ðine   Eal   eorða gebide ðe 7
mentientur tibi inimici tui   4. Omnis terra adoret te et
ic singe ðe psalmsang he secge næmon ðinne þu hyhsta
psallat tibi psalmum   dicat   nomini tuo altissime
    Cumæð 7 gesioð wiorc drihtnes hu egeslic is on geðeahte
5. Venite et videte opera domini quam terribilis in consiliis
ofer bearn mænnæ   Se gehwyrfð ł cyrde sewe ł sæ
super filios hominum   6. Qui   convertit   mare
on drege land 7 stræam ł flodas he oferfor mid fotum ðer
in aridam et   flumina   pertransibit pede   ibi
we blissiæð on ðet selfe   Se wealdeð on megne his
laetabimur in id ipsum   7. Qui dominatur in virtute sua

-led, fin. let. (e?) er. of genihtsumnesse by Cor. on er. 13. Fettigað by
Cor. endes, s prob. add. by Cor. of blissunga beorges add. by Cor. beoð
ymbgert by Cor. on er. 14. Gescrydde prob. by Cor. rammas by Cor. on
er. -að (1st) prob. by Cor. on er. of prob. add. by Cor. hwetes, two init.
lett. er.? hy add. by Cor. ł lofsang add. by Cor. 65. Herigað by
Cor. eal, fin. let. er. eorða, fin. let. er. 2. lofe by Cor. 3. ł secgað
add. by Cor. From on to mægenes by Cor. in pl. of er. ðines, s add. by Cor.?
liogenð, n dotted; ð from d by Cor.; fin. let. (e?) er. 4. Eal, two fin. lett.
er. eorða, fin. let. er. psalmsang he secge by Cor. in pl. of er. þu add. by
Cor. hyhsta, fin. let. (n?) er. 6. Er. bef. ge-. ł cyrde add. by Cor. ł sæ
add. by Cor. on drege land by Cor. in pl. of er. ł flodas add. by Cor. he
oferfor mid by Cor. in pl. of er. we add. by Cor. -siwð, ð from d by Cor.
7. -deð, ð by Cor. on er.

on ecnesse   cægæn his   ofer ðiodæ   gelociað   þa on erra
in aeternum   oculi   eius   super   gentes respiciunt   qui in ira
forðgeclypiað   na hi beoð upahafen on him selfum   blet-
provocant   non   exaltentur   in semetipsis   8. *Bene-*
siað   dioðæ   god   urne   7   gehlystað   stefne   lofes his
dicite gentes deum   nostrum   et   obaudite   vocem   laudis eius
  Se þe gesette   saul   mine   to   lyfe   7   ne scælde
9. *Qui   posuit   animam   meam   ad   vitam   et   non   dedit*
to astyrigenne   fet mine   Forðan   ðu fandedest us
commoveri   pedes meos   10. *Quoniam   probasti   nos*
god of fyre us ðu amerodest swa swæ mid fyre bið amerod
deus igne   nos   examinasti   sicut   igne   examinatur
seolfor   þu geleddest us on gegrino ðu gesettest
argentum   11. *Induxisti   nos in laqueum   posuisti*
cærfoðnessæ ł swinc on rycge   ure   þu ongesettest
tribulationes   in dorso nostro   12. *inposuisti*
men   ofer heæfod urræ We ferðon þurg fyr   7
homines super capita nostra Transivimus per ignem et aquam et
þu led   us on celnessum ł frofr   Ic ingænge on
induxisti nos in   refrigerium   13. *Introibo   in*
hus   ðin on offrunge ł asægdnissum ic gielde ðe gehæt ł lest
domum tuam in   holocaustis   reddam   tibi   vota
mine   ðæ gestihtedon ł deldon lippan ł weleræs mine
mea   14. *quae   distinxerunt   labia   mea*
þæs   sprec   muð   min on earfoðnesse ł on geswince min
Haec locutum est os   meum   in   tribulatione   mea
    offrungæ ł onsegdnesse   ic bringe   ðe
15.   *holocausta   medullata offeram tibi cum incensu*
7 rammum ic bringe   ðe oxæn mid buccum   Cumæð
et arietibus   offeram   tibi boves cum   hyrcis   16. *Venite*

<small>*geluciað þa* by Cor. *erra, e* from *i*. From *forð-* to *upahafen* by Cor. in pl.
of er.   8. *gehlystað* by Cor. on er.   9. *astyrigenne* by Cor. on er.   10.
fandedest by Cor. on er.   *of* add. by Cor.   *amerodest* by Cor. in pl. of er.
swa add. by Cor.   *mid* add. by Cor.   *amerod* prob. by Cor. on er.   *-or* by
Cor. on er.   11. *þu* by Cor.?   *-dest* by Cor. in pl. of *e* ?   *-est* (2nd), *t* add.
by Cor.   *ł swinc* add. by Cor.   *rycge*, init. *h* er.   *ure* by Cor. (from *urre* ?).
12. *þu* by Cor.?   *-est, st* add. by Cor.   Gloss to *et aquam* er.   MS. = *þu 7, þu*
being add. by Cor. in wrong pl.   *led*, init. and fin. er. made.   *ł frofr* add, by
Cor.   13. *t asægdnissum* add. by Cor.   *ł lest* add. by Cor.   *mine, e* add. by
Cor.   14. *t deldon lippan t* add. by Cor.   Er. aft. *sprec.*   *t on geswince* add.
by Cor.   15. *t onsegdnesse* add. by Cor.   Gloss to *medullata* er.   Gloss to
cum incensu er.   *rammum* by Cor. on er.   About two lett. er. bef.
bringe.</small>

7 gehiræð me 7 ic segge ł cyþe iow eælle þæ ondredæð
et audite me et   narrabo   vobis omnes qui timetis
drihten hu monegæ he dyde saul mine   to him
dominum quanta   fecit   anime meae   17. *Ab ipso*
mid muðæ minum ic clepode 7 ic upæhebbe under tungæn minre
ore   meo   clamavi et exaltavi   sub   lingua   mea
    Unrihtwisnesse gyf ic geseah on heortan mine ne gehireð
18. *Iniquitatem   si   conspexi   in   corde   meo non exaudiet*
drihten   Forðæn geherde me god 7 he behyold stefne
deus   19. *Propterea exaudivit me deus et intendit voci*
of bene   mine   Gebletsæd beo drihten se ðe ne
deprecationis meae 20. *Benedictus   dominus   qui   non*
asterede   bene   mine 7 mildheortnesse his fram me
amovit deprecationem meam et misericordiam suam a me

66.

    God gemiltsie us 7 gebletsie us onliohte he *and*wlitæn
2. *Deus misereatur nobis et benedicat nos illuminet vultum*
his ofer us 7 mildsa   us   ðet we oncnæwen on
suum super nos et misereatur nobis 3. *Ut cognoscamus in*
corðæn   weg þinne on callum ðiodum   helo   ðine
terra   viam tuam   in   omnibus   gentibus   salutare   tuum
    Ændetten   ðe folc god ondettæn   ðe folc calle
4. *Confiteantur tibi populi deus confiteantur tibi populi omnes*
blissian 7 fægnien ł hyhtæn ðiodæ forðan ðu demest
5. *Laetentur et   exultent   gentes quoniam iudicas*
folc on emlicnesse ł efnesse 7 ðiodæ on eorðæn gerecest
populos in   aequitate   et gentes in   terra   dirigis
    Ændettæn   ðe folc god andettæn   ðe folc ealle
6. *Confiteantur tibi populi deus confiteantur tibi populi omnes*

16. *ł cype* add. by Cor. *he* wr. over the line. *dyde*, second *d* from ð. 17. *to him mid* by Cor. in pl. of er. *clepode, e* from *i*; *-ode* prob. by Cor. in pl. of er. 18. *-wis-* wr. over the line by Cor.? *ic geseah* by Cor. on er. Er. bef. *gehireð*; ð add. by Cor. 19. *geherde* altered by Cor. from *gehire*. *7 he behyold* by Cor. on er. *of* add. by Cor. 20. *-sæd, d* from ð. *beo* add. by Cor. *ðe ne asterede* by Cor. in pl. of er. 66. 2. *God* by Cor. *he* add. by Cor. *-æn, n* add. by Cor. *ofer, o* on er. 3. *7* er. bef. *ðet. we* by Cor. on er. *-wen, n* add. by Cor. 4. *-ten, n* add. by Cor. *-tæn, n* by Cor. on er. 5. *-ian, n* by Cor. on er. *7 fægnien ł* by Cor. part. on er. *-tæn, n* by Cor. prob. on er. *-est* (1st) by Cor. on er. *ł efnesse* add. by Cor. *-est* (2nd), *st* by Cor. ? 6. *-tæn, n* by Cor. on er. (twice).

[PS. 67.] EADWINE'S CANTERBURY PSALTER. 111

corðæ gef ꞇ sealde westm hira bletsige us god god ure
7. *terra   dedit   fructum   suum Benedicat nos deus deus noster*
bletsige us god 7 ondredon hine eælle endes eorðæn
8. *et benedicat nos deus et metuant eum omnes fines terrae*

67.

Arise   god 7 beon todrefed fiend his 7 flion   from
2. *Exurgat deus et dissipentur   inimici eius et fugiant   a*
ænsine his ðæ ðe hatodon hine   Swæ swa teorode smic
facie eius qui oderunt eum   3. *Sicut   defecit fumus*
hy geteorien swæ swa floweð weæx from ænsine fyres swæ
deficiant   sicut   fluit   cera   a   facie ignis sic
forweorðen synfullæn from ænsine godes   7 soðfeste
pereant   peccatores   a   facie   dei   4. *et   iusti*
bioð simlende Gehihtað on gesihðæ godes 7 bioð gelustfullod
epulentur   Exultent   in conspectu   dei   et   delectentur
on blissæ   Singe god seælm   cweðæð næman his
in laetitia   5. *Cantate deo psalmum   dicite   nomini eius*
wæg ꞇ siþfet doð him ðe astæg ofer westdæl drihten
iter   facite ei   qui ascendit super occasum dominus
næma is him Gefahnieð on gesihðe his bioð gedrefede from
nomen est ei   Gaudete   in conspectu eius   turbabuntur   a
ænsine his   federes Stiopcildæ 7 demen widewenæ
facie eius   6. *patres orphanorum et iudices viduarum*
God on stowe hælig his   god ðe eærdien deð
Deus in   loco   sancto suo   7. *deus qui inhabitare facit*
anmode on husc Se geledeð gebundene on strangnesse
unanimes in   domo   Qui educit   vinctos   in   fortitudine
gelice 7 þa þe on irræ forðgecigæð þa eardæð on byrgenne
similiter et eos qui in   ira   provocant qui habitant in sepulchris

7. *eorðæ*, fin. let. er.   *gef ꞇ* prob. add. by Cor.   *hira, ra* by Cor. in pl. of an
er. let.   Er. aft. *ure*.   8. *endes, s* prob. add. by Cor.   67. 2. *Arise*
by Cor.   *beon todrefed* by Cor. on er.   Er. bef. *flion*. *ðe hatodon* by Cor. in
pl. of er.   3. *swa* add. by Cor.   *teorode* prps. by Cor.   *hy geteorien* by Cor.
in pl. of er.   *-eð* by Cor. prob. on er.   *fyres, es* add. by Cor.   *syn-* by Cor. in
pl. of er.   *godes, s* prob. add. by Cor.   4. *-lod, d* from ð.   5. *wæg ꞇ sipfet*
by Cor.   *ðe, e* from *o*.   *astæg, a* from *æ*?   *westdæl* add. by Cor.   *Gefahnieð*
add. by Cor.   6. *federes, es* prob. add. by Cor.   *widewenæ*, first *e* prob. add.
by Cor.   7. *-ien* by Cor. on er.   *anmode* orig. = *anes modes*?   *geledeð*
altered by Cor. from *gelet*?   *gebundene* add. by Cor.   From *on* to *þe* by Cor.
in pl. of er.   *forðgecigæð*, first ð from *e* by Cor. ; second *g* altered to ð by Cor.,
but ð er. again.   *þa* by Cor. on er.

112   EADWINE'S CANTERBURY PSALTER.   [PS. 67.

god þanne þu utgest beforan folce ðine þonne   þu færst
8. *Deus   dum   egredieris   coram   populo   tuo   dum   transgredieris*
þurh   westen   eorðe astyred   is   7 soðlice hefonæs
per   desertum   9. *terra   mota   est   Etenim   caeli*
drupon   from ansiene godes dune   from ansine godes
distillaverunt   a   facie   dei   mons syna   a   facie   dei
israela   Ren   wilsumne asyndriende god yrfeweærd-
israel   10. *Pluviam voluntariam segregans deus   haeredi-*
nesse ðinre 7 soðlice geuntrymed is ðu soðlice fulfremedu ða
tati   tuae et   enim   infirmata   est   tu   vero   perfecisti   eam
      Nietenæ   ðine   oneardiað   on   ðam   du   gearwodest   on
11. *Animalia   tua   inhabitabunt   in   ea   parasti   in*
swetnesse ðine ðeærfæ god   drihten seleð   word
dulcedine   tua   pauperes   deus   12. Dominus dabit verbum
þam godspellendum megene monige   kining megnæ
evangelizantibus   virtute   multa   13. rex   virtutum
þas gecorenen 7 hiow huses todelen reaflac   gif ge
dilecti   et species domus dividere   spolia   14. Si dor-
slapæð betweoxon midde winde fiðrum culfran ouerselfrede
miatis   inter   medios cleros pennae columbae deargentate
7 ða eftran hriccg his on hiwe goldes   Midðy ðe
et posteriora dorsi eius in specie auri   15. Dum
sceæwæð ðes hefenlecæn kiniges ofer hine snaw bioð gehwittod
discernit   caelestis   reges   super   eam   nive   dealbabuntur
on selmon   ðun   godes   ðun   berende ł nihtsum
in selmon   16. Montem dei   montem   uberem
dun gerenned ł runnen dun   fétt   Towon
mons   coagulatus   mons pinguis   17. Ut quid
onfengon ge dunæ ł munt berende ł genihtsume dun
suscepistis   montes   uberes   mons

---

8. *þanne þu utgest* by Cor. on er. *þonne þu færst þurh* by Cor. in pl. of er.
9. *drupon* by Cor. on er. *ansiene*, first *e* wr. over the line prob. by Cor. (or is
it *ansene* with first *e* from *i* by Cor.?). *dune, e* add. by Cor.   10. *-mne* by
Cor. in pl. of er. *asyndriende* by Cor. in pl. of er.   ða orig.=ðæ?   11.
From *on-* to *ðam* by Cor. in pl. of er. *gearwodest*, first *e* dotted by Cor.; *t*
add. by Cor.   12. *þam* add. by Cor. *megene*, fin. *e* add. by Cor.   13. *þas
gecorenen* 7 by Cor. in pl. of er. *hiow*, *o* from *e*? *huses*, *es* add. by Cor.
14. *betweoxon midde* by Cor. on er. *culfran ouer selfrede* by Cor. in pl. of er.
-a eftran by Cor. on er.   15. MS.=*sceæpæð*.   *-ttod* in d. ink; *o* on er.?
16. *ł nihtsum* add. by Cor. *ł runnen* add. by Cor.   17. *To-*, let. (h?) er.
immed. aft *o*. *ye* er. immed. bef. *on-*? *ge* prob. add. by Cor.   *dunæ, d* from ð.
ł munt add. by Cor. *ł genihtsume* add. by Cor.

PS. 67.] EADWINE'S CANTERBURY PSALTER. 113

on ðæm wel gelicode gode to eærdiæn on him 7
in quo bene placitum est deo habitare in eo et
soðlice drihten cærdað oð on endæ Ryne godes
enim dominus habitabit usque in finem 18. *Currus dei*
tien ðusendæ monigfæld þusendæ blissiendra drihten on hi
decem milium multiplex milia laetantium Dominus in illis
on sinæi on ðere halgon astigende on heahnesse
in syna in sancto 19. *ascendens in altum*
gehæftne he ledde hæftned he gæf gife monnum 7 soðlice
captivam duxit captivitatem dedit dona hominibus Et enim
ðæ ne geliefæþ oneardian on him drihten god ge-
qui non credunt inhabitare in eo dominus deus 20. *bene-*
bletsod gebletsod drihten of dege on deg gesund weg ł siþfet
dictus benedictus dominus de die in diem Prosperum iter
dæþ us god helo ure god ure god hæle
faciat nobis deus salutaris noster 21. *deus noster deus salvos*
to donne 7 dryhtnes utgong deæþes Soðlice
faciendi et domini exitus mortis 22. *Verumtamen*
god scel tobrecen hefodo fiondæ his hnoll loccæs
deus conquassavit capita inimicorum suorum verticem capilli
þurhgængende on scyldum ł on gyltum his Cweþ
perambulantium in delictis suis 23. *Dixit*
drihten of bassæn ic gecirræ ic cirre on diæpan ł on grunde
dominus ex basan convertam convertam in profundum
sæs oððet bið awescen ł dyped fot ðin on blode
maris 24. *donec intinguatur pes tuus in sanguine*
Tunga hundæ þinra of fiendum from him gesewene
Lingua canum tuorum ex inimicis ab ipso 25. *visi*
sindon stepes ðine god on stepum godes mines kininges ðe
sunt ingressus tui deus ingressus dei mei regis qui
is on hælgon his Forecomon ealdermæn togeþiedde
est in sancto ipsius 26. *Prevenerunt principes coniuncti*

gelicode by Cor. on er. *to-* add. by Cor. *oð on* by Cor. in pl. of er.
18. *-fæld*, fin. let. (e?) er. 19. From *on* (1st) to *gæf* by Cor. in pl. of er.
20. *gesund weg* ł add. by Cor. 21. *hæle, e* prob. add. by Cor. *dryhtnes, es*
add. by Cor.; let. er. betw. *t* and *n*. 22. *scel to-* add. by Cor.; *-brec-*, init.
ge er.?; *en* add. by Cor.? *fiondæ, a* from *d* by orig. scribe. *on scyldum* ł
add. by Cor. Er. after *on* (2nd). 23. *gecirræ*, a fin. let. er.? *ic* (2nd)
add. by Cor. *cirre*, a fin. let. er.? *ł on grunde sæs* by Cor. in pl. of er.
24. *awescen, a* orig.= *œ*; let. er. betw. *a* and *w*; *n* by Cor. on er. *ł dyped*
add. by Cor. *fiendum, e* by Cor. on er. 25. *ðe* by Cor. in pl. of er. Er.
aft. *on* (last).

I

114   EADWINE'S CANTERBURY PSALTER.   [PS. 67.

singendum on midle gingra gliewmedene ł plegiendra mid
psallentibus   in   medio   iuvenum   timpanistriarum
timpanan   on   circum   blctsioþ   drihten   god   of
            27. *in aecclesiis benedicite dominum deum de*
willum israhele   dær wuneð beniamin se gungesta on
fontibus   israel   28. Ibi   beniamin adolescentior in
firhto eældermæn iuda herctogæ ł latþeowes hiræ eældras
pavore   principes   iuda   duces   eorum   principes
of zabulon 7 eældermen neptalim   bebioð god megne
zabulon   et principes   neptalim   29. Manda deus virtuti
þine getremæ ðis god þet þu wrohtest on us   from
tuae confirma hoc deus quod operatus es in nobis   30. a
templum hælgen þine þet is on ierusalem ðe brengæn
templo   sancto   tuo   quod   est   in   ierusalem   tibi   offerent
kininges læc   þu oferþrawæst wildeor   wude
reges   munera   31. Increpa   feras   silvarum
gemot fearra betweoxon chun þes folches ϸ na beon
concilium taurorum   inter   vaccas populorum ut non exclu-
utalocen ða þæ acunnode sindon of scolfre Tostenc ðioda
dantur   hi   qui   probati   sunt   argento   Dissipa   gentes
þæ gefioht willæþ   cumæð erendracen of egiptum
quae   bella   volunt   32. venient   legati   ex   egypto
7 redlingum forecymð hand his gode   Rice eorðen
ethyopia   preveniet manus eius deo   33. Regna   terrae
singað gode singad drihtne singað gode   ðe æstæg
cantate deo psallite domino psallite deo   34. qui ascendit
ofer heofænas hæofæna on æstdele Æallægga he seleð stefne
super   caelos   caelorum ab oriente   Ecce   dabit   vocem
his stefne megnes his   sellæð wiorþunge gode Ofer
suam vocem virtutis suae   35. date   honorem deo Super
isræhelæ   michelnesse   his   7   megen   his   on   wolcnum
israel   magnificentia   eius   et   virtus   eius   in   nubibus

---

26. From *gliew-* to *timpanan* by Cor. in pl. of er.   28. *wuneð beniamin se gungesta* by Cor. in pl. of er.   *ł latþeowes* add. by Cor. *-dras of zabulon* by Cor. in pl. of er.   29. *getremæ*, second *e* by Cor. in pl. of two er. lett.   *þu wrohtest* by Cor. in pl. of er.   30. Er. aft. *from. kininges, s* add. by Cor.?   31. *fearra betweoxon* by Cor. in pl. of er.   From *þ* to *-ode* by Cor. in pl. of er. *of* add. by Cor.   Three (or four) lett. er. immed. aft. *Tostenc.*   32. *erendracen of* by Cor. in pl. of er.   33. *singað* or *singæð*? (3rd).   34. *ðe* orig. = *ðæ. hæofæna*, fin. let. er.; two lett. (on?) er. bef. this word.   35. *michelnesse* by Cor. in pl. of er.   *megen, en* by Cor. on er.

PS. 68.] EADWINE'S CANTERBURY PSALTER. 115

Wundorlic god on hælgum his god isræhelæ he seleð
36. *Mirabilis deus in sanctis suis deus israel ipse dabit*
megen 7 strangnesse folces his gebletsad beo god
virtutem et fortitudinem plebis suae benedictus deus

68.

halne me do god forðan ingeodon wæteres oððe to
2. *Salvum me fac deus quoniam introierunt aquae usque ad*
saule minre afestnod ic æm on lame ł slim dipæ 7 ne
animam meam 3. *infixus sum in limo profundi et non*
is sped ic cam on deopnesse sæs ł sewe 7 hriohnes besencte
est substantia Veni in altitudinem maris et tempestas demersit
me Ic swanc chigende hase beoð geworðen Goman mine
me 4. *Laboravi clamans rauce factae sunt fauces meae*
geteoroden egan mine mydþi ic wene on god min Gemonig-
defecerunt oculi mei dum spero in deum meum 5. *Multipli-*
fælldæ synðon ofer loccæs heafdes mines þæ ðe fiogædon ł hatedon
cati sunt super capillos capitis mei qui oderunt
me buton gewryhtum Gestrængode sindon ofer me þa ðe
me gratis Confortati sunt super me qui
ehttæð me fiend mine unrihtlice þa ic ne reafode þa
me persequuntur inimici mei iniuste quae non rapui tunc
ic ageald ł tolesde god þu wast unwisdom minne 7
exsolvebam 6. *Deus tu scis insipientiam meam et*
gyltas ł scyldes mine from þe ne sinðon behidde Ne
delicta mea a te non sunt abscondita 7. *Non*
scamigen on me þa þe onbiduþ drihten god megena ne
erubescant in me qui te expectant domine deus virtutum non
forwandien ł scunien ofer me ða þe secæþ þe god isræhelæ
revereantur super me qui requirunt te deus israel

---

36. *-lic* add. by Cor. *strangnesse*, a from e by Cor.; *-nesse* by Cor. on er.
-d beo add. by Cor. 68. 2. From *halne* to *forðan* by Cor.? *ingeodon*
wæteres by Cor. in pl. of er. 3. From *afestnod* to *slim* prps. by Cor. From
ic (2nd) to *ł* by Cor. *hriohnes, h* (2nd) wr. over the line. 4. *swanc* by Cor.
on er. From *hase* to *-oden* by Cor. in pl. of er. *-þi,* a fin. let. (e?) er. 5. *ðe*
add. by Cor. (twice). *flogædon, d* from ð; *-on* prob. add. by Cor. *ł hatedon*
add. by Cor. *buton gewryhtum* by Cor. on er. *ehttæð,* first *t* dotted by Cor.;
ð from *t* by Cor. *unrihtlice* by Cor. on er. *þa* orig. *þæ.* From *ic* (1st) to
tolesde by Cor. in pl. of er. 6. *gyltas,* init. *æ* er.? *ł scyldes* add. by Cor.
7. *-igen, g* from *e*; *n* add. by Cor. *megena, a* add. by Cor. *forwandien ł*
scunien by Cor. ða, *a* prob. by Cor. on er.

I 2

116 EADWINE'S CANTERBURY PSALTER. [PS. 68.

Forðæn fore ðe ic forbær hosp ł edwite oferwreah
8. *Quoniam propter te subportavi improperium operuit*
mid scæme ansiene mîne fremde geworden ic com
reverentia faciem meam 9. *exter factus sum*
broþrum minum 7 gyst ł cume bcærne moder minre
fratribus meis et hospes filiis matris meae
Forðæn hatheortnesse ł wodnesse huses ðines eteð me 7
10. *Quoniam zelus domus tuae comedit me et*
edwit ł hosp edwittendræ ðe gefiollon ofer me 7
obprobria exprobrantium tibi ceciderunt super me 11. *Et*
ic oferwreah on festone sæule minre 7 geworden is me on
operui in ieiunio animam meam et factum est michi in
edwit 7 ic sette hregl min heren 7
obprobrium 12. *Et posui vestimentum meum cilicium et*
geworden ic eom him on bispel ongean me
factus sum illis in parabolam 13. *Adversum me*
fliton þa þe seton on gatum 7 on me sungon þæ þe
exercebantur qui sedebant in · porta et in me psallebant qui
druncon win Ic soðlice gebed min to þe
bibebant vinum 14. *Ego vero orationem meam ad te*
drihten tid wellicungæ god on monige mildheortnesse ðinre
domine tempus beneplaciti deus in multitudine misericordiae tuae
gehier me on soðfestnesse helo ðine Genere me of fenne
exaudi me in veritate salutis tuae 15. *Eripe me de luto*
ðet na ic onclyuie gefriolsa me of ðam hatigende me 7 of
ut non inheream libera me ex odientibus me et de
diopæ ł grunde wetræ ne me besenca hreohnæssa
profundo aquarum 16. *non me demergat tem-*

---

8. *forbær hosp* ł by Cor. in pl. of er. From *ofer-* to *ansiene* by Cor. in pl. of er. *mine*, *e* add. by Cor. 9. *fremde* by Cor. on er. *gyst* by Cor. on er. *ł cume* add. by Cor. *bewrne*, fin. *e* prob. add. by Cor. 10. *-eortnesse* ł by Cor. on er. *wodnesse*, *se* add. by Cor. *huses ðines*, *-es* add. by Cor. in both cases; first *e* from a false let. *ł hosp* add. by Cor. *edwitt-*, let. er. betw. *t* and *t*. 11. 7 *ic oferwreah on* by Cor. in pl. of er. *-one*, *e* add. by Cor. *on* (2nd), *n* from some other let. by orig. scribe. 12. *heren*, *n* prob. add. by Cor. *bispel* by Cor. in pl. of er. ; *s* cr. bef. the *s*. 13. *ongean* by Cor. in pl. of er. *fliton* by Cor. in pl. of er. *þa*, *a* by Cor. on er. 14. *to þe drihten* by Cor. in pl. of er. *ðinre*, *re* add. by Cor.? *gehier*, fin. let. er. 15. *fenne* by Cor. on er. *na ic onclyuie* by Cor. in pl. of er. *of ðam hatigende* by Cor. in pl. of er. *diopæ*, *o* in darker ink. *grunde*, fin. *e* repeated, but one er. 16. *ne* by Cor. in pl. of er. *besenca*, fin. let. er.? *hreoh-*, *h* (2nd) by Cor. wr. over the line.

PS. 68.] EADWINE'S CANTERBURY PSALTER. 117

ł storm wetræs 7 na forswelge me dypan ł grund nene ⁊
pestas   aquae   Neque   obsorbeat   me   profundum   neque
genyrwe ofer me pit ł seæð muð hira   gehier me
urgeat super me   puteus   os suum 17. *Exaudi me*
drihten forðan medema ł estelic is mildheortnes ðin   efter
domine quoniam   benigna   est misericordia tua secundum
manege   mildsunge   þinra   locæ   on   me   Ne
multitudinem miserationum tuarum respice in me 18. *Ne*
æhwyrfæ þu   æusiene   ðine   from   cnihte   þinum   forðæn
avertas   faciem   tuam   a   puero   tuo   quoniam
ic eom geeærfoðod hredlice gehier me   beheæld Sawle
tribulor   velociter exaudi me 19. *Intende anime*
mine 7 gefriolsæ hie fore fiondum minum genere me
meae et libera eam propter inimicos meos   eripe me
ðu soðlice wæst   edwit   min   gescindnesse 7
20. *Tu enim scis improperium meum   confusionem et*
scæmæ   mine   on   gesigðe   þinræ   sindon   cællæ
verecundiam meam 21. *in conspectu tuo sunt omnes*
swencende me edwit ł hosp onbad heorte min 7 yrmðe
tribulantes me Improperium expectavit cor meum et miseriam
7 ic þolode se þæ somed mid me weron geunrotsod 7 ne wes
et sustinui qui simul mecum contristaretur et non fuit
frefrende me þone ic sohte 7 ne gemette   7
et consolantem me   quesivi et non inveni 22. *Et*
hy sælden on mete minum geællæn 7 on ðurste mine drincten
dederunt in escam meam fel   et in siti mea potaverunt
me mid ecede   beo bord ł mese hieræ beforan him on
me aceto 23. *Fiat   mensa   eorum coram ipsis in*
grine 7 on eadlecæningæ 7 on beswice   Æðystrode sien
laqueum et in retributionem et in scandalum 24. *Obscurentur*

ł storm add. by Cor. *wetræs*, s add. by Cor. 7 *na forswelge* by Cor. in pl.
of er. About two lett. (gloss to *pro-*?) er. bef. *dypan. t grund* add. by Cor.
genyrwe by Cor. on er. *pit* ł add. by Cor. 17. *gehier, i* dotted; fin. let.
er. *medema* ł add. by Cor. *ðin,* fin. *-re* er.? *manege* by Cor. in pl. of er.
-dsunge by Cor. prps. on er.   18. *þu* add. by Cor. *-ene,* fin. *e* add. by Cor.
gehier, fin. let. (e?) er.   20. *edwit,* fin. let. (e?) cr.; er. (on?) bef. this
word. *min,* fin. let. er.   21. *swencende* by Cor. on er. *edwit,* fin. *e* er.;
er. (on?) bef. this word. *ł hosp* add. by Cor. *onbad* prob. orig. = *onbræd.*
yrmðe, ðe add. by Cor.; er. aft. this word. *ic polode* by Cor. on er. *se* add.
by Cor. *somed, o* by Cor. from *e*?; *d* from *ð. mid, d* from *ð. -otsod* by Cor.
on er.   22. *hy sewlden, hy* and fin. *n* add. by Cor.? *on ðurste* by Cor. in pl.
of er. *-ten* add. by Cor. *mid* by Cor. wr. over the line.   23. *beo bord* ł
mese by Cor. in pl. of er. *grine,* two init. lett. er.? *be-, e* from *i·* by Cor.?
24. *-rode, d* from *ð*.

eægæn hioræ þ hi ne gesion 7 hricg hira simle gebyged
oculi   eorum   ne videant   et dorsum illorum semper incurva
Ægiot ofer hi yrræ ðin 7 abylgnes yrres ðines
25. *Effunde super eos iram tuam et indignatio irae tuae*
gegripe hie   Sy eærdung hiræ awest 7 on eardung-
apprehendat eos   **26.** *Fiat habitatio eorum deserta et in taberna-*
stowum hira ne sie ðe oneardige   Forðæn ðone ðu
culis eorum non sit qui inhabitet   **27.** *Quoniam quem tu*
sloge   hie hehtende sinðon me 7 ofer sær   wundæ
percussisti ipsi persecuti sunt   et super dolorem vulnerum
minræ hy geyhton   Tosete unrihtwisnesse ofer unriht-
eorum addiderunt **28.** *Appone iniquitatem super iniqui-*
wisnesse hiræ þ hy na ingan on þine rihtwisnesse
tatem ipsorum et   non intrent   in   tuam   iustitiam
Sien hy adilgode of bocum lifiendræ 7 mid rihtwisum ne
29. *Deleantur   de libro viventium et cum   iustis   non*
bion hy awriten   þeærfæ 7 særi   ic eom 7 helo ænsiene
scribantur   **30.** *Pauper et dolens ego sum et salus vultus*
ðine god onfeng me   Ic herie næmæn godes mines mid
tui deus suscepit me   **31.** *Laudabo nomen dei mei cum*
sange 7 ic miclige hine on lófe   7 licæð gode ofer
cantico et magnificabo eum in laude   **32.** *Et placebit deo super*
ceælf geong ł niwe hornæs forðledende 7 neglæs ł clawa
vitulum   novellum   cornua producentem et   ungulas
Gesion ðeærfen 7 blissigen secæþ drihten 7 lifað saule
33. *Videant pauperes et laetentur querite dominum et vivet anima*
eowra   Forðæn gehirde ðeærfæn drihten 7 gebundene
vestra   **34.** *Quoniam exaudivit pauperes dominus et   vinctos*
his he ne forhygoda   herigen hiene hefonæs 7 eorðe sé
suos   non sprevit   **35.** *Laudent eum   caeli et terra mare*

þ *hi ne gesion* by Cor. on er.   25. *abylgnes, a* orig. *œ*; *-ylgnes* by Cor.
yrres, s add. by Cor. *gegripe*, fin. let. er.; 7 er. bef. this word.   26. *sy* by
Cor. on er.   *awest* by Cor. in pl. of er.?   *-ung-*, fin. *e* er.?; *-stowum* prob. add.
by Cor.   *ðe* add. by Cor.   *-ige* by Cor. on er.   27. Er. (gloss to *per-*?) bef.
sloge. me, the Latin to this is er.   *hy geyhton* by Cor. on er.   28. *unriht-*
wisnesse by Cor. on er. (twice).   þ *hy na ingan* by Cor. in pl. of er.   *rihtwis-*
nesse by Cor. on er.   29. *hy adilgode* by Cor. in pl. of er.   *of, f* by Cor.
(altered from *b*?).   *rihtwisum* by Cor. on er.   *hy awriten* by Cor. on er.
30. *særi, i* prps. add. by Cor.   *-ene,* fin. *e* add. by Cor.   *ðine, e* add. by Cor.
31. *-es* add. by Cor. (twice).   *-lige, g* from *e* by orig. scribe.   32. *gode, e*
add. by Cor.   *geong ł* add. by Cor.   *-ledende* by Cor. on er.   *ł clawa* add. by
Cor.   33. *-gen* by Cor. on er.   *-að* by Cor. on er.   *eowra* orig. = *eowræ*.
34. *-de* by Cor. on er.   *forhygoda* by Cor. in pl. of er.   35. *-en* by Cor. on er

PS. 70.] EADWINE'S CANTERBURY PSALTER. 119

7 eallæ ðu on him sindon   Forðon god hale gedeþ
et omnia quae in eis sunt   36. Quoniam deus salvam faciet
Sion 7 bioð getimbreðe ceæster iudeæ 7 oneærdiæþ ðer 7
Sion et aedificabuntur civitates iudae et inhabitabunt ibi Et
yrfweærðnæssæ hy secæð hy   7 sæd þeowæ his
haereditate adquirunt eam   37. et semen servorum eius
agun ł besittað hy 7 ðæ ðæ lufieð næmæ his oneærdiæð
possidebunt eam et qui diligunt nomen eius inhabitabunt
on hire
in ea

69.

god on fultum   mine beheæld drihten 7 to gefultomiende
2. Deus in adiutorium meum intende domine   ad adiuvandum
me efste   Sien gesciende 7 forwandian ł scunian
me festina 3. Confundantur et   revereantur
fiend mine þa ðæ sęcæð   sæule mine   Sien gecirde
inimici mei qui querunt animam meam 4. Avertantur
on bęcling 7 scæmiæn ðæ þe þencæd me yfel Sien gecirrede
retrorsum et erubescant qui cogitant michi mala Avertantur
hræþe 7 scæmiende þa ðe cweðæþ me eowlæ eowlæ
statim et erubescentes qui dicunt michi euge euge
hiehtæð 7 blissiæd þa þe secæþ ðe dryhten 7 cweðæð
5. Exultent et laetentur qui querunt te domine et dicant
simle si gemiclod drihten þæ þe lufigað helo þine
semper magnificetur dominus qui diligunt salutare tuum
Ic soðlice wędlæ 7 þearfa eom god fylste me Fultomond
6. Ego vero egenus et pauper sum deus adiuva me Adiutor
min 7 friolsiend ł alysend min ært ðu drihten ne letæ þu
meus et liberator meus es tu domine ne tardaveris

70.

God on þe ic gewene drihten ne bio ic scended on eacnes
Deus in te speravi domine ne confundar in aeternum

36. hale, a orig. = æ; fin. e by Cor. hy by Cor. on er. (twice). 37. sæd by Cor. on er. agun ł add. by Cor. hy by Cor. on er. lufieð, orig. = lufiæð. hire, e by Cor. in pl. of er. 69. 3. forwandian ł scunian by Cor. 4. þe add. by Cor. þa orig. = þæ. ðe add. by Cor. 5. þa orig. = þæ. þine by Cor. on er. 6. fylste me by Cor. in pl. of er. ł alysend add. by Cor. ært by Cor. on er. letæ orig. = lætæ. 70. ne bio ic scended by Cor. on er.

120 EADWINE'S CANTERBURY PSALTER. [PS. 70.

on þinre rihtwisnesse gefriolse · me 7 genere me Onhyld to
2. *in tua iustitia libera me et eripe me Inclina ad*
me cæræ þin 7 gefrilsæ ł alys me beo ðu me on
me aurem tuam et libera me 3. *esto michi in*
god scildend 7 on stowe getrymede þet þu halne me do
deum protectorem et in locum munitum ut salvum me facias
Forðæn trymnes min 7 gescild ł gener min ært þu
Quoniam firmamentum meum et refugium meum es tu
god min genere me of hande firænfulra synfulles 7 of hænde
4. *deus meus eripe me de manu peccatoris et de manu*
ongean æwe ł æ dondes 7 unrihtwises Forðæn þu cært
contra legem agentis et iniqui 5. *Quoniam tu es*
geðyld min drihten hyht min fram giogædhæde minum
patientia mea domine spes mea a iuventute mea
On þe ic eom getriemed of innoþe of wambe l innoðe
6. *In te confirmatus sum ex utero de ventre*
modor minre þu eart min scildend on þe sang min
matris meae tu es meus protector in te decantatio mea
simle Swa swa foretacen ic eom geworðen monegum 7
semper 7. *Tanquam prodigium factus sum multis et*
þu fultumend strang Sie gefillæd muð min of lofe þin þet
tu adiutor fortis 8. *Repleatur os meum laude tua ut*
ic mege singæn wuldor þin æle deg micelnes ðin
possim cantare gloriam tuam tota die magnificentiam tuam
Ne awiorp þu me on tyde yldo midþi ðe ateorað
9. *Ne proicias me in tempore senectutis dum defecerit*
megen min ne forlet ðu me Forðæn cweðon fiend
virtus mea ne derelinquas me 10. *Quia dixerunt inimici*
mine yfel me 7 þa ðe gehioldon sæwle mine geðeæhtunge
mei mala michi et qui custodiebant animam meam consilium

2. *rihtwisnesse* by Cor. on er. *ł alys* add. by Cor. 3. *beo* by Cor. on er.
getrymede prob. by Cor. on er. *þu* add. by Cor. *halne* orig. = *hælne*. About
two lett. er. immed. bef. *do*. *min* (1st), fin. let. er. *ł gener* added by Cor.
ært þu by Cor. in pl. of er. 4. *of*, *f* by Cor. from some other let. (twice).
synfulles add. by Cor. *hænde*, fin. e add. by Cor.? *ongean* by Cor. on er.
ł æ add. by Cor. *dondes* by Cor. on er. Er. after 7. *-wises* by Cor. on er.
6. *of* (1st), *f* by Cor. from some other let. *of* (2nd) by Cor. on er. *ł innoðe*
add. by Cor. MS. = *scildend min*, but marked for transpos.; MS. = *protector
meus* also marked for transpos. *sang*, about two init. lett. er. ; *a* orig. = *æ* ;
fin. let. er. *min*, a fin. er. made. 7. *Swa* (1st) orig. = swæ. *swa* (2nd) add.
by Cor. *-cen* prob. by Cor. on er. 8. *æle* by Cor. on er. *deg*, *g* from *i* prob.
by Cor. 9. *awiorp* orig. = æwiorp. *ateorað* by Cor. on er. 10. *cweðon*,
n by Cor. on er. of another let. *þa ðe* by Cor. in pl. of er.

PS. 70.] EADWINE'S CANTERBURY PSALTER. 121

hy didon on æn　　　　Cwęðonde god　　forlet　hinc
fecerunt　in unum　11. *Dicentes　deus　dereliquit eum*
fylgæð ł ehtað 7　gegripæþ　hine forþan ne is se gencre
persequimini　et comprehendite　eum quia　non est qui eripiat
hine　　god ne afiorre þu fram me god　min on
eum　12. *Deus ne　elonges　a　me deus meus in*
fultome minne locæ　　　　Sien gescinde 7 geteregien
auxilium meum respice　13. *Confundantur et deficiant*
telende　saule mine syn oferwrigene gescindnesse 7 scæme
detrahentes animae meae　operiantur　confusione et pudore
þæ þe secæð yfele me　　　　Ic eallengæ simle on ðe
qui querunt mala michi　14. *Ego　autem semper in te*
ic gewene drihten 7 ic yce　ofer　eællæ　lóf þin
sperabo domine et adiciam super omnem laudem tuam
　Muð min forecyðen scal rihtwisnesse þine æle deg helo
15. *Os meum pronuntiabit iustitiam tuam tota die salutare*
ðine Forðæn ic ne onenew　ccæpunga　　　　ic ingange
tuum Quia　non cognovi negotiationes　16. *introibo*
on mihte drihten dryhten ic gemindig beo rihtwisnesse þine
in potentias domini Domine memorabor iustitiae tuae
ænre　　　god þu lerdest me from giogæðhædæ minum
solius　17. *deus docuisti me a iuventute mea :*
7 oððe nu　ic cyðe　wundru ðine　　　7 oððe on
et usque nunc pronuntiabo mirabilia tua　18. *et usque in*
yldo　7 yldrene god ne forlet þu me Oððet ic cyðæ ł bodige
senectam et senium deus ne derelinquas me Donec annuntiem
cærm ðinne eneowrisse ælcre þe toweærd is Mihte
brachium tuum genera[ti]oni omni quae ventura est Potentiam
ðin　　7 rihtwisnesse þin god oððet on þa hyhstan
tuam　19. *et iustitiam tuam deus usque in altissima*

---

11. *god*, fin. let. er. *forlet*, about two fin. lett. er.? *ł ehtað* add. by Cor. *forþan* on er. by Cor.? *genere*, fin. *e* add. by Cor.? 12. *ne* on er. by Cor.? *-re þu* add. by Cor. 13. *ges-*, *s* add. by Cor. over the line. *geteregien telende* by Cor. in pl. of er. *saule*, *e* add. by Cor. *syn oferwrigene* by Cor. on er. 14. *ic yce* by Cor. on er. 15. *-en* by Cor. in pl. of er. *scal* by Cor. *rihtwisnesse þine æle* by Cor. on er. *deg*, fin. let. er. *ic* prob. add. by Cor. 16. *ic* (2nd) by Cor. on er. *beo* prob. by Cor. *rihtwisnesse* by Cor. on er. *ænre*, *re* add. by Cor.? 17. *oððe*, a fin. let. (t?) er. *ic* by Cor. on er. *-ru* by Cor. on er. *ðine*, *e* add. by Cor. 18. *oððe*, fin. let. (t?) er. 7 er. bef. *cyðæ*. *ł bodige* add. by Cor. *-risse*, *e* add. by Cor. *ælcre þe* by Cor. on er. *ðin*, a fin. let. er. 19. *rihtwisnesse* by Cor. on er. *þin*, fin. let. (e?) er. *þa* (1st), fin. let. (m?) er.

122 EADWINE'S CANTERBURY PSALTER. [PS. 71.

þa þu worhtes miclan god hwilc gelic þe   hu
quae fecisti magnalia deus quis similis tibi   20.
monige þu iewdest me eærfoþnesse ꞇ geswin[c] monige 7
Quantas ostendisti michi   tribulationes   multas et
yfela 7 gehwyrfed þu geliffestedest me 7 of niowolnesse ꞇ grunde
malas et conversus   vivificasti   me et de   abyssis
eorðæn eft þu geleddest me   ðu gemonigfaldodest
terrae iterum reduxisti me   21.   Multiplicasti
rihtwisnesse ðine 7 gehwierfed þu lærdest me   7 ic
iustitiam tuam et conversus exortatus es me   22. et ego
ændette þe on fatum salmesængæ soðfestnesse þine ic singe
confitebor tibi in vasis psalmorum   veritatem   tuam psallam
þe on heærpæn god hælig isræhele   Gefioþ
tibi in cythara deus sanctus   israel   23. Gaudebunt
weleræs mine midþi ic singe ðæ 7 sæul mine ðæ þu
labia mea   dum cantavero tibi et anima mea quam re-
alisdest   ac 7 tunga min sceal smeagen rihtwisnesse
demisti   24. Sed et lingua mea meditabitur iustitiam
ðine þanne gescinde 7 ofscamede bioð ða ðe sceæþ yfelu
tuam dum confusi et reveriti fuerint qui querunt mala
me
michi

71.

       god dom þinne kinege geof 7 rihtwisnesse ðine suna
   2. Deus iudicium tuum regi da et iustitiam tuam fil-
ꞇ beærn kininges To demænne folc þin on ðine rihtwisnesse
-io   regis   Iudicare   populum tuum in tua   iustitia
7 ðeærfæn ðine on domo   Onfon muntes ꞇ dunæ
et pauperes tuos in iudicio   3. Suscipiant   montes
sibbe folces þines 7 hyllæ ꞇ beorgas rihtwisnesse   On
pacem populo tuo et   colles   iustitiam   4. In

þa (2nd) = orig. *þœ*. Er. bef. *miclan*.   20. *iewdest*, about two init. lett.
er.   *ꞇ geswin* add. by Cor. *yfela*, *a* add. by Cor. -*dest* (2nd) by Cor. in pl.
of er.   *ꞇ grunde* add. by Cor.   -*dest* (3rd), *ꞇ* add. by Cor.   21. *rihtwisnesse*
by Cor. on er.   *þu lærdest* by Cor. in pl. of er.   22. *fatum salme* by Cor. in pl.
of er.   24. *ac* by Cor. on er. ; Cor. first wrote *æc*.   From *sceal* to -*nesse* by Cor.
in pl. of er.   *þanne* by Cor. on er.   *ofscamede* by Cor. on er.   *ðe* orig. = *ðœ*.
71. 2. From *kinege* to -*nesse* by Cor. in pl. of er.   *suna ꞇ* add. by Cor.   *rihtwisnesse* by Cor. on er.   3. *Onfon*, fin. *n* by Cor. on er. let.   *muntes ꞇ* add.
by Cor.   *ꞇ beorgas* add. by Cor.   *rihtwis-* by Cor. on er.

PS. 71.]   EADWINE'S CANTERBURY PSALTER.   123

his rihtwisnesse he demð þearfan þyses folces 7 hale he deþ
sua   iustitia   iudicabit pauperes huius populi et salvos faciet
beærn þeærfænæ 7 geeædmedeþ hearmcweðendre   7
filios pauperum Et humiliabit calumpniatorem   5. *et*
þurhwuniæþ mid sunnan 7 beforæn monam on world worulde
permanebit cum sole et ante lunam in saeculum saeculi
   7 he adune stah swæ   ren   on ueht ł flys 7 swæ dropunga
6. *Et descendit   sicut pluvia in   vellus   et sicut stillicidia*
dreopenda ofer eorðæn   asprigð on dagæs his riht-
stillantia super terram   7. *Orietur in diebus eius ius-*
wisnesse 7 genihtsumnes sibbe oððet biþ upahauen munæ
titia   et abundantia pacis donec   extollatur   luna
   7 he walt from sæ oððet sæ 7 from flode
8. *Et dominabitur a mari usque ad mare et a flumine*
oððet ða uteræn ł gemere ymbhwyrftes eorðe   beforæn
usque ad   terminos   orbis   terrae   9. *Coram*
him feallað sielhearwæn 7 fiend his eorðen licciæð
illo procident   ethyopes   et inimici eius terram lingent
   kininges of tarsis 7 iglonde læc brohton kininges
10. *Reges   tharsis   et insulae   munera offerent reges*
of arabe 7 feredæ giefæ togeledæþ   7 gebiddaþ hine
arabum et saba   dona adducent   11. *Et adorabunt eum*
eællæ kininges of eorðæn eællæ ðiodæ þeowigæþ him
omnes   reges   terrae   omnes   gentes servient ei
   Forðæn he friolsede þeærfæn from mihtige ł ricum 7 wedlen
12. *Quia   liberabit pauperem a   potente   et inopem*
þæm ne wes fultumend   he aræþ ðeærfan 7 wędlen
cui non erat   adiutor   13. *Parcet pauperi et inopi*
7 saulæ ðearfanæ hale gedeð   Of   7
et animas pauperum salvas faciet   14. *Ex usuris et*

---

4. *rihtwisnesse he demð* by Cor. in pl. of er. *hale*, orig. = *hæle*; er. bef.
this word. *he* add. by Cor. *-eæd-, d* by Cor. on er. let. (þ?). *-cweðendre* by
Cor. in pl. of er.   5. *worulde* by Cor.   6. *he adune stah* by Cor. in pl. of
er. *ueht ł flys* by Cor. in pl. of er. *dropunga dreopenda* by Cor. in pl. of er.
7. *asprigð* by Cor. on er.   *rihtwisnesse* by Cor. in pl. of er.   *geniht-* from
gemiht-?   *-ahauen* by Cor. in pl. of er.   8. *he walt* by Cor. in pl. of er.   *ða*
orig. = *ðw*.   *ł gemere* add. by Cor.   *-hwyrftes*, fin. let. er.?   *eorðe* add. by Cor.
9. *feallað* by Cor. on er.   *eorðen, n* add. by Cor.   10. *on* er. bef. *iglonde*?
of tarsis add. by Cor.; misplaced but marked to follow *kininges. of arabe*
by Cor. in pl. of er.   11. *-biddaþ* by Cor. on er.   *of* add. by Cor.   12. *he*
add. by Cor.   *friol-*, init. *ge-* er.   *ł ricum* add. by Cor.   *wedlen*, about two
init. and two fin. lett. er.   13. *wędlen*, init. *on-* er.; second *e* from *i*; three
or four fin. lett. er.   *hale* orig. = *hæle*.   14. Gloss to *usuris* er.

124. EADWINE'S CANTERBURY PSALTER. [PS. 72.

unrihtwisnesse he scal gefreolsen sæwlæ hiræ 7 byrht
iniquitate   *liberabit*   *animas*   *eorum*   *et*   *preclarum*
noma hiræ beforæn him   7 he liofæd 7 biðˇ scælðˇ
nomen eorum coram ipso   15. *Et*   *vivet*   *et*   *dabitur*
him of golde arabie 7 weorðˇiaðˇ be him simle alne dege
ei de auro arabiae et adorabunt de ipso semper tota die
bletsiæðˇ hine   7 biðˇ trymnes on eorðˇæn on
benedicent eum   16. *Et erit firmamentum in terra in*
hyhþo dunæ ł munta ofer biðˇ áhauen ofer libanum westm
summis montium super extolletur super libanum fructus
his 7 blosmiæðˇ be ðˇere ceæstre swæ hieg eorðˇen
eius et florebunt de civitate sicut faenum terrae
7 biðˇ næmæ his gebletsæd on worolde 7 beforæn sunnæn
17. *Et erit nomen eius benedictum in secula ante solem*
ðˇurhwunaþ nomæ his 7 beforæn monæn setle his 7 blet-
permanebit nomen eius et ante lunam sedes eius Et bene-
siæþ on him ealla megþæ eorþan eallæ ðˇioda micliæþ
dicentur in eo omnes tribus terrae omnes gentes magnificabunt
hine   gebletsod, dryhten god isræhele se dyðˇ
eum   18. *Benedictus dominus deus israel qui facit*
wundor micele ænæ   7 gebletsod næmæ megen-
mirabilia magna solus   19. *et benedictum nomen maies-*
þrymmes his on ecnesse 7 on world æworld 7 gefilled beoðˇ
tatis eius in aeternum et in seculum seculi Et replebitur
megenðˇrym his eællæ eorðˇæ sie sie
maiestate eius omnis terra fiat fiat

72.

hwu god god israele þisum ðˇe rihte sindon heortæn
Quam bonus deus israel his qui recto sunt corde
  min soðˇlice fulneh stired sindon fet fulneh ægotene sindon
2. *mei autem paene moti sunt pedes paene effusi sunt*

Let. er. bef. *un-*; *-wis-* add. by Cor. *he scal* add. by Cor. *gefreolsen*, second
e from *i*; *n* add. by Cor. Er. aft. 7. *byrht*, fin. let. (or lett.) er. *noma*, fin.
n er.   15. *he* add. by Cor.; misplaced but marked to precede *liofæd*.
arabie orig. = *aræbie*? *weorðˇiaðˇ* by Cor. on er. *alne* by Cor. on er.   16. *t*
munta add. by Cor. *áhauen* by Cor. on er. *libanum* by Cor. on er. *westm*,
fin. let. er.? *hieg*, *i* dotted.   17. *næmæ*, fin. *n* er.   18. *-sod*, let. er.
betw. *s* and *o*; *d* from ðˇ. *dyðˇ*, fin. let. er.; ðˇ from *d* by Cor.   19. *-sod*, *d*
from ðˇ. *-mes* add. by Cor. *beoðˇ* add. by Cor.   72. *hwu god* by Cor.?
israele add. by Cor.? *ðˇe* add. by Cor.?   2. *soðˇlice fulneh* by Cor. in pl. of er.

PS. 72.]   EADWINE'S CANTERBURY PSALTER.   125

stiepæs mine   Forðæn geelnode on firenfullan sibbe
gressus mei   3. *Quia   zelavi   in peccatoribus pacem*
firenfulræ ł synfullum gesiondc   Forðan ne   is
   peccatorum   videns   4. *Quia   non est*
onhyldnes deæðe hioræ ne   trumnes   on wite hioræ
declinatio   morti   eorum nec firmamentum   in plaga eorum
  On gewinnum ł swincum   monnæ   ne syndon 7 mid
5. *In   laboribus   hominum   non sunt   et   cum*
monnum   ne   bioð swungene   Forðæn hyold hie
hominibus non flagellabuntur   6. *Ideo   tenuit eos*
oferhyd hiora oferwrigen sindon of unrihtnesse 7 ærleas-
superbia eorum   operti   sunt   iniquitate   et impie-
neæssa his   Forðresde swæ swa of fetnisse unrihtwisnesse
  tate sua   7. *Prodiit quasi ex adipe   iniquitas*
hiora hy ferðon on tosetednesse heortæn   hy þohtæn
eorum transierunt in dispositionem cordis   8. *cogitaverunt*
7 hy sprecen heteniþ   unrihtwisnesse on hyhþo hio sprecen
et locuti sunt nequitiam   iniquitatem   in excelso locuti sunt
   hy setton on   hefon muð hieræ 7 tunga hiræ   foreð
9. *Posuerunt in caelum   os   suum et lingua eorum transivit*
 ofer corþæn   Forðan cyrreð hider folc   min
super terram   10. *Ideo   revertetur huc populus meus*
7 dagas fulle beoð gefundon on him   7 hy cweðon
et dies pleni   invenientur   in eis   11. *Et dixerunt*
  hú wiste god 7 gif is wisdom on heahnesse   Gesieh
quomodo scivit deus et si est scientia in excelso   12. *Ecce*.
hie senfulle 7 genihtsumiende on worolde hafedon ł begeton
ipsi peccatores et   abundantes   in   seculo   obtinuerunt

---

3. *ł synfullum* add. by Cor.   4. *Forðan, a* orig.= *æ*.   *deæðe, ð* from *d*
by Cor.; fin. *e* prps. by Cor. in pl. of about two (or three) er. lett.   *wite, e* by
Cor. on er.   5. *ł swincum* add. by Cor.   6. *hyold* by Cor. on er.   *oferwrigen* by Cor. on er.   *of* add. by Cor.   7. *Forðresde* by Cor. in pl. of er.
swa add. by Cor.   *of, f* by Cor. from some other let.   *fetnisse* by Cor. in pl.
of er.   *-wisnesse* by Cor. in pl. of er.   *hy* add. by Cor.   *tosetednesse* by Cor.
on er.   8. *hy* add. by Cor. (twice).   *sprecen,* fin. *de* er. ; er. aft. this word.
unrihtwisnesse add. by Cor.   *hio* add. by Cor.   *sprecen,* fin. *de* er. ; er. aft.
this word.   9. *hy* add. by Cor.   *foreð,* or *fercð*? ; *-eð* on er. prps. by Cor.
10. *-reð* by Cor. on er.   *hider* by Cor. in pl. of er.   *dagas fulle beoð* by Cor.
on er.   *-fundon* by Cor. on er.   11. *hy* add. by Cor.   *cweðon, w* from *p* by
orig. scribe ; *ð* from *d* by Cor.   *wiste* by Cor. on er.   *gif* by Cor. on er.
heahnesse by Cor. on er.   12. *hie senfulle* by Cor. on er.   Er. (gloss to *ab-* ?)
immed. bef. *genihtsumiende* ; *-iende* by Cor. in pl. of er.   *hafedon ł begeton*
by Cor. in pl. of er.

welæn 7 ic cweð soðlice butan intingæn ic rihtwisode
divicias **13.** *Et dixi ergo sine causa iustificavi*
hiorte mine 7 ic þwoh betweoxen unscyldige handæ mine
cor meum et lavi inter innocentes manus meas
7 ic wes swungæn æle dege 7 becniend min on uhtlicum
14. *et fui flagellatus tota die et index meus in matu-*
ł degrede Gif ic cwiðe ic seige swæ efne nu cyðnesse
tino **15.** *Si dicebam narrabo sic ecce natio*
bearna þinræ þæm ic gesette Ic wende ðæt
filiorum tuorum quibus disposui **16.** *Existimabam ut*
ic oncnæwæ ðis geswinc is beforæn me oþþet ic
cognoscerem hoc labor est ante me **17.** *donec in-*
ingængæ on hælignesse godes 7 ic ongete on endas
trem in sanctuarium dei et intellegam in novissima
hioræ Soðlice ł þah hwęþre fore sær þu gestigtodest
eorum **18.** *Veruntamen propter dolos disposuisti*
him yfelu þu æwurpe hie upahafone weron hu
eis mala deiecisti eos dum allevarentur **19.** *Quo-*
gewordene beoð on forletnesse ferlice hie terogoden 7
modo facti sunt in desolationem subito defecerunt et
forwurðon fore unrihtwisnesse here swa swa from
perierunt propter iniquitates suas **20.** *velut som-*
slepe arisende drihten on ceæstre þine onlicnesse hiræ to
nio exsurgentes Domine in civitate tua imagines eorum ad
nahte þu hwirfest Forðæn gelustfullod is min
nichilum rediges **21.** *Quia delectatum est cor*
heorte 7 eþræn mine æliesde sindon 7 ic to nauhte
meum et renes mei resoluti sunt **22.** *et ego ad nichilum*
gebeged ł tohworfen ic æm 7 ic ne wiste Swæ swæ
redactus sum et nescivi **23.** *Ut*

13. *ic* add. by Cor. *cweð*, fin. let. er. *soðlice* by Cor. in pl. of er. *ic rihtwisode* by Cor. in pl. of er. *þwoh, -oh* by Cor. in pl. of er. *-oxen unscyldige* by Cor. in pl. of er. **14.** *wes* by Cor. in pl. of er. *æle* by Cor. in pl. of er. *becniend* by Cor. in pl. of er. *ł degrede* add. by Cor. **15.** *efne nu* by Cor. on er. *-nesse, se* add. by Cor. **16.** *wende* by Cor. from *gewene*? *geswinc, s* wr. over the line by Cor.; *c* add. by Cor.; orig.=*gewinn*. **17.** *ic* add. by Cor. MS.=*ongængæ, o* dotted, and *i* wr. above the *o* prob. by Cor.; fin. *n* er. *endas* by Cor. in pl. of er. **18.** *ł* prob. add. by Cor. *þah hwęþre, þah-* from *þon* by Cor.; *n* er. after *e. -est, t* add. by Cor. *yfelu, u* add. by Cor. *-e up-* by Cor. on er. *-ahafone* orig.=*whæfone*. **19.** From *beoð* to *-oden* by Cor. in pl. of er. *-wurð-, ð* from *d* by Cor. *-wisnesse* by Cor. on er. *-ere* by Cor. on er. **20.** *swa swa* by Cor. on er. *-nesse, se* add. by Cor. *nahte þu* by Cor. **21.** *eþræn, n* add. by Cor. **22.** From *ge-* to *æm* by Cor. on er.; *c* (of *ic*) wr. over the line. 7 on er.

nieten geworden ic eom mid ðæ 7 ic efre ł simle mid þe
iumentum factus sum apud te et ego semper tecum
þu hylde ł name hand swiðran mine 7 on willon
24. *Tenuisti manum dexteram meam et in voluntate*
þinum þu geleddest me 7 mid wuldræ þu genume me
tua deduxisti me et cum gloria adsumpsisti me
hwet soðlice me to lafe stondæt on hefonum 7 from ðe
25. *Quid enim michi restat in caelo et a te*
hwet wolde ic ofer eorðæn Ateorode ł æspræng heorte
quid volui super terram 26. *Defecit cor*
min 7 flesc min god heorte min 7 diel min god on werolde
meum et caro mea deus cordis mei et pars mea deus in saecula
Forðæn eællenga þæ ðe afeorriað hie from þe forwiorþæþ
27. *Quia ecce qui elongant se a te peribunt*
ðu forspilst eællæ þa ðe forligriað from þe me
perdes omnes qui fornicantur abs te 28. *Michi*
soðlice togeþeodon gode god is setton on drihten god hyht
autem adherere deo bonum est ponere in domino deo spem
minne þet ic sege ł bodige eællæ lof þine on gatum
meam Ut annuntiem omnes laudes tuas in portis
dohtor ł bearn syon
filiae syon

73.

Towan onweg þu ædrife ł neddest us god on ende yrre
Ut quid reppulisti nos deus in finem iratus
is hatheor[t]nesse ðin ofer sceæp ewedes þines ge-
est furor tuus super oves gregis tui 2. *Me-*
myne gesamnungæ þinre þæ ðu gesceope from frumæn þu
mento congregationis tuae quam creasti ab initio
friolsedest ł alysdest gierde yrfeweærdnesse ðin munt sion on
Liberasti virgam haereditatis tuae mons syon in

23. *efre ł* add. by Cor. 24. From *þu* to *mine* by Cor.; *þ* (of *þu*) from *h*.
-est, *ł* add. by Cor. Er. (gloss to *ad-*?) bef. *genume*. 25. *soðlice me to lafe*
by Cor. on er. *wolde* altered by Cor. from *wile*. *ic* add. by Cor. 26. *Ateo-*
rode ł add. by Cor. *diel*, *i* dotted. 27. *ðe* add. by Cor. (twice). *afeorriað*
hie by Cor. on er. *-st* by Cor. on er.? *forligriað* add. by Cor. 28. *toge-*
þeodon by Cor. on er. *ł bodige* add. by Cor. *þine*, *e* add. by Cor. *dohtor ł*
add. by Cor. 73. *onweg* add. by Cor. *ł neddest* add. by Cor. *hatheornesse*
by Cor. in pl. of er. 2. *þu* add. by Cor. *-dest ł alysdest* add. by Cor.
sion by Cor.

þæm þu cærdeast on ꝑ silfum   Upæhefe hænd ðine
quo   habitas   in id ipsum   **3.** *Eleva manum tuam*
on oferhyde hiræ on ende hu monega awarigede sio fiond
in superbiam eorum in finem   quanta malignatus est inimicus
on hælgum þinum   7 wuldrode bioð ðæ þe hatedon
in sanctis tuis   **4.** *et gloriati sunt qui te oderunt*
on midlene cafertunes þines hio setton tæcn here tæcn   7
in medio   atrio   tuo Posuerunt signa sua signa   **5.** *et*
ne oncnewon swæ on wege ofer heahne swæ on wudæ
non cognoverunt sicut in   via supra summum quasi in silva
treowæ mid Exum   hy æcurfon duræ his on þet
lignorum Securibus   **6.** *exciderunt ianuas eius in id*
selfe mid twibille 7 adese hy æwurpon hy   hy On-
ipsum bipennae et ascia   deiecerunt eam   **7.** *In-*
ęldon ł berndon mid fire hælgunge þin on eorðæn
cenderunt   igne   sanctuarium   tuum   in   terra
besmiten ł befylden cærdung ł teld noman ðinum   hy
polluerunt   tabernaculum nominis   tui   **8.**
Cweðon on heortan hiræ kyð ł cneoris hira betwiox hie
Dixerunt in   corde   suo   cognatio   eorum   inter   se
cumað forðreccen we eælle dægæs symbel drihten from eorðæn
venite comprimamus omnes   dies   festos domini   a   terra
   Tacn   ura   ne gesegon we nu ne is witegæ 7 us
9. *Signa nostra   non   vidimus   iam non est propheta et nos*
ne oncneweð mæ   hwu lange god edwitæþ
non cognoscet amplius   **10.** *Usque quo deus inproperabit*
fiond   onlexð bysmrað wiðerwerdæ namæn ðyn on ende
inimicus   irritat   adversarius   nomen tuum in finem
   Towon gehwirfest þu onsine þine 7 swiðre ðin on
11. *Ut quid   avertis   faciem tuam et dexteram tuam de*

-*east*, *e* dotted by Cor.; orig. = -*east*. Er. (of three lett.?) immed. aft. ꝑ
wh. is from *þ* by Cor.   **3.** *monega*, *o* from *e* by orig. scribe. *awarigede sio*
by Cor. in pl. of er.   **4.** -*ode* by Cor. on er. *bioð* add. by Cor. *hatedon* by
Cor. on er.   *hio* add. by Cor.   *here*, first *e* from *i*; *re* by Cor. on er.   **5.** *heahne*
by Cor. on er.   *mid* by Cor.; misplaced but marked to precede *Exum*.   **6.** *hy*
(1st and 2nd) add. by Cor. *adese* orig. = *adesw*. *hy* (last), *y* by Cor. on er.
7. *hy* add. by Cor. *ł berndon mid* add. by Cor. *fire*, *e* add. by Cor.; er. aft.
this word. *hæl-*, init. *ge* er.? *þin*, about two fin. lett. (re?) er. *besmiten*, fin.
e er. *ł befylden* add. by Cor. *ł teld* add. by Cor.   **8.** *hy* add. by Cor.
Cweðon, *ð* from *d* by Cor. *ł cneoris* by Cor. in pl. of er. From -*ox* to *we* by
Cor. in pl. of er.   **9.** *Tacn* orig. = *Tæcn*. -*segon* altered by Cor. from something else. *we* add. by Cor.   **10.** *hwu lange* by Cor. on er. *onlexð* underlined. *bysmrað* by Cor. *wiðerwerdæ*, *ð* from *d* by Cor.; fin. let. er.   **11.** *To
won*, *h* er. betw. *o* and *w*. *þu* add. by Cor. *onsine*, *e* add. by Cor. *þine* or *þinę*?

PS. 73.] EADWINE'S CANTERBURY PSALTER. 129

middewærde bearme þine on ende god soðlice kining
medio sinu tuo in finem **12.** *Deus autem rex*
ure ær worlde wrohte helo on midle eorðæn þu
noster ante saecula operatus est salutem in medio terrae **13.** *Tu*
getrimedest on megene ðinum sæ þu swenctest heafdæ
confirmasti in virtute tua mare tu contribulasti capita
dræcænæ ofer weter þu gebrece heafod dræcæn
draconum super aquas **14.** *Tu confregisti caput draconis*
miceles 7 þu scældest him on mete folce on wędlingum
magni et dedisti eum in escam populo ethyopum
ðu toslite willen 7 rinnellæn ł burnan þu adrigdest
15. *Tu dirrupisti fontes et torrentes tu exsiccasti*
flodes ł stræmas of ethæm þin is dei 7 þin is
fluvios etham **16.** *Tuus est dies et tua est*
niht þu geworhtes sunnæn 7 monæn þu worhtes
nox tu fecisti solem et lunam **17.** *tu fecisti*
eælle gemere of eorðe sumer 7 leinten ðu geworhtest þa
omnes terminos terrae estatem et ver tu fecisti ea
beo ðu gemindig ðisse gesceafte ðinre fiond ædwitede
18. *Memor esto huius creaturae tuae inimicus inproperavit*
drihten 7 folc unsnotor gremede ł scunede næmæn ðinne
domino et populus insipiens exacerbavit nomen tuum
Ne sele þu wildiorum sawlæ andettende ðe saule
19. *Ne tradas bestiis animam confitentem tibi animas*
ðeærfæne dinræ ne ofergit þu on ende Lócæ on
pauperum tuorum ne obliviscaris in finem **20.** *Respice in*
kiðnesse dinre forðæn gefilde sindon ðæ ðe æðistrode sindon
testamentum tuum quia repleti sunt qui obscurati sunt
eorðe husæ unrihtwisnesse Ne sie ł bio acerred
terrae domorum iniquitatum **21.** *Ne avertatur*

-*dewærde bearme* by Cor. in pl. of er. *þine, e* add. by Cor. 12. *soðlice* by Cor. on er. *ær* by Cor. on er. *worlde* orig.= *worldæ*. *wrohte* by Cor. on er. 13. -*dest, t* add. by Cor. *sæ* by Cor. on er. *swenctest* by Cor. on er. MS. = *dræcænæ heafdæ*, but marked for transpos. 14. -*est, t* add. by Cor. *folce, e* add. by Cor. ? 15. *willen, n* prob. add. by Cor. *ł burnan* add. by Cor. *adrigdest, a* orig.= *æ* ; *gd* by Cor. from other lett.; *est* by Cor. *flodes ł* add. by Cor. *of* add. by Cor. 17. *of* add. by Cor. *eorðe sumer 7 leinten* by Cor. on er. -*t þa* by Cor. on er. 18. *beo* by Cor. on er. ? *ædwitede* by Cor. on er. *gremede* by Cor. on er. *ł scunede* add. by Cor. *ðinne* by Cor. from *ðinum*? 19. *and-* by Cor. on er. *ofergit*, about four fin. lett. er. ; *þu* by Cor. in pl. of them. 20. *gefilde, d* prob. from *ð*. *ðe* add. by Cor. -*wisnesse* by Cor. on er. 21. -*e ł bio acerred* by Cor. in pl. of er.

K

130 EADWINE'S CANTERBURY PSALTER. [PS. 74.

eæðmod geworden gescynd þeærfa 7 wedle herigað nomæn
humilis   factus   confusus pauper et inops laudabunt nomen
þine   Aris   god   dem   intingæn ðinnæ gemyndig
tuum   22. *Exurge deus iudica causam tuam   memor*
beo þu on edwite   ðinræ   þare ðe fram unsnotre sindon
esto inproperiorum tuorum eorum quae ab insipiente sunt
æle deg   Ne ofergit þu stemfne secende þe ofermodi-
tota die   23. *Ne obliviscaris voces querentium te*
nesse ł oferhyd hiræ ða þe fiogædon æstigæþ simle to þe
superbia   eorum qui te oderunt ascendat semper ad te

74.

we ondetteð þe god we ondettæþ þe 7 we cigæð ł clypicð
2. *Confitebimur tibi deus confitebimur tibi et   invocabimus*
nomæn ðinne Ic sege ł cyðe eælle wundor þine   mydþi
nomen tuum   Narrabo   omnia mirabilia tua   3. *dum*
Ic onfo   tid   ic rihtwisnesse deme   gemolten is
accepero tempus ego iustitiam iudicabo 4. *Liquefacta est*
eorðe 7 eælle oneardende on hire ic getrimmede swioras
terra et omnes inhabitantes in ea ego confirmavi columnas
hire   Ic cweð to ða unrihtwisum nellen ge unrihte don
eius   5. *Dixi   iniquis   nolite   inique agere*
7 ðam agiltendum nelleð ge upahebben horn   Nellen ge
et delinquentibus nolite exaltare cornu   6. *Nolite*
uphebben on hihþo horn eowerne 7 nellen ge sprecæn togenes
extollere in altum cornu vestrum et nolite   loqui   adversus
gode unrihtwisnesse   Forþæn ne of eæstdele ne
deum iniquitatem   7. *Quia neque ab oriente neque*

eæðmod, fin. let. (e?) cr. *gescynd*, a fin. er. made. *þearfa, a* orig.= *æ*?;
a fin. let. er. *wedle* by Cor. on er. 22. *dem*, fin. let. (e?) er. Er. bef.
gemyndig. beo þu add. by Cor. *pare* by Cor. on er. *ðe* orig.= *ða. fram*
add. by Cor. *æle* by Cor. on er. *deg* altered by Cor. from *dei.* 23. Er.
aft. *Ne. þu* by Cor. on er. *þe ofermodinesse ł* add. by Cor. *ða, a* by Cor. on
er.? *þe, e* by Cor. on er.? *-don, d* from *ð*; *on* add. by Cor. 74. 2. *we
ondetteð* by Cor. *ł clypieð* add. by Cor. *ł cyðe* add. by Cor. 3. *rihtwisnesse* by Cor. on er. Er. bef. *deme.* 4. *gemolten* by Cor. on er. *-ende* or
-iende with *i* wr. over the line? *-mede, de* add. by Cor.? *hire* by Cor. on er.
5. *cweð, e* from *i*; fin. let. er. *ða* add. by Cor.? *-wisum nellen ge* by Cor. on
er. *don, d* from *ð*. From *ðam* to *-ben* by Cor. in pl. of er. 6. *Nellen ge
uphebben* by Cor. on er. Er. bef. *eowerne. nellen ge* by Cor. on er. *-wis-
nesse* by Cor. on er. 7. *ne* (1st and 2nd) by Cor. on er.

PS. 75.]   EADWINE'S CANTERBURY PSALTER.   131

of westdele   ne   from ðа westæ dunum   forðæn
ab occidente neque   a   desertis   montibus   8. *quoniam*
god demæ is þisne geeæðmedeþ 7 ðisne upæhefð   forðæn
deus iudex est Hunc   humiliat   et hunc exaltat   9. *quia*
cælic on hænde drihten win hluter ł scir   ful   is gemenged 7
calix in manu domini vini   meri   plenus est   mixto   Et
onhylde   of ðisum   on ðis   þæh   hwcðre   dresten ł drosne his
inclinavit ex   hoc   in hoc   veruntamen   fex   eius
ne is on idelude ł amælled drinceð of him eælle ða senfullæn
non est   exinanita   Bibent ex   eo   omnes   peccatores
eorðan   ic soðlice on worolde   gefio   ic singe
terrae   10. *ego   autem   in   seucla   gaudebo   cantabo*
gode iæcobes   7   eællæ hornæs senfulra ł firænfulræ
deo   iacob   11. *Et omnia cornua   peccatorum*
ic brice   7   bioð uphæfene hornæs ðas rihtwisas
confringam et   exaltabuntur   cornua   iusti

75.

   Cuð   on iudeum   god   on isræhelæ   micel   nomæ his
2. *Notus in   iudea   deus   in   israel   magnum   nomen eius*
   7 geworðen is on sibbe stow his 7 eærðung his on sion
3. *Et factus   est   in   pace locus eius et habitatio eius in syon*
   ðær he tobrec   horn   bogæn   scild 7 sweord 7 gefioht
4. *Ibi   confregit   cornua   arcuum scutum   gladium et   bellum*
   Onlihtende þu wundorlice from dunum ł muntum ecum
5. *Inluminans tu   mirabiliter   a   montibus   aeternis*
   gedrefede sindon eællæ unsnotor ł unwise heorte hic slepon
6. *turbati   sunt omnes   insipientes   corde dormierunt*
sleep ł swefne hiræ to næht ne funden eælle weres of welenæ
somnum   suum et nichil invenerunt omnes viri   divitiarum

---

of, f by Cor. from some other let. -*dele* by Cor. in pl. of er. *of, f* by Cor. prob. from some other let. *ne* by Cor. in pl. of er. ðа orig. = ðœ. *westœ*, fin. let. (n?) er.   9. *t scir* add. by Cor. -*ed* (1st), *d* from ð. *onhylde, d* from ð. *of, f* by Cor. prps. from some other let. From *þœh-* to *his* by Cor. in pl. of er. -*ude, de* by Cor. in pl. of er. *t amœlled* add. by Cor. *drinceð* by Cor. on er. *of, f* by Cor. from some other let. ðа orig.= ðœ? *sen-* by Cor. in pl. of er.   10. *soðlice* by Cor. on er. *ic* er. bef. *geflo*? *iœcobes, s* add. by Cor.   11. *senfulra t* add. by Cor. *ic* by Cor. *brice*, init. *ge-* er.? ðas *rihtwisas* by Cor. in pl. of er.   75. 2. *Cuð* by Cor.   3. *geworðen,* ð from *d* by Cor.   4. *he tobrec* by Cor. in pl. of er.   5. *dunum, d* from ð. *t muntum ecum* add. by Cor.   6. *t unwise* add. by Cor. *sleep*, first *e* from *i* by Cor. and also dotted by Cor. *t swefne* add. by Cor. *næht*, fin. *e* er. *ne funden* add. by Cor. *weres of* add. by Cor.

K 2

132 EADWINE'S CANTERBURY PSALTER. [PS. 76.

on hændæ hira From ðræwunge þinra god iæcobes
in manibus suis 7. *Ab increpatione tua deus iacob*
slepon hnappodon ða æstigen hors ðu egeslic ært
dormitaverunt qui ascenderunt equos 8. *tu terribilis es*
7 hwile widstondet þe of ðæm from irræ þinum Of
et quis resistet tibi extunc ab ira tua 9. *De*
hefonum dom worpod ł scotod is eorðæ forhtæþ ł biuede 7
caelo iudicium iaculatum est terra tremuit et
stilde ł restæt midðy ðe ærisesep on dome god þet
quievit 10. *dum exurgeret in iudicio deus ut*
hæle he dede ælle stille eorðen Forðan geðoht
salvos faceret omnes quietos terrae 11. *Quia cogitatio*
monnæ ændettæþ þe 7 lafe geðohte deg simbelne
hominis confitebitur tibi et reliquiae cogitationum diem festum
doð þe Gehataþ 7 gildeþ drihten gode eowere eællæ
agent tibi 12. *Vovete et reddite domino deo vestro omnes*
ðæ þe on ymbgængc his sindon offriað lac ðam Egeslican
qui in circuitu eius sunt offertis munera Terribili
7 þam ðe aferreð gæst eældormanna þam egeslicfullan mid
13. *et ei qui aufert spiritum principum terribili apud*
kiningæs eorðæn
reges terrae

76.

Mid stefne mine to drihtne ich cigede ł clepode stefne min to
2. *Voce mea ad dominum clamavi vox mea ad*
dryghtne 7 he beheldeð me On deg eærfoþnesse mine
deum et intendit michi 3. *In die tribulationis meae*
god ic sohte mid hændum minum on niht beforæn þe 7
deum exquisivi manibus meis nocte coram eo et

7. *hnappodon* by Cor. ða orig.=ðw. -*en, n* add. by Cor. 8. *egeslic*,
fin. let. er. *ært* by Cor. on er. *of, f* by Cor. from some other let. 9. *dom*,
d from ð. ł *scotod* add. by Cor. ł *biuede* add. by Cor. *stilde* ł by Cor. on
er. 10. ðe add. by Cor. *þet*, fin. *te* er.? *hæle, e* add. by Cor. *he* add. by
Cor. *dede*, fin. *de* by Cor. (on er. of þ?). *ælle stille eorðen* by Cor. on er.
11. *Forðan* by Cor. on er. *lafe* by Cor. in pl. of er. *geðohte*, fin. *e* add. by
Cor. *deg simbelne doð* by Cor. on er.; *m* from *b*. 12. -*eþ* orig.=*æþ*. Er.
bef. *eowere*; fin. *e* add. by Cor. *þe* add. by Cor. *offriað* by Cor. on er. *lac*
orig.=*læc*. ðam add. by Cor. -*an* add. by Cor.? 13. *þam ðe aferreð* by
Cor. on er. -*manna* by Cor. on er. *þam* (2nd) add. by Cor. -*fullan* add. by
Cor. 76. 2. *Mid stefne* by Cor. -*de* ł *clepode* add. by Cor. *dryghtne*,
ł wr. over the line. *he* add. by Cor. -*eð* add. by Cor. 3. *mid* by Cor. on
er.

PS. 76.] EADWINE'S CANTERBURY PSALTER. 133

ic ne eom beswicen Ic wiðsóc to frefræn saul mine
non sum deceptus Negavi consolari animam meam
gæmyndig ic wes godæs 7 gelustfullod ic eom bægængen ic eom
4. *memor fui dei et delectatus sum Exercitatus sum*
7 æspræng alythwon gast min forefengen wechen
et defecit paulisper spiritus meus **5.** *anticipaverunt vigilias*
eagan mîne gedrefed ic com 7 ic ne sprech Ic ðohte
oculi mei turbatus sum et non sum locutus **6.** *Cogitavi*
dagas ealda 7 geær þa echan on mode ic hebbe 7
dies antiquos et annos aeternos in mente habui **7.** *Et*
ic gemunde on nichte mid heortæn min ic swanc ł bar 7
meditatus sum nocte cum corde meo exercitabam et
windwode on me gast min 7 ic cwið nis þes wæn
ventilabam in me spiritum meum **8.** *Et dixi numquid*
on ecnesse forwirpeð god oððe ne tosteteð þet wel
in aeternum proiciet deus aut non apponet ut bene
gecwemed ł licige sie nugit oþþe on ende mildheortnesse
placitum sit adhuc **9.** *aut in finem misericordiam*
his he cerfeð from worolde 7 cneorisse ł cynrede Is þes wen
suam abscidet a seculo et generatione **10.** *Numquid*
ofergieteð to mildsian god oþþe hafeð he on yrræ mildheortnes
obliviscetur misereri deus aut continebit in ira misericordiam
his 7 ic cweþ nu ic ongan ðæs onwendednesse
suam **11.** *Et dixi nunc coepi haec inmutatio*
swiðre þas hegan gemindig ic wes weorch drichtnes forðon
dexterae excelsi **12.** *memor fui operum domini quia*
gemyndig ic beo from frumæn wundræ ðinra 7
memor ero ab initio mirabilium tuorum **13.** *Et*
smeægende ic eom on eallum weorcum þinum 7 on bihyldnessum
meditatus sum in omnibus operibus tuis et in observationibus

<small>*beswicen* by Cor. on er. *Ic* (3rd) add. by Cor. *to* add. by Cor. **4.** *ic wes* by Cor. on er. *alythwon, a* pref. by Cor.; er. aft. this word. *gast* orig. = *gæst*? **5.** *forefengen* by Cor. on er. *ic* (2nd) add. by Cor. *sprech*, fin. let. er.? **6.** *Ic* add. by Cor. *ealda*, fin. let. er. *ic* (2nd), MS. = *io*. *hebbe*, bottom of first *b* and top of second *b* er. **7.** *ic gemunde* by Cor. on er. *ic swanc* by Cor. on er. *ł bar* add. by Cor. *-wode* by Cor. on er. **8.** *ic* add. by Cor. *cwið*, fin. let. er. *nis, s* from some other let. Er. aft. *ne*. *-eð, ð* add. by Cor. *þet*, fin. lett. (te?) er. *gecwemed ł* add. by Cor. **9.** *oþþe*, fin. let. (t?) er. *-nesse, se* add. by Cor. *he cerfeð* by Cor. on er. *cneorisse ł cynrede* by Cor. in pl. of er. **10.** *-eð* (1st), *ð* by Cor. in pl. of two (or three) er. lett. *to* add. by Cor. *-ian* by Cor. in pl. of one er. let. *oþþe*, fin. let. er. *hafeð he* by Cor. on er. **11.** *ic* (1st and 2nd) add. by Cor. *-gan* by Cor. on er. *onwendednesse* by Cor. on er. *þas hegan* by Cor. on er. **12.** *ic beo* add. by Cor.</small>

134 EADWINE'S CANTERBURY PSALTER. [PS. 77.

ðinum me ic begange   god on hælgæn þin weig hwylc god
tuis   me   exercebor   **14.** *Deus in sancto via tua quis deus*
michel swa   god   ure   ðu eart   god þe wyrchest
magnus sicut deus noster   **15.** *tu   es   deus qui   facis*
wundor   æne   cuþ þu dedest on folche   megon   þin
mirabilia   solus Notam   fecisti   in populis virtutem tuam
        þu lesdest on earma ðinum folc   ðin bearn isræhele
16. *liberasti   in brachio tuo populum tuum filios   israel*

7 ioseph   Gesægon þe weter god gesæwon þe weter
et ioseph   **17.** *Viderunt te aquae deus viderunt te aquae*

7 ondredon 7 gedrefede   sindon   niowolnesse ł grundes
et timuerunt et   turbatae   sunt   abyssi

       monigo   sweg wętræ stefne seældon genipe ł wolcne
18. *multitudo sonitus aquarum Vocem dederunt   nubes*

7 soþlice arwen ł strelæ   ðine þurhferdon   stefne
et   enim   sagittae   tuae pertransierunt   **19.** *vox*
of þunorræ þin on hweole Onlihte lihtunge ł blætesunge
tonitrui   tui   in   rota Inluxerunt   corusca-
ł legræscas þine ymbhwyrf[t] eorþæn gesieg 7 astired is eorðe
tiones   tuae   orbi   terrae vidit et commota est terra

    On se wegæs þine 7 stige ł pæðes þine on wetrum miclum
20. *In mari viae tuae et   semitae   tuae in   aquis multis*

7 swæðu ł fotlest ðine ne bioð onenæwene   ðu geleddest
et   vestigia   tua non cognoscentur   **21.** *Deduxisti*
swæ sceæp folc ðinum on hænd moysi 7 ææron
sicut oves populum tuum in manu moysi et aaron

77.

behaldeð ł begymað folc   min lage ł ęwe ł æ minc onhyldæþ
Attendite   populus meus   legem   meam inclinate
eære   eower on word muð   min   Ic ontyne ł undo to
aurem vestram in verba oris   mei   **2.** *Aperiam   in*

15. *eart* orig. = *ewrt. þe wyrchest* by Cor. on er.   *cuþ*, fin. *e* er. -*dest* by Cor. on er.   16. *þu lesdest* by Cor. in pl. of er.   17. -*gon, g* from *w* by Cor. *ł grundes* add. by Cor. over the line.   18. *stefne* by Cor. on er. *genipe ł* add. by Cor. *wolcne, e* add. by Cor. *arwen ł* add. by Cor. *ðine, e* add. by Cor.   19. *stefne, e* add. by Cor. *of* add. by Cor. -*orræ*, fin. er. (ð-?) made. *on hweole* add. by Cor. *lihtunge ł* add. by Cor. *ł legræscas* add. by Cor.   Let. er. bef. *astired.*   20. *se* by Cor. on er. (orig. = *siewæ* ?). *ł pæðes* add. by Cor. *ł fotlest* add. by Cor.   77. *behaldeð ł begymað* by Cor. *lage ł* add. by Cor.; *l* (of *lage*) from *ł*. *ł æ* add. by Cor. *word,* fin. let. er.   2. *ł undo to bispelan* by Cor. on er.

bispelan muð min ic sprice foresetnesse from fruman world
parabolis os meum loquar propositiones ab initio saeculi
hu monigæ we geherdon 7 we oncnewon þa 7 federes ure
3. *Quanta audivimus et cognovimus ea et patres nostri*
hie sedon us Ne sindon gedihlede fram beærn
narraverunt nobis 4. *Non sunt occultata a filiis*
monnæ on cneowrisne oþrum Segende ł cyþende lof drihtes
hominum in generatione altera Narrantes laudes domini
7 megen his 7 wundor his ðe he worhte 7 æwehte
et virtutes eius et mirabilia eius quae fecit 5. *Et suscitavit*
witnesse ł cyðnesse on iæcobe 7 ewe ł æ he gesette on isræhele
testimonium in iacob et legem posuit in israel
þæ he bebead fedrum urum ꝥ cuþ hio dydon ðæ beærnum
Quam mandavit patribus nostris ut notam facerent eam filiis
here   þte oncnawa cneowrisne oþer beærn þe bioð acęnnede
suis 6. *ut cognoscat generatio altera Filii qui nascentur*
7 arisæþ 7 segeþ ł cyðað ðæ beærn here   þte hio settæn
et exsurgent et narrabunt eam filiis suis 7. *Ut ponant*
on gode hyht here 7 ne ofergieten weore godes here 7
in deo spem suam et non obliviscantur operum dei sui et
bebodæ his secæþ   ꝥ hy ne werðen swæ swa federæs
mandata eius exquirant 8. *Ne fiant sicut patres*
hiræ kin þweor 7 þurhbiter kin þet ne gerehte heorte
eorum genus pravum et peramarum genus quod non direxit cor
hiræ 7 ne is gelyfed mid gode gæst his   beærn effrem
suum et non est creditus cum deo spiritus eius 9. *Filii effrem*
bendende bogæn 7 sendende strelæ ł arwen his hy gecyrred
intendentes arcum et mittentes sagittas suas conversi

---

3. -*her*-, *e* from *i* by Cor. *þa* from *þu*? *federes*, *es* add. by Cor. *hie*, *e* add. by Cor. 4. *ł cyþende* add. by Cor. *drihtes*, so MS. ; *s* from *n* by Cor. *ðe* by Cor. on er. *he* add. by Cor. 5. *witnesse ł* by Cor. in pl. of er. *cyð*-, about two init. lett. (ge?) er. ; *c* from *g*? by Cor. *iæcobe*, fin. *s* er. *ł æ he* add. by Cor. *he* (2nd) add. by Cor. *bebead* orig. = *bebewð*. ꝥ, fin. lett. (te?) er. *hio* add. by Cor. *here* by Cor. prob. from *his*. 6. *hi* er. bef. *oncnawa* ; first *a* by Cor. on er. ; fin. let. (n?) er. Er. bef. *cneow*-. *oþer*, -*er* by Cor. on er. (of -*re*?). *þe* add. by Cor. *acęn*-, *a* prob. pref. by Cor. *ł cyðað* add. by Cor. *here*, -*ere* by Cor. on er. 7. *hio* add. by Cor. *gode*, *e* add. by Cor. *here* (1st) by Cor. (from his?). Er. (bioð?) bef. *oferġieten* ; fin. *ne* er. ? *here* (2nd), -*ere* by Cor. on er. 8. ꝥ *hy ne werðen* by Cor. on er. *swa* add. by Cor. *þweor* by Cor. on er. -*biter* by Cor. on er. *ne* add. by Cor. About two lett. er. bef. *gerehte*, fin. *e* add. by Cor. *gelyfed*, *d* from *ð*. 9. -*ndende* by Cor. on er. *ł arwen* add. by Cor. *hy gecyrred* by Cor. on er.

sindon on deg gefihtes   Ne gehioldon hie   kiðnesse   godes
sunt in die belli   **10.** *Non custodierunt testamentum dei*
here 7 on ewe t æ his ne woldon gængæn   7 hy ofergeton
sui et in lege eius noluerunt ambulare   **11.** *Et obliti sunt*
weldeda   his   7   wundor   his ðæ þe he atawode hem
benefactorum eius et mirabilium eius quae ostendit eis
beforæn   fedrum   hiræ   he worhte   wundor   on   eorðæn
12. *coram patribus eorum   Fecit   mirabilia   in   terra*
egypti on campo thaneos   he toslat þa sæ 7 þurhledde
aegypti in campo thaneos   **13.** *Interrupit mare et perduxit*
hie 7 gesette weter swa swa on cylle t bytte   7 geledde
eos et statuit aquas quasi in utrem   **14.** *Et eduxit*
hie on wolcne deges 7 eælle niht on lyhtnesse fires
eos in nube diei et tota nocte in inluminatione ignis
Toslat   on westene stan   7   weterode hie swa swa on
15. *Interrupit in heremo petram et adaquavit eos velut in*
neowolnesse t grunde micle   7 utaledde weter of stane
abysso multa   **16.** *Et eduxit aquam de petra*
7 utgeledde swæ swa flodes t streamæs weteræ   7
et eduxit tanquam flumina aquas   **17.** *Et*
gesetton þagit syngian him on irra hy awehton god
adposuerunt adhuc peccare ei in ira concitaverunt deum
heahne on drignesse   7 hie costodon t fandedon god
excelsum in siccitate   **18.** *Et temptaverunt deum*
on heortæn hiræ þ hie bedon mettæs saulum here   7 yfele
in cordibus suis ut peterent escas animabus suis   **19.** *et male*
hie sprecen be gode 7 cwedon Is þies wen miege god
locuti sunt de deo et dixerunt nunquid poterit deus

---

sindon, *d* from ð.   *-es* add. by Cor.   **10.** *hie* by Cor. ; er. aft. this word. *here* altered by Cor. from *his* ?   *t æ* add. by Cor.   **11.** *7 hy ofergeton* by Cor. in pl. of er. *-deda* by Cor. on er. From *þe* to *hem* by Cor. in pl. of er. **12.** *he* add. by Cor.   **13.** *he* add. by Cor. *toslat* orig. = *toslæt* ? *þa sw* by Cor. in pl. of er. *swa* (2nd) by Cor. on er. *t bytte* add. by Cor.   **15.** *Toslat* orig. = *Toslæt*. *stan* orig. = *stæn*. *weterode* by Cor. in pl. of er. ; *ge* er. bef. this word. *swa swa* by Cor. on er. *t grunde* add. by Cor.   **16.** 7 *utaledde* by Cor. in pl. of er. *of, f* by Cor. from some other let. *stane* orig. = *stæne*. *swa flodes t* add. by Cor. *weteræ, i* er. betw. *w* and *e*.   **17.** *þa-* by Cor. in pl. of er. ; er. aft. *-git*. *-ian* orig. = *-iæn*. *hy* add. by Cor. ; misplaced but marked to follow *irra*. *awehton* orig. = *æwehton*. *heahne* by Cor. in pl. of er. *drignesse, e* er. betw. *g* and *n* ; *-esse* prob. add. by Cor.   **18.** *hie* add. by Cor. *t fandedon* add. by Cor. *-e b-* on er. *saulum* orig. = *swulum*. *here* by Cor. from *hiræ*.   **19.** *-e hie* add. by Cor. *sprecen*, fin. *de* er. ? ; word er. aft. it. *be* by Cor. from *bi*.

PS. 77.]   EADWINE'S CANTERBURY PSALTER.   137

geærwigæn misæn on westnesse   Forðan   slóh   stan
parare   mensam in deserto   20. Quoniam percussit petram
7 flcowon węter 7 rinnellæn ł burnen yðgoden Is þies wen
et fluxerunt aquae et   torrentes   inundaverunt Numquid
7 hlæf meh he seællæn oþþe gæærwiæn misæn folce his
et panem poterit dare   aut   parare   mensam populo suo
Forðæn gehierde drihten 7 æriefnede 7 ofersette 7 fir
21. Ideo audivit dominus et distulit et superposuit et ignis
onęled is on iæcobe 7 yrræ astah on isræhele   Forðæn
accensus est in iacob et ira ascendit in israel 22. Quia
ne gelifdon hie on gode here ne gewendon ł hyhton on helo
non crediderunt in deum suum nec   speraverunt in salutare
his   7 he bebeæd wolcnu bufon 7 duren hefonæs
eius 23. Et mandavit nubibus desuper et ianuas caeli
undyde   7 rinde hem manne ł hefenlich laf to etonne hlæf
aperuit   24. et pluit illis   manna   manducare panem
hefones scælde hem   hlaf   englæne   æt   man
caeli   dedit   eis   25. panem angelorum manducavit homo
hwętes węs[t]mæ he sende hem on genihtsumnesse   7
frumentationem misit   eis in habundantiam 26. Et
he æwehte suðenwind of heofonum 7 geledde on megne his
excitavit austrum de   caelo   et induxit in virtute sua
suðenwestenwind   7 rinde ofer hie swæ   dust   flesc
affricum   27. Et pluit super eos sicut pulverem carnes
7 swæ sand ses fuglæs gefeðcrede   7 feollen on
et sicut arenam maris volatilia pennata 28. Et ceciderunt in
midle fiendwice ł cestre hiræ ymbæ eærdunge hiræ
medio   castrorum   eorum circa tabernacula eorum
   7 hie ætan 7 gefillede sindon swiþe 7 willnungæ ł lust
29. Et manducaverunt et saturati sunt nimis et desiderium

20. Forðan, a orig.= œ; er. aft. this word. stan orig.= stœn. ł burnen
add. by Cor.; on er. aft. this word? meh, fin. te er.? he add. by Cor.
21. astah orig.= œstœh. 22. hie add. by Cor. gode, e add. by Cor. here
by Cor. from hiræ. ł hyhton add. by Cor. 23. duren, e orig.= œ; n add.
by Cor. undyde by Cor. on er. 24. hem, e from i by Cor. (twice). manne
orig.= mœnnœ. ł hefenlich laf to add. by Cor. 25. englæne, ne add. by
Cor. man orig.= mœn. he add. by Cor. hem, e from i by Cor. -sumnesse by
Cor. on er. 26. he add. by Cor. suðenwind by Cor. in pl. of er. suðenwestenwind by Cor. in pl. of er. 27. sand orig.= sœnd. ses by Cor. in pl. of
longer er. wh. ended in e. gefeðerede by Cor. in pl. of er. 28. feollen by
Cor. on er. fiendwice ł cestre by Cor. in pl. of er. 29. hie œtan by Cor. in
pl. of er. sindon by Cor. on er. 7 by Cor. in pl. of er. ł lust add. by Cor.

hiræ brohte hem 7 ne sint bescyrede from gewilnungæ
eorum obtulit eis **30.** *et non sunt fraudati a desiderio*
his Nugin mettas hiræ wes on muðe hiræ 7 irræ
suo Adhuc esca eorum erat in ore ipsorum **31.** *et ira*
godes æstæg ofer hie 7 ofsloh manege of hem 7 gecorene
dei ascendit super eos et occidit plurimos eorum et electos
isræhele he gelette On eællum ðisum hie sengoden
israel inpedivit **32.** *In omnibus his peccaverunt*
ðæget 7 ne gelifdon on wundrum his 7 ateregoden
adhuc et non crediderunt in mirabilibus eius **33.** *Et defecerunt*
on idelnesse dægæs hiræ 7 geær hiræ mid ofeste
in vanitate dies eorum et anni eorum cum festinantia
ðanne he ofsloh hie þonne sohton hy hine 7 bioð gecerden
34. *Cum occideret eos tunc inquirebant eum et convertebantur*
beforæn liohtæ 7 cómón to him 7 hy gemundon
ante lucem et veniebant ad eum **35.** *Et memorati sunt*
ðet god fultumend hioræ is 7 god se heage friolsend hiræ
quia deus adiutor eorum est et deus excelsus liberator eorum
is 7 hy lufodon hine on muðæ heræ 7 tunga heræ
est **36.** *Et dilexerunt eum in ore suo et lingua sua*
lugen him heorte soðlice heræ ne wes riht mid
mentiti sunt ei **37.** *Cor autem eorum non erat rectum cum*
him ne geleafe æærdiendæ is hem on cyðnesse his he
eo nec fides habita est illis in testamento eius **38.** *Ipse*
soðlice is mildheort 7 milde biþ sinnum heræ 7 ne
autem est misericors et propitius fit peccatis eorum et non
forspilð hie 7 gemonifaldode þet he ácherde wreððe hiræ from
disperdet eos Et multiplicavit ut averteret iram suam ab
hem 7 ne onçlede eæll irræ heræ 7 he gemunde
eis et non accendit omnem iram suam **39.** *Et memoratus est*

---

brohte by Cor. on er. *hem, e* from *i* by Cor. 30. -*nungæ, æ* altered from *a* by Cor.? 31. 7 *ofsloh manege of hem* add. by Cor. -*ene*, fin. *e* add. by Cor. *he gelette* by Cor. on er. 32. *hic sengoden* by Cor. on er. -*get* by Cor. in pl. of er.? 33. *ateregoden* by Cor. on er. 34. *ðanne he ofsloh hie* by Cor. on er. *sohton hy* by Cor. *gecerden, e* (2nd) from *i* by Cor.; *n* add. by Cor. 35. *hy gemundon ðet* by Cor. in pl. of er. *se heage* by Cor. in pl. of er. 36. *hy* add. by Cor. *heræ, e* from *i* by Cor. (twice). 37. *soð-lice* by Cor. on er. *heræ, e* from *i* by Cor. *geleafe* orig. = *geleafw*. *hem, e* from *i* by Cor. 38. *soðlice* by Cor. on er. *milde* by Cor. on er. *heræ, e* from *i* by Cor. -*spilð* altered by Cor. from -*spilde*. -*ode* by Cor.? *he ácherde wreððe* by Cor. in pl. of er. *hem, e* from *i* by Cor. -*ede, d* from *ð*; fin. *e* add. by Cor. *heræ, e* from *i* by Cor. 39. *he* add. by Cor. -*unde* by Cor. on er.

[PS. 77.]   EADWINE'S CANTERBURY PSALTER.   139

ðet hie flesc sindon gast gangende 7 na eftcerrende
quia   caro   sunt   spiritus   vadens   et   non   rediens
hu ofte hie gremedon hine on westene on irræ hy awehton
40. *Quotiens exacerbaverunt eum in deserto in ira concitaverunt*
hine on eorðæn butæn wetre   7 hy gewirfede sindon
eum   in   terra   sine   aqua   41. *Et   conversi   sunt*
7 costodon gode 7 þane haligne of isræhele hie gremeden
et temptaverunt deum et   sanctum   israel   exacerbaverunt
hy Ne sindon gemindige hænd his hwylce dege he alysde
42. *Non   sunt   recordati   manuis eius   qua   die   liberavit*
hie of hande swencendes   Swæ he sette in egipto tacnæ
eos de manu tribulantis   43. *Sicut posuit in aegypto signa*
his 7 foretacne heræ in campo taneos   he acerde on
sua et prodigia sua in campo thaneos   44. *Convertit in*
blode flodes t stræmas heræ 7 regnlice wetræ heræ
sanguine   flumina   eorum et pluviales aquas eorum
þ hy ne druncen   he sende on hem fliogæn hundæs 7
ne biberent   45. *Inmisit in eos muscam caninam et*
æt hie 7 froxæs 7 he fordyde hie   7 scalde emele
comedit eos et ranam et exterminavit eos   46. *Et dedit erugini*
westmæ heræ 7 swinc heræ gershoppan   he ofslog
fructus eorum et labores eorum   locustae   47. *Occidit*
on hegle wingeardas heræ 7 byrig heræ on froste
in grandine   vineas   eorum et   moros eorum in pruina
he selde hegle nytene here 7 ehtæ heræ fyre
48. *Tradidit grandini iumenta eorum et possessiones eorum igni*
Onsende on him irræ abylgnesse his abilgnesse 7
49. *Inmisit in eos iram indignationis suae indignationem et*

ðet hie by Cor. in pl. of er. *gast* orig. = *gæst. gangende* orig. = *gængænde. na eft cerrende* by Cor. on er. 40. *ofte, e* add. by Cor. *hie* by Cor. in pl. of er. *hy* add. by Cor. *awehton* orig. = *awehton.* 41. *7 hy* by Cor. *gode, e* add. by Cor. *þane haligne of* by Cor. in pl. of er. *hie gremeden* by Cor. in pl. of er. 42. *hy* add. by Cor. *hwylce* by Cor. on er. *he alysde* by Cor. in pl. of er. *hande* orig. = *hænde. swencendes* by Cor. in pl. of er. 43. *his, s* by Cor. on er. (of *hiræ?*). *-tacne* by Cor. on er. *heræ, e* from *i* by Cor. *campo* orig. = *cæmpo. taneos, a* orig. = *|æ.* 44. *he acerde* by Cor. on er. *flodes t* add. by Cor. *heræ, e* from *i* by Cor. (twice). *-gnlice* by Cor. in pl. of er. *þ hy ne druncen* by Cor. 45. *he* add. by Cor. *hem, e* from *i* by Cor. *hundæs, s* by Cor. *he fordyde* by Cor. in pl. of er. 46. *emele* by Cor. on er. *heræ, e* from *i* by Cor. *swinc* add. by Cor. *heræ, e* from *i* by Cor. *gershoppan* by Cor. on er. 47. *he ofslog on hegle* by Cor. on er. *-as* prps. orig. = *-ws. heræ, e* from *i* by Cor. (twice). *byrig* by Cor. on er. *froste* by Cor. on er. 48. From *he* to *here* add. by Cor. *heræ, e* from *i* by Cor. *fyre, e* add. by Cor. 49. *abylgnesse* by Cor. on er. *abilgnesse* by Cor. on er.

140   EADWINE'S CANTERBURY PSALTER.   [PS. 77.

irræ 7 cærfoðnesse onsandes þurh englæs yfle   Weig
iram et tribulationem immissiones per angelos malos   **50.** *Viam*
he wrohte Stige erres his 7 ne árede from dæðc   saule
fecit   semitae. irae suae et non pepercit a morte animabus
heræ 7 nytene heræ on deæþe he leac   7 he ofslog
eorum et iumenta eorum in morte conclusit   **51.** *Et percussit*
elcne frumkinnedne on eorðæn egypti frumsceattas eællæs
omnem primogenitum in terra aegypti primitias omnis
gewinnes heræ on eardungæ chæm   7 genæm swa swæ
laboris eorum in tabernaculis cham   **52.** *Et abstulit sicut*
sceæp folc his 7 ðurhledde hie swæ swæ ewede on
oves populum suum et perduxit eos tanquam gregem in
westene   7 utledde hie on hihte 7 ne ondredon 7
deserto **53.** *Et eduxit eos in spe et non timuerunt et*
fiend hiræ oferwreah sæ   7 he ledde hie on
inimicos eorum operuit mare   **54.** *Et induxit eos in*
dune hælgungæ his dune þisne ðone þe beget
montem sanctificationis suae montem hunc quem adquisivit
swiðre his 7 aweærp from ansine heræ ðiodæ 7 mid hlyte
dextera eius Et iecit a facie eorum gentes et sorte
he todelede hem eorðæn on rapæ todales   7
divisit eis terram in funiculo distributionis   **55.** *et*
cærdæde on geteltungum hiræ megþæ isræhelæ   7
habitavit in tabernaculis eorum tribus israel   **56.** *et*
costodon 7 gremedon god ðane heagan 7 cyðnesse
temptaverunt et exacerbaverunt deum excelsum et testimonia
his ne hioldon   7 hy acyrdon hy 7 ne hyoldon ł
eius non custodierunt **57.** *Et averterunt se et non observa-*

-sandes by Cor. on er. 50. *Weig*, *g* add. by Cor. *he* add. by Cor.
wrohte by Cor. on er. *erres*, first *e* from *i* by Cor.; fin. *s* add. by Cor. *ne*
árede add. by Cor. *dæðe saule* by Cor. in pl. of er. *heræ*, *e* from *i* by Cor.
(twice). *nytene* add. by Cor. *he leac* add. by Cor. 51. *he ofslog elcne* by
Cor. in pl. of er. *-dne*, *d* prob. from ð; *ne* by Cor. on er. *-sceattas* by Cor.
on er. *eællæs*, *s* by Cor. wr. over the line. *-nes* add. by Cor. *heræ*, *e* from *i*
prob. by Cor. 52. *swa* add. by Cor. 53. *utledde*, let. er. betw. *d* and *d*.
oferwreah sæ by Cor. in pl. of er. 54. *he* by Cor. on er. *hæl-*, init. *ge* er.
þe beget by Cor. on er. *aweærp*, *a* orig. = *æ*. *heræ*, *e* from *i* by Cor. 7 *mid*
by Cor. in pl. of an er. 7. *hlyte*, *e* add. by Cor. *he* add. by Cor. *todelede*, *de*
prob. add. by Cor. *hem* altered by Cor. prob. from *his*. *eorðæn*, ð from *d* by
Cor. *rapæ* orig. = *ræpæ*. *todales* by Cor. on er. 55. *-de*, *d* from ð; fin. *e*
add. by Cor. 56. *gremedon* by Cor. in pl. of er. *ðane heagan* by Cor. in
pl. of er. *cyðnesse*, init. *ge* er. *hioldon*, init. *ge* er.; *-oldon* by Cor. 57. *hy*
acyrdon hy by Cor. *hyoldon* ł *begemdon* by Cor. in pl. of er.

PS. 77.]   EADWINE'S CANTERBURY PSALTER.   141

begemdon hwu gemete federes heoræ gewirfde sindon on
verunt   quemadmodum   patres   eorum   conversi   sunt   in
bogæn   On irræ hy æwehton hine on bergum
arcum perversum   58. *In ira concitaverunt eum in collibus*
heræ 7 on agrauene anlicnesse heræ onhirgende sindon hine
suis   et   in   sculptilibus   suis   emulati   sunt   eum
       Geherde drihten 7 forhogode 7 to nawuhte gehwarf swiðe
59. *Audivit dominus et sprevit   et ad nichilum   redigit   nimis*
isræhelæ   7 he onweg asceaf teldungæ ł eardunge
israel   60. *Et   reppulit   tabernaculum   selem*
ge[t]eldunga   his   on ðæm ðe he eærdede betwioh monnum
tabernaculum   suum   in   quo   habitavit   inter   homines
  7 seælde on heftneðe megen heræ 7 fegernesse
61. *Et tradidit in captivitatem virtutes eorum et pulchritudines*
heræ on handæ fiondes   7 beleac on sweorde folc
eorum in manus inimici   62. *Et conclusit in gladio populum*
his   hirfwcærdnesse his he forhogede   giongæn heræ
suum et haereditatem   suam   sprevit   63. *Iuvenes eorum*
  æt   fyer   7 megdene heræ   ne sindon wopene ł cwiðde
comedit ignis   et   virgines   eorum   non   sunt   lamentate
    Sæcerdos heræ on sweorde fiollæn   7 widwæn heræ ne
64. *Sacerdotes eorum in   gladio ceciderunt et vidue eorum non*
    wepon   7   æweht   is   swæ   slepende drihten
ploraverunt   65. *Et excitatus est tamquam dormiens dominus*
swæ mihti   acworren of wine   7 he ofsloh   fiond
quasi potens crapulatus a   vino   66. *Et percussit inimicos*

---

hwu gemete by Cor. in pl. of er.   *federes, es* add. by Cor.   *heoræ, e* from *i* by
Cor.   Gloss to *perversum* er.   58. *hy* add. by Cor.   *bergum* by Cor. on er.
heræ, e from *i* by Cor. (twice).   *on agrauene anlicnesse* by Cor. in pl. of er.
59. *Geherde, e* (2nd) from *i* by Cor.; *de* by Cor. on er.   *forhogode* by Cor. on
er.   *na-* orig. = *næ-*.   *gehwarf, ge-* pref. by Cor.; *-arf* by Cor. on er.
60. *he onweg asceaf* by Cor. in pl. of er.   *teld-, d* from *t* by orig. scribe.
ge[t]eldunga, er. where *t* stands; *e* (2nd) orig. = *æ*; *a* orig. = *æ*? *ðe he* add.
by Cor.   *eærdede* altered by Cor. from *eærdæð*?   61. *-neðe*, first *e* from *i*
prob. by Cor.; *ð* from *d* by Cor.   *heræ, e* from *i* by Cor. (twice).   *handæ*
orig. = *hændæ*.   *fiondes, es* add. by Cor.   62. *beleac* by Cor. in pl. of er.
his (1st), *s* by Cor. from some other let. and in pl. of about two er. lett.   *his*
(2nd), ditto?   *he forhogede* by Cor. on er.   63. Er. bef. *giongæn*.   *heræ, e*
from *i* by Cor. (twice).   *æt fyer* by Cor. in pl. of er.   *megdene* by Cor. in pl.
of er.   *wopene ł cwiðde* by Cor. on er.   64. *heræ, e* from *i* by Cor. (twice).
fiollæn, init. *ge* er.?   65. *acworren of wine* by Cor. in pl. of er.   66. *he
of-* by Cor. in pl. of er.

his on efternan ꞇ yteræn edwit ecelic seældo hem
suos in posteriora obprobrium sempiternum dedit illis
7 he aweg asceaf eardunge ioseph 7 megð effrem
67. Et reppulit tabernaculum ioseph et tribum effrem
he ne ceas ac he ceas megð iudæn dun syon
non elegit **68.** sed elegit tribum iuda montem syon
ðæne he lufodo 7 he timbrede swæ ænhornæ
quem dilexit **69.** Et edificavit sicut unicornuorum
halignesse his on corðæn gestaþolode hie on worolde
sanctificationem suam in terra fundavit eam in saecula
7 geceæs dæuid ðeowne his 7 ærefnede hine ob ewedum
70. Et elegit david servum suum et sustulit eum de gregibus
sceæpæ 7 efter ðam stinkendan onfeng hine Feden
ovium de postfetantes accepit eum **71.** Pascere
iæcobes folc his 7 isræhele yrfeweærdnesse his 7
iacob populum suum et israel haereditatem suam **72.** Et
he fedde hie buton yfelnesse hcorte his 7 on sefæn hænde
pavit eos sine malitia cordis sui et in sensu manuum
hiræ geledde hie
suarum deduxit eos

78.

God comen þioda on yrfeweærdnesse ðin bæddon
Deus venerunt gentes in haereditatem tuam coinquinaverunt
temple hali ðin Setton ierusalem oþþet æpla
templum sanctum tuum Posuerunt ierusalem velut pomorum
gchioldon gesetton deæplicnesse þeowa ðinræ
custodiarum **2.** posuerunt mortalia servorum tuorum
mætas fuglas heuonas flesc haligra þinra wildordeora
escas volatilibus caeli carnes sanctorum tuorum bestiis

his, s by Cor. from some other let. in pl. of about two er. lett. *efternan t* by
Cor. in pl. of er. *hem, e* from *i* by Cor. 67. *he aweg asceaf* by Cor. in pl.
of er. *eard-* orig. = *eœrd-*. *he* add. by Cor. *ceas* by Cor. in pl. of er.
68. *ac he ceas* add. by Cor. *ðœne, ð* from *d* by Cor. ; *ne* add. by Cor. 69. 7
he timbrede add. by Cor. *hal-* orig. = *hœl-*. *-lode* by Cor. on er. 70. *ðam*
orig. = *ðœm*. *stinkendan* by Cor. on er. 71. *Feden, n* add. by Cor. *his, s*
from some other let. by Cor. in pl. of about two er. lett. 72. *he fedde* by
Cor. on er. *yfelnesse* by Cor. on er. 78. With this chapter begins a
fresh hand which ends with the word *earfoðnesse* (Ps. 90, 15). The following
parts are written in a larger (the same?) hand and in darker ink :—Ps. 78,
from *God* (v. 1) to *blod* (v. 3) ; Ps. 79, from *Awece* (v. 3) to *us* (1st, v. 7) ; Ps.
83, from *hu* (v. 2) to *megen* (v. 4) ; Ps. 84, from 7 *eorðe* (v. 13) to end of Ps.
temple on er. *Setton,* er. betw. *t* and *t.* 2. Er. bef. *mœtas.*

on þere eo[r]ðan guten blod hi æ swæ
terrae 3. *Effuderunt sanguinem eorum sicut*
wætær on ymbegonge hierusalem 7 ne węs se bebyrgde
aquam in circuitu ierusalem et non erat qui sepeliret
geworderre we sien on edwite neæn urum on hlehtre
4. *Facti sumus in obprobrium vicinis nostris derisu*
7 hyrwnessæ þisum se on ymbegænge ure sindon
et contemptu his qui in circuitu nostro sunt
oþþete dryhten irsæþ on ende biþ onhæled oþþet fir
5. *Usque quo domine irasceris in finem accenditur velut ignis*
ellenwodnes ðin gegoten irre þin unmiete þu ðe
zelus tuus 6. *Effunde iram tuam in gentes quae te*
ne ne witon 7 on rice ðæ ne gecigðon namon ðinne
non noverunt et in regna quae non invocaverunt nomen tuum
Forþan ðe heo heten iæcobes 7 stowe his tolysdon
7. *Quia comederunt iacob et locum eius desolaverunt*
Ne wes þu gemindig unrihtwisnesse ure erðæn þæ hredlice
8. *Ne memineris iniquitates nostras antiquas cito*
us ier onfchþ mildheortnes þin forþan ðearfæn geworþen
nos anticipet misericordia tua quia pauperes facti
ic eom swiþe gefultome us god hielo ure 7
sumus nimis 9. *Adiuva nos deus salutaris noster et*
fore wurþunge nomæn ðine drihten gefriolse us 7 orfest
propter honorem nominis tui domine libera nos et propitius
wes þu sinnæ ure for nomon þinum þyles
esto peccatis nostris propter nomen tuum 10. *Ne quando*
cweþæn þiodæ wher is god hiræ 7 on cyþnesse on icyþnessum
dicant gentes ubi est deus eorum et innotescant in nationibus
beforan eagæn urum ywrec blod þeowræ þinræ þæt
coram oculis nostris Vindica sanguinem servorum tuorum qui
iegoten is ongeþ on gesihte þinre giomrung liþe-
effusus est 11. *intret in conspectu tuo gemitus com-*
wacunga Efter michelnes earmes þinræ ægende bearn
peditorum Secundum magnitudinem brachii tui posside filios

---

3. *ymbegonge*, one let. (b?) er. betw. *m* and *b*. *hierusalem* on er. (by larger hand?). Er. aft. *ne*. 4. MS. =*geworderre*. *in derisum contemptum*, *in* and fin. *m* (twice) underlined. 5. *on hæ-* in pl. of er. (by larger hand?). 6. *gecigðon*, about three lett. er. betw. *g* and *ð*. 7. *ðe heo heten* in pl. of er. (by larger hand?). *tolysdon*, *on* in pl. of er. 8. -*wisnesse* on er. *þæ*, the *a* of the *æ* from *e*. 9. Er. bef. 7 (1st). 10. MS. = *wyles*. *wher*, *h* from *w* or *r* by darker ink. Er. bef. 7.

144   EADWINE'S CANTERBURY PSALTER.   [PS. 79.

deaþe witnigendræ   gielde neahgeburas   urum seofan-
morti   punitorum   12. *Redde   vicinis   nostris septu-
faldlich on feþme hiora   on edwite   hira ðæt   edwitoðon
plum   in sinus eorum improperium eorum quod exprobraverunt
þe drihten   Us eallenga   folc   þin 7 scep ewædes
tibi domine   13. *Nos autem populus tuus et oves gregis*
þines   ondettað   þe on woroldæ 7 on   worold   aworold
tui   confitebimur   tibi   in   saecula   et in   saeculum   saeculi
we secgaþ   lof   þin
narrabimus laudem tuam

79.

    Se gemearæ ł kynig israhelæs beheald hwilc gelædeþ oþþet
2. *Qui   regis   israel   intende qui   deducis velut*
scep iosepes þu sittest ouer cherubin gearwigean   beforan
ovem ioseph Qui sedes super cherubin   appare   3. *coram*
effrem 7 beniamin 7 manassa Awece   mihtte   þine 7 cum þet
effrem et beniamin et manasse Excita potentiam tuam et veni ut
hælę ðu do us   Drithten god   megen gehwyrfe us
salvos facias nos   4. *Domine deus virtutum   converte nos*
7 atæuwa onsyne þinne 7 we gebeoð hihælede   Drithten
et ostende faciem tuam et   salvi erimus   5. *Domine*
god   mægen   oðþette   yersaþ on   gebede   þeowes þines
deus virtutum quousque irasceris in orationem   servi   tui
    mettas us hlaf   tæra   7 dryng svlest   us   on tearum
6. *cibabis nos pane lacrimarum et potum dabis nobis in lacrimis*
    gemǽte   þu gesettes us on wiþercwiðolnessæ nean
in mensura   7. *Posuisti nos in contradictionem vicinis*
urum 7   find   urum bismreden us   Drihten god
nostris et inimici nostri deriserunt nos   8. *Domine deus*
megen gehwyrfe us 7 oniewe onsien þin 7 we bioþ gehelede
virtutum converte nos et ostende faciem tuam et   salvi   erimus
    Wingeard ob   egyp   æweg aname þu towurpe   þeoda 7
9. *Vineam   ex   aegypto transtulisti   eiecisti   gentes et*

12. Er. bef. *neah-*; *h* from *n* by d. ink. Let. er. immed. aft. *on* (1st).
Er. bef. *ðœt.*   13. *worold,* fin. *a* er.   79. 2. *Se* in the larger hand.
gemearæ, ge and *a* on er. (by larger hand ?). ł *kynig* wr. over the line.
israhelæs, fin. *s* in d. ink.   *hwilc ge-* wr. on the illuminated let. of the
Latin and in the larger hand ; *-lædeþ* also in the larger hand.   3. *manassa,*
or *manassæ*?   From *Awece* to *us* (1st, v. 7) in the larger hand.   7. *-nessæ,*
the *a-* part of the *æ* from *e.*   9. *æweg, g* from *i.*

PS. 80.]   EADWINE'S CANTERBURY PSALTER.   145

þu awirtwalodes þa   Weg þu worhtes on gesihðe
  plantasti   eam   10. Viam   fecisti   in conspectu
his 7 þu wyrtwalodes wyrtwala his 7 gefilled is eorðe
eius et   plantasti   radices eius et repleta est terra
   Ontynde duna scua his 7 arbusta his cederbeam godes
11. Operuit montes umbra eius et arbusta eius cedros dei
    Đu aþenedes folman his oþþette to sewe 7 oþþette to
12. Extendisti palmites eius usque ad mare et usque ad
Streame foreblestinge his   Tohwan þu gesettes
flumen   propagines   eius   13. Utquid   deposuisti
  wah his 7 wingeardas   ealla þe þurhferdon węg
maceriam eius et vindemiant eam omnes qui transeunt viam
    Abregde hie onforwyrd wúda 7 sinderlice swa whena
14. Exterminavit eam aper   de silva et singularis ferus
wolberende hie   Drihten god miegen gecirre   nu
depastus est eam   15. Domine deus virtutum converte nunc
loca of hefonum 7 gesioh 7 niosa wingeardas þas   7
respice de caelo et vide et visita vineam istam   16. et
gerechè hie þa gewyrtwelode swiþre þin 7 ofer bearn
dirige eam quam   plantavit dextera tua et super filium
manna ða getrimedes þe   Anęlede fire 7 agotene
hominis quem confirmasti tibi   17. Incensa igni et effossa
handa from þrawunge ansine þine forwvrdon   Sie handa
manu ab increpatione vultus tui peribunt   18. Fiat manus
þ[i]ne simle wer   swiðre þin 7 ofer bearn manna þa
tua super virum dexterae tuae et super filium hominis quem
getrimedes þe   7 ne gewîton from þe Þu geliffestes
confirmasti tibi   19. et non discedimus a te Vivificabis
us 7 noman þinne we gecigeað   Drihte[n] god
nos et nomen tuum invocabimus   20. Domine deus
megen gewhyrfe us 7 oþiewe ansiene þine 7 we bioð
virtutum converte nos et ostende faciem tuam et salvi
gehelede
erimus
                           80.

  wynsumiað gode fultumend urvm wynsumiað gode iacob
2. Exultate   deo adiutori nostro iubilate deo iacob

11. MS.=scura. MS.=-bean.   13. gesettes, sec. t from e.   14. Abregde,
fin. n er. Er. bef. swa-.   15. hefonum, h from l.   16. of or or (dotted)
immed. bef. ofer.   18. Er. bef. þin.

L

146 EADWINE'S CANTERBURY PSALTER. [PS. 80.

Nimad sealm 7 sellað swieg salter wynsum
3. *Sumite psalmum et date timpanum psalterium iocundum*
mid hearpan Singoð on frumon monþum byman on
cum cythara 4. *Canite initio mensis tuba in*
dege fyr symbelnesse eowre Forþan þe bebeod
die insignis sollempnitatis vestrae 5. *Quia preceptum*
on israhelum is 7 dom godes iacobes Kiþnesse
in israel est et iudicium deo iacob 6. *Testimonium*
on iosepes gesette hine midþi þe eode on eorðan egypti
in ioseph posuit eum dum exiret de terra aegypti
tungan ðeahþe ne ne wyste gehyrde forðbrohte on
Linguam quam non noverat audivit 7. *divertit ab*
wiorþungum hricg his handa his on spyrtan ðeowigeaþ
oneribus dorsum eius manus eius in cofino servierunt
On earfoðnesse þu gecipes me 7 ic þe gefrielse 7
8. *In tribulatione invocasti me et liberavi te*
ic þe gehirde on gehydnesse hreonnesse costaþ ðe to wætrum
exaudivi te in abscondito tempestatis probavi te ad aquas
wiðwiþorcwiðolnesse gehyre folc min 7 ic sprece
contradictionis 9. *Audi populus meus et loquar*
israhel 7 ic kiþe þe Israhel gif me gehirest ne
israel et testificabor tibi Israel si me audieris 10. *non*
biþ on ðe god irsigende nimþe þu gebidst god fremde
erit in te deus recens neque adorabis deum alienum
Ic soðlice eom drihten god þin se geledde þe on eorþan
11. *Ego enim sum dominus deus tuus qui eduxi te de terra*
egypti gebrede mud þin 7 ic ægefille þęt 7
aegypti Dilata os tuum et ego adimplebo illud 12. *et*
ne gehireð folc min stefn min 7 israhel neals behelt
non audivit populus meus vocem meam et israel non intendit
me 7 forlet hie efter wilnunga heorta
michi 13. *Et dimisi eos secundum desideria cordis*
hioram 7 gangaþ on willan hiora gif folc min
eorum et ibunt in voluntatibus suis 14. *si plebs mea*
gehireþ me israhele gif wegas mine gangaþ to
audisset me israel si vias meas ambulasset 15. *ad*
naþing feond hira ic geeaþmende 7 ofer earfoþige hie
nichilum inimicos eorum humiliassem et super tribulantes eos

80. 6. *Kiþ-* or *ciþ-*? 8. The Latin to 7 (2nd) er. 9. *kiþe* or *ciþe*?
14. *gangaþ, þ* in d. ink.

ic onsende hand mine   Fiend drihtenes liogende
misissem manum meam   **16.** *Inimici domini mentiti*
sindon him 7 biðˀ tid   hira on ęcnesse   gemetgaðˀ
sunt ei et erit tempus eorum in aeternum   **17.** *Cibavit*
hie of fętnesse þes hwietes 7 of stane hunige gefylde hie
eos ex adipe frumenti et de petra melle saturavit eos

81.

God stod on gemotstowe be hira on midlene eallenga god
Deus stetit in synagoga deorum in medio autem deus
astiehþ   Oþ þętte demaþ unrihtnesse 7 doðˀ
discernit   **2.** *Quousque iudicatis iniquitatem et facies*
syngiaðˀ genimaðˀ   Demaþ stiopcild 7 wieðˀlan
peccantium sumitis   **3.** *Iudicate pupillo et egeno*
eaþmodan 7 þearfan gesoðˀfestan   generigan þearfan
humilem et pauperem iustificate   **4.** *Eripite pauperem*
7 wiedlan of handa firenfulra gefriolsaðˀ   Nieton
et egenum de manu peccatorum liberate   **5.** *Nescierunt*
ne ongietaþ on ðˀe þistron geangaðˀ bioþ wænde ealls
neque intellexerunt in tenebris ambulant movebuntur omnia
staþelung eorðˀan   Ic cwiþe gode ge sindon 7 bearn
fundamenta terrae   **6.** *Ego dixi dii estis et filii*
hyhðˀo ealle   ge soþlice swa męn sweltoðˀ 7
excelsi omnes   **7.** *Vos autem sicut homines moriemini et*
swa an be ealdormonnan feallaþ   Aris god
sicut unus de principibus cadetis   **8.** *Exsurge deus*
deme corþan forþan þu hyrfeweardast on eallum þiódum
iudica terram quoniam tu haereditabis in omnibus gentibus

82.

God hwylc gelic biþ þe ne swiga ne emngeniete gode
2. *Deus quis similis erit tibi ne taceas neque compescaris deus*
Forþon gesihþe find þine hieldon 7 to þe fiódon
3. *Quoniam ecce inimici tui sonaverunt et qui te oderunt*
nimaðˀ heafod   On filnesse þinre gesettas geþohtas ge-
extulerunt caput   **4.** *In plebem tuam astute cogitaverunt con-*

---

81. 5. *Nieton*, *i* wr. over the line.   6. MS., hyphen betw. *ge* and *sindon*.   82. 3. *hieldon*, init. *i* er.?   4. MS. = *igeþeahtunge*?

L 2

þeahtunge 7 ðohton wið healgan his Cwiepon
silium et cogitaverunt adversus sanctos tuos 5. *Dixerunt*
cumað 7 we forspildon hie of ðiode 7 neals gemyndig namon
venite disperdamus eos ex gente et non memorabitur nomen
israhelæ gen ma Forþan ðohton geþeafotunge on
israel amplius 6. *Quoniam cogitaverunt consensum in*
an wið þe gewitnesse gesetton Eardunga
unum adversum te testamentum disposuerunt 7. *Tabernacula*
diobulgild hira 7 þisum maclitum moab 7 aggareni gebal
idumeorum et ismaelitum moab et aggareni 8. *gebal*
7 amon 7 amalech 7 þa fremdon kynren mid geardungum tyrum
et ammon et amalech et alienigene cum habitantibus tyrum
7 soþlice assur somed com mid hiom
9. *Et enim assur simul venit cum illis facti sunt in susceptione*
Mace him swa madian 7 sisare swa iabin
filiis loth 10. *Fac illis sicut madian et sisare sicut iabin*
on rinnellum ácwealde forspildon gewordene
in torrente cison 11. *disperierunt in endor facti*
sint Sete ealdormen hira swa
sunt sicut stercus terrae 12. *Pone principes eorum sicut*
oreb 7 zeb 7 zebe 7 salmana ealle ealdormen hira
oreb et zeb et zebee et salmana omnes principes eorum
ðe ðe cwedon yrfewearðnesse we agon us gehalgunge
13. *qui dixerunt haereditatem possideamus nobis sanctuarium*
godes God min sete hi swa ða hweol 7 swa
dei 14. *Deus meus pone illos ut rotam et sicut*
gedrif biforen ansien windes 7 swa fyr ðe forbierneþ
stipulam ante faciem venti et 15. *sicut ignis qui comburit*
wudas oþþe swa leg oneleð duna Swa þu secsð
silvas velut si flamma incendat montes 16. *Ita persequeris*
hi on hreonesse þinre 7 on irre ðinum gedref hie
eos in tempestate tua et in ira tua conturbabis eos
gefylle onsine hira unwitende 7 secað noman þinne
17. *Imple facies eorum ignominia ut querent nomen tuum*
dryhten Sin gescinde 7 gedrefede on worolde
domine 18. *Confundantur et conturbentur in saeculum*
aworld 7 sin gecirrede 7 forweorðaþ ðet hi oncnawon
saeculi et revereantur et pereant 19. *et cognoscant*

8. *fremdon, f* from *r*? *kynren* or *cynren*? 14. *sete*, first *e* from *i*.

forðan noma þe dryhten þu ána ðæs hyhstan ofer
quia nomen tibi dominus Tu solus altissimus super
ealle corþan
omnem terram

83.

hu lufiende svnden erdungæ þine drythten megen
2. *Quam amabilia sunt tabernacula tua domine virtutum*
gewilnað 7 a pring saulæ mine on akauertune drithten
3. *concupivit et defecit anima mea in atria Domini*
heorte min 7 fleas min hyhtað on god lyuiendne
Cor meum et caro mea exultaverunt in deum vivum
7 soðlicæ spearwa onuidæþ him hus 7 turlæ nestð þer
4. *et enim passer invenit sibi domum et turtur nidum ubi*
gesceateð bryddas hys Wiebed þin drythten megen kyning
reponat pullos suos Altaria tua domine virtutum rex
min 7 god min Eadige þa eardiað on huse þin
meus et deus meus 5. *Beati qui habitant in domo tua*
dryhten aworold aworold hergeað þe Eadig wer
domine in saeculum saeculi laudabunt te 6. *Beatus vir*
þes is fultum from þe dryhten oncled on heorten
cuius est auxilium abs te domine ascensus in corde eius
gesette on denum teara on stowe ðone þu
disposuit 7. *in convalle lacrimarum in loco quem dis-*
gesettest him 7 callenga bletsunga selleþ þa æwe
posuisti eis 8. *Et enim benedictionem dabit qui legem*
sealde gangað be miegne on miegen bið gesewen god
dedit ambulabunt de virtute in virtutem videbitur deus
goda on sion Dryhten god megna gehyra Lenæ
deorum in syon 9. *Domine deus virtutum exaudi precem*
mine earum onfoh god iacobes Scildend ure
meam auribus percipe deus iacob 10. *Protector noster*
loca god 7 loca on ansine cristes þines Forþan
aspice deus et respice in faciem christi tui 11. *Quia*
selre is deig án on cafortune þines ofer þusenda geceas
melior est dies una in atriis tuis super milia Elegi
from aworpenan weran on huse godes ma þeahðe eardion on
abiectus esse in domo dei magis quam habitare in

83. From *hu* (v. 2), to *megen* (v. 4), exactly one page of the MS., in the larger hand. 3. *fleas*, a fin. er. made? 4. *kyning* or *cyning*? 6. *þes*, *e* from *i*. Let. (h?) er. immed. bef. *is*. *-ten* (2nd) *tan* or *tæn*? 8. *æwe*, the *a* of the *æ* from *e*? 9. *benæ*, the *a* of the *æ* from *e*?

150   EADWINE'S CANTERBURY PSALTER.   [PS. 84.

geteldunga   firenfulra   Forþan   mildheortnes   7
tabernaculis   peccatorum   12. Quoniam misericordiam et
soðfestnesse   lufað   drihten   gife   7   wuldor   selleð   god
veritatem   diligit dominus gratiam et gloriam dabit deus
      Dryhten ne wyþerlecað godan gangænde on unsceðenessum
13. Dominus non privabit bonis ambulantes in innocentia
dryhten god   miegen   eadig   man   se   geweneð on þe
domine deus virtutum beatus homo qui sperat in te

84.

      þu gebletsedes dryhten eorðan þine þu ahwyrfdes   hieftnied
2. Be[ne]dixisti domine terram tuam   avertisti   captivitatem
iacob   þu forlete unrihtnesse folces þines þu ontyndes
iacob   3. Remisisti iniquitatem plebis tuae   operuisti
ealle   synna   hyra   Đu geþwiærodes   eall   irre   þin
omnia peccata eorum   4. Mitigasti   omnem iram tuam
þu ahwyrfdes from irre on ebylnesse ðine   gehwyrfe
   avertisti   ab   ira   indignationis tuae   5. Converte
us   god   helo   ure   7   ahwyrfe   irre   þin   from   us
nos deus salutaris noster et averte iram tuam a nobis
7   neals   on   ecnesse   irsast   us   Nimðe aðenie   irre
6. ut non in aeternum irascaris nobis Neque extendas iram
þin from cneowrisne on cneowrisne   god þu gehwyrfe
tuam a   progeniae in progeniem   7. deus tu convertens
geliffeste   us   7   folc   þin   blissað   on þe   Oþiewe
vivificabis nos et plebs tua laetabitur in te   8. Ostende
us dryhten mildheortnesse þine 7 helo ðine sele us
nobis domine misericordiam tuam et salutare tuum da nobis
   Ic gehire hwet sprece on me dryhten god forþon
9. Audiam quid loquatur in me dominus deus quoniam
sprece   sibbe on folce his   7 ofer   halga   his 7 on him
loquetur pacem in plebem suam et super sanctos suos et in eos
þa   gehwyrfað to him silfon   Soþlice ðonne hweðren
qui convertuntur ad   ipsum   10.   Verumtamen
neah is ondriedendum hine   hela   his   ðet oneardigeað
prope   timentibus   eum   salutare ipsius ut   inhabitet
wuldor   on   corþan   ure   Mildheortnes 7 soþfestnes
gloria   in   terra   nostra   11. Misericordia et   veritas

12. Er. aft. gife.   84. 2. -nied, d from t.   3. unrihtnesse, t wr.
over the line.   6. cncow- (1st), e wr. over the line.

PS. 85.]   EADWINE'S CANTERBURY PSALTER.   151

ongean   him   soþfes[t]nesse 7 sib   clippende sindon hine
obviaverunt sibi   iustitia   et   pax   complexe   sunt   se
       Soþfestnesse of eorþan upcumen is 7 soðfestnes of heofonum
12.   Veritas de terra   orta   est et iustitia de caelo
foreseah   7 soþlice dryhten selleþ estinesse 7 eorðe
prospexit   13. Et enim dominus dabit benignitatem et terra
ure selð wæstm hire   ryhtwisnes beforan hine
nostra dabit fructum suum   14. Iustitia   ante   eum
code   7   sett on wege steppas his
ambulabit et ponet in   via   gressus suos

85.

Onhield dryhten eare ðin to me 7 gehire me forþan
1. Inclina domine aurem tuam ad me et exaudi me quoniam
wiedla 7 þearfa   eom   ic   gehcald   saula   mine
egenus et pauper sum ego   2. Custodi animam meam
forþan   halig   eom   halne   gedo þew þinne god min
quoniam sanctus sum salvum fac servum tuum deus meus
gewenende on þe   Miltsc   me   dryhten forþan
sperantem in te   3. Miserere michi domine quoniam
to þe ic clipede elce diege   geblisse saula þeow ðin
ad   te   clamavi tota die   4. letifica animam servi tui
forþan   þe dryhten uphebbe saula mine   Forðan
quia   ad te domine   levavi animam meam   5. Quoniam
ðu dryhten swete 7 milde is 7 genihtsumnes on mildheortnes
tu domine suavis ac mitis es et copiosus   in misericordia
eallum   ic cige   þe   Earum onfoh dryhten gebed
omnibus invocantibus te   6. Auribus percipe domine orationem
min   7 beheald stefne   gebed   min   On deg
meam et intende voci deprecationis meae   7. In die
earfoþnesse   min ic clipige to þe   forþan þu gehirdes me
tribulationis meae clamavi ad te quoniam exaudisti me
    Ne is gelic   þe on godas dryhten 7 ne is   efter
8. Non est similis tibi in diis domine et non est secundum
worce þinum   Ealle þeoda ða midþy ðe ðu dides
opera   tua   9. Omnes gentes quascumque   fecisti
cumað 7 gebiddaþ beforan þe dryhten 7 wiorþiað noman
venient et adorabunt coram te domine et honorificabunt nomen

    13. From 7 (2nd) to end of Psalm in the larger hand.   85. 4. þeow,
o from some other let.

152   EADWINE'S CANTERBURY PSALTER.   [PS. 86.

þinne   Forþan   michel   wes þu 7   do   wundor þu
tuum   10. *Quoniam magnus   es tu et faciens mirabilia tu*
eart god   âna   geled me dryhten on wêie þinum 7
  es deus solus   11. *Deduc me domine in via   tua   et*
ic gange   on   soþfestnesse   þine   blissige   heorte   min   þęt
ambulabo   in   veritate   tua   Laetetur   cor   meum   ut
he ond[r]ede   noman   þinne   Ic ondette þe dryhten
  timeat   nomen   tuum   12. *confitebor   tibi domine*
god min on ealre heorten minre 7 wiorþige   noman þinne
deus meus in   toto   corde   meo   et honorificabo nomen tuum
on ecnesse   Forþan mildheortnesse þin micel is
in aeternum   13. *Quoniam   misericordia   tua magna est*
ofer me 7 genere   saula   mine of   helle   on þa yteran
super me et eripuisti animam meam ex inferno   inferiori
   god þa unsoþfestan   onarîsan   on me 7 on gemotstowe
14. *Deus   iniusti   insurrexerunt   in   me et   synagoga*
michte   sohton   saula   mine 7   ne   forænsetten þe
potentium quesierunt animam meam et non proposuerunt te
beforan   onsine   his   7 þu dryhten god min
 ante   conspectum suum   15. *Et tu domine deus meus*
mildsigend 7 mildheort geðyldig 7 micel mildheort 7 soð
miserator et misericors patiens et multum misericors et verax
     Lóca on me 7 mildse me sele   mihte   cnihte þinum
16. *Respice in me et miserere mei da potestatem puero   tuo*
7 halne do sunu þeowre þinre   Do mid me dryhten
et salvum fac filium ancillae tuae   17. *Fac mecum domine*
   tacn on god þet hi geseon ða me fiogað 7 sien gescinde
signum in bono ut videant qui me oderunt et confundantur
Forþan þu dryhten gefultoma me 7 frefrend is me
Quoniam tu domine adiuvisti me et consolatus es me

86.

   Staðolas   his on dunum halgum   lufaþ dryhten
Fundamenta eius in montibus sanctis   2. *diligit dominus*
  gato syon ofer ealle eardung iacob   þa wuldorfestan
portas syon super omnia tabernacula iacob 3.   *Gloriosa*

    13. *micel*, *e* from some other let.   14. *forænsetten*, 1st *n* dotted; sec.
    e from *o*.   15. Several lett. er. immed. after *micel*; also another er. bef.
    mildheort.   17. *geseon*, sec. *e* from *i*.

cweþene sien be ðe ceaster godes   gemyndyg   raab 7
dicta   sunt de te civitas   dei   **4.** *memor   ero raab et*
babilonis witende þe gesihðe þa fremdan 7 tyrus 7   folc
babylonis scientibus te   Ecce   alienigene et tyrus et populus
ethiopen þa weran on hiræ   Modor sion cwið man
ethyopum hi fuerunt in   ea   **5.** *Mater syon dicet homo*
7 man geworden is on hire 7 he staþolað hie se hyhsta
et homo   factus   est in   ea   et ipse fundavit eam altissimus
    Dryhten   siegð   on gewrytum   folca   hira   7
6. *Dominus   narravit   in   scripturis   populorum suorum   et*
ealdordom hira þæ weron on hyra   Swa blissiendra
principum eorum qui fuerunt in   ea   **7.** *Sicut laetantium*
ealra   urra   7 eardung is on þe
omnium nostrum   habitatio est in te

87.

    dryhten god helo minre on deige ic clipige 7 niht beforan ðe
2. *Domine deus salutis meae in die   clamavi et nocte coram te*
    Ongieð gebed min on gesihþe þinre onhilde eare   ðin to
3. *Intret   oratio mea   in conspectu   tuo   inclina aurem tuam ad*
bene   min dryhten   Forþan gefylled is yfele saul min 7
precem meam domine   **4.** *Quia   repleta est malis anima mea et*
lif   min on   helle   tonealeceð   gewenende ic eom mid
vita mea in   inferno appropiabit   **5.** *Estimatus   sum   cum*
niþerastigendum on   seað geworden ic eom swa man butan
descendentibus   in   lacum   factus   sum   sicut homo sine
fultome   betuíoh   deade   friols   Swa þa gewundadon
adiutorio   **6.** *inter   mortuos   liber   Sicut   vulnerati*
slepende aworpene on byrgnessum   ðara   ne wære witende
dormientes   proiecti   in   monumentis quorum   non   meministi
ma   7 witodlice hie of heanda ðinre cnysede sindon
amplius   et   quidem   ipsi de   manu   tua   expulsi   sunt
    gesetton   me on seaþ on þa yteran on þistrum 7 on scuwan
7. *Posuerunt me in   lacu   inferiori   in tenebris et in   umbra*
deaðes   On me getrymed is yrre þin 7 ealle upahefnesse
mortis   **8.** *In me confirmata est ira   tua et omnes elationes*

86. 4. Gloss to *ero* er.?   6. *ealdordom, r* wr. over the line.   87.
2. *deige,* 1st *e* from *i*.   4. *on, n* cor. by d. ink (wh. was cor. the Latin).
5. *com* (1st), MS. = *eon*.   6. *witende, t* from *g*.   7. MS. = *scudewan, de*
wr. over the line in d. ink later.

þine ofer me ongeleddes Fior þu dydes kuþe min from me
tuas super me induxisti 9. *Longe fecisti notos meos a me*
gesetton me from onwealdendum him geseald ic eom 7 ic ne
posuerunt me in abominationem sibi traditus sum et non
gangæ Eagan mine untrumede sindon forh lewsan
egrediebar 10. *Oculi mei infirmati sunt pre inopia*
ic clipede to þe dryhten elce deig ic aðenede hande mine to þe
clamavi ad te domine tota die expandi manus meas ad te
  Is ðes wen deade doende wundor þin oþþet me to cweþenne
11. *Numquid mortuis facies mirabilia aut medici*
aweccað 7 ondettað þe Is ðes wen siegð elles hu
resuscitabunt et confitebuntur tibi 12. *Numquid enarrabit aliquis*
on byrgenne mildheortnesse þine 7 soðfestnesse þine on forwyrde
in sepulchro misericordiam tuam et veritatem tuam in perditione
  Is ðęs wen bioþ oncnawene on þistrum wundor þin oþðe
13. *Numquid cognoscentur in tenebris mirabilia tua aut*
soþfestnesse þine on eorðan ofergitende 7 ic to þe
iustitia tua in terra oblivionis 14. *Et ego ad te*
dryhten ic clipige 7 on morgen gebed min forecymð to þe
domine clamavi et mane oratio mea preveniet te
  Tohwen dryhten adrifsð gebed min þu hwyrfdes onsien
15. *Utquid domine repellis orationem meam avertis faciem*
þin from me Wędla ic eom ic 7 on gewinnum from
tuam a me 16. *Egens sum ego et in laboribus a*
giogaþhade minum 7 upahafen soðlice geeaþmoded ic eom 7
iuventute mea exaltatus autem humiliatus sum et
gescinded On me þurhforon irre þin 7 bregnes þinre
confusus 17. *In me pertransierunt irae tuae et terrores tui*
gedrefdon me Ymbsealdon me swa wæter elce
conturbaverunt me 18. *Circumdederunt me sicut aqua tota*
dege ymbsealdon me semed Þu afirdes from me friond
die circundederunt me simul 19. *Elongasti a me amicum*
7 nihstan 7 cuþe mine from wergunge
et proximum et notos meos a miseria

88.

  Mildheortnesse þine dryhten on ecnesse ic singæ on
2. *Misericordias tuas domine in aeternum cantabo in*

9. *kuþe* or *cuþe*? *gesetton*, ıst *t* wr. over the line. 10. *forh*, so MS.
14. *morgen*, *e* from *o*. 88. 2. *Mildheortnesse*, *t* wr. over the line.

PS. 88.] EADWINE'S CANTERBURY PSALTER. 155

cneowrisne 7 forecneowrisne ic foresecge soþfestnesse þine on
generatione et progeniae pronuntiabo veritatem tuam in
muðe minum Forþan þu cwæde on ecnesse mildheortnes
ore meo 3. Quoniam dixisti in aeternum misericordia
biþ getimbred on heofonum gearwiende soþfestnesse þine
aedificabitur in caelis preparabitur veritas tua
gesette kyðnesse mine gecorene minum ic swor dauide
4. Disposui testamentum meum electis meis iuravi david
þeowe minum oþþe on ecnesse ic gearwige sed ðin
servo meo 5. usque in eternum preparabo semen tuum
7 ic getimbrige on worold aworold setl þin Bioþ andet-
et aedificabo in saeculum seculi sedem tuam 6. Confite-
tende heofonas wundor þin dryhten 7 soðfestnesse þine on
buntur caeli mirabilia tua domine et veritatem tuam in
circan haligra Forþan hwylc on wolcnu emlice
aecclesia sanctorum 7. Quoniam quis in nubibus equabitur
dryhtene oþþe hwylc gelic biþ gode betwih bearnum godes
domino aut quis similis erit deo inter filios dei
god sé wuldraþ on geþeahtunge haligra micel 7
8. Deus qui glorificatur in consilio sanctorum magnus et
to ondrædonne ofer ealle þa on ymbegonge his sindon
metuendus super omnes qui in circuitu eius sunt
Dryhten god megen hwylc gelic þe mihtig is dryhten
9. Domine deus virtutum quis similis tibi potens es domine
7 soþfestnes þin ða on ymbegonge ðu wilts
et veritas tua in circuitu tuo 10. Tu dominaris
mihte sæwe styrunga eallunga yða his þu geðwerast
potestati maris motum autem fluctuum eius tu mitigas
Ðu gecaðmeddes swa þa gewundedon oferhid 7 on
11. Tu humiliasti sicut vulneratum superbum et in
megene earmes þines þu tostenctes find ðine þine
virtute brachii tui dispersisti inimicos tuos 12. Tui
sindon hefonos 7 þin is eorða ymbhwyrf [t] eorþan 7 fylnesse
sunt caeli et tua est terra orbem terrarum et plenitudinem
his þu gegute Ob eastdele 7 sæwe þu gesceope thabor
eius tu fundasti 13. Aquilonem et mare tu creasti thabor
7 hermon on naman þinum hyhtað þinum earmum
et hermon in nomine tuo exultabunt 14. tuum brachium

4. kyð- or cyð-? 9. soþfestnes, t wr. over the line. 12. fylnesse, 1st
e from i. 14. þinum, þ repeated.

mid mihte Biðgetrimed hand þin 7 bið uphafen swiðre þin
cum potentia   Firmetur   manus tua et   exaltetur   dextera tua
    soþfestnes 7   dom   foregearwung setl ðin Mildheorte 7
15. *iustitia et iudicium preparatio sedis tuae Misericordia et*
soþfeste foregongaþ beforan onsinæ þinre   eadig   folc
veritas   preibunt   ante   faciem tuam   **16.** *beatus populus*
þæt wat on wynsumnesse Dryhten   onlihteþ   ondwlita þin
qui   scit   iubilationem   Domine   in lumine   vultus   tui
gangað   7 on naman þinum hyhtað   calle deg 7 on
ambulabunt   **17.** *et in nomine   tuo   exultabunt tota die et in*
þinre soþfes[t]nesse gehyhtað   Forðan wuldor megen
tua   iustitia   exaltabuntur   **18.** *Quoniam gloria virtutis*
hira þu eart 7   wellicode   þine biþ upahafen   horn   urne
eorum tu es et   in beneplacito tuo   exaltabitur   cornu   nostrum
    Forþon   dryhten is onfengnes 7   halig israhele kininges
19. *Quoniam domini est assumptio et sancti israel   regis*
ures   Ða sprecende is on gesilþe bearn þin 7 þu cwæde
nostri   **20.** *Tunc locutus es in aspectu filiis tuis et dixisti*
Sette to   fultome ofer   mihte   7 upahof gecorene of folce
posui   adiutorium   super potentem et exaltavi electum   de plebe
minum   gemette dauid þeow minne on ele halig minum
mea   **21.** *Inveni   david servum meum in oleo sancto meo*
smyrede hine   handa soþlice mine bioð fultomiende him
unxi   eum   **22.** *Manus enim   mea   auxiliabitur   ei*
7 earm   min gestrangað hine   Noht   forðswefað
et brachium meum confortabit eum   **23.** *Nichil   proficiet*
fiond   on him 7 sunu unrihtnessa ne scyðeþ him   7
inimicus in   eo et filius iniquitatis non nocebit ei   **24.** *Et*
gefeallaþ   fiend   his from ansiene his   7 fiodon hine on
concidam   inimicos eius   a   facie ipsius et odientes eum in
fleamæ gecirde   7 soðfestnes mine 7 mildheortnes min
fugam convertam   **25.** *Et veritas   mea et misericordia mea*
mid him 7 on noman minum bið uphafen horn   his   7
cum ipso et in nomine meo   exaltabitur cornu eius   **26.** *Et*
sette on siewe   hand   his   7 on streamum swiðran his
ponam in mari manum eius et in fluminibus dexteram eius

15. 7 (1st) repeated. *fore-*, e repeated, but sec. er. *beforan, a* from *e.*
onsinœ or *onsine*?; fin. *n* er.   16. gangað, init. lett. (two?) er.; *ga* (1st)
cov. by d. ink.   17. *naman*, 1st *a* prob. from *o*.   18. *-hafen, a* from *e*.
19. *kin-* or *cin-*?   23. MS.= *worðswefað*. *unrihtnessa, t* wr. over the line.

PS. 88.]   EADWINE'S CANTERBURY PSALTER.   157

He gecigde me feder min wes þu god min 7 onfeng
27. *Ipse invocavit me pater meus es tu deus meus et susceptor*
hælo mine   7 ic frumkennedon ic sette hine on hyhþo
salutis meae   28. *Et ego primogenitum ponam illum excelsum*
fore kiningas eorþan   On˙ ecnesse ic healde him
prae regibus terrae   29. *In aeternum servabo illi*
mildheortnesse mine 7 kyðnesse   mine geleaffulle him   7
misericordiam meam et testamentum meum fidele ipsi   30. *Et*
ic sette on world aworld setl his 7 ðrymsetl his swa deg
ponam in seculum seculi sedem eius et thronum eius sicut dies
heofona   Gif hi forletað bearn his iewe mine 7 on
caeli   31. *Si derelinquerint filii eius legem meam et in*
domum minum ne gangað   Gif mine soþfestnesse
iudiciis meis   non ambulaverint   32. *Si iustificationes meas*
forecostigað 7 bebodu mine ne geheoldon   Ic niosige
prophanaverint et mandata mea non custodierint   33. *Visitabo*
on girde unrihtnessa hira 7 on   swingla sinna   hira
in virga iniquitates eorum et in verberibus peccata eorum
    Mildheortnessæ eallenga mine ne ic tostence fram him
34. *Misericordiam   autem   meam non dispergam   ab   eo*
ne him scyðeð on soþfestnesse mine   ne foræcostunga
neque   nocebo in   veritate   mea   35. *neque profanabo*
kyðnesse mine 7 ða forðgað of welerum minum ne
testamentum meum et quae procedunt de labiis   meis   non
onsien onleccungæ   Æne ic swor on halgum minum gif
faciam irrita   36. *Semel iuravi in sancto meo si*
danid ligað   sæd his on ecnesse wunað   7
david mentiar 37. *semen eius in aeternum manebit*   38. *et*
setl his swa sunnæ on gesihþe minre 7 swa mona fulfremed
sedes eius sicut sol   in conspectu meo et sicut luna perfecta
on ecnessum 7 gewita on hefonum geleafful   ðu soðlice
in eternum et testis in caelo   fidelis   39. *Tu   vero*
adrife 7 hyrwdes 7 þu arefdes krist þinne   ðu ge-
reppulisti et sprevisti et distulisti christum tuum   40. *aver-*
hwyrfdes kyðnesse þiowes þines forecostunga on eorþan
tisti   testamentum servi   tui   profanasti   in   terra

28. -ken- or -cen-? *kiningas* or *ciningas*?   29. *ecnesse*, init. *e* repeated,
but repeated let. afterwards er. *kiðnesse* dotted for er. bef. *kyðnesse* ; *kyð*- or
cyð- ?   33. *niosige*, MS. = *mosige*.   35. *kyð*- or *cyð*- ?   38. *setl* repeated
but first dotted for er.   39. *krist* or *crist*?   40. *kyð*- or *cyð*-?

haligdomes his Þu towurpe ealle wagas his þu gesettes
sanctitatem eius **41.** *Destruxisti omnes macerias eius posuisti*
wununga his on egnesse todelde hine ealle
munitiones eius in formidine **42.** *Diripuerunt eum omnes*
þa ferende węron weg geworden is on hosp néan his
transeuntes viam factus est in obprobrium vicinis suis
Þu upahofe swiþre fionda his þu geblissodes ealle
43. *Exaltasti dexteram inimicorum eius laetificasti omnes*
find his þu ahwyrfdes on fultom sweord his 7 ne
inimicos eius **44.** *Avertisti adiutorium gladii eius et non*
is fultumend him on gefiohte þu tolysdes hine fram
es auxiliatus ei in bello **45.** *Dissolvisti eum ab*
clesnunge 7 setl his on eorþan ðu tolysdes. ðu ge-
emundatione et sedem eius in terram conlisisti **46.** *Minor-*
wanodes dagas tida his þurhgute hine on gescindnesse
asti dies temporum eius perfudisti eum confusione
Oð þte dryhten þu irsað on ende birnað swa fyr
47. *Usque quo domine irasceris in finem exardescit sicut ignis*
irre þin Wes gemindig dryhten forþan mine sped ne
ira tua **48.** *Memorare domine quae mea substantia non*
eallenga idle þu gesettes bearn manna Hwylc is manna
enim vane constituisti filios hominum **49.** *Quis est homo*
se lifað 7 ne gesihþ deað oððe hwylc þeowað saule his
qui vivet et non videbit mortem aut quis eruet animam suam
of hande helle Hwær sindon mildheorte þine ealde
de manu inferi **50.** *Ubi sunt misericordiae tuae antiquae*
dryhten swa swore dauide on ðinre soðfes[t]nesse Węs ðu
domine sicut iurasti david in veritate tua **51.** *Memor*
gemindig hosp þeowra þinra ðæt ic węs hebbende on
esto obprobrium servorum tuorum quod continui in
bosmæ minum monigra ðeoda Þęt edwitodon
sinu meo multarum gentium **52.** *Quod exprobraverunt*
find þine dryhten þæt edwitodon stirungæ kristes
inimici tui domine quod exprobraverunt commutationem christi
þines gebletsed dryhten on ecnesse sie sie
tui **53.** *Benedictus dominus in aeternum fiat fiat*

46. *e* (dotted) immed. bef. *on*. 49. Er. bef. 7. *gesihþ*, MS. = *gesealþ, ea* being dotted and *i* wr. above these lett. 51. *on* repeated ; Latin *in* also repeated. 52. *kristes* or *cristes*?

89.

Dryhten gescild gewurden is us from cneowrisne 7 fore-
Domine refugium factus es nobis a generatione et pro-
cneowrisne Erðan wæs duna oððet wes getrymed
geniae **2.** *Priusquam fierent montes aut formaretur*
ymbhwyrft eorðan from world 7 oþþęt on worlda worolde þu
orbis terrae a saeculo et usque in seculum tu
eart god Ne ahwyrfe manna on eaðmodnesse 7 þu cwæde
es deus **3.** *Ne avertas hominem in humilitatem et dixisti*
sin gecirde bearn monna Forþan ðusend gearas
convertimini filii hominum **4.** *Quoniam mille anni*
toforan eagan þinum 7 swa dęges of ean ðet forefered 7 swa
ante oculos tuos sicut dies hesterna quae preteriit Et sicut
gehyldon on nyht þe fore nawuhte hebbende gear hira
custodia in nocte **5.** *quae pro nichilo est habentur anni eorum*
On morhne swa wyrte færet on morgen blosmað 7
6. *Mane sicut herba transeat mane floreat et*
þurhferet on ęfen gefcallað aheardað 7 forwisnað Forþan
pertranseat vespere decidat induret et arescat **7.** *Quia*
we aspringað on irre þinum 7 on wreðða þinum gedrefede
defecimus in ira tua et in furore tuo conturbati
we sindon gesettest þu unrih[t]nesse ure on gesihþe
sumus **8.** *Posuisti iniquitates nostras in conspectu*
þinre worlde urum on lihtnes onsin þin
tuo seculum nostrum in inluminatione vultus tui
Forþan ealle dagas ure ateoredon 7 we on irre ðinum
9. *Quoniam omnes dies nostri defecerunt et nos in ira tua*
ateoredon Gear ure swa sand smeagað dagas
defecimus Anni nostri sicut aranea meditabantur **10.** *dies*
geara ura on heom hundsiofanti gear gif eallinga on
annorum nostrorum in ipsis septuaginta annis Si autem in
mihtum hundeahti gearum 7 ge ma hira gewin 7 sar
potentatibus octoginta anni et plurimum eorum labor et dolor
Forþan ofercymeð ofer us gedwernes 7 bið gegripene
Quoniam supervenit super nos mansuetudo et corripiemur
Hwylc cneow mihte irre þine oððet fore ęge irre
11. *Quis novit potestatem irae tuae aut pre timore iram*

89. 7. *wreðða*, *e* prob. from *o*.

160   EADWINE'S CANTERBURY PSALTER.   [PS. 90.

þin   to rimanne Swiþre þin dryhten cuþe do us
tuam   12. *dinumerare Dexteram tuam domine notam fac nobis*
7 getydnesse heorte on snytro   gehwyrfe dryhten
et   eruditos   corde   in sapientia   13. *Convertere domine*
elles hu   7   to gebiddenne beo ofer þeowas þine
aliquantulum   et   deprecare   super   servos   tuos
      We gefillað on morgen mildheortnes þin 7 uphebbað 7
14. *Repleti sumus   mane   misericordia tua et exultavimus et*
we gelustfulliað on eallum   dagum uru*m*   Wi sint
delectati sumus   in omnibus diebus nostris   15. *Delectati*
gelustfullod for dagum þam us þu geeaðmeddes gearu*m* on
sumus   pro diebus quibus nos   humiliasti   anni   in
þam gesewon yfel   Loca on þeowas þine 7 on weorc
quibus vidimus mala   16. *Respice in servos tuos et in opera*
ðin dryhten 7 gerec bearn hira   7 biþ birhtnes
tua   domine   et dirige filios eorum   17. *Et sit splendor*
dryhtenes godes ures ofer us 7 weorc handan   urra 7
domini   dei   nostri super nos et opera manuum nostrarum
gerece ofer us
dirige super nos

90.

Se þe eardaþ on fultome þes hyhstan on gescildnesse godes
Qui   habitat   in adiutorio altissimi   in protectione dei
hefonas midwuniendu*m*   kwæð dryhten onfeng min wes 7
 caeli   commorabitur   2. *Dicet domino susceptor meus es et*
gescild min god min ic gewene on hine   Forþan he
refugium mea deus meus sperabo   in eum   3. *Quoniam ipse*
gefreolsa me of gegrine huntenda 7 from worde reðe
liberavit me de laqueo venantium et   a   verbo aspero
   Sculdrum hira ymbscuan þe 7 under fiðrum his þu gewens
4. *Scapulis suis obumbrabit tibi et sub pennis eius sperabis*
   Scild   ymbseleð þe soðfestnes his þu ne ondredes from
5. *Scuto circumdabit te veritas   eius   non timebis   a*
ege ða nihtlican   From stręle fleogænde þurh deg
timore nocturno   6. *A   sagitta   volante   per diem a*

13. *gehwyrfe*, *w* from *þ*. *to gebiddenne beo,* the Latin is *deprecare*, *re* being
on er., followed by *esto* wh. has a line drawn through it for er.   90. *Se*
repeated but first er.   2. *kwœð* or *cwœð* ?   Er. bef. *gescild*.   3. Er. bef.
huntenda.   5. *soðfestnes*, *t* wr. over the line.

PS. 91.] EADWINE'S CANTERBURY PSALTER. 161

ccapunga ðurhgongende on þistrum from hrýre 7 diobola
negotio perambulante in tenebris a ruina et demonio
on mídlene gefeallað of healfe ðine þusend 7 ten ðusenda
meridiano 7. Cadent a latere tuo mille et decem milia
of þa swyðran þinra þe eallenga ne tonealęcð Soþlice
a dextris tuis tibi autem non appropiabit 8. Verum-
ðonne hweðren eagan þine þu sceawast 7 edleanenga firenfulra
tamen oculis tuis considerabis et retributionem peccatorum
þu gesihts Forþan þu eart dryhten hiht min þes hihstan
videbis 9. Quoniam tu es domine spes mea altissimum
þu settes gescild þin Ne ne belimpað to ðe yfel 7
posuisti refugium tuum 10. Non accedent ad te mala et
swyngla ne genealecęð geteldenga þinre Forþan
flagella non appropiabunt tabernaculo tuo 11. Quoniam
englum his bebead be ðe ðette gehealdon þe on eallum wegas
angelis suis mandavit de te ut custodiant te in omnibus viis
þine On handum berað þe þæt nęfre atsporna on
tuis 12. In manibus portabunt te ne umquam offendas ad
stane fot þinum Ofer neddran 7 beasiliscum
lapidem pedem tuum 13. Super aspidem et basiliscum
gangas þu 7 tredesð leon 7 dracan Forþan
ambulabis et conculcabis leonem et draconem 14. Quoniam
on me geweneð gefriolsia hine ic gescilde hine forþam onencow
in me speravit et liberabo eum protegam eum quoniam cognovit
noman min gecigde me 7 ic gehirde hine mid him
nomen meum 15. Invocabit me et ego exaudiam eum cum ipso
ic eom on earfoðnesse
sum in tribulatione

Ic hine generie 7 his næmæn swilce
gewuldrige geond eælle weorðeodæ
7 him lifdægæs 7 længe sille
swilce him mine helu holde ætywe

Eripiam eum et glorificabo eum 16. longitudinem dierum
adimplebo eum et ostendam illi salutare meum

91.

(1.) [Gód] is ðet mæn drihtne 7 geæræ ændette
7 neodlice his næmæn æsinge
þone heæhestæn heleðæ cynnes

7. Er. bef. healfe. eallenga, fin. n er.? tonealęcð, one (or two) lett. er.
betw. o and n. A fresh hand begins with Ic hine (15).

M

2. *Bonum est confiteri domino et psallere nomini tuo altissime*

(2.) And þonne on morgenne megenne sege
hu he milde weærð mænnæcynne
⁊ his soðe sege neæhtes

3. *Ad adnuntiandum mane misericordiam tuam et veritatem tuam per noctem*

(3.) þet ic on tin strengum getogen hefde
hu ic ðe on sælterio singæn meæhte
oðð þe mid heærpæn hliste cwemæn
forðon ðu me on ðinum wiorcum wisum lufædest
hihte ic to ðinræ hændæ hælgum dedum

4. *In decachordo psalterio cum cantico et cythara* 5. *quia delectasti me domine in factura tua et in operibus manuum tuarum exultabo*

(4.) hu micle sint þine megenweorc meæhtig drihten
werun ðine geðæncæs þearle dcope

6. *Quam magnificata sunt opera tua domine nimis profunde facte sunt cogitationes tuae*

(5.) wonhidig wer ðes wiht ne ceæn
ne þæs ændgyt hæfæd ænig disigræ

7. *Vir insipiens non cognoscet et stultus non intellegit ea*

(6.) þonne forðcumæþ firenfulræ ðreæt
heæp sinningræ hige onlic
cælle ðær ætywæð þæ ðe unrihtæs
on weoruld life worhton geornæst
þ hi forwordone weorden siððæn
on worul[d] æworlde ⁊ to widæn feore

8. *Cum exorientur peccatores sicut foenum et apparuerint omnes qui operantur iniquitatem ut intereant in seculum seculi*

(7.) þu on ecnesse æwæ drihten
heæhsto bist hefonrices weærd

9. *Tu autem altissimus in aeternum domine*

(8.) hi nu ðinre feond fæcne drihten
on eorðwege cælle forweorðæð
⁊ weorðæþ towrecene wide cælle
ðæ þæ unrihtes eror worhtæn

10. *Quoniam ecce inimici tui domine peribunt et dispergentur omnes qui operantur iniquitatem*

(9.) þonne ænhornæ cælræ gelicæst

91. (3.) *meæhte*, *e* from *i*. (6.) *ponne*, MS. = *ponnne*.

min horn weorðeð ælhæfen swiðe
7 mine yldo beoð æghwer genihtsum

11. *Et exaltabitur sicut unicornis cornu meum et senectus mea in misericordia uberi*

(10.) Ænd eægæ ðin cac sceawade
hwer fynd mine fæcne weræn
7 mine wergend wræðe gehirde
efne ðin ægen eære swilce

12. *Et respexit oculus tuus inimicos meos et insurgentes in me malignantes audivit auris tua*

(11.) Se soðfestæ sæmed anlicæst
beorht on blædum bloweð swæ pælmæ
7 swæ libænes beorh lideð 7 groweð

13. *Iustus ut palma florebit et sicut cedrus libani multiplicabitur*

(12.) Settæþ nu georne on godes huse
þet ge on his wicum wel geblowen

14. *Plantati in domo domini in atriis domus dei nostri florebunt*

(13.) Nu gyt sindæn mænige mænnæ swilcæ
ðe him yldo gebidan ær to genihte
7 þæ mid geðilde þendæn segdæn

15. *Adhuc multiplicabuntur in senecta uberi et bene pacientes erunt*

(14.) Cwedæn þ were soðfest silua drihtæn
7 hine unrihtes æwiht ne heolde

16. *ut annuntient Quoniam iustus est dominus deus noster et non est iniquitas in eo*

92.

(1.) drihten ricsode wlite he scyrdde   (2.) scrydde drihten
1. *Dominus regnavit decorem   induit   Induit dominus*
st[r]angnesse 7 he begirde hine of megene
fortitudinem et precinxit   se   virtute

(3.) 7 þæ ymbhwirft eorðæn getrimede
swæ folde stod festæ siððæn

Et enim firmavit orbem terre qui non commovebitur

(4.) Geæru is ðin setl 7 ðu ece god
er worulde frumæn wunæst butan ende

(11.) *anlicæst*, a from *o*.   (13.) *gebidan*, a from *o*.   92. (1.) This v.
by Cor. in pl. of er.   (2.) This v. (except *drihten*) by Cor. in pl. of er.

2. *Parata sedes tua deus ex tunc a saeculo tu es*

(**5.**) hofæn hioræ stefne streæmæs drihtæn
hofæn 7 hlynsædæn hludæn reordæ
fræm weter stcfnum widræ mænigræ

3. *Elevaverunt flumina domini elevaverunt flumina voces suas*

4. *a vocibus aquarum multarum*

(**6.**) Wreclice syndæn wege ægængæs
þonne sǽstreæmæs swiðust flowæð
swæ is wundorlic wcældend usser
hælig drihten on heænessum

Mirabiles elationes maris mirabilis in excelsis dominus

(**7.**) þin gewitnes is drihten weorcum gelcæfsum
7 mid soðc is swiðc getrewæþ

5. *Testimonia tua domine credibilia facta sunt nimis*

(**8.**) huse þinum hælig gedæfenæþ
drihten usser 7 dægæs længæ

Domum tuam decent sancta domine in longitudine dierum

93.

(**1.**) God wrecenæ god 7 ðu me æhwrecæn
swilce æna gefreogan ægh[w]ylcne mæn

1. *Deus ultionum dominus deus ultionum libere egit*

(**2**) Ahef ðe on hellen eorðæn demæ
gild oferhidcgum swæ hi er græmæ worhton

2. *Exaltare qui iudicas terram redde retributionem superbis*

(**3.**) hu længe fyrenwyrhtæn foldæn wcældaþ
oððe manwyrhtæn morðra gylpað

3. *Usque quo peccatores domine usque quo peccatores gloriabuntur*

(**4.**) hi oftust sprecæþ unnyt sccgað
7 woh meldiað wyrceæþ unriht

4. *Pronuntiabunt et loquentur iniquitatem loquentur omnes qui operantur iniustitiam*

(**5.**) Folc hi þin drihten fæcne gehindæn
7 yrfæ ðin eæll forcomæn

93. (1.) *God* prob. by Cor.   (4.) *wyrceæþ*; before this word is *wrecæþ*
with a line drawn through for *er.*

PS. 93.] EADWINE'S CANTERBURY PSALTER. 165

5. *Populum tuum domine humiliaverunt et hereditatem tuam vexaverunt*
(6.) Eallðcodige men eærmæ widwæn
stiopcildæ feæla stundum acwealdan
6. *Viduam et advenam interfecerunt et pupillos occiderunt*
(7.) Segdæn 7 cweðæn þ ge ne sæwe
drihten æfre dyde swæ he wolde
ne ðet iacobes god ongitan cuðc
7. *Et dixerunt non videbit dominus nec intelliget deus iacob*
(8.) Onfindæn ðeð 7 ongeoton þe on folce nu
unwiseste eælre sindon
disige hwethwygu deope þet oncnæwæn
8. *Intelligite nunc qui insipientes estis in populo et stulti aliquando sapite*
(9.) Se ðe erest ealdum earan worhte
hu se oferhleoður æfre wurde
7 him eægana gesihð eallum sealde
7 he scarpe ne mæge gesceawian
7 se ðe ege healdað eallum ðeodum
7 his ðrea ne sio þa for awiht
se ðe men læreð micelne wisdom
9. *Qui plantavit aurem non audiet aut qui finxit oculum non considerat* 10. *qui corripit gentes non arguet qui docet hominem scientiam*
(10.) God eælle can guman geðancas
eorðbuendræ forðon hi ydle sind
11. *Dominus novit cogitationes hominum quoniam vane sunt*
(11.) þæt bið eædig mæn ðe ðu hine ece god
on þinre soðre ǽ sylfa getihtest
7 hine þeodscipe þinne lerest
7 him yfele dagas calla gebeorgest
oð ðet bið fræcne scæð þæm fyrænfullæn
deop adolfen deorc 7 ðistre
12. *Beatus homo quem tu erudieris domine et de lege tua docueris eum* 13. *ut mitiges eum a diebus malis donec fodiatur peccatori fovea*
(12.) hefre wiðdrifeð drihten ure
his ægen folc ne his yrfe ðon ma
on ealdre wile hefre forletæn
14. *Quia non repellet dominus plebem suam et haereditatem suam non derelinquet*

(8.) *eælre, r* from *l*.

(13.) hwilc ðonne gena gewerfeþ bið
þ he on unriht eft ne oncyrre
oððe wilc nimeð me þet ic man fleo
⁊ mid rihtheortum redes ðence

15. *Quoad usque iustitia convertatur in iudicium et qui tenent eam omnes qui recto sunt corde*

(14.) hwylc ariseð mid me þ ic riht fremme
⁊ wið awirgdum winne ⁊ stænde
ðe unrihtes cælle wirceæð

16. *Quis exsurget michi adversus malignantes aut quis stabit mecum adversus operantes iniquitatem*

(15.) Nimðe me drihten demæ usser
gefultumed fegere æt þeærfe
weninga min saul sohte helle

17. *Nisi quia dominus adiuvasset me paulominus habitaverat in inferno anima mea*

(16.) Gif ic ðet segde þ min silfes fot
ful sarlice asliden nere
þæ me mildheortnes mihtigan drihtnes
gefultumede þ ic feorh ahte

18. *Si dicebam motus est pes meus misericordia tua domine adiuvabit me*

(17.) Æfter ðere mænigeo minræ saræ
ðe me ær æn ferhðc feste gestodæn
þæ me þine frofre fegere drihten
gesibbedæn sawule mine

19. *Secundum multitudinem dolorum meorum in corde meo consolationes tuae domine laetificaverunt animam meam*

(18.) Ne etfligeð þe æhwer facen ne unriht
þu gefestnæst eæc facen sares
hi soðfeste sniome geheftæþ
⁊ hioræ sawle ofslean ðenceað
blod soðfestræ bitere ageotan

20. *Nunquid adheret tibi sedes iniquitatis qui fingis dolorem in precepto* 21. *captabunt in animam iusti et sanguinem innocentem condempnabunt*

(19.) Forðon me is geworden wealdend drihten
to friðstole fest ⁊ gestæþeled
is me fultum his fest on drihtne

(13.) *gewerfeþ, w* from *f.* MS. = *urriht.* (15.) *weninga, ga* on er.

22. *Et factus est michi dominus in refugium et deus meus in auxilium spei meae*

(20.) ponne him gyldeþ god elmihtig
ealla þa unriht þe hi gearnedæn
⁊ on hiora facne feste todrifeð
drihten elmihtig dema soðfæst

23. *Et reddet illis dominus iniquitates ipsorum et in malitias eorum disperdet illos dominus deus noster*

94.

(1.) Cumeð nu to gedremene uten eweman gode
winnum drihten wealdind herigean
urum helende hildo gebeodan

1. *Venite exultemus domino iubilemus deo salutari nostro*

(2.) wutun ansine arest seceæn
þ we andettæn ure fyrene
⁊ we sealmas him singæn mid winne

2. *Preoccupemus faciem eius in confessione et in psalmis iubilemus ei*

(3.) Forðon is se micla god [mihtig drihten
and se micla] kining ofer eall manne godu

3. *Quoniam deus magnus dominus et rex magnus super omnes deos*

(4.) Forðon ne wiðdrifeð drihten usser
his agen folc æfre æð ðeærfe
he þæs heahbeorgæs healdeð swilce

Quoniam non repellet dominus plebem suam **4.** *quia in manu eius sunt omnes fines terrae et altitudines montium ipse conspicit*

(5.) Eæc he seæs wealdeð ⁊ he sette ðone
worhte his folme eæc foldæn drige

5. *Quoniam ipsius est mare et ipse fecit illud et aridam manus eius fundaverunt*

(6.) Cumæð him fore ⁊ cneow bigeað
on ansine ures drihtnes
⁊ him wepan fore ðe us worhte ær

6. *Venite adoremus et procidamus ante deum ploremus coram domino qui fecit nos*

(20.) *ealla* = orig. *cælla*? 94. (1.) *Cumeð* prob. by Cor. *-mene* add. by Cor.? (4.) *-drifeð*, *i* wr. over the line.

168   EADWINE'S CANTERBURY PSALTER.   [PS. 95.

(7.) Forðon he is drihten god dema usser
     werum we his fele folc 7 his fægere sceæp
     þæ þe on his edisce ær æfedde

7. *Quia ipse est dominus deus noster nos autem populus eius et oves pascue eius*

(8.) Gif ge to dege drihtnes stefne
     holde gehiran nefre ge heortan geðanc
     deorce forhirdan drihtnes willan

8. *Hodie si vocem eius audieritis nolite obdurare corda vestra*

(9.) Swæ on grimnesse fyrngeræ dydan
     on ðam wraðan dege 7 on westenne
     þer min ðurh facen federas eowre
     þisse cneowrisse cunnedan georne
     þer hi cunnedon cuð ongeaton
     7 min silfes weorc geseawon mid cægum

9. *Sicut in exacerbatione secundum diem temptationis in deserto ubi temptaverunt me patres vestri probaverunt et viderunt opera mea*

(10.) Nu ic feowertig folce ðyssum
      wintra rimes wuncdæ neah
      áá 7 simble cweð 7 eæc 7 swa oncneow
      þet hi on heortan hige disegan

10. *Quadraginta annis proximus fui generationi huic et dixi semper hi errant corde*

(11.) hi wegæs mine wihte ne oncneowan
      þ ic er on yrre æðe benemde
      gif hi on mine reste ricenedon eodon

11. *Ipsi vero non cognoverunt vias meas quibus iuravi in ira mea si introibunt in requiem meam*

95.

(1.) Singað nu drihtne sangæs niowe
     singe ðeos eorðe eæll eceum drihtne

Cantate domino canticum novum cantate domino omnis terra

(2.) Singæð nu drihtne 7 his soðne næmæn

2. *Cantate domino et benedicite nomen*

his welsecgað   of dege on dege helo   his   Kweðað
eius bene nuntiate de dic in diem salutare eius   3. *Adnuntiate*

(7.) *æfedde*, sec. *d* from *e*.   95. (1.) *Singað* prob. by Cor.   (2.) With *his welsecgað* begins a fresh hand (the same wh. immed. precedes the 'poetry' hand.   3. *Kweðað* or *cweðað*?; a mark (false?) before the *k* (or = *Ikweðað*?).

PS. 96.]   EADWINE'S CANTERBURY PSALTER.   169

betwioh þioda wuldor his on eallum folc wunder his
inter   gentes gloriam eius in omnibus populis mirabilia eius
Forðan micel dryh[t]nes 7 hergendlic swyðe egeslic is
4. *Quoniam magnus dominus et laudabilis nimis terribilis est*
ofer ealle goda   Forðan ealle goda þioda diofla
super omnes deos 5. *Quoniam omnes dii gentium demonia*
dryhten soþlice heofona worhte   andetnes 7 fegernes on
dominus autem caelos fecit 6. *Confessio et pulchritudo in*
gesihte his haligdom 7 micelnesse on gehalgunge his
conspectu eius sanctitas et magnificentia in sanctificatione eius
Tobrengað dryhtene eðles þioda tobrengað dryhtene wuldor
7. *Afferte domino patriae gentium afferte domino gloriam*
7 wiorðnyng   tobryngað dryhtene wuldor noman his
et honorem 8. *afferte domino gloriam nomini eius*
Ontynað dura 7 ingangað on cafortune his   gebiddaþ
Tollite hostias et introite in atria eius 9. *adorate*
dryhten on ricedome halig his Bið onstyred of onsiene his
dominum in aula sancta eius Commoveatur a facie eius
eall eorþæ   secgað on kyþnessene dryhten rixað of
universa terra 10. *dicite in nationibus dominus regnavit a*
treow 7 soðlice gegryp ymbhwyrft eorðan se ne bið anwended
ligno et enim correxit orbem terrae qui non commovebitur
demað folce on emlicnesse 7 þioda on irre his
Iudicabit populos in aequitate et gentes in ira sua
blissiað heofonas 7 wynsumað eorþa onstyrað sǽ 7
11. *Laetentur caeli et exultet terra moveatur mare et*
fylnes his   gefioð feldas 7 ealle þa on him
plenitudo eius 12. *Gaudebunt campi et omnia quae in eis*
sindon ðonne hyhtað ealle treow wuda   beforan sine
sunt tunc exultabunt omnia ligna silvarum 13. *ante faciem*
dryhtenes forþan kymð forþan kymð dema eorðan demeð
domini quoniam venit quoniam venit iudicare terram Iudicabit
ymbhwyrft eorða on emlicnesse 7 folc on soþfestnesse hira
orbem terrae in aequitate et populos in veritate sua

96.

Dryhten rixað hyhteð eorða blissað eglondum monegum
Dominus regnavit exultet terra laetentur insulae multae

wuldor, MS. = *fuldor*.   8. Er. bef. *Ontynað*.   *cafortune*, MS. = *eafortune*.
10. *kyþ-* or *cyþ-*?   13. *beforan sine*, so MS.   *kymð* or *cymð*? (twice).
ymbhwyrft, false let. er. betw. *b* and *h*.

wolcn 7 þysternes on ymbegonge his soðfestnesse 7 dom
2. *Nubes et caligo in circuitu eius iustitia et iudicium*
gerecnes setl his Fyr biforan him gearwað 7 onligeð
correctio sedis eius 3. *Ignis ante eum preibit et inflammabit*
on ymbehwyrfte fiend his Onlihton þunreslege his
in circuitu inimicos eius 4. *Inluxerunt fulgora eius*
ymbhwyrft eorðe gesihð 7 onstyred is eordæ duna
orbi terrae vidit et commota est terra 5. *Montes*
swa weacx toflowað from ansiene dryhtenes from ansiene
sicut cera fluxerunt a facie domini a facie
dryhtenes forhtaþ eall corða Siedon hefonas
domini tremuit omnis terra 6. *Adnuntiaverunt caeli*
soðfestnesse his 7 gesioð eall folc wuldor his Sin
iustitiam eius et viderunt omnes populi gloriam eius 7. *Con-*
gescinde ealle þa ðe gebiddað þa sliðan 7 þa wuldriað on
fundantur omnes qui adorant sculptilia et qui gloriantur in
diofolgildum hira gebiddaþ hine calle englas his gehirde 7
simulachris suis Adorate eum omnes angeli eius 8. *audivit et*
blissiende is sion 7 wynsumiað bearn iude fore domas þine
letata est syon et exultaverunt filiae iude propter iudicia tua
dryhten Forðan þu eart dryhten þes hyhstan ofer
domine 9. *Quoniam tu es dominus altissimus super*
calle eorðan swiðe upahefon eart ofer calle godas
omnem terram nimis exaltatus es super omnes deos
ða þe lufigeað dryhten fiogað yfel gehet dryhten
10. *Qui diligitis dominum odite malum custodit dominus*
saule þiowra hira of handa fyrenfulra gefriolsæð hie
animas servorum suorum de manu peccatorum liberabit eos
Upcumæn is soþfeste rihteheortæn blyssæ blis-
11. *Lux orta est iusto et rectis corde laetitia* 12. *lae-*
siæþ þæ soþfestæn on drihtne 7 ondettæþ gemind hæligdom-
tamini iusti in domino et confitemini memoriae sancti-
nesse his
tatis eius

97.

Singað dryhten sæng niwne forðon wundor worhte dryhten
Cantate domino canticum novum quia mirabilia fecit dominus

---

96. 4. *þunreslege his* by Cor. on er.; the Latin to it is also by Cor. on er.
5. *from* (1st), *r* in pl. of er. let. (o?). 9. *upahefon, o* from *e* (or vice versa?).
10. *dryhten* (2nd), MS. = *drypten*. With *gefriolsæð* begins a fresh hand,
ending with '*drihten*' (142. 11). 97. *Singað* prob. by Cor.

PS. 98.]   EADWINE'S CANTERBURY PSALTER.   171

Gehele   hiene   þæ swyþræn   his   7   heærm   hælige   his
Salvabit   sibi   dextera   eius   et   brachium   sanctum   eius
Cuþ   dyde   drihten   helo   his   beforæn   gesihþe
2. Notum fecit dominus salutare suum ante conspectum
ðiodæ   onwrihð   soðfestnesse   his   gemyndig wes þu
gentium   revelavit   iustitiam   suam   3. Memor   fuit
mildheortnes þinre iæcob 7 soðfestnes his hus isræhele
misericordiae   suae   iacob   et   veritatis   suae domui israel
Gesioþ   eælle   ende eorðæn   helo   godes   ures   wyn-
Viderunt omnes fines terrae salutare   dei   nostri   4. iubi-
sumiæþ   gode   cæll   eorðe   singæþ   7   hyhtæð   7   singað
late   deo   omnis   terra   cantate   et   exultate   et   psallite
Singæþ   gode   ure   on   hearpæn   on   heærpæn   7   stefne
5. Psallite deo nostro in cythara in cythara   et   voce
psealmæ   on bymæn geleddon   7 stefne byme horn
psalmi   6. in tubis ductilibus et voce tube cornee
wynsumiaþ   on   gesihþe   kynges   Onwendæþ
iubilate   in   conspectu   regis   domino   7. Moveatur
siewe   7   fylnes   his   ymbwyrft eorðenæ 7 eællæ ðæ
mare   et plenitudo eius   orbis   terrarum   et universi qui
cærdiæþ on hire   Stréæmæs heofreþ hændum on þet
habitant in ea   8. Flumina   plaudent manibus in id
sylfe   dunæ   hyhtæþ   beforæn onsine drihtnes
ipsum   montes   exultaverunt   9. ante   faciem   domini
forðon   kymþ   forðæn   kymð to demanne eorðæn demæð
quoniam   venit   quoniam   venit   iudicare   terram iudicabit
ymbwyrft eorðæn on soþfestnesse 7   folc   on emlicnesse
orbem   terrae   in   iustitia   et   populos   in   aequitate

98.

Drihten   rixæþ   yrsæþ   folc se ðe siteþ ofer cherubin
Dominus regnavit irascantur populi qui sedes super cherubin
bið onstyred eorðe   Drihten on syon micel 7 on hihþo
 moveatur   terra   2. Dominus in syon magnus et excelsus
ofer eæll folc   anddettæþ nomæn þinum mycel
super omnes populos   3. Confiteantur nomini   tuo   magno

3. *gemyndig*, first *g* nearly rubbed out.   98. *Drihten* prob. by Cor.

172 EADWINE'S CANTERBURY PSALTER. [PS. 99.

7 egeslic forðæn hælig is 7 wior[ð]mynd kyninges
et terribili quoniam sanctum est 4. *et honor regis*
dom lufæþ þu geærwodes emlicnesse dom 7 soþfest-
iudicium diligit Tu parasti aequitatem iudicium et iusti-
nesse on iacobe ðu worhtes Wynsumiæþ drihten god
tiam in iacob tu fecisti 5. *Exaltate dominum deum*
urne 7 gebiddæþ scæmol fet his forþæn hælig is
nostrum et adorate scabellum pedum eius quoniam sanctum est
Moyses 7 ææron on sæcerdhæd his 7 sæmuhel betwih hie
6. *Moyses et aaron in sacerdotibus eius et samuel inter eos*
þæ gecygæþ nomæn is Gecigæþ drihten 7 he gehiræþ
qui invocant nomen eius Invocabant dominum et ipse exaudiebat
hie on swiorum wolcn sprecon to him Gehyldon
eos 7. *in columna nubis loquebatur ad eos Custodiebant*
kyþnesse his 7 bebodæ his se sælde him Drihten
testimonia eius et precepta eius quae dederat illis 8. *Domine*
god ure ðu gehirest hie god þu ærfest were him 7
deus noster tu exaudiebas eos deus tu propitius fuisti illis et
wrece on eællum tilenge hiræ hihtæþ drihten
vindicans in omnia studia eorum 9. *Exaltate dominum*
god urne 7 gebidæþ on dune hælig his forðæn
deum nostrum et adorate in monte sancto eius quoniam
hælig is drihten god ure
sanctus est dominus deus noster

99.

Dremeð gode eælle corðæ ðeowiæþ drihtne on blyssæ
2. *Iubilate deo omnis terra servite domino in laetitia*
Ongængæþ on gesihþe his on hihte witæð ge
Intrate in conspectu eius in exultatione 3. *scitote*
þet drihten he is god he dyde us 7 ne he us Us
quod dominus ipse est deus ipse fecit nos et non ipsi nos Nos
soðlice folc his 7 sceæp leswæ his ongæn gæþ
autem populus eius et oves pascue eius 4. *intrate*
gætu his *and*detnesse cafortun his on ymenum *and-*
portas eius in confessione atria eius in ymnis con-
detnesse hergæþ nomæ his forðæn swete is
fessionum Laudate nomen eius 5. *quoniam suavis est*

6. Er. bef. *gecygaþ.*   99. 2. *Dremeð* prob. by Cor.

PS. 101.] EADWINE'S CANTERBURY PSALTER. 173

drihten on ecnesse mildheortnes his 7 oðð́et on world
dominus in aeternum misericordia eius et usque in saeculum
æworld soþfestnes his
saeculi veritas eius

100.

Mildheor[t]nesse 7 dom ic singe þe drihten ic singe
Misericordiam et iudicium cantabo tibi domine psallam

7 ic ongite on wege unwemmæ þonne kymþ to me þurh-
2. *et intellegam in via inmaculata quando venies ad me Peram-*
gænge   unscyþnesse heorte min on myddæn hus þine
bulabam in innocentia cordis mei in medio domus tuae

Neæles foregesette beforæn ægæn mine wyse yfel doende
3. *Non proponebam ante oculos meos rem malam facientes*

foreliornesse fionge 7 ne ietfylgþ me   heorte geærwe
preva[ri]c[at]iones odivi et non adhesit michi   4. *cor pravum*
Onhildinge from me   ne ic ne ongite   tionde
Declinantes a me malignos non agnoscebam   5. *detrahentem*

wyþ   nixtæn   his   diglice þisne   ic fylge   Oferhyd
adversus proximum suum occulte hunc persequebar Superbo
ægæn 7 on mine unæsecgenlic heortæn myd þisum   ic
oculo et insatiabili corde cum hoc simul non

ne etc   Ægæn mine ofer geleæful eorþe þet he sitte
edebam   6. *Oculi mei super fideles terrae ut sedeant*

þes mid me   gonge   on wegæ unwemme þes me   ðeniæþ
hi mecum ambulans in via inmaculata hic michi ministrabat

Ne eærdæþ on middæn hus min se deþ oferhid
7. *Non habitabit in medio domus meae qui facit superbiam*

se sprecende on unriht ne gerecþ on gesihþe ægænæ
qui loquitur iniqua non dirigetur in conspectu oculorum

minræ   On uhtlicum ic acweælde eælle þæ fyrænfullæn
meorum 8. *In matutinis interficiebam omnes peccatores*

eorþæn þet ic forspilde on ceæstre drihten eælle þæ þe
terrae ut disperdam de civitate domini omnes qui

wyrcæþ unrihtnesse
operantur iniquitatem

101.

Drihten gehire gebed   min 7 cierm min to þe
2. *Domine exaudi orationem meam et clamor meus ad te*

---

100. *Mildheornesse* prob. by Cor.   2. *þurhgænge*, MS. = *þurþgænge*.
101. 2. *Drihten* prob. by Cor.

174   EADWINE'S CANTERBURY PSALTER.   [PS. 101.

kymeþ   Ne æwyrfe onsien þin from me On swæ
perveniat   3. Ne avertas faciem tuam a me in qua-
hwilcum dege sie geeærfodoþ Onhyld to me eære ðin On
cumque   die   tribulor   inclina ad me aurem tuam In
swæ hwylcum dege ic þe gecige hredlice   gehire me
quacumque   die invocavero te velociter exaudi me
    Forðæn æsprungæn swæ smyc dei mine 7 bæn mine swæ
4. Quia defecerunt sicut fumus dies mei et ossa mea sicut
on gebrecnesse gebrocene syndon   þurhslegen ic eom
in frixorio   confrixa   sunt   5. Percussus   sum
swæ hi 7 forwysnæþ heorte min forþæn ofergitende eom
sicut foenum et aruit cor meum quia   oblitus   sum
to ettæmne hlæf minne   from stemne giomrunge min
manducare panem meum   6. a   voce   gemitus   mei
etfiolæþ   bæn mine flęsc min   Gelic   geworden
adheserunt ossa mea carni meae 7. Similis   factus
ic eom felle hundes on licnesse geworden eom swæ nihthrefn
sum pellicano   in solitudine factus sum sicut nocticorax
on huseherc   toweccæn 7 geworden ic com swæ
in domicilio   8. vigilavi et factus sum sicut
speræ   æn on getimbernesse   Elce dęge etwitodon
passer unicus in aedificio   9. Tota die exprobrabant
me fiend min 7 þæ me hergæþ wiþ me swæriæþ
me inimici mei et qui me laudabant adversum me iurabant
    swæ æxe swæ læf ic et 7 drinc min myd
10. Quia cinerem sicut panem manducabam et potum meum cum
wope Gemetliece   From onsiene yrre on ebilgæn
fletu temperabam 11. A   facie ire indignationis
þinum forðæn upæhebbende upæhof me   dægæs mine
tuae quia   elevans   elisisti me   12. Dies mei
swæ scuwæ onhildon 7 ic swæ hei forwisnæþ
sicut umbra declinaverunt et ego sicut foenum arui
    þu soþlice drihten on ecnesse þurhwunæþ 7 gemyndbliþe
13. Tu autem domine in aeternum permanes et memoriale
þine on worlð æworlde   þu ærise drihten þu bist
tuum in seculum saeculi 14. Tu exurgens domine mise-
miltsiend syon forðæn kymþ tid tomildsiend him   Forðæn
reberis syon quia venit tempus miserendi eius 15. Quia

    4. smyc, MS. = smyt?   12. scuwæ, MS. = scwuwæ.   15. Part of a false
let. bef. eorþe not er.

PS. 101.]   EADWINE'S CANTERBURY PSALTER.   175

wellicungæ hebbende þiowæs þine strenæs his 7 eorþe his
beneplacitum habuerunt servi tui lapides eius et terrae eius
miltsiende   7 ondredon ðiodæ nomæ þine drihten
miserebuntur   16. *Et timebunt gentes nomen tuum domine*
7 eælle kyninges corðæn wuldor þine   Forðæn
et omnes reges   terrae   gloriam tuam   17. *Quoniam*
getimbreþ drihten syon 7 gesioþ on megenþrimme his
aedificavit dominus syon et videbitur in maiestate sua
     7 forelocæþ on gebede þeærfænæ 7 ne hyrweþ bebod
18. *Et respexit in orationes pauperum et non sprevit preces*
hioræ   Writæþ ðæs on cneowrisne oðer 7 folc
eorum   19. *Scribantur haec in generatione altera et populus*
se gescop hergæþ drihten   Forðæn forelocæþ of
qui creabitur laudabit dominum   20. *Quoniam prospexit de*
hihþo hælig his drihten of hefonum on eorðæn forelocæþ
excelso sancto suo dominus de caelo in terram prospexit
     þette gehireþ giomrung þæræ gebundenæ 7 ælise beærn
21. *Ut audiret gemitus   vinculatorum et solveret filios*
on hiræ forwirþe   ðette si gecypeð on syon næmæ
interemptorum   22. *Ut adnuntietur in syon nomen*
drihtnes 7 lof his on ierusælem   On to gemetænne
domini et laus eius in ierusalem   23. *In conveniendo*
folc o[n] æn 7 kyninges ðet hi þiowien drihtne   and-
populos in unum et regna   ut serviant domino   24. *Re-*
swerode him on weige megen his feæwum dægæ hiræ
spondit ei in via virtutis suae paucitatem dierum meorum
onsiege me 7   tolies þere wisen stefne me on
enuntia michi et   25.   *ne revoces   me in*
middæn dægæ minræ on world æworld geær ðines
dimidio dierum meorum in saeculum saeculi anni tui
      On frumæn eorþæn þu gestæþlodes drihten 7 wiore hændæ
26. *Initio   terram tu fundasti domine et opera manuum*
ðinræ sindon hefonæs   hi forwiorðæþ þu soþlice
tuarum sunt caeli   27. *Ipsi peribunt tu autem*
þurhwunæþ 7 eælle swæ hriegl eældigæþ 7 swæ þæ
permanes et omnia sicut vestimentum veterescent et sicut oper-
wircendum wenst þæ 7 bið æwend   þu soþlice
torium mutabis ea et mutabuntur   28. *Tu autem*

19. *se, e* from *c*?   20. *Forðæn*, false let. er. aft. *r*.   23. *kyninges, es*
nearly er.   25. *tolies, i* wr. over the line.   27. *þurh-*, the long stroke of
the *h* is extended much below the line.

þ selfe he is 7 geær þine ne ætiorde   beærn þiowæ
idem ipse es et anni tui non deficient   **29.** *Filii servorum*
þinræ   onherdiæþ   þer 7   sied   hiræ   on   worlde   world
tuorum inhabitabunt ibi et semen eorum in seculum seculi
beoð geraht
dirigetur

102.

gebletse sæwle mine drihten 7 cælle on þæ yteræn mine næmæ
Benedic anima mea domino et omnia interiora mea nomen
hælig   his   Gebletsæ sæwlæ mine drihten 7 ne ceæræ
sanctum eius   **2.** *Benedic anima mea dominum et noli*
þe ofergitende cælle edleænunge his   þæ ærfest bið
oblivisci omnes retributiones eius   **3.** *Qui propitius fit*
eællum on unrihtnessum þinum se geheleð eælle untrume þine
omnibus iniquitatibus tuis qui sanat omnes languores tuos
    Se þe æliseþ of forwyrde lif þin   se gefillæþ
4. *Qui redemit de interitu vitam tuam*   **5.** *qui satiat*
on god   wyllæn   þinæ Se þe gecist þe on   yrmðe 7
in bonis desiderium tuum   Qui coronat te in miseratione et
mildheortnesse bioþ geedniwode swæ   eærn giogæþe ðinræ
misericordia   renovabitur   sicut aquilae iuventus tua
    doende mildheortnes drihten 7 dom   eællum ontionæn
6. *Faciens misericordias dominus et iudicium omnibus iniuriam*
geþyld   kuþe dide wegæs his moysi beærn isræhele
pacientibus **7.** *Notas fecit vias suas moysi filiis israel*
willæn hiræ   Mildheort 7 miltsiend drihten geþyldig
voluntates suas **8.** *Misericors et miserator dominus paciens*
7 mycel myldheortnes   Ne on ende yrsæþ ne on
et multum misericors   **9.** *Non in finem irascetur neque in*
ecnesse onebilgæn   Ncæles efter synnæ ure
aeternum indignabitur   **10.** *Non secundum peccata nostra*
wuorhte us ne efter unrihtnessæ uræ cædleænunge
fecit nobis neque secundum iniquitates nostras retribuit
us   Forþæn efter hyhþo hefonæs 7 eorþæ
nobis   **11.** *Quia secundum altitudinem caeli a terra*
getrymeþ drihten myldheortnes his ofer ondredende hine
confirmavit dominus misericordiam suam super timentes eum

29. *-e world beoð geraht* by Cor. in pl. of er.   102. *gebletse* prob.
by Cor.   3. *ærfest, e* in pl. of er. let.

PS. 102.]   EADWINE'S CANTERBURY PSALTER.   177

hu monigæ gestihtode upcumende from firstmeærce æfiorrodæ
12. *Quantum   distat   oriens   ab   occasu   elongavit*
from   us   unrihtnessæ   uræ   Swæ mildsiende feder
a   nobis   iniquitates   nostras   **13.** *Sicut   miseretur   pater*
beærn swæ miltsiend is drihten ondredende hine   forðæn
filiis   ita   misertus   est dominus   timentibus   se   **14.** *quia*
he wæt sliþe mod ure   Geminde drihten þet dust myl
ipse   scit   figmentum   nostrum   Memento   domine   quod   pulvis
ic eom   mon swæ   hei   dægæs his 7 swæ blosmæ
sumus   **15.** *homo sicut foenum   dies   eius et sicut   flos*
lændes swæ blosmæþ   Forðæn   gæst   þurhferet from
agri   ita   florebit   **16.** *Quia   spiritus   pertransibit   ab*
him 7 ne bið 7 ne oncneweþ   mæ   stowe his   Mild-
eo et non erit et non cognoscet   amplius   locum   suum   **17.** *Mise-*
heortnes soþlice drihtnes from worlde   7 oþ ꝥ on world
ricordia   autem   domini   a   saeculo   est   et   usque   in   saeculum
æworlde ofer ondredende hine 7 soþfestnesse his ofer beærn
seculi   super   timentes   eum Et   iustitia   eius super   filios
beærnæ   heældendum   kyþnesse   his   7   gemynd
filiorum   **18.** *custodientibus   testamentum   eius   et   memoria*
wyþhebbendum   bebodo   his þet   hi don þæ   drihten
retinentibus   mandata   eius   ut   faciant   ea   **19.** *Dominus*
on hefonum geærwæþ setle his   7   rice   his   eælles biþ
in   caelo   paravit   sedem   suam   et   regnum   eius   omnium do-
weældend   bletsiæþ   drihten   eælle englæs his   mihte
minabitur   **20.** *Benedicite dominum omnes   angeli eius potentes*
megen se þæ   deð   word   his to gehirænne stefne   word
virtute   qui   facitis   verbum   eius   ad   audiendam   vocem   sermonum
his   · bletsiæþ   drihten eællæ megen   his 7 þeinæs
eius   **21.** *Benedicite dominum omnes virtutes eius   ministri*
his ge þe doþ   willæn   his   Bletsiæþ   drihten
eius   qui   facitis   voluntatem   eius   **22.** *Benedicite dominum*
eælle wiorc his on eællum stowum biþ weældend his geblet-
omnia opera eius in   omni   loco   dominationis eius   bene-
sige sæwle mine drihten
dic anima   mea   dominum

16. *from*, MS. = *fron*.   21. Er. aft. *megen*.   Er. bef. *his* (2nd).
N

103.

gebletsige sæwle mine drihten drihten god min   micel
Benedic   anima mea dominum domine deus meus magnificatus
is swiþe *anddetnesse* 7 wlite ðu gegiredes   ænes
es vehementer Confessionem et decorem induisti   2.
forleten lioht swæ hrægl Aþeniende hefon swæ fell
amictus lumine sicut vestimento Extendens caelum sicut pellem
se bewrih on wetrum þæ uplecæn his Se þe setæþ wolen
3. *qui tegis in aquis superiora eius Qui ponit nubem*
æstignesse his se gieþ ofer fiðræs windæ   Se
ascensum suum qui ambulat super pennas ventorum   4. *Qui*
geworhte englæs his gæst 7 þægnæs his fyre biernende
facit angelos suos spiritus et ministros suos ignem urentem
Se gestæþolode eorþæn ofer gestaðolung his ne bið onhylt
5. *Qui fundavit terram super stabilitatem eius non inclinabitur*
on worold æworlde   Niowolnes swæ ryft forleten
in saeculum seculi   6. *Abyssus sicut pallium amictus*
his 7 ofer dunæ stændæþ weter   From cydunge
eius super montes stabunt aquae 7. *Ab increpatione*
þinre flioþ from stefne þunerræd þinre onegeæþ   Asti-
tua fugient a voce tonitrui tui formidabunt 8. *Ascen-*
gæð dunæ 7 æstigæþ feldæn on stowe þæm gestæþolædes
dunt montes et descendunt campi in locum quem fundasti
him   gemære þu gesettes him þonne neælles liorende
eis 9. *terminum posuisti eis quem non trans-*
gongende þyles sin gecirde to ontynænne eorþæn   Se
gredientur neque convertentur operire terram 10. *Qui*
sendeþ wyllæs betwioh denum on mydlene dunæ þurh-
emittit fontes in convallibus inter medium montium per-
feræþ weter   druncon þæ eælle wildioræ wudæ
transibunt aquae 11. *Potabunt ea omnes bestiae silvarum*
onbidæþ on ðæm londum on þurstæ hiræ   ofer þæ
expectabunt onagri in sitim suam 12. *super ea*
fuglæs hefonæs heœrdiæþ on midlene stænæ sellæþ stefne
volucres caeli habitabunt de medio petrarum dabunt voces
his   Leccende dunæ be ðæm yferum his ob westme
uas 13. *Rigans montes de superioribus suis de fructu*

103. *gebletsige* prob. by Cor.   12. *fuglœs, g* from a false let.

PS. 103.] EADWINE'S CANTERBURY PSALTER.

weorcæ þinræ biþ gefylled eorþe   Forþgongende hih
operum tuorum satiabitur terra   **14.** *Producens foenum*
nietenæ 7 wirtæ þiowdom monnæ þette geledet hlæf of
iumentis et herbam servituti hominum Ut educat panem de
corðæn   7 win gcblissæþ heortæn mænnæ ðette
terra   **15.** *et vinum laetificat cor hominis Ut*
hredlice ic do on ele 7 hlæf heorte mænne getrimeþ
exhilaret faciaem in oleo et panis cor hominis confirmet
    bioþ gefyllede eælle triowæ wudæ 7 cedorbeæm libæni
16. *Satiabuntur omnia ligna silvarum et cedros libani*
ðæ gewirtwælodes   ðer speræn nistliæþ Twiogendlice
quas plantasti   **17.** *illic passeres nidificabunt Fulice*
hus lætiow is hiræ   dunæ of hyhðo heort stæn
domus dux est eorum   **18.** *montes excelsi cervis petra*
gescild ilæs   worhte monæn on ðæ tide sunnæn
refugium herinaciis   **19.** *Fecit lunam in tempore sol*
oncneow fyrstmearc his   þu settes ðiostræ 7 geworden
cognovit occasum suum   **20.** *Posuisti tenebras et facta*
is niht on him ðurhferæþ eælle wilddioræ wudæ
est nox in ipsa pertransibunt omnes bestiae silvarum
    hwelpæs leonæ grymitiende 7 gegripæþ 7 secæþ from
21. *Catuli leonum rugientes ut rapiant et querant a*
gode mete him   Upcumæn is sunne 7 gesomnede
deo escam sibi   **22.** *Ortus est sol et congregati*
sindon 7 on bedcliofæn hiræ hine stæðoliæþ   Geð
sunt et in cubilibus suis se collocabunt   **23.** *Exiet*
mæn to wiorce his 7 to wircendum his oððet to efenne
homo ad opus suum et ad operationem suam usque ad vesperum
hu monigæ sind wiore þine drihten eælle on
24. *Quam magnificata sunt opera tua domine omnia in*
snytro ðu dydest gefylled is eorþe gesceft ðinre þis
sapientia fecisti repleta est terra creatura tua   **25.** *Hoc*
siæ micel 7 fyrst þer gripende
mare magnum et spaciosum illic reptilia quorum non est numerus
    7 midmiccle 7 micele   ðer scip þurhferæþ
animalia pusilla et magna   **26.** *illic naves pertransibunt*
dræco dæs þone ðu gehiwodes 7 to bismerenne him eælle
Draco iste quem formasti . ad inludendum ei   **27.** *omnia*

14. *monnæ*, MS. = *monnnæ*.   21. *from*, MS. = *fron*.

180   EADWINE'S CANTERBURY PSALTER.   [PS. 104.

from   þe onbidæþ   drihten   þ   selle   him   mete   on ðæ tide
a   te expectant domine   ut   des   illis   escam   in tempore
       Sellende   him gesomniaþ   ontinæþ de hænde   ðine eælle
28. Dante te illis colligent aperiente te manum   tuam omnia
bioþ gefillede briostberende   Æwirfe þe eællengæ ðe
replebuntur   ubertate   29. Avertente   autem   te
onsine ðine bioð gedrefede afirre gæst   hiræ 7 æspringæþ
faciem tuam   turbabuntur   auferes spiritum eorum et deficient
7 on   duste   his   sien gecirrede   Onsende   gæst
et in pulverem suum revertentur   30. Emitte spiritum
þinne 7 gesceope 7 geedniwodes onsine eorðæn   Sie
tuum et creabuntur et renovabis faciem terrae   31. Sit
wuldor drihtnes on   world   æworld   blissiæþ   drihten on
gloria domini   in saeculum saeculi laetabitur dominus in
wiorcum his   Se þe locæþ on eorðæn 7 deþ ðæ
operibus suis   32. Qui respicit in terram et facit eam
forhtiæþ   se onhryn   dunæ   7   meþgiæþ   Ic singe
tremere qui tangit   montes et fumigabunt   33. Cantabo
drihtne on liue mine ic singe gode minum swæ l[o]nge swæ
domino in   vita mea psallam   deo   meo   quamdiu
ic bio   Winsum sie him hernes mine ic soðlice lust-
ero   34. Suavis sit ei laudatio mea ego vero de-
fullige on drihten   Æspringæþ fyrenfullæ from eorðæn
lectabor in domino   35. Deficiant peccatores a   terra
7 unriht   þet ne   sie gebletsæ sæwle mine drihten
et iniqui ita ut non sint benedic anima mea dominum

                              104.

       Andetteð drihtne 7 gecigæþ nomæn his tosecgæð betwioh
1. Confitemini domino et invocate nomen eius adnuntiate inter
þiodæ wiore his   Singæþ him 7 singaþ 7 segcæþ
gentes opera eius   2. Cantate ei et psallite et narrate
eælle wuldor   his   hergæþ   on nomæn hæligæn
omnia mirabilia eius   3. Laudamini in nomine sancto
his blissiæþ heorte secende drihten   secæþ drihten
eius Laetetur cor querentium dominum   4. Querite dominum
7 getrimmæþ secæþ ænsine his simle   gemynæd ge
et confirmamini querite faciem eius semper   5. Mementote

         34. lustfullige, g from e.   104. 1. Andetteð prob. by Cor.

PS. 104.]   EADWINE'S CANTERBURY PSALTER.   181

wundor   his   þæ   he worhte forebeæcn 7   dom   muþ   his
mirabilium eius quae   fecit   prodigia   et   iudicia   oris eius
      Sied Æbræhæmes ðeow his beærn iæcobes gecorene   his
6. *Semen abraham servi eius filii   iacob   electi   eius*
    he   drihten god   ure   on   cællre   eorðæn   dom   his
7. *Ipse dominus deus noster in universa   terra   iudicia eius*
   gemindig wese on worolde kyþnesse his word   oððet
8. *Memor   fuit   in   seculum   testamenti sui   verbi   quod*
bebcæd on þusende   kynrene   þet   gesettes to
mandavit in   mille   generationes   9. *Quod disposuit ad*
æbræhæmes 7 æþswyrde his   ysææc   7 gesette
abraham   et iuramenti sui   ad   ysaac   10. *et statuit*
þet   iæcobe on   bebod   7 isræhele on kyþnessum on ecnes-
illud iacob in preceptum et israel in testamentum aeter-
sum   Cwedon   ðe   selle ic corþæn on chænæǽn
num   11. *Dicens   tibi   dabo   terram   chanaan*
ræpægewælc yrfeweærdnes   ure   Midþi weron on
funiculum   haereditatis   vestrae   12. *Cum essent in*
rieme scortlice feaulicum 7 on bigonge on him   7
numero brevi paucissimi et   incole   in ea   13. *et*
þurhferdon of þiode on ðiodæ 7 be rice to   folce
pertransierunt de gente in gentem et de regno ad populum
oðre   Ne foreleteþ monnum scyððæn him 7 gegripæþ
alterum 14. *Non permisit hominem nocere   eis et corripuit*
for him kyninges   Ne ceæro eow hrinon cristes
pro   eis   reges   15. *Nolite   tangere christos*
min 7 on witgæn mine ne ceæro eow þæm minnæn   7
meos et in prophetis meis   nolite   malignari   16. *Et*
gecigde hunger ober eordæn 7 cælle trymnessæ hlæfes ge-
vocavit famem super terram · et omne firmamentum panis con-
cærfogoþæþ   Sende beforæn hie   wer   on þiowdom
trivit   17. *Misit   ante   eos virum in   servum*
atersellende wes iosepe   geeæðmeddon on fotgemetum
venundatus est ioseph   18. *humiliaverunt in compedibus*
fot   his   swæ hwenæ   ðurhferæð   sæwle   his   oððet
pedes eius   ferrum   pertransivit animam eius   19. *donec*
kymeþ word his gesprec drihtnes 7 onligð hine   Sende
veniret verbum eius eloquium domini inflammavit eum 20. *Misit*

5. *forebcwcn*, MS.=*forebcwnc*.   8. *þusende*, bottom part of last four lett.
er.   11. *yrfeweærdnes*, MS.=*yrrewærdnes*.

182 EADWINE'S CANTERBURY PSALTER. [PS. 104.

kyning	7	list	hie	ealdormæn	folcæ	7	forliet	hie
rex	*et*	*solvit*	*eum*	*princeps*	*populorum*	*et*	*dimisit*	*eum*

	7	gesette	hie	drihten	hus	his	7	ealdormæn	eælle
21.	*Et*	*constituit*	*eum*	*dominum*	*domus*	*suae*	*et*	*principem*	*omnis*

	ehtæ	his		þette	getyde	ealdormæn	his	swæ
possessionis		*suae*	**22.**	*Ut*	*erudiret*	*principes*	*suos*	*sicut*

silfum	him	7	hyldræn	his		snitro	lierde	7
se	*ipsum*	*et*	*seniores*	*suos*	*prudentiam*		*doceret*	**23.** *Et*

ongiedo	isræhele	on	egypto	7	iæcobes	eærdodon	on	eorðæn
intravit	*israel*	*in*	*aegyptum*	*et*	*iacob*	*habitavit*	*in*	*terra*

chænææn		7	gedyrstlecte	folc	his	swiþe	7
chanaan	**24.**	*Et*	*auxit*	*populum*	*suum*	*nimis*	*et*

getrimede	hine	ofer	fiend	his		Gecyrde	heorte
confirmavit	*eum*	*super*	*inimicos*	*eius*	**25.**	*Convertit*	*cor*

hiræ	þette	fiodon	folc	his	7	sær	dydon	on	þiowum
eorum	*ut*	*odirent*	*populum*	*eius*	*et*	*dolum*	*facerent*	*in*	*servos*

his		Sende	moysen	ðyow	his	7	ææron	ðone
eius	**26.**	*Misit*	*moysen*	*servum*	*suum*	*et*	*aaron*	*quem*

geceæs	he	self		gesette	on	him	word	tæcn	hiræ
elegit		*ipsum*	**27.**	*Posuit*	*in*	*eis*	*verba*	*signorum*	*suorum*

7	forebeæene	hiræ	on	eorþæn	cænææn		Sende
et	*prodigiorum*	*suorum*	*in*	*terra*	*chanaan*	**28.**	*Misit*

þystro	7	æþystrode	hie	forðæn	þæ	beedon		word	his
tenebras	*et*	*obscuravit*	*eos*	*quia*		*exacerbaverunt*	*sermones*	*eius*

	Gehwyrfde	weter	hiræ	on	blod	7	æcweælde	fyxæs
29.	*Convertit*	*aquas*	*eorum*	*in*	*sanguinem*	*et*	*occidit*	*pisces*

hiræ		Sende	on	eorðæn	hiræ	froxæs	7	on	hiræ	bed-
eorum	**30.**	*Misit*	*in*	*terram*	*eorum*	*ranas*	*et*	*in*	*cubi-*

clefum	rice	hiræ		Cweþ	7	kymþ	mycgæs	7	gnettas
libus	*regum*	*ipsorum*	**31.**	*Dixit*	*et*	*venit*	*cynomia*	*et*	*scinifes*

o[n]	eællum	gemere	hiræ		Sette	renæs	hiræ	on
in	*omnibus*	*finibus*	*eorum*	**32.**	*Posuit*	*pluvias*	*eorum*	*in*

hegle	fyrnæn	birnende	on	eorþæn	hire		7
grandinem	*ignem*	*comburentem*	*in*	*terra*	*ipsorum*	**33.**	*Et*

þurhsloh	wingeærdæs	hiræ	7	forðswebung		7	goeær-
percussit	*vineas*	*eorum*	*et*	*ficulneas*	*eorum*	*et*	*con-*

fogoþæþ	eælle	triow	wingeærd	hiræ		Cweþ	7	kymð
trivit	*omne*	*lignum*	*finium*	*eorum*	**34.**	*Dixit*	*et*	*venit*

28. *þystro*, fin. *de* cr.

gersstæpæ 7 grimenæ þus ne wes rim 7 etcþ
locusta   et   bruchus cuius non erat numerus   35. et comedit
eælle   eorðæn hiræ   7 þurhsloh cælne þæ
omnem fructum terre   eorum   36. Et percussit omne pri-
frumkynnedon on eorþæ egypti þæ frumæn eælle gewinn hiræ
mogenitum   in terra egypti   primitias omnis laboris eorum
  7 geledde hie on siolfro 7 golde 7 ne wes on miegþum
37. *Et eduxit eos in argento et auro et non erat in tribubus*
hiræ untrum   blissiende is egyptus on gedefum
eorum infirmus   38. Letata est aegyptus in prefectione
      forþæn gefioll ege hiræ ofer hie   Aþenede
eorum quia cecidit timor eorum super eos   39. Expandit
wolen on ge[s]cilde hiræ 7 fyr þette lihteð him þurh
nubem in protectionem eorum et ignem ut luceret eis per
niht   biddæþ flesces 7 kymþ ðæ nihtlecæn 7
noctem   40. Petierunt carnes et venit eis coturnix et
hlæf hefonæs gefylleþ hie   Toslitæþ stæn 7 flowæþ
pane   caeli saturavit eos   41. Disrupit petram et fluxerunt
weter 7 gængæþ on drigæn stræmæ   Forðæn gemindi
aquae et abierunt in sicco flumina   42. Quia memor
wes word hælig his þet sprecende is to Abræhæme cnihte
fuit verbi sancti sui quod locutus est ad abraham puerum
his   7 geledde   folc   his   on   hihte   7
suum   43. Et eduxit populum suum in exultatione et
þæ gecorenen his on blysse   7 seælde him   rice
electos   suos in letitia   44. Et dedit eis regiones
ðiodæ 7 gewinn   folcæ   agon   On-
gentium et labores populorum possederunt   45. Ut cus-
geheæld æð soðfestnesse his 7 æwe his secæþ
todiant iustificationes eius et legem eius exquirant

105.

Andetteð drihten   forðæn god   forðæn on ecnesse
1. *Confitemini domino quoniam bonus quoniam in seculum*
mildheortnesse his   wile sprecæþ mihte drihtnes
misericordia eius   2. Quis loquetur potentias domini

---

38. *hie*, a let. (s?) er. betw. *i* and *e*.   105. 1. *Andetteð* prob. by
Cor. -*nesse* (2nd) in p. ink.   2. *wile* on er.

gehirnessæ deð cæll lof his Eædige ðæ ðe geheældæþ
auditas faciet omnes laudes eius 3. *Beati qui custodiunt*
domæs 7 doþ soðfes[t]nesse on eælle tide gemine
iudicium et faciunt iustitias in omni tempore 4. *Memento*
ure drihten on wellicunge folces þines 7 niosæ us on
nostri domine in beneplacito populi tui visita nos in
helo þine To gesionne on godnesse gecorenræ þinræ
salutari tuo 5. *Ad videndum in bonitate electorum tuorum*
to blissienne on blisse þiodæ þine ðet ðu lofæst mid
ad letandum in letitia gentis tuae ut lauderis cum
yrfewecærdnesse ðinre we gefyrenodon mid feder urum
hæreditate tua 6. *Peccavimus cum patribus nostris*
ðæ unrihtæn we doð unrihtnesse we doð Feder ure
iniuste egimus iniquitatem fecimus 7. *Patres nostri*
on egypto ne ongeton wundor þin 7 ne weron gemindige
in aegypto non intellexerunt mirabilia tua et non fuerunt memores
monigo mildheortnesse þine 7 onlehton astigende
multitudinis misericordiae tuae Et irritaverunt eum ascendentes
on rcædre sewe 7 gefriolsie hie forðæn nomæn his ðet
in rubrum mare 8. *et liberavit eos propter nomen suum ut*
cuðe dyde mihte his 7 ofercidde sie ðæ readæn
notam faceret potentiam suam 9. *Et increpavit mare rubrum*
7 ædrugod wes 7 geliedde hie on weter micel swæ on westene
et siccatum est et eduxit eos in aquis multis sicut in deserto
7 gefriolsede hie of hænde fiondræ 7 ælisde hie of hændæ
10. *Et liberavit eos de manu odientium et redemit eos de manu*
fiondæ 7 worhte weter eærfogoðiende hie æn of him
inimicorum 11. *et operuit aqua tribulantes eos unus ex eis*
ne wunode 7 gelyfdon on wordum his 7 sungon
non remansit 12. *Et crediderunt in verbis eius et cantaverunt*
lof his hredlice dydon 7 ofergitende sindon wiorc
laudes eius 13. *cito defecerunt et obliti sunt operum*
his 7 ne arefnodon geðcæht his 7 gewilnedon
eius et non sustinuerunt consilium eius 14. *Et concupierunt*
gewilnungæ on westene 7 costodon god on drinesse
concupiscentias in deserto et temptaverunt deum in siccitate
7 selæð him benæ hiræ 7 sende fylnesse on sæulum
15. *Et dedit eis petitiones eorum et misit saturitatem in animas*
hiræ 7 onlyhton moysen on herewicum 7 æææron
eorum 16. *Et irritaverunt moysen in castris et aaron*

PS. 105.] EADWINE'S CANTERBURY PSALTER. 185

hælige drihtnes geoponod is eorþe 7 forswylhð dætæn
sanctum domini **17.** *Aperta est terra et deglutivit dathan*
7 ontynde ofer gesæmnunge æbyron birned fyre on
et operuit super synagoga abyron **18.** *Exarsit ignis in*
gemotstowe hiræ 7 leg onberneð fyrenfullæ 7
synagoga eorum et flamma conbussit peccatores **19.** *Et*
worhton sccælf on choreb 7 gebedon ðæ sliðelecæn 7
fecerunt vitulum in choreb et adoraverunt sculptile **20.** *et*
onwendon wuldor his on gelicnesse sceælfes hetende
mutaverunt gloriam suam in similitudinem vituli manducantis
heg 7 obergitende sindon god se gefriolsceð hie se
foenum **21.** *Et obliti sunt deum qui liberavit eos qui*
worhte þæ minnæn on egyptum wundor on eorðæn
fecit magnalia in aegypto **22.** *mirabilia in terra*
chænæææn egeslic on sie redre 7 cwið þette forspilde
chanaan terribilia in mari rubro **23.** *Et dixit ut disperderet*
hie gif moyses gecorene his gesette on gebrecnesse on gesihþe
eos si non moyses electus eius stetisset in confractione in conspectu
his þette æcyrde yrre from his ne forspildo hie 7 for
eius ut averteret iram ab eis ne disperderet eos **24.** *Et pro*
næhte habbæþ eorðæn wilnungæ 7 ne gelifdon on
nichilo habuerunt terram desiderabilem et non crediderunt in
wordum his 7 gnornodon on geteldunge his no
verbis eius **25.** *et murmuraverunt in tabernaculis suis nec*
gehirdon stefne drihtnes 7 upahof hænd his ober
exaudierunt vocem domini **26.** *Et elevavit manum suam super*
hie þette foreastrehte hie on westene 7 þette towurpe
eos ut prosterneret eos in deserto **27.** *et ut deiceret*
sęd hiræ on gekiðnessum 7 þette hi tostencte on hiræ londum
semen eorum in nationibus et dispergeret eos in regionibus
7 gediglede sindon oþþæ swæ hwenæ 7 eton
28. *Et consecrati sunt beelphegor et manducaverunt*
7 onsegdnessæ deædræ 7 onlehton hine on tielengum
sacrificia mortuorum **29.** *Et irritaverunt eum in studiis*
hiræ 7 gemonigfældod is on him hryre Stent ende 7
suis et multiplicata est in eis ruina **30.** *Stetit finees et*
gebidd 7 ablinnæþ ðæ gefyllæþ 7 getæld is him to
exoravit et cessavit quassatio **31.** *et reputatum est illi ad*

18. *birned*, the stroke of the *r* below the line er. *fyre*, top part of the
f er.

186 EADWINE'S CANTERBURY PSALTER. [PS. 105.

soðfestnes from cneowrisne on cneowrisn oððet on world
iustitiam a generatione in generationem usque in saeculum
7 onlehton hine to wetrum wiðwiþorcwidolnesse 7
32. *Et irritaverunt eum ad aquas contradictionis et*
geswenceð is moyses fore hie forðæn þæ beeodon
vexatus est moyses propter eos **33.** *quia exacerbaverunt*
gæst his 7 gestihtode on welerum his Ne
spiritum eius et distinxit in labiis suis **34.** *Non*
forspildon ðiodæ ðæ sedæ drehten him 7
disperdiderunt gentes quas dixerat dominus illis **35.** *et*
gemengede sindon betwih þiodum 7 geleornodon wiorc h[i]ræ
commixti sunt inter gentes et didicerunt opera eorum
7 þiowdon sliðnesse hiræ 7 geworden is him on
36. *et servierunt sculptilibus eorum et factum est illis in*
geswece 7 onsedon beærn hiræ 7 beorn hiræ
scandalum **37.** *Et immolaverunt filios suos et filias suas*
dioflæ 7 æguton blod unscyððende blod
demoniis **38.** *et effuderunt sanguinem innocentem sanguinem*
beærnæ hiræ 7 beærnæ ðæ onsedon ðæ sliððæn
filiorum suorum et filiarum quas sacrificaverunt sculptilibus
chænææn 7 betwioh acwæældon is eorðe on blodum
chanaan Et interfecta est terra in sanguinibus
7 onsecgende is on wiorcum hiræ 7 efehylsiende sindon
39. *et contaminata est in operibus eorum Et fornicati sunt*
on gehilnessum his 7 irre is sæwl drihten on
in observationibus suis **40.** *et iratus est animo dominus in*
folce his 7 fræm wæældendæ is irfeweærdnesse his
populum suum et abominatus est haereditatem suam
7 seælde hie on hændæ ðiodæ 7 wcæældende sindon hiræ
41. *Et tradidit eos in manus gentium et dominati sunt eorum*
þǽ fiodon hie 7 eærfogoþodæn hie fiend hiræ 7
qui oderunt eos **42.** *Et tribulaverunt eos inimici eorum et*
geeæðmedde sindon under hændum hiræ gelomlice
humiliati sunt sub manibus eorum **43.** *sepe*
gefriolsode hie hii eællengæ beeodon hine on geþeahte hiræ
liberavit eos Ipsi autem exacerbaverunt eum in consilio suo
7 geeæðmedde sindon on hira unrihtnessum 7 forelocode
et humiliati sunt in suis iniquitatibus **44.** *Et respexit*

33. MS. soðfestn-s *gestihtode* in pl. of er. word. 34. *for-*, stroke of the *r*
elow the line er. 43. *hira*, *r* prob. from *s*.

PS. 106.] EADWINE'S CANTERBURY PSALTER. 187

hie midti geeærfoþgodo weron midti gehireþ gebed hiræ
eos cum tribularentur cum exaudiret orationes eorum
7 gemindi wes kiþnesse his 7 neælęcte him efter
45. *Et memor fuit testamenti sui et paenituit eum secundum*
micelnesse mildheortnesse his 7 scældc hie on
multitudinem misericordiae suae **46.** *Et dedit eos in*
mildheortnesse on gesihþe calræ þæ hie onfengon
misericordiam in conspectu omnium qui eos ceperunt
hale us dó drihten god ure 7 gesomno us be
47. *Salvos nos fac domine deus noster et congrega nos de*
kennessum *and*gedettæþ nomen haligc þinum 7 wuldrien on
nationibus ut confiteamur nomini sancto tuo et gloriemur in
lof ðinum Gebletsige drihten god isræhel from worl*de*
laude tua **48.** *Benedictus dominus deus israel a seculo*
7 oððet on worlde 7 cweþæþ eællæ folc sie sie
et usque in seculum et dicat omnis populus fiat fiat

106.

Andetteð drihtne forðæn he is god forðæn on worold
1. *Confitemini domino quoniam bonus quoniam in seculum*
mildheortnes his Cweðæþ nu þæ ælisede sindon from
misericordia eius **2.** *Dicant nunc qui redempti sunt a*
drihtne þæ ælisde of hændæ fiondæ of lændum 7 gesomnæþ
domino quos redemit de manu inimici de regionibus congregavit
hie From sunnæn upkyme firsmerc from eæstdæle 7
eos **3.** *A solis ortu et occasu ab aquilone et*
sie dwolodon on þicnesse on drignesse wei ceastre
mari **4.** *erraverunt in solitudine in siccitate viam civitatis*
cærdunge ne metton hingricnde 7 þirstende sæwlæ
habitationis non invenerunt **5.** *Esurientes et sitientes anima*
hiræ on him asprungon 7 clipiæþ to drihtne midti
eorum in ipsis defecit **6.** *Et clamaverunt ad dominum cum*
geeærfod 7 be niedþeærfum hiræ gefriolsæþ hie 7
tribularentur et de necessitatibus eorum liberavit eos **7.** *Et*
geledde hic on weg rihtne þette fereþ on ceæstre eærdungæ
eduxit eos in viam rectam ut irent in civitatem habitationis

44. *foþ-*, *þ* wr. over the line. 106. 1. *Andetteð* prob. by Cor. 3. *-dæle*,
æ from *e*.

188 EADWINE'S CANTERBURY PSALTER. [PS. 106.

Ondettæþ   drihtne mildheortnesse his 7 wuldor   his bearn
8. *Confiteantur   domino   misericordiae eius et mirabilia eius filiis*
mænnæ   Forðæn gefilde   sæwle on ydelnesse 7   sæwle
hominum   9. *Quia   satiavit animam   inanem   et animam*
hingriende gefielde god   Sittæþ on ðystrum 7 deæþes
esurientem   satiavit bonis   10. *Sedentes in   tenebris et umbra*
scuæn 7 bendæ gebundene on leæsingum 7 swæ hweno
mortis et vinculis   ligatos   in   mendicitate et   ferro
Forðæn   beeodon   gesprec   godes 7 geþeæht þes hihstæn
11. *Quia exacerbaverunt eloquium domini et consilium altissimi*
onlihton   7 gceæðmeddon is on gewinnum heorte hioræ
irritaverunt   12. *Et humiliatum est in laboribus   cor   eorum*
7 untrume sindon ne wes se gefultomæþ   7 clipodon
infirmati   sunt   nec fuit qui adiuvaret   13. *Et clamaverunt*
to drihtne   mydþi geeærfogode weron 7 be niedðeærfnessum
ad dominum   cum   tribularentur   et de   necessitatibus
hiræ gefriolsode hie   7 geledde hie of ðistrum 7 for
eorum liberavit   eos   14. *Et eduxit eos de tenebris et de*
deæðes s[c]uæn 7 bendæs   hiræ   toslæt   anddettæþ
umbra   mortis   et vincula   eorum disrupit   15. *Confiteantur*
drihtne   mildheortnes   his 7   wundor   his beærn   mænnæ
domino   misericordiae eius et   mirabilia eius filiis   hominum
    Forðæn tobricð gætu ȩrene 7 gewordene ysene gebricð
16. *Quia   contrivit portas   ereas et   vectes   ferreos confregit*
Onfeghð hie be wege unrihtnesse hiræ forðæn on soðfestnesse
17. *Suscepit eos de via   iniquitatis eorum propter   iniustitias*
soðlice hire geeædmedde sindon   Eælle   mete from
enim   suas   humiliati   sunt   18. *Omnem escam ab-*
weældende is sæwlæ hiræ 7 neælecton   oððet to gætum
hominata est anima eorum et adpropiaverunt usque ad   portas
deæþes   7 clipodon   to drihtne midþy geeærfogode
mortis   19. *Et clamaverunt ad dominum cum   tribularentur*
7 be niedðeærfum hira gefriolseð hie   Sende word
et de necessitatibus eorum liberavit eos   20. *Misit verbum*
his 7 gehelde hie 7 generede hie be onforwyrde hiræ
suum et sanavit eos et eripuit   eos de interitu   eorum
    Ondettæð drihtne mildheortnes his 7 wundor his bearn
21. *Confiteantur domino misericordiae eius et mirabilia eius filiis*

17. *be* repeated.   *soðlice*, MS. = *soðrce*.   18. Two lett. (oð?) er. bef.
oððet.   20. *his*, stroke of the *h* above the line er.

PS. 106.] EADWINE'S CANTERBURY PSALTER. 189

monnæ ðette hie sedon [o]nsegdnesse lof þette
hominum   22. *Ut sacrificent sacrificium laudis et*
hie kyðen wiorc his on winsumnesse þæ æstigæþ
adnuntient opera eius in exultatione   23. *Qui descendunt*
sie on scipum doende wircende on wetrum mongum
mare in navibus facientes operationes in aquis multis
  hii gesæwon wiorc drihtnes 7 wundor his on dypon
24. *Ipsi viderunt opera domini et mirabilia eius in profundo*
  Cwęð 7 stod gæst forhswebung 7 hyhtende sindon yðæ
25. *Dixit et stetit spiritus procellae et exaltati sunt fluctus*
his   Astigæð oððet to hefonum 7 misstigæþ oððet
eius   26. *Ascendunt usque ad caelos et descendunt usque*
to niwolnessum sæwlæ hiræ on yfel onegæn gedrefede
ad abyssos anima eorum in malis tabescebat   27. *Turbati*
sindon 7 onstyrede sindon swæ druncne 7 eælle snitro hiræ
sunt et moti sunt sicut ebrius et omnis sapientia eorum
b[e]swolgen is 7 clipodon to drihtne midþy
deglutita est   28. *Et clamaverunt ad dominum cum*
geeærfoðo 7 be niedþeærfnesse hiræ gefriolsede hie 7
tribularentur et de necessitatibus eorum liberavit eos   29. *Et*
gesette forðswebung on golde 7 ætswidon yðæ his 7
statuit procellam in auram et siluerunt fluctus eius   30. *et*
blissiende sindon þet hie swiðon 7 geledde hie on gætum
laetati sunt quod siluerunt Et eduxit eos in portum
willæn hiræ 7 be niedþeærfum hiræ gefriolseð hie
voluntatis eorum et de necessitatibus eorum liberavit eos
  anddettæþ drihtne mildheortnes his 7 wundor his beærn
31. *Confiteantur domino misericordiae eius et mirabilia eius filiis*
mænnæ 7 uphebbæþ hine on circæn folc 7 on setle
hominum   32. *Et exaltent eum in ecclesia plebis et in cathedra*
yldrenæ hergæþ hine Forðæn gesette stręæm
seniorum laudent eum   33. *Quia posuit flumina*
on westene 7 utgæng wætræ on ðurste   Eorðæn
in desertum et exitus aquarum in sitim   34. *Terram*
westmberende on ðæm slipendum hetenip oneærdigæþ
fructiferam in salsilaginem a malitia inhabitantium
on him gesette westen on tine weter 7 eorðe butæn
in ea   35. *Posuit desertum in stagnum aquae et terram sine*

22. *onsegd-*, the *o* wholly and the *n* part. er.   24. Er. aft. *on*.   30. *þet*,
MS. = *ꝥet*.   34. *slipendum*, *n* part. er.

wætræ   on   hutgænge   wætræ   7   gestaþolode   ðer
aqua   in   exitus   aquarum   36. Et collocavit   illic
hingriende 7   gesette   ceæstræ   heærdigæd   7
esurientes et   constituerunt civitatem habitationis   37. Et
sewon   lond 7 wyrtwælodon wingeærdes 7 worhton
seminaverunt agros et plantaverunt   vineas   et fecerunt
westmæs   gebirde   7 gebletsode   hie 7   gemonigfælde
fructum   nativitatis 38. Et benedixit   eos et   multiplicati
sindon swiðe 7 nietenu hiræ ne sindon gewænode   feæ
sunt   nimis et iumenta eorum non sunt minorata   39. Pauci
gewordene sindon 7 geswencede sindon fræm eærfoþnesse
facti   sunt   et   vexati   sunt   a   tribulatione
yfelæ   7   sær   Agoten   is   geflit   ofer
malorum   et   dolorum   40. Et effusa est contentio super
eældermæn hiræ 7 hine geledde hie on wege 7 no on weg
principes eorum et seduxerunt eos in invio et non in via
    7 gefultomæþ þeærfæn be wedlungæ 7 gesette swæ sceæp
41. Et adiuvit   pauperem de inopia et posuit sicut oves
hiredes   gesæwon rihte 7   blissæþ   7 eælle unrihtnes
familias   42. Videbunt recti et laetabuntur et omnis iniquitas
ne geoponode muþ his   Forðæn snytro 7 gehylt þæs 7
oppilavit   os suum   43. Quis sapiens et custodiet haec et
ðæ   onget   mildheortnes drihten
tunc intelleget misericordias domini

107.

      geare heorte min god geæro heorte min ic singe 7
2. Paratum   cor   meum deus paratum   cor   meum cantabo et
singe   ic cwiðe drihtne   Aris wuldor min ærise
psalmum   dicam   domino   3. Exurge gloria mea exurge
sæltere   7 heærpæn ic arise on morgen   Ic ondette
psalterium et cythara exurgam   diluculo   4. Confitebor
þe on folce drihten seælm ic cwiðe þe betwioh þiodum
tibi in populis domine psalmum dicam tibi inter gentes
    Forðæn gemicelod is oððet to hefonum mildheortnes þin
5. Quoniam magnificata est usque ad caelos misericordia tua

42. ne add. by Cor.   107. 2. geare prob. by Cor.

PS. 108.] EADWINE'S CANTERBURY PSALTER. 191

7 oðð́et to wolcnum soð́festnes þin Upæhebbæn
et usque ad nubes veritas tua 6. *Exaltare*
ofer hefonæs god 7 ofer eælle eorð́æn wuldor þin
super caelos deus et super omnem terram gloria tua
þet sin gefrilsede gecorene þine hælne me dó swið́re
7. *ut liberentur electi tui Salvum me fac dextera*
þin 7 gehire me god sprecende is on hælge his
tua et exaudi me 8. *deus locutus est in sancto suo*
blissæ 7 todele þæ drigæn 7 denæ geteælde on-
letabor et dividam sicimam et convallem tabernaculorum me-
segdnesse Min is helm 7 min is wuniende 7
tibor 9. *Meus est galaad et meus est manasses et*
effrem stren[g]þo heæfdes mines Iudæ kyning min moæb
effrem fortitudo capitis mei Iuda rex meus 10. *moab*
ollæ hiht min on ilcum minum aþene gescy min
olla spei mee in idumeam extendam calciamentum meum
me olæphili underþiedde sindon hwilc geledeð́ me
michi allophyli subditi sunt 11. *Quis deducet me*
on cerestre monegum oþþet hwilc geledeð́ me oðð́et on ilcæn
in civitatem munitam aut quis deducet me usque in idu-
minum Ne eælles þu god þu ædrife us 7
meam 12. *Nonne tu deus qui reppulisti nos et*
ne ælles gængende god on megnum urum Sele us
non egredieris deus in virtutibus nostris 13. *Da nobis*
fultum of eærfoð́nessum 7 idle helo mænnæ On
auxilium de tribulatione et vana salus hominis 14. *In*
gode doþ megen 7 he to næhte geledeð́ eærfoþ-
deo faciemus virtutem et ipse ad nichilum deducet tribu-
igæn us
lantes nos

108.

God lof min ne swigæ forð́æn muð́ firenfulle 7
2. *Deus laudem meam ne tacueris quia os peccatoris et*
inwid ofer me ontineþ is Sprecende sindon wið́
dolosi super me apertum est 3. *Locuti sunt adversum*
me tungæ 7 inwid 7 wordum fiodon ymbseældon me 7
me lingua dolosa et sermonibus odii circumdederunt me et

8. *onsegdnesse, g* from some other let. 108. 2. *God* prob. by Cor.

192 EADWINE'S CANTERBURY PSALTER. [PS. 108.

fuhton me swiþe Foreðæn þitte lufodon me
expugnaverunt me gratis 4. *Pro eo ut diligerent me*
wiþtugon me ic eællengæ gebiddæþ Setton
detrahebant michi ego autem orabam 5. *Posuerunt*
wið me yfel fore gode 7 fiong fore lufon
adversum me mala pro bonis et odium pro dilectione mea
gesette ofer him ðæ firænfullæn 7 diobol stit on
6. *Constitue super eum peccatorem et diabolus stet a*
ðæ swiþræn his Midþy demæþ he utgange geniðrad
dextris eius 7. *Cum iudicatur exeat condemnatus*
7 bed his syo on synne sy eardungstow his westa 7
et oratio eius fiat in peccatum Fiat habitatio eius deserta et
ne syo þe eardige on hire Sie dægæs his feæwæ
non sit qui habitet in ea 8. *Fiant dies eius pauci*
7 biscopum his onfoh oþer Sie beærn his
et episcopatum eius accipiat alter 9. *Fiant filii eius*
stiopcyld 7 wif his wiodwe wendnes bioð onstirede
orfani et uxor eius vidua 10. *Commoti amoveantur*
beærn his 7 liogæþ bioþ aworpene be eærdungæ his
filii eius et mendicent eiciantur de habitationibus suis
Smeægende wiorðigende eælle spede his 7 ne gene-
11. *Scrutetur fenerator omnem substantiam eius et* diri-
rigæþ þæ fremdæn eæll gewin his Ne sie him
piant alieni omnes labores eius 12. *Non sit illi*
fultum ne sie se mildsigend stiopcyld his Sie
adiutor nec sit qui misereatur pupillis eius 13. *Fiant*
gebyrd his on forwirþ on an cneowrisn sie adilgode nomæ
nati eius in interitu in una generatione deleatur nomen
his On geminde efthwirfe unrihtnes fedræ his
eius 14. *In memoriam redeat iniquitas patrum eius*
on gesihþe drihten 7 synne moder his ne adilgode
in conspectu domini et peccatum matris eius non deleatur
Sie wið drihten simle 7 forspilde of eorðæn gemynd
15. *Fiant contra dominum semper et dispereat de terra memoria*
hiræ Forðæn þet ne is gemindig don mildheort-
eorum 16. *Pro eo quod non est recordatus facere miseri-*
nesse 7 ehtende is monnæ 7 ðeærfe 7
cordiam 17. *et persecutus est hominem pauperem et*

7. From *he* to *hire* by Cor. in p. ink on er.; also Latin equivalent ditto.
12. *him, m* on er.

PS. 108.] EADWINE'S CANTERBURY PSALTER. 193

liæsungæ 7 onbridnesse heorte deæde seælde 7
mendicum et conpunctum corde morti tradidit 18. *Et*
lufode wirgcwidolnesse 7 kymþ him 7 nolde bletsunge
dilexit maledictionem et veniet ei et noluit benedictionem et
    from him 7 gierwæþ hine wirigcwidolnesse swæ
prolongabitur ab eo Et induit se maledictione sicut
hriegl 7 ongeð swæ weter on ðæm yteræn his 7 swæ
vestimentum et intravit sicut aqua in interiora eius et sicut
ele on bænum his   Sie him swæ   hriegl þio
oleum in ossibus eius   19. *Fiat ei sicut vestimentum quo*
bið ontiened 7 swæ sweg ðy symble begierded   þis
operitur et sicut zona qua semper precingitur   20. *Hoc*
wiorc hiræ ðæ betioþ me mid gode 7 þæ sprecæþ
opus eorum qui detrahunt michi apud dominum et qui loquuntur
yfel wið sæwle mine   7 þu drihten
mala adversus animam meam   21. *Et tu domine domine*
dó mid me mildheortnes fore nomæn þinum forðæn winsum
fac mecum misericordiam propter nomen tuum quia suavis
is mildheortnesse þin gefriolsæ me   forðan wædle
est misericordia tua Libera me   22. *quoniam egenus*
7 ðarfe ic am heorte min gedrefed is on me
et pauper sum ego et cor meum conturbatum est in me
  Swæ scuæ mydþy onhildcþ tobroht ic eom 7 onscæcens
23. *Sicut umbra cum declinat ablatus sum et excussus*
ic eom swæ   Mine cneowu geuntrumo sindon
sum sicut locusta   24. *Genua mea infirmata sunt*
fore festene 7 flesc min onwend is fore ele 7
pre ieiunio et caro mea inmutata est propter oleum 25. *et*
ic geworden eom edwid him gesæwon 7 wendon
ego factus sum obprobrium illis Viderunt me et moverunt
heæfdæ hiræ   gefultumæ me drihten god min 7
capita sua   26. *adiuva me domine deus meus*
hælne me do fore mildheortnesse þinre   þette
salvum me fac propter misericordiam tuam 27. *Ut*
witon forðæn hændæ þine þis is 7 þu drihten ðu didest þæ
sciant quia manus tua haec est et tu domine fecisti eam

18. Er. aft. *-nesse* (2nd).   22. From *forðan* to *am* by Cor. in p. ink on er.;
also Latin ditto (from *me* (2nd) v. 21 to *et* (2nd) v. 22).   23. *eom* (1st),
MS. = *eon*.

O

194   EADWINE'S CANTERBURY PSALTER.   [PS. 109.

Yfelkweðæþ hii 7 þu gebletsæst þæ onariseseþ on me
28. *Maledicent   illi   et   tu   benedices   qui   insurgunt   in   me*
sin ge[s]cinde þiow soþlice þin blissæþ   bioð ge-
confundantur servus autem tuus letabitur   **29.** *Indu-*
gierede ðæ wiðtioþ me wið drihten cirrendræ 7 sin wyrcende
antur qui detrahunt michi   reverentia et operiantur
swæ betwion gescindnesse hiræ   Ic andette drihtne
sicut diploide confusione   sua   **30.** *Confitebor   domino*
swiðe on muþe minum 7 on midlene monigræ ic herie hine
nimis   in   ore   meo   et   in   medio   multorum laudabo eum
       Forðæn stændeþ to swiþræn þearfænæ þette hæle   deþ
31. *Quia   adstitit   ad   dextris   pauperis   ut   salvam faceret*
from   ehtendom   sæwle   mine
a   persequentibus   animam   meam

109.

cweð drihten to drihtne minum site on þæ swiþræn minre
Dixit dominus   domino   meo   sede   a   dextris   meis
Oððette ic gesette fiond þine scæmol   fot   þinre
Donec   ponam   inimicos   tuos scabellum pedum tuorum
    Gierd megnes ðines utæsendeð drihten ob sion 7 weæl-
2. *Virgam virtutis tuae   emittet   dominus ex syon et domi-*
dendum on middæn fiondæ   þinræ   Mid þe eældordom
naberis in medio inimicorum tuorum   **3.** *Tecum principium*
on dege megen þines biorhtnessum hæligræ on innoþe
in   die   virtutis   tuae in splendoribus sanctorum ex utero
beforæn liohte swæ hwenæ ic þe kende   Swor
*ante   luciferum   genui   te   *   **4.** *Iuravit*
drihten 7 ne hreowsode hine þu eært sæcerd on ecnesse
dominus et non paenitebit eum tu es sacerdos in aeternum
efter   endebirdnesse melchisedech   drihten þere
secundum   ordinem   melchisedech   **5.** *Dominus a dex-*
swiþræn þin gebriceþ on deig yrres his kyninges   demæþ
tris   tuis confregit in die ire suae reges   **6.** *Iudicabit*
on kyþnessum gefillæþ hryræs gebrietæþ heafdo monega on
in nationibus implebit ruinas conquassabit capita multa in

28. -*arisesep*, so MS.   29. The Latin to *wið drihten* (*apud dñm*) has a
line drawn through it for er.   109. *cweð* prob. by Cor. *site*, MS. =
sete with first *e* dotted and *i* wr. above it.

PS. 111.] EADWINE'S CANTERBURY PSALTER. 195

eorðæn genihtsume   Ob rinnellæn on weige   forðæn
terra   copiosa   **7.** *De torrente in via bibit propterea*
uphæhifd heæfod
exaltabit caput

110.

Ic andette ðe drihten on eælre heortæn minre on geþeæhte
1. *Confitebor tibi domine in toto corde meo in consilio*
soðfest 7 gesomnunge   micle wiorc drihtnes Bege-
iustorum et congregatione   **2.** *magna opera domini Exqui-*
tende on cælle willæn his   anddetnes 7 micelnes
sita in omnes voluntates eius   **3.** *confessio et magnificentia*
wiorc his 7 soðfestnes his   wunæþ on worlde aworlde
opus eius et iustitia eius   *manet in seculum seculi*
gemynd dyde wunder   hira mildheort 7 miltsiend
4. *Memoriam fecit mirabilium suorum misericors et miserator*
drihten   mete seælde ondredende hine gemindig bið
dominus   **5.** *escam dedit timentibus se Memor erit*
on worlde kyþnesse his   megen wiorc hiræ
in seculum testamenti sui   **6.** *virtutem operum suorum*
onsegþ folc his   þette seleþ him yrfeweærdnesse
annuntiabit populo suo   **7.** *ut det illis haereditatem*
ðiodæ wiorc hændæ his soðfestnes 7 dom   ge-
gentium Opera manuum eius veritas et iudicium   **8.** *fide-*
læffullæ eællæ bebodu his getrimed on worold æworlde
lia omnia mandata eius confirmata in saeculum sacculi
geworden on soðfestnesse 7 emlicnesse   Ælisnesse sende
facta in veritate et aequitate   **9.** *Redemptionem misit*
folce his bebeæd on ecnesse cyþnesse his halig 7
populo suo mandavit in aeternum testamentum suum sanctum et
egeslic nomæ his   On frumæn snytro ege drihten on
terribile nomen eius   **10.** *Initium sapientiae timor domini in-*
andgitte god eællum dondum ðane hernes his wunæþ
tellectus bonus omnibus facientibus eam Laudatio eius manet
on worlde æworlde
in seculum seculi

111.

Ædig wer se ondredeþ drihten on bebode his wilnæþ
1. *Beatus vir qui timet dominum in mandatis eius cupit*

10 9. *cyþnesse, y* from *i.*   *nomæ,* fin. let. (n ?) er.

O 2

196   EADWINE'S CANTERBURY PSALTER.   [PS. 112.

swiðæ   Myhtig   on eorðæn bið   sęd   his cneowrisn
nimis   2. Potens   in   terra   erit semen eius generatio
rihtræ   gebletsie   wuldor 7 welæ on huse his 7
rectorum benedicetur   3. Gloria et divitiae in domo eius et
soðfestnes his wunæþ on worlde æworolde   Upcumen
iustitia eius manet in seculum   seculi   4. Exortum
is on ðystrum lioht rihte heorte mildheortnes 7 miltsiend 7
est in tenebris lumen rectis corde misericors et miserator et
soðfest drihten   wynsum   mæn   se   mildsæþ   7
iustus dominus   5. Iocundus homo qui miseretur et
gemetlecæþ geseteð   word   his on domo   forðæn
commodat disponet sermones suos in iudicio   6. quia
on ecnesse ne bið onwendeþ   On gemynde on ecæn
in aeternum non commovebitur   7. In memoria aeterna
biþ soðfest from gehirnessum yfle ne ondred Geæro is
erit iustus ab   auditu   malo non timebit Paratum est
heorte his gewenæþ on drihten   getrymed is heorte
cor eius sperare in domino   8. confirmatum est cor
his ne bið onwendeþ oððet gesiehð fiend   his   To-
eius non commovebitur donec videat inimicos suos   9. Dis-
stenceþ seælde   þeærfæn 7 soðfestnes his wunæþ on worlde
perdit   dedit pauperibus   iustitia eius manet in seculum
æworlde horn his biþ upæhæfen on wuldor   Sinngiend
seculi cornu eius exaltabitur in gloria   10. Peccator
gesihþ 7 yrsæþ toþum his grymetæþ 7 onegið on wyllæn
videbit et irascetur dentibus suis fremebit et tabescet desiderium
fyrenfulræ forwiorðæþ
peccatorum peribit

112.

Herigæd cnihtes drihten herigæþ nomæn drihten   sie
1. Laudate pueri dominum laudate nomen domini   2. Sit
nomæ drihtnes gebletsod ob þisum nu 7 oððet on worlde
nomen domini benedictum ex hoc   nunc et usque in seculum
From sunnæn upkyme oððet fyrstmeærc herigæþ nomæn
3. A   solis   ortu   usque ad occasum laudate nomen
drihten   heæh ofer eælle ðiodæ drihten   ofer
domini   4. Excelsus super omnes gentes dominus et super

111. 3. Er. bef. wunæþ.   5. winsum, MS.=.w.sum.   10. forwiorðæþ,
MS.=forwiorðæƿ.

PS. 113.]   EADWINE'S CANTERBURY PSALTER.   197

hefonæs wuldor his   Wilc swæ drihten god ure
 caelos   gloria eius   5. Quis sicut dominus deus noster
se on hichþum cærdæþ   7 geeædmeðð̄c forelocæþ on
 qui in altis habitat   6. et humilia   respicit in
hefonum 7 on eorðæn   æweccende from eorðæn
 caelo et in terra   7. Suscitans a terra inopem
7 to rædrum heorte reæcende þeærfæn   þte gestæþolige
 et de   stercore erigens pauperem 8. Ut collocet
hine mid eældordome mid cældordome folc his   þæ
 eum cum principibus cum principibus populi sui   9. Qui
to cærdienne worhte berende on hus modor beærnæ blissiende
 habitare facit sterilem in domo matrem filiorum laetantem

113.

                                   On utgonge israele of egypte   hus iacob of folc bærbæron
1. In exitu israel de aegypto domus iacob de populo barbaro
  geworden is iudæ gehælgung his israele myht his
2. Facta est iudea sanctificatio eius israel potestas eius
israele rixæþ   on him   Sie gesihþ 7 wes iordænis
 israel regnavit in ea   3. Mare vidit et fugit iordanis
gehwirfð is on becling   dunæ   hihtæþ   ðet
 conversus est retrorsum   4. Montes exultaverunt ut
weðeræs 7 hyllæ oððet lomb sceæpæ   hwet is sie
 arietes et colles velut agni ovium   5. Quid est mare
ðet þu fluge 7 þu iordænis forwæn gehwirfed is on beclung
 quod fugisti et tu iordanis quare conversus es retrorsum
  dunæ forwæn gehihtæþ ðet weðeræs 7 hillæ oððet lomb
6. Montes quare exaltastis ut arietes et colles velut agni
sceæpæ   from onsine drihtnes onwend is eorðe from
 ovium   7. A facie domini commota est terra a
onsine godes iæcob   Se gehwyrfeð on ænnesse stæn
 facie dei iacob   8. Qui convertit solidam petram
on tine wetres 7 rinnende on wyllæn wætræ   Ne
 in stagnum aquae et rupem in fontes aquarum   1.
ælles us drihten ne eælles us   æh nomæ þin sele wuldor
 Non nobis domine non nobis sed nomini tuo da gloriam

    113. 2. him, MS. = hin.   5. beclung, c from a false let.

198   EADWINE'S CANTERBURY PSALTER.   [PS. 113.

Ofer   mildheortnesse þine 7 soðfestnesse þine   ðylies
2. *Super   misericordiam   tuam et   veritatem   tuam nequando*
cweðæþ ðiodæ hwer is god hiræ   god eællengæ ure
dicant gentes ubi est deus eorum   3. *Deus autem noster*
on hefonum   up   on hefonum 7 on eorðæn eællæ swæ mitteðe
in celo   sursum   in caelo et in terra omnia quaecumque
wyle deð   diobolgield ðiode   sylfren   7 gylden
voluit fecit   4. *Simulachra gentium argentum et aurum*
wiorc hændæ   mænnæ   Muð hæbbeþ 7 ne sprecæþ
opera manuum hominum   5. *Os habent et non loquentur*
egæn hæbbæþ 7 ne gesioð   Eæræn hæbbæþ 7 ne
oculos habent et non videbunt   6. *Aures habent et non*
gehiræþ nosæ hæbbæþ 7 ne gebiddæþ   hændæ hæbbæþ
audient nares habent et non odorabunt   7. *Manus habent*
7 ne græpiæð   fet hæbbæþ 7 ne   gængæð   Ne
et non palpabunt pedes habent et non ambulabunt Non
cigæð   on ciolon hiræ ne soðlice is gæst on muþe
clamabunt in gutture suo neque enim est spiritus in ore
hiræ   Gelic him bioð ðæ ðe doþ ðæ 7 eælle
ipsorum   8. *Similes illis fiant qui faciunt ea et omnes*
ðæ getriewæþ on him   hus isræele gewenæþ on
qui confidunt in eis   9. *Domus israel speravit in*
drihten fultumend hiræ 7 scyldend hiræ is   hus
domino adiutor   eorum et protector eorum est   10. *Domus*
æærones gewencþ on drihten fultumend hiræ 7 scildend hiræ
aaron   speravit in domino   adiutor eorum et protector eorum
is   Se ondredeð drihten gewenæþ on drihten fultu-
est   11. *Qui timent dominum sperent in domino adiu-*
mend hiræ 7 scildend hiræ is   drihten gemyndig
tor eorum et protector eorum est   12. *Dominus memor*
wese ure   7 gebletsæ us gebletsæ   hus israele bletsæ
fuit nostri et benedixit nos benedixit domum israel benedixit
hus   ææron   gebletsæ æælle ondredende hine drihten
domum aaron   13. *benedixit omnes timentes   se dominus*
medmicel mid   tionum   Togeþiedeþ drihten ofer
pusillis cum maioribus   14. *Adiciat   dominus super*
eow ofer eow 7 ofer beærn eowre   gebletsige eow
vos super vos et super filios vestros   15. *Benedicti vos*

15. -sige, *g* from *e*.

from drihtne se worhte hefon 7 eorðæn   hefon
a   domino   qui   fecit   caelum et terram   16. *caelum*
hefones drihten   eorðæn witoðlice seælde beærn monnæ
caeli domino   terram   autem   dedit filiis hominum
        Neælles þæ dedæn herigæð ðe drihten ne eælle ðæ
17. *Non mortui laudabunt te domine neque omnes qui*
æstigæþ on   helle   Ah us ðæ þe libbæþ
descendunt in infernum   18. *Sed nos qui vivimus*
  bletsie   drihten   of þisum nu 7 oððet on worolde
benedicimus dominum ex   hoc nunc et usque in saeculum

114.

   Ic lufude forðæn gehireð drihtæn stefne gebed min
1. *Dilexi quoniam exaudivit dominus vocem orationis meae*
   Forðæn onhilt eære hiræ me 7 on dægum minum
2. *Quia inclinavit aurem suam michi et in diebus meis*
ic cige hinc   Ymbseældon me   sær   deæþes fræecnesse
invocabo eum 3. *Circumdederunt me dolores mortis pericula*
on helle onmetton me Eærfoþnesse 7   sær   ic mette
inferni invenerunt me Tribulationem et dolorem inveni
   7 næmæ drihtnes ic cige Eowlæ drihten gefrilse sæwle
4. *et nomen domini invocabo O domine   libera animam*
mine   mildheortnes drihten 7 soðfest 7 god ure
meam   5. *misericors dominus et iustus et deus noster*
miltsigend   heældiend cild   drihten geeæþmedeð
miserebitur   6. *Custodiens parvulos dominus humiliatus*
eom 7 gefrilse me   gewirfe sæwle mine on rieste
sum et liberavit me 7. *Convertere anima mea in requiem*
þine forðæn drihten wel deþ me   Forðæn genereþ
tuam quia dominus benefecit michi   8. *Quia eripuit*
  sæwle mine o[f] deæþe egæn mine from teærum fot
animam meam de   morte oculos meos a lacrimis pedes
mine from sinde   licige drihtne on   londe
meos a   lapsu   9. *placebo domino in   regione*
lifiendræ
vivorum

---

114. 1. *Ic lufude* by Cor.?   2. *cige, g* from *e*.

115.

10. Ic lefde forðæn þet sprecende eom ic eællengæ geæþme-
    Credidi propter quod locutus sum ego autem humilia-
    deð eom swiðe Ic cwiþe on ymbgonge mod mine
    tus sum nimis 11. Ego dixi in excessu mentis meae
    7 eælle mæn leæse þet edleænige drihten for
    omnis homo mendax 12. Quid retribuam domino pro
    eællum ðæ edleænæþ me Cælic helo ic
    omnibus quae retribuit michi 13. Calicem salutaris acci-
    onfo 7 næmæ drihtnes on ic gecige diorwiorðæ is
    piam et nomen domini invocabo 15. Preciosa est
    on gesihþe drihten deæþ hæligræ his Eowlæ
    in conspectu domini mors sanctorum eius 16. O
    drihten ic þeow ðin ic þiow ðin 7 beærn þeowne ðinre
    domine ego servus tuus ego servus tuus et filius ancillae tuae
    þu toslite bendæ mine ðe ic æsecge tyber lof
    Dirupisti vincula mea 17. tibi sacrificabo hostiam laudis
    gehæt min drihtne ic gilde on cofortone hus
18. Vota mea domino reddam 19. in atriis domus
    drihten on gesihþe eæll folc his on midlene þines
    domini in conspectu omnis populi eius in medio tui
    hierusælem
    ierusalem

116.

heriað drihten eælle ðiodæ 7 emnhergæþ eælle folc
1. Laudate dominum omnes gentes et conlaudate eum omnes populi
   Forðæn getrimed is ofer us mildheortnes his 7
2. Quoniam confirmata est super nos misericordia eius et
soðfestnes drihtnes wunæþ on ecnesse
veritas domini manet in aeternum

117.

Andetteð drihten forðæn god forðæn on worold
1. Confitemini domino quoniam bonus quoniam in seculum

---

115. 10. *Ic lefde* by Cor.? 18. *gilde, g* from *c*. 19. *eœll*, fin. *e* er.
116. 1. *heriað* by Cor.? 117. 1. *Andetteð* prob. by Cor.

PS. 117.] EADWINE'S CANTERBURY PSALTER. 201

mildheortnes	his		kweþe	nu	isræhel	forðæn	god
misericordia	*eius*		2. *Dicat*	*nunc*	*israel*	*quoniam*	*bonus*

forðæn	on	worold	mildheortnes	his		kweþe	nu
quoniam	*in*	*seculum*	*misericordia*	*eius*		3. *Dicat*	*nunc*

hus ææron forðæn god forðæn on worlde mildheortnes
domus aaron quoniam bonus quoniam in seculum misericordia

his		kueþe	nu	eælle	ðæ	ondredeþ	drihten
eius	4.	*Dicant*	*nunc*	*omnes*	*qui*	*timent*	*dominum*

forðæn god forðæn on worlde mildheortnes his On
quoniam bonus quoniam in seculum misericordia eius 5. *In*

eærfoðnesse on ic gecige drihten 7 gehireþ me on bredo
tribulatione invocavi dominum et exaudivit me in latitudine

drihten me fultumend is ne ic ondrede hwet deþ me
6. *Dominus michi adiutor est non timebo quid faciat michi*

mon drihten me fultum is 7 ic gesio fiend
homo 7. *Dominus michi adiutor est et ego videbo inimicos*

mine god is to getriwenne on drihten þeæhþe
meos 8. *Bonum est confidere in domino quam*

to getriwenne on mæn god is to gewenænne on
confidere in hominem 9. *Bonum est sperare in*

drihten þeæhþe gewene on cældordom Eælle ðiodæ
domino quam sperare in principibus 10. *Omnes gentes*

ymbscældon me 7 on næmæn drihten ofer þ on him
circumdederunt me et in nomine domini ultus sum in eos

Ymbseældon ymscældon me 7 on næmæn drihtnes ofer
11. *Circumdantes circumdederunt me et in nomine domini ultus*

þ on him Ymseældon me swæ 7
sum in eos 12. *Circumdederunt me sicut apes et*

onburnæn swæ fyr on þornum 7 on nomæn drihtnes
exarserunt sicut ignis in spinis et in nomine domini

oferswiðcð on him Oncnyscþ drohtiende eom þeto
vindicabor in eis 13. *Inpulsus versatus sum ut*

gefeællen 7 drihten onfeng me Strengþo mine 7
caderem et dominus suscepit me 14. *Fortitudo mea et*

herenes min drihten 7 geworden is me on helo
laudatio mea dominus et factus est michi in salutem

Stef blisse 7 helo on geteldungum soðfestræ Swiðre
15. *Vox letitiae et salutis in tabernaculis iustorum* 16. *Dextera*

---

4. *mildheortnes*, MS. = *mildheort*. 7. *ic* repeated.

drihtnes worhte megen swiðre drihtnes uphæhefþ me   Ne
domini fecit virtutem dextera domini exaltavit me   **17.** *Non*
swilte æh libbe 7 ic sexge wiore drihtnes   Clensiende
moriar sed vivam et narrabo opera domini   **18.** *Castigans*
geclensæþ me drihten 7 deæþ ne seælde me   Ontynæþ
castigavit me dominus et morti non tradidit me   **19.** *Aperite*
me gætu soðfestnesse 7 ongænge on him   Ic *and*dette
michi portas iustitiae et ingressus in eas   *confitebor*
þe drihten   þæs gætu drihtnes soðfeste   ongæþ þurh
domino   **20.** *haec porta domini iusti intrabunt per*
hine   Ic ændette þe drihten forðæn gehirdon me
eam   **21.** *Confitebor tibi domine quoniam exaudisti me*
7 geworden is me on helum   Stæn þone
et factus es michi in salutem   **22.** *Lapidem quem*
hie costodon tymbrodon þes geworden is on heæfod on whæmme
reprobaverunt aedificantes hic factus est in caput anguli

    from drihtne geworden is 7 is wundor on eægæn urum
23. *a domino factus est et est mirabile in oculis nostris*

    þis is deg ðone worhte drihten hihten we 7 blissien we
24. *Haec dies quam fecit dominus exultemus et laetemur*
on hine   From drihtne hælne me do from drihtne wel
in ea   **25.** *O domine salvum me fac o domine bene*
to forswebienne   gebletsæ se ðe com on nomæn drihtnes
prosperare   **26.** *Benedictus qui venit in nomine domini*
gebletsie eow of huse drihtnes   god drihten 7
benediximus vobis de domo domini   **27.** *deus dominus et*
onliehte us gesette ðone [s]ymbeldeig on gebignessum
illuxit nobis Constitui te diem sollemnem in confrequentationibus
oððet to horn wibodes   god min wes þu 7 ic ændette
usque ad cornu altaris   **28.** *Deus meus es tu et confitebor*
þe god min wes þu 7 ic þe upæhebbe   Ic ændette þe
tibi deus meus es tu et exaltabo te   *Confitebor tibi*
drihten forðæn gehire me 7 geworden is me on helo
domine quoniam exaudisti me et factus es michi in salutem
    *and*dettaþ drihtne forðæn god forðæn on worlde
29. *Confitemini domino quoniam bonus quoniam in seculum*
mildheortnes his
misericordia eius

    17. *sexge*, so MS.   24. *is*, an er. in the Latin under this word.

118.

א

1. þæ unwemmæn on wege   gongæþ on gewe drihtnes
   Beati   inmaculati   in   via   qui ambulant   in   lege   domini

2. Eædige ðæ þe smeægæþ gewitnesse his on eælre heortæn
   Beati   qui   scrutantur   testimonia   eius   in   toto   corde

   secæþ   hine   Næelles soðlice ðæ ðe wircæþ
   exquirunt   eum   3. *Non   enim   qui   operantur*

   unrihtnesse on wegum his gongæþ   þu bebude
   iniquitatem   in   viis eius ambulaverunt   4. *Tu   mandasti*

   bebodu þine drihten to gehældenne swiðe   witoþlice
   mandata tua   domine   custodiri   nimis   5. *Utinam*

   sien gerehte wegæs mine to gehældenne soþfestnesse þine
   dirigantur   viae   meae ad custodiendas iustificationes tuas

   þonne ne bio gescinded midþy ic locige on eælle bebodu
6. *Tunc non confundar   dum   respicio in omnia mandata*

   þine   Ic anddette þe drihten on gerecenesse heortæn
   tua   7. *Confitebor tibi domine in   directione   cordis*

   on   him þ ic geleornede domæs   soðfestnesse   þine
   in   eo quod   didici   iudicia   iustitiae   tuae

   Soþfestnesse   þine ic gehælde   ne   forlet þu me
8. *Iustificationes   tuas custodiam   non   me derelinquas*

   lenge swiþor
   usquequaque

ב

   ðæm gerecþ giongræ wegas his on to gehældenne
9. *In quo corrigit iunior viam suam in   custodiendo*

   word þine   On eælre heortæn minre ic þe sohte þe ne
   sermones tuos   10. *In toto   corde   meo exquisivi   te ne*

   ædrif þu me from bebodum þ[i]num   On heortæn minre
   repellas me   a   mandatis tuis   11. *In corde   meo*

   ic gehidde gesprecæ þine þ ic ne gefyrenode þe   Gebletsod
   abscondi eloquia   tua ut   non peccem   tibi   12. *Benedictus*

   ðu eært drihten lere me soðfestnesse þine   On welerum
   es   domine doce me iustificationes tuas   13. *In   labiis*

   minum foresiegð eælle domæs muþæs þines   On wege
   meis pronuntiavi omnia iudicia oris tui   14. *In via*

---

118. 1. *qui*, gloss to this word (ðæ?) er.

kyðnesse þinræ gelustfullod ic eom swæ on cællum
testimoniorum tuorum delectatus sum sicut in omnibus
welum   On bebodum þinum me ic begonge 7 gescæwige
divitiis   15. In mandatis tuis me exercebo et considerabo
wegæs þinæs   On þinum soðfestnessum smcægæþ ne
vias   tuas   16. In tuis iustificationibus meditabor non
bio ofergietende word   þine
obliviscar   sermones tuos

ꝫ

          þeowe ðinum weg 7 ic geheælde word þine
17. Retribue servo tuo vivam et custodiam sermones tuos
          Onwreoh eægæn mîne 7 ic gescæwige wundor be þinre æwe
18. Revela oculos meos et considerabo mirabilia de lege tua
          Elðiedi ic eom on eorðæn ne hide ðu fræm me bebodu
19. Incola ego sum in terra non abscondas a me mandata
þine   Gewilnæþ sæwle mine to wilnienne soðfestnesse
tua   20. Concupivit anima mea desiderare iustificationes
þine on eælle tyde .   þu oferciddes ðæ oferhidigæn 7
tuas in omni tempore   21. Increpasti   superbos
þæ wirgewidlon þæ þe becierdon from þinum bebodum
maledicti   qui   declinant a   mandatis tuis
Æfirre from me edwit 7 hirwnesse ðæ forðæn kyðnesse
22. Aufer a me obprobrium et contemptum quia testimonia
þine ic sohte   7 soðlice sieton eældormæn 7   wid
tua exquisivi   23. Et enim sederunt principes et adversum
me sprecon   ðeow soðlice þin ic begonge on þinum
me loquebantur servus autem tuus exercebatur in tuis
soðfestnessum   kuþlice 7 gewitnesse þine smægungum
iustificationibus 24. Nam et testimonia tua meditatio
min is 7 frofor min soðfestnesse þine
mea est et consolatio mea iustificationes tuae

᛭

     Tocleofode fylghþ firhto sæwlæ mine geliffeste me efter
25. Adhesit   pavimento anima mea vivifica me secundum

14. *welum*, MS. has a stroke over the *u* (*ū*). 21. *wirg-*, *g* from *c*.
25. *Tocleofode* prob. by Cor.

PS. 118.]   EADWINE'S CANTERBURY PSALTER.   205

worde þinum   Wegæs mine ic secge ðe 7 þu gehierdes
verbum tuum   **26.** *Vias meas enuntiavi tibi et   exaudisti*
me lere me   soðfestnesse þine   Weig   soðfestræ
me doce me iustificationes tuas   **27.** *Viam iustificationum*
þinræ on tæcnæ   7 ic begænge on   wundrum   þinum
tuarum insinua   michi et   exercebor   in   mirabilibus   tuis
        Slepþ   sæwle mine for unluste getrime me on wordum
28. *Dormitavit anima mea pre tedio confirma me in verbis*
þinum   Weg unrihtnessæ æwend from me 7 be æwe
tuis   **29.** *Viam iniquitatis amove a me et de lege*
þinre miltsæ me   Weg soðfestræ ic gecæes domæs
tua miserere mei   **30.** *Viam veritatis elegi iudicia*
domæs þine ic ne eom ofergitend   Etfylhþ   kyþnessæ
       tua   non sum   oblitus   **31.** *Adhesi   testimoniis*
drihten þine ne cæro me gescyndæn   Weg   bebode
tuis domine   noli   me confundere   **32.** *Viam mandatorum*
þinre ic yrne mydþy þu gebriedest heorte min
tuorum cucurri dum   dilatasti   cor   meum

ח

       Læge ł æ sete me drihten weg   soðfestræ   þinræ
33. *Legem pone michi domine viam iustificationum tuarum*
7 ic sece hie simle   Sele me   andget 7 ic smeæge
et exquiram eam semper **34.** *Da michi intellectum et scrutabor*
ewe   þine   7 ic gcheælde hic   on eælræ heortæn minre
legem tuam   et   custodiam   illam   in   toto   corde   meo
      Gelied me on stige   bebodæ   þinræ forðæn hine
35. *Deduc   me in semita mandatorum   tuorum quia   ipsam*
ic wille   Onhild heort min on gewitnesse þine 7
volui   **36.** *Inclina   cor   meum   in   testimonia tua et*
ne cælles on epegitsungæ   Æhyrfe   eægæn mine   ne
non   in   avariciam   **37.** *Averte   oculos   meos   ne*
gesioþ ydelnesse on wege þinum geliffeste me   Gesete
videant vanitatem in   via   tua   vivifica   me   **38.** *Statue*
ðeowe þinum gesprec   þin on ege þinum   Onweg æcieorf
servo tuo   eloquium tuum in timore tuo   **39.** *Amputa*
   edwid   min   þet ic eom gewenende domes   soðlice
obprobrium meum   quod   suspicatus sum   iudicia   enim

29. *miltsæ, t* from a false let. (s?).

þines   Eællengæ ic wilnige bebodæ þine on
tua iocunda   40. *Ecce concupivi mandata tua in*
emlicnesse þine geliffeste me
aequitate tua vivifica me

⁊

And cume ofer me mildheortnes þin drihten helo þine
41. *Et veniat super me misericordia tua domine salutare tuum*
efter gesprec þin   ⁊ ic *and*swerige edwitiendum
secundum eloquium tuum   42. *Et respondebo exprobrantibus*
me word forðæn ic gewene on wordum þinum   ⁊
michi verbum quia speravi in sermonibus tuis   43. *Et*
ne æfyrre þu of muðe min word soðfestnesse lenge swiðor
ne auferas de ore meo verbum veritatis usquequaque
forðæn on domo ðine ic gewene   ⁊ ic geheældæ
quia in iudiciis tuis speravi   44. *Et custodiam*
ecwe þinc simle on ecnesse ⁊ on world æworlde   ⁊
legem tuam semper in aeternum et in seculum seculi   45. *Et*
ic gonge on bredo forðæn bebodu þine ic sohte   ⁊
ambulabam in latitudine quia mandata tua exquisivi   46. *Et*
ic sprece be gewitnessum þinum on gesihþe kyningæ ⁊ ne
loquebar de testimoniis tuis in conspectu regum et non
bio gescinded   ⁊ ic smeæge on bebodum þinum þæ
confundebar   47. *Et meditabor in mandatis tuis quae*
ic lufige swiðe   ⁊ ic upæhebbe hænde minum to bebod
dilexi nimis   48. *Et levavi manus meas ad mandata*
þin ðæ ic lufie swiþe ⁊ ic begonge on þinum sodfest-
tua quae dilexi vehementer et exercebor in tuis iustifica-
nessum
tionibus

⁊

Gemyne wordes þines þeow þin drihten on ðæm me
49. *Memor esto verbi tui servo tuo domine in quo michi*
hieht þu seældes   ðeos me frefrende is on eædmodnesse
spem dedisti   50. *Haec me consolata est in humilitate*
minre forðæn gesp[r]ec þin geliffeste me   oferhydige
mea quia eloquium tuum vivificavit me   51. *Superbi*
unriht dyde lenge swiðor ic gesccæs eællenge þine neælles
iniquae agebant usquequaque a lege autem tua non

PS. 118.] EADWINE'S CANTERBURY PSALTER. 207

oncyrde gemyndi ic wes domœ þinræ from
declinavi **52.** *Memor fui iudiciorum tuorum a*
worolde drihtnes 7 ic wes frefrende Æspringnes mod
seculo domine et consolatus sum **53.** *Defectio animi*
min hiefþ me fore fyrenfullæn forletendum ewe þin
tenuit me pro peccatoribus derelinquentibus legem tuam
Sængæs me bioð soðfestnesse þine on stowe
54. *Cantabiles michi erant iustificationes tuae in loco incolatus*
min Gemindy ic wes o[n] niht nomæn ðines drihten
mei **55.** *Memor fui in nocte nominis tui domine*
7 ic geheold ewe þine þios me geworden is forðæn
et custodivi legem tuam **56.** *Haec michi facta est quia*
soðfestnesse þine ic sohte
iustificationes tuas exquisivi

ח

Del min drihten ic cwiðe to gehældenne ewe þine
57. *Portio mea domine dixi custodire legem tuam*
Ic wes biddende ænsine þine on eælre heortæn minre
58. *Deprecatus sum faciem tuam in toto corde meo*
miltsæ me efter gesprece þinne Forðæn ic ðohte
miserere mei secundum eloquium tuum **59.** *Quia cogitavi*
wegæs þine 7 gewyrfe fet mine on kydnesse ðinre
vias tuas et converti pedes meos in testimonia tua
Geæro ic eom 7 ne eom gedrefed þet ic gehælde bebodu
60. *Paratus sum et non sum turbatus ut custodiam mandata*
þine Ræpæs fyrenfulræ ymbwundon sindon me 7 ewe
tua **61.** *Funes peccatorum circumplexi sunt me et legem*
þin ne com ic ofergitend Middel nihtum ic ærise
tuam non sum oblitus **62.** *Media nocte surgebam*
to anddettenne þe ofer domæs soðfestnesse þine Ic
ad confitendum tibi super iudicia iustitiae tuae **63.** *Par-*
com dielnimende eæll ondredende þe 7 gehældendræ bebodu
ticeps sum ego omnium timentium te et custodientium mandata
þine Mildheortnes þin drihten gefylled is heorðe
tua **64.** *Misericordia tua domine plena est terra*
soðfestnesse þines lere me
iustificationes tuas doce me

55. o[n], MS. *n* unfinished.   57. *min*, fin. *e* er.

208   EADWINE'S CANTERBURY PSALTER.   [PS. 118.

ꞇ

On Godnesse ðu dydes myd þeow þin drihten   efter
65. *Bonitatem   fecisti   cum   servo   tuo   domine   secundum*
word   þine   godnesse 7 ðiodscype 7 wisdom
verbum tuum   66. *Bonitatem et disciplinam et scientiam*
gelere me forðæn on bebodum þinum ic gelifde   Erðæm
doce me quia in mandatis tuis credidi   67. *Priusquam*
sie gecæðmedeþ   ic   forlete   forðæn   gesprecæ   þine   ic
humiliarer   ego   deliqui   propterea   eloquium   tuum   ego
geheælde   god wes ðu drihten 7 on godnesse þine
custodivi   68. *Bonus es tu domine et in bonitate tua*
lere me rihtwisnesse þine   Gemonifaldod is ofer me
doce me iustificationes tuas   69. *Multiplicata est super me*
on unriht oferhydigræ ic   eællengæ on eælre heortæn min
iniquitas superborum ego   *autem in toto corde meo*
ic smeæge bebodu þine   Gerunnen is swæ meolc
scrutabor mandata tua   70. *Coagolatum est ,sicut lac*
heorte heræ ic soðlice ewe þin biom smeægende
cor eorum ego vero legem tuam meditatus sum
   God me deð þu geeædmeddes me ðet ic geliornige
71. *Bonum michi quod humiliasti me ut discerem*
soðfestnesse þine   god me iewe muð þin ofer
iustificationes tuas   72. *Bonum michi lex oris tui super*
þusendæ goldes 7 seolfres
milia auri et argenti

᾽

   ho[n]dan þine drihten dydon ł wrohton me 7 gewlitegodon
73. *Manus tuae   fecerunt   me et plasmaverunt*
me Sele me andgiet þet ic leornige bebod þine
me da michi intellectum ut discam mandata tua
   þæ þe ondredæþ ðe gesioð me 7 blissiæð forðæn on
74. *Qui timent te videbunt me et laetabuntur quia in*
worde þinum ic gewene   Ic oncneow drihten forðæn
verbum tuum speravi   75. *Cognovi domine quia*
emlicnes dom þine 7 on soþfestnesse ðinre gecædmeddes me
aequitas iudicia tua et in veritate tua humiliasti me

65. *On* by Cor.   70. *is* nearly er.   73. *hodan* by Cor.   The Latin to
drihten dotted for er.

Sie nu mildheortnes ðine drihten 7 frefrende me
76. *Fiat nunc misericordia tua domine ut consoletur me*
efter gesprece þine þ[e]ow þin Cume me
secundum eloquium tuum servo tuo **77.** *Veniant michi*
mildsæ ðine 7 ic libbe forþæn ewe þine smeægende min is
miserationes tuae et vivam quia lex tua meditatio mea est
Sien gesciende þæ oferhydgæn forðæn on unriht unrihtnesse
78. *Confundantur superbi quia iniuste iniquitatem*
fidydon on me ic soðlice 7 ic bio gængen on bebodum þinum
fecerunt in me ego autem exercebor in mandatis tuis
Sien gescirrede to me 7 þæ ðe ondredæþ þe 7 ðæ þe ne
79. *Convertantur ad me qui timent te et qui*
witon kyþnesse þine Sie heorte min unwemme
noverunt testimonia tua **80.** *Fiat cor meum inmaculatum*
on þinum soþfestnesse þette ne sie gesciended
in tuis iustificationibus ut non confundar

ⴢ

Aspræng on helo þine sæwl min 7 on worde þin
81. *Defecit in salutari tuo anima mea et in verbum tuum*
ic wene Æsprungon eægæn mine on gesprece þine
speravi **82.** *Defecerunt oculi mei in eloquio tuo*
cweþende hwonne ðu bisð frefrende me Forðæn
dicentes quando consolaberis me **83.** *Quia*
geworden ic eom swæ bytte on hrime sodfestnesse þine ne
factus sum sicut uter in pruina iustificationes tuas non
eom ic ofergitende hu moniga sindon dægæs þiow
sum oblitus **84.** *Quot sunt dies servi*
þine hwonne dest be me ehtendum dom Se-
tui quando facies de persequentibus me iudicium **85.** *Narra-*
don me unriht gesprecæ æc nes swæ þet ie ðin drihten
verunt michi iniqui fabulationes sed non ita ut lex tua domine
Eællæ bebod ðin soðfestnes unriht ehtende sindon me
86. *Omnia mandata tua veritas iniqui persecuti sunt me*
gefultome me hwene lies geendodon me on
adiuva me **87.** *Paulo minus consummaverunt me in*

79. *gescirrede*, so MS.   82. *bisð*, so MS.   83. *bytte*, MS. = orig. *kylle*
altered to *bytte* by cor.   85. *ie*, so MS. orig.; the *e* connected later with
the *i* by two strokes (to make it into *æ*?).

P

corðæ ic soðlice ne forlct þu bebodu þine   efter
terra ego vero non dereliqui mandata tua   88. Secundum
mildheortnes þin geliffeste me þet ic geheælde gewitnesse
misericordiam tuam vivifica me ut custodiam testimonia
muð þin
oris tui

♭

       ecnesse drihten þurhwunæþ word þin on hefonum
89. In aeternum domine permanet verbum tuum in caelo
      7 On worold æworlde soðfestnes þin þu gestæðolodes
90. Et in seculum seculi veritas tua   Fundasti
eorðæn 7 þurhwunæþ   endebyrdnes þin forwurdon
terram et permanet   91. ordinatione tua perseverat
dægæs forðæn eælle þeowigæþ ðe   Nimðe ðet ewe
dies quoniam omnia serviunt tibi   92. Nisi quod lex
þin smeung min is þonne is þes wen ic forwiorðe on
tua meditatio mea est tunc forsitan perissem in
eædmodnesse minre   On ecnesse ne bio ofergitende
humilitate mea   93. In aeternum non obliviscar
soðfestnesse þine forðæn on him geliffeste me   ðin
iustificationes tuas quia in ipsis vivificasti me   94. Tuus
com ic hælne me do forðæn soðfestnes þine ic sohte
sum ego salvum me fac quia iustificationes tuas exquisivi
       Me onbydon þæ fierenfullæn þette forspilden me kyþ-
95. Me expectaverunt peccatores ut perderent me testi-
nesse þine ic ongiet   Eælre geendunge gesioh
monia tua intellexi   96. Omni consummationi vidi
ende bredæ bebod þin swiþe
finem latum mandatum tuum nimis

מ

        þu lufodes æwe þine drihten eælne deg smeæ-
97. Quomodo dilexi legem tuam domine tota die medi-
gung min is   Ofer fiend min snytro me
tatio mea est   98. Super inimicos meos prudentem me
ðu dydest bebod ðin forðæn on ecnesse me is   Ofer
fecisti mandato tuo quia in aeternum michi est 99. Super

88. þet, MS. = ðet.   90. On, MS. = Ond.

PS. 118.] EADWINE'S CANTERBURY PSALTER. 211

eælle licrende me ondgiet forðæn gewitnesse þine smeægung
omnes docentes me intellexi quia testimonia tua meditatio
min is　　　Ofer yldræn ongiet forðæ[n] bebod þine
mea est **100.** *Super seniores intellexi quia mandata tua*
ic sohte　　　From eælum wegæs yfele ic bewererede
exquisivi **101.** *Ab omni via mala prohibui*
fet mine þet ic gehælde word þin　　　From dome
pedes meos ut custodiam verba tua **102.** *A iudiciis*
þinum ne behylde forðæn þu æwe gesettes　　　hu
tuis non declinavi quia tu legem posuisti michi **103.** *Quam*
swetæ gomum minum gesprecæ þin drihten ofer huni 7 biebred
dulcia faucibus meis eloquia tua domine super mel et favum
muð min　　　from bebodum þinum ongiet forþæn
ori meo **104.** *A mandatis tuis intellexi propterea*
fioung hebbe　eælne　weg　unrihtnesse　forðæn　þu ewe
odio habui omnem viam iniquitatis quoniam tu legem
gesettes me
posuisti michi

ב

　　　fotum minum word þin drihten 7 lioht
105. *Lucerna pedibus meis verbum tuum domine et lumen*
stigæ minum　　　Ic swor 7 ic gesette to gehældenne
semitis meis **106.** *Iuravi et statui custodire*
dom sodfestnesse ðine　　　geeædmedded ic eom lenge
iudicia iustitiae tuae **107.** *Humiliatus sum usque*
swiðor drihten geliffeste me　efter　word　þin　　　Wil-
quaque domine vivifica me secundum verbum tuum **108.** *Vo-*
sumlice muð min wylnungæ do drihten 7　dom　ðin liere
luntaria oris mei beneplacita fac domine et iudicia tua doce
me　　　sæwlæ mine on hændæ þinum simle 7 cwe
me **109.** *Anima mea in manibus tuis semper et legem*
þine ic ne eom ofergitend　　　Gesetton þæ fyrænfullæn
tuam non sum oblitus **110.** *Posuerunt peccatores*
gegrine me 7 from gebodum þinum ne gedwolode　　　yrfe-
laqueos michi et a mandatis tuis non erravi **111.** *Hae-*
weærdnesse to ic sohte kyðnesse ðine on ecnesse forðæn
reditate adquisivi testimonia tua in eternum quia

101. *bewererede,* so MS.

P 2

212 EADWINE'S CANTERBURY PSALTER. [PS. 118.

winsumnesse heorte min sindon Onhylde heorte mine
exultatio cordis mei sunt 112. Inclinavi cor meum
to donne soðfestnesse þine on ecnesse forðæn edleænunge
ad faciendas iustificationes tuas in aeternum propter retributionem

ɔ

Vnrichtwise fioung hefð 7 ewe þine ic lufode To
113. Iniquos odio habui et legem tuam dilexi 114. Adfultome 7 onfeng min wes þu 7 on worde þinum ic gewene
iutor et susceptor meus es tu et in verbum tuum speravi
Onhyldæþ from me þæ wirhdæn 7 smeægen bebodu godes
115. Declinate a me maligni et scrutabor mandata dei
mines Onfoh me efter gesprec þin 7 libbe
mei 116. Suscipe me secundum eloquium tuum et vivam
7 ne gescynde me from gesihþe minre gefultumæ
et ne confundas me ab expectatione mea 117. Adiuva
me 7 hæl ic biom 7 ic smeæge on ðinum soðfestnesse sinble
me et salvus ero et meditabor in tuis iustificationibus semper
ðu hyrwdes eælle niðerstigende from soþfestnesse þinum
118. Sprevisti omnes discedentes a iustificationibus tuis
forþæn þæ unsoðfestæn geþoht hieræ is Oferliorende
quia iniusta cogitatio eorum est 119. Prevaricantes
geteælde eælle fyrenfulle eorþe forðæn þu lufodes kiðnesse
reputavi omnes peccatores terrae ideo dilexi testimonia
þine gefestnæ ege þinne flesc minum from
tua 120. Infige timore tuo carnes meas a
domum soðlice þinum ondriet
iudiciis enim tuis timui

y

Ic dyde dom 7 soðfestnesse ne sele þu me from me
121. Feci iudicium et iustitiam ne tradas me perseehtendum Ic gesceæs þiow þinne on god þte
quentibus me 122. Elige servum tuum in bonum ut
ne sien heærmcweþende me oferhydige Eægæn
non calumnientur michi superbi 123. Oculi
mine æsprungon on helo þine 7 on gesprecum soðfestnesse
mei defecerunt in salutari tuo et in eloquio iustitiae

113. Vnrichtwise prob. by Cor. 114. þu, upper part of þ er. 117.
sínble, so MS. 121. from, r from some other let. 122. gesceœs, so MS.

PS. 118.] EADWINE'S CANTERBURY PSALTER. 213

ðine   dó myd þeowe þinum   efter   mildheortnes
tuae   124. *Fac cum servo   tuo   secundum misericordiam*
þine 7 soðfestnesse ðine liere me   þiow ðin com
tuam et iustificationes tuas doce me   125. *Servus tuus sum*
ic sele me   andgiet ðet ic wite kyðnesse þine   Tyde
ego da michi intellectum ut sciam testimonia tua 126. *Tempus*
doende drihten tostencton unriht ewe ðine   Forðæn
faciendi domine dissipaverunt iniqui legem tuam   127. *Ideo*
þu lufodes bebod þin ofer gold 7 seærogim   Fore-
dilexi   mandata tua super aurum et topazion   128. *Prop-*
þæn 7 eælle bebodo þine ic recce æghwylcne weg unriht
terea ad omnia mandata tua dirigebar omnem   viam iniquam
fiounge hiefde
odio habui

Ð

    Wunderlice kyðnesse þine drihten forðæn smeægende is
129. *Mirabilia testimonia tua domine   ideo   scrutata est*
    sæwl min   byrhtnes   wordæ   þinræ   onlihte
ea anima mea   130. *Declaratio sermonum tuorum inluminat*
me 7 ongiet seleð litlengum   Muþ min ontiene 7
me et intellectum dat parvulis   131. *Os   meum aperui et*
wiðteæh gæst forðan bebod þin ic willnige   locæ
adtraxi spiritum quia mandata tua desiderabam   132. *Aspice*
on me 7 miltsæ me   efter   lufiendræ dom 7 nomæn
in me et miserere mei secundum iudicium diligentium   nomen
þinre   Steæpæs mine gerece   efter   gesprec þin
tuum   133. *Gressus meos dirige secundum eloquium tuum*
þet ne sie wældend min eælle on unrihtwisnesse   Ælise
ut non dominetur mei omnis   iniustitia   134. *Redime*
me   heærmcwidolnesse mænno þet ic gehælde bebod þin
me a   calumniis   hominum ut custodiam mandata tua
      Onsien þin   onlihte   ofer   þiow ðinne 7 liere me
135. *Faciem tuam inlumina super servum tuum et doce me*
soðfestnesse þine   Utgæð wætræ   ferdon   eægæn
iustificationes tuas   136. *Exitus aquarum transierunt oculi*
min forðæn ne geheldon ewe þine
mei quia non custodierunt legem tuam

126. *unriht*, *r* from some other let.   133. *þet*, MS. = ꝥet.   135. About
two lett. er bef. *þiow*.

׳

Rihtwis is drihten 7 rihtwis dom þinne behodu
137. *Iustus es domine et rectum iudicium tuum* **138.** *Mandasti*
soðfestnesse kyðnesse þine 7 soðfestnesse þine swiðe
iustitiam testimonia tua et veritatem tuam nimis
Onegæn me dyde ellenwodnes hus þin forðæn ofergiten
139. *Tabescere me fecit zelus domus tuae quia obliti*
sindon word þine fiend mine gesprecæ
sunt *verba tua inimici mei* **140.** *Ignitum eloquium*
þin swiðe 7 þeow þin lufode þet Min
tuum vehementer et servus tuus dilexit illud **141.** *Adoles-*
ungleæwnes ic com 7 hirwnessæ soðfestnesse þine ne
centior ego sum et contemptus iustificationes tuas non
eom ic ofergitend Soþfestnes þine drihten soðfestnesse
sum oblitus **142.** *Iustitia tua domine iustitia*
on ecnesse 7 ewe þine sodfestnes Eærfoþnes 7
in aeternum et lex tua veritas **143.** *Tribulatio et*
neærones gemetton me bebodæ soþlice þin smeæung min is
angustia invenerunt me mandata autem tua meditatio mea est
Emlicnes gewitnesse þin on ecnesse 7 ondgiet sele
144. *Equitas testimonia tua in aeternum et intellectum da*
me 7 ic libbe
michi et vivam

ף

Ic clepode on cælre heortæn min gehire me drihten
145. *Clamavi in toto corde meo exaudi me domine*
soðfestnesse þines ic sece Ic clipie to þe hælne
iustificationes tuas requiram **146.** *Clamavi ad te salvum*
me do þet ic geheælde bebodu þine Forecom on
me fac ut custodiam mandata tua **147.** *Preveni in*
hrædlicnesse 7 ic clipige 7 on worde þinum ic gewene
maturitate et clamavi et in verbum tuum speravi
Forecomon eægæn min to þe on mergen þet hie smeægen
148. *Prevenerunt oculi mei ad te diluculo ut meditarer*
gespreco ðine Stefne mine gehire drihten efter
eloquia tua **149.** *Vocem meam exaudi domine secundum*
mildheortnesse ðine 7 efter dom þin geliffeste me
misericordiam tuam et secundum iudicium tuum vivifica me

Toneæleæcton ehtende me unriht from ewe soþlice
150. *Appropiaverunt persequentes me iniqui a lege autem*
þine fiorr gewordenne sindon Neæh is þu drihten
tua longe facti sunt **151.** *Prope es tu domine*
7 eælre bebod þin soþfestnesse On frumæn ic oncneow
et omnia mandata tua veritas **52.** *Initio cognovi*
be kyþnesse þinum forðæn on ecnesse gestæþole þæ
de testimoniis tuis quia in eternum fundasti ea

ר

gesioh eæþmodnesse mine 7 genere me forðæn ewe þine
153. *Vide humilitatem meam et eripe me quia legem tuam*
ne eom ic ofergitend deme 7 dom minne 7
non sum oblitus **154.** *Iudica iudicium meum et*
ælise me fore gesprecum þinum geliffeste me Fiorr
redime me propter eloquium tuum vivifica me **155.** *Longe*
is fræm þæm fyrenfullæn helo forðæn soðfestnesse ðine ne
est a peccatoribus salus quia iustificationes tuas non
sohton Miltsæ ðine monige swiþe drihten
exquisierunt **156.** *Miserationes tuae multe nimis domine*
efter dome þinne geliffeste me Monigæ
secundum iudicium tuum vivifica me **157.** *Multi*
ehtende me 7 eærfoþiende me from kyþnessum þinum ne
persequentes me et tribulantes me a testimoniis tuis non
onhyld gesioþ ne eælles wero 7 onege
declinavi **158.** *Vidi non servantes pactum et tabescebam*
forðæn gespree þin ne gehælden gesioh forðæn
quia eloquia tua non custodierunt **159.** *Vide quia*
bebod þin ic lufode drihten on þin mildheortnes geliffeste
mandata tua dilexi domine in tua misericordia vivifica
me Eældordom wordæ ðinræ soðfestnes on
me **160.** *Principium verborum tuorum veritas in*
ecnesse eællræ domæs soþfestnesse þine
eternum omnia iudicia iustitiae tuae

ש

ehtende sindon me swiþe 7 from wordum þinum
161. *Principes persecuti sunt me gratis et a verbis tuis*

154. *deme*, first *e* prob. from *o*.

216 EADWINE'S CANTERBURY PSALTER. [PS. 118.

onegæn heorte min   blissige ic ofer gesprecæ
formidavit cor meum   **162.** *Letabor ego super eloquia*
þine swæ ðæ cymeþ reæflæc micel   Unrihtnesse
tua sicut qui invenit spolia multa   **163.** *Iniquitatem*
fiongæ ic hebbe 7 fræm ðæm weældendum ewe soþlice þine
odio habui et abominatus sum legem autem tuam
ic lufode   Seofæn siþum on deg   lof   ic cwiþe þe
dilexi   **164.** *Septies in die laudem dixi tibi*
ofer dom soþfestnesse þine   Sib micel lufigende
super iudicia iustitiae tuae   **165.** *Pax multa diligentibus*
ewe þin drihten 7 ne is on him geswic   Ic onbide
legem tuam domine et non est in illis scandalum   **166.** *Expectabam*
helo ðine drihten 7 bebod þin ic lufode   gehylt
salutare tuum domine et mandata tua dilexi   **167.** *Custodivit*
sæwl min kyþnesse þine 7 lufode ðæ swiðe   Ic gehiold
anima mea testimonia tua et dilexit ea vehementer   **168.** *Servavi*
bebodu þine 7 kyþnesse þine forðæn cælle wegas mine on
mandata tua et testimonia tua quia omnes viae meae in
gesihþe þine drihten
conspectu tuo domine

               ɲ

           gebed min on gesichþe þinre drihten
169. *Appropinquet oratio mea in conspectu tuo domine*
efter gesprecæn þinræ sele me ondgiet   Ongonge
secundum eloquium tuum da michi intellectum   **170.** *Intret*
gebed min on gesihþe þine drihtne efter gesprecæ
postulatio mea in conspectu tuo domine secundum eloquium
þinum genere me   Uproccæntæð weleræs mine ymen
tuum eripe me   **171.** *Eructuabunt labia mea ymnum*
ðone þu lierest me soþfestnes ðine   Forekyðæþ
dum docueris me iustificationes tuas   **172.** *Pronuntiabit*
tungæ min gespreeæ þine forðæn cælle bebodu þin emlicnes
lingua mea eloquia tua quia omnia mandata tua aequitas
       Sie hændæ þinæ ðette hælne me gedo forðæn bebodu
173. *Fiat manus tua ut salvum me facias quia mandata*
ðine ic gesceæs   wilnæþ helo þine drihten 7 ewe
tua elegi   **174.** *Concupivi salutare tuum domine et lex*
þine smeæung min is   lifæþ sæwl min 7 ic herige
tua meditatio mea est   **175.** *Vivet anima mea et laudabit*

170. *Ongonge*, e from o?   173. *gesceœs*, so MS.

PS. 120.] EADWINE'S CANTERBURY PSALTER. 217

þe 7 domæs ðine tofultomien me Gedwolode swæ
te et iudicia tua adiuvabunt me 176. *Erravi sicut*
sceæp þæ forwiorðæþ ic sece diow þinne drihten forðæn
ovis quae perierat require servum tuum domine quia
bebodu ðine neom ofergiten
mandata tua non sum oblitus

119.

drihtne   ic bio gecærfogædoð ic clipie 7 gehiere me
Ad dominum dum   tribularer   clamavi et exaudivit me
drihten gefrilsæ   sæwlæ   mine from welerum unrihtum 7
2. *Domine libera animam meam a labiis iniquis et*
from tungæn inwidre   ðet bid sellende þe oððet hwet
a lingua dolosa 3. *Quid detur tibi aut quid*
to bið geseteþ ðe 7 from tungæn inwidre   Strelæ mihtæ
adponatur tibi a lingua dolosa 4. *Sagitte potentis*
sceærpe mid gledum   Eow me forðæn
acute cum carbonibus desolatoriis 5. *Heu me quod*
onwrecscipes mines forebredeþ is eærdunge mid eærdigendum
incolatus meus prolongatus est habitavi cum habitantibus
cedron   micel On elðiodgum wes sæwl min   Mid
cedar 6. *multum incola fuit anima mea* 7. *Cum*
þisum ðæ fiogæþ sibbe ic bio gesibsum midðic ic sprece him
his qui oderunt pacem eram pacificus dum loquebar illis
onfuhton me swiðe
inpugnabant me gratis

120.

           eægæn mine to dunum hwænon cume fultum
1. *Levavi oculos meos ad montes unde veniat auxilium*
me   Fultum minne from drihtne se worhte hefon 7
michi 2. *Auxilium meum a domino qui fecit caelum et*
eorþæn   Ne seleþ onwendnesse fotum þinum nemne
terram 3. *Non det in commotionem pedem tuum neque*
slepeþ þæ gehielt ðe   Eællengæ ne slæpæþ ðælies
obdormiet qui custodit te 4. *Ecce non dormitabit neque*
slæpæþ þæ gehelt isræhel   drihten gehylt þe drihten
obdormiet qui custodit israel 5. *Dominus custodit te dominus*

175. *me* repeated. 176. *sece*, final *e* from *g*. 120. 4. *gehelt*, second *e* from *i*.

forescyldnes ðin ofer hænd swiðre ðin þurh deg
protectio   tua super   manum   dexteram tuam **6.** *Per diem*
sunne ne bierneþ þe ðylies monæ ðurh niht drihten
sol   non   uret   te neque luna per noctem   **7.** *Dominus*
gehielt ðe from cællum yfel gehcrælde sæwle þine drihten
custodit te ab   omni   malo custodiat animam tuam dominus
drihten gehcrælde on ingonge þinum 7 utgonge þinum ob
8. *Dominus custodiat introitum tuum et exitum tuum ex*
þisum nu 7 oððet on worold
hoc   nunc et usque in seculum

121.

Ic blitsige on þysum þæ gecweðene syndon to me on
Letatus sum   in   his quae dicta   sunt   michi   in
huse drihtnes we gað Stondende bioð fiet ure on
domum domini ibimus   **2.** *Stantes erant pedes nostri in*
cæfortunum þinum ierusælem hierusælem sio is getymbred
atriis   tuis   ierusalem   **3.** *Ierusalem quae aedificatur*
þet þæ cæstre þies delnimende his on ðet selfe ðæræ
ut civitas cuius participatio eius in id ipsum   **4.** *Illuc*
soðlice æstigon mægþo mægþo drihten kyþnessæ on
enim ascenderunt tribus tribus domini testimonium in
isræhelum to anddettenne nomon ðinum Forðæn þier
israel   ad confitendum nomini tuo   **5.** *Quia illic*
sieton setl on dome setle ofer hus dæuides biddæð
sederunt sedes in iudicio sedes super domum david   **6.** *Rogate*
ðæ to sibbe sindon on ierusælem 7 genihtsumnesse lufigende
quae ad pacem sunt in ierusalem et abundantia diligentibus
þe   Sic sib on meigne þine 7 genihtsumnes on torrum
te   **7.** *Fiat pax in virtute tua et habundantia in turribus*
þinum   Forðæn broþor min 7 þæ nixtæn mine 7 ic sprece
tuis   **8.** *Propter fratres meos et proximos meos loquebar*
sibbe be þe   Forðæn hus drihtnes godes ure
pacem de te   **9.** *Propter domum domini dei   nostri*
forðæn him god ðe
quesivi bona tibi

121. After *blitsige* is *ic eom on him* underlined for er., *him* having an additional line drawn through it. *we gað* in pl. of er. 3. *þies*, cf. note to *ic* (118: 85).   6. *geniht-*, MS. = *gemiht*.

122.

To þe ic uphebbe cægæn mine ðu eærdæst on heofonum
1. *Ad te levavi oculos meos qui habitas in caelo*

Eællengæ swæ eægæn deowæ on hændum wcældendræ
2. *Ecce sicut oculi servorum in manibus dominorum*

hiræ swæ eægæn ðiowenne on hændum drihten hieræ swæ
suorum Et sicut oculi ancille in manibus domine suae ita

cægæn uræ to drihten gode urum oððet miltsiend us
oculi nostri ad dominum deum nostrum donec misereatur nobis

Miltsie us drihten miltsige us forðæn micelice gefilledc
3. *Miserere nobis domine miserere nobis quia multum repleti*

we sindon 7 hirwnesseum 7 micelice gefilled is sæwl
sumus contemptione 4. *Et multum repleta est anima*

uræ edwid genihtsumnes 7 forsiewen ðæ oferhidgæn
nostra obprobrium abundantibus et despectio superbis

123.

Nimðe ðet drihten wes on us cweðæþ nu isræhelc
1. *nisi quod dominus erat in nobis dicat nunc israel*

nimþe forðæn drihten wes on us Midti æriseþ
2. *nisi quia dominus erat in nobis Dum insurgerent*

men on us ic ðies wen lifiende to beswelgenne æh
homines in nos 3. *forsitan vivos deglutissent*

næ us Midti bið irsiendæ sæwlæ hiræ wið us
nos Dum irasceretur animus eorum adversum nos

ic ðies wen oððet weter wiðset æhnæ us Rinnelle
4. *forsitan velut aqua obsorbuissent nos* 5. *Torrentem*

ðurhferð sæwl ure ic ðies wien þurhferæþ sæwle ure
pertransivit anima nostra forsitan pertransisset anima nostra

weter unæriefnedlic gebletsie drihten ðæ seleþ
aquam intolerabilem 6. *Benedictus dominus qui non dedit*

us hieftniede toðum hiræ Sæwlæ ure swæ
nos in captionem dentibus eorum 7. *Anima nostra sicut*

speræwæ gegripen is be grine atriendum gegrino getirged is
passer erepta est de laqueo venantium Laqueus contritus est

7 us gefriolsede we sindon to fultome urum on nomæn
et nos liberati sumus 8. *adiutorium nostrum in nomine*

drihtnes se worhte hefon 7 eorðæn
domini qui fecit celum et terram

124.

getriewæþ on drihten swæ dun syon ne bið onwendeþ
Qui confidunt in domino sicut mons syon non commovebitur
on ecnesse se eærdæþ on hierusælem dunæ on
in aeternum qui habitat 2. *in ierusalem Montes in*
ymbegonge his 7 drihten on ymbegonge folces his ob þisum
circuitu eius et dominus in circuitu populi sui ex hoc
nu 7 oððet on world Forðæn ne forleteþ drihten
nunc et usque in seculum 3. *Quia non derelinquet dominus*
gierde firenfulræ ofer hlyt soðfestræ ðet ne æðenigæþ
virgam peccatorum super sortem iustorum ut non extendant
soðfeste to unrihtnesse hændæ his wel do drihten god
iusti ad iniquitatem manus suas 4. *bene fac domine bonis*
7 rihte heortæn Onhildende soðlice to ofergitnesse
et rectis corde 5. *Declinantes autem ad obligationem*
togeledeþ drihten myd wyrcendum unrihtnes sibb ofer
adducet dominus cum operantibus iniquitatem pax super
isræhele
israel

125.

cyrrende drihten hieftnied syon gewordene sindon swæ
In convertendo dominus captivitatem syon facti sumus sicut
efnfrefrende ðonne gefylled is gefcæn muð ure 7
consolati 2. *Tunc repletum est gaudio os nostrum et*
tungæ ure on winsumiæþ ðonne cweðæþ betwioh þiodæ mi-
lingua nostra in exultatione Tunc dicent inter gentes mag-
clæþ drihten don mid him miclæþ drihten
nificavit dominus facere cum illis 3. *magnificavit dominus*
don us mid gewordenne we sindon blissiende Gecirre
facere nobiscum facti sumus letantes 4. *Converte*
drihten hæftnied uræ swæ rinnellæ on rodre ðæ ðæ
domine captivitatem nostram sicut torrens in austro 5. *Qui*
sæwæþ on tæærum on gefeæn ripæþ utgongende 7
seminant in lacrimis in gaudio metent 6. *euntes ibant et*
wepæþ sendende sed hiræ Cumende soðlice cumæþ on
flebant mittentes semina sua Venientes autem venient in
hyhte berende his deðæ
exultatione portantes manipulos suos

124. 2. *ymbe-* (1st), MS. = *ynbe*. 3. *hlyt*, part of a false let. betw. *y* and *t*.

126.

drihten tymbreþ hus on ydelnesse winnæþ ðæ tym-
Nisi dominus edificaverit domum in vanum laborant qui aedi-
bræð ðæ Nimme drihten gehylt ceæstre on ydelnesse
ficant eam Nisi dominus custodierit civitatem in vanum
wæciæþ ðæ gehældæþ ðæ On ydelnesse is eow beforæn
vigilant qui custodiunt eam   2. *In vanum est vobis ante*
liohte ærison ærisoþ efterðæm te sittæð ðæ etæþ
lucem surgere surgite postquam sederitis qui manducatis
hlæf særes Midti þe seleþ ðæm liofastæn his slep þios
panem doloris Cum dederit dilectis suis somnum 3. *haec*
is yrfewcærd drihtnes beærn egnwirhtæ westmæ innoðes
est haereditas domini filii mercis fructus ventris
swæ strielæ on hændæ mihtig swæ beærn onscuniendræ
4. *Sicut sagitte in manu potentis ita et filii excussorum*
Eædige wer se gefylleþ willæþ his on him ne
5. *Beatus vir qui implebit desiderium suum ex ipsis non*
bið gescynded mid ic sprece fiond his on gætæ
confundetur dum loquetur inimicis suis in porta

127.

eælle ðæ ðe ondredæð drihten ðæ gongæþ on
Beati omnes qui timent dominum qui ambulant in
wegum his Gewin wes[t]m ðinræ þu etaþ Eædig
viis eius 2. *Labores fructum tuorum manducabis beatus*
ðu biist 7 wel þe bið [Wi]f ðin swæ lif geniht-
es *et bene tibi erit* 3. *Uxor tua sicut vitis abun-*
sumnes on heælfum hus ðin beærn þin swæ niwræ elebergennæ
dans in lateribus domus tuae Filii tui sicut novella olivarum
on ymbegonnge gemetes þines Gesihþe swæ sie gebletsod
in circuitu mense tuae 4. *Ecce sic benedicetur*
eælle mon þe ondret drihten Gebletsige þe drihten
omnis homo qui timet dominum 5. *Benedicat te dominus*
ob syon 7 gesioð ðæ godæ sindon on hierusælem cællum
ex syon et videas quae bona sunt in ierusalem omnibus

126. 3. *egn-*, *g* from some other let.   127. 3. [*Wi*]*f*, two lett. er. where
indicated. *elebergennæ* in pl.. of er.   5. *bona* repeated, first with line drawn
through it and second dotted.

222 EADWINE'S CANTERBURY PSALTER. [PS. 129.

dægum lif ðin   7 gesihst beærn beærnæ þinre
diebus vitae tuae   6. *Et videas filios filiorum tuorum*
sib ofer isræhele
pax super israel
                      128.

    gefuhton   me from   gigoþe   minre cweðæþ   nu
Sepe expugnaverunt me   a   iuventute mea   dicat   nunc
isræhel   gelomlice   fuhton   me from giogoþe
israel   2. *sepe   expugnaverunt   me   a   iuventute*
minre 7 soðlice   ne   mihton   me   Ofer   hrycg
mea etenim   non potuerunt michi 3. *Supra dorsum*
minne tymbrodon firenfullæ forelengnesse unrihtnesse his
meum fabricaverunt peccatores prolongaverunt iniquitates suas
    drihten soðfest reciorfe swioræn firenfulræ   sien
4. *Dominus iustus concidet cervices peccatorum*   5. *con-*
gescinde 7 gewirfede eælle ðæ ðe fiogæþ sion   wese
fundantur et revereantur omnes qui oderunt syon   6. *Fiant*
swæ   heg   getymbriendræ   þet   ærðæm utæluceþ forwisneþ
sicut foenum   edificiorum   quod priusquam evellatur   arescit
    be ðæm   ne gefilleþ hændæ   his   sæ þæ ripþ ne
7. *De quo non implebit manum suam qui metit nec sinum*
his ðæ minnæn gesomnæð   Ond ne cwedon ðæ þurh-
suum qui manipulos colliget   8. *Et non dixerunt qui pre-*
ferdon bletsung drihtnes ofer eow we bletsiæþ eow on
teribant benedictio domini super vos benediximus vobis in
nomæ drihtnes
nomine domini
                      129.

           ic clipige to þ[e] drihten   drihten
De profundis clamavi ad te domine   2. *domine*
gehire gebed   min Sien eære ðin beheældenne on gebede
exaudi orationem meam Fiant aures tuae intendentes in orationem
ðeow ðin   Gif unrihtnes ðu gehielts drihten
servi tui 3. *Si iniquitates observaveris domine domine*
se   ærefneð   Forðæn se mid ðe ærfull is 7
quis sustinebit   4. *Quia apud te propitiatio est et*
foreðæn ewe ðine ærefneþ ðe drihten ærefnede sæwlæ min
propter legem tuam sustinui te domine Sustinuit anima mea

129. 4. *propter*, MS. = *proptem*.

PS. 131.]   EADWINE'S CANTERBURY PSALTER.   223

on worde ðinum   geweneþ sæwl min on drihten
in verbum   tuum   **5.** *speravit anima mea in domino*
From gehealdenum þæm uhtlican oððet to niht gewenep
6. *A   custodia   matutina   usque ad noctem   speret*
isræhel on drihten   forðæn mid drihten mildheortnes
israel   in domino   **7.** *Quia apud dominum misericordia*
is 7 genihtsum mid him ælysnes   7   he ælisnes
est et copiosa   apud eum redemptio   **8.** *Et ipse redimet*
isræhele ob eællum unrihtnessum his
israel   ex omnibus iniquitatibus eius

130.

Drihten ne is upæhæfæn heorte min nimðe gebredde sindon
Domine non   est exaltatum   cor   meum neque   elati   sunt
eægæn mine Nimðe ic gonge on miclum nimþe on wundrum
oculi mei Neque ambulavi in   magnis neque   in mirabilibus
ofer   me   Gif ne   geeæðmedeþ   geðæfotungæ æh
super me   **2.** *Si non   humiliter   sentiebam   sed*
upæhefe sæwle   mine   swæ blissiende   ofer modor   his
exaltavi animam meam Sicut ablactatus est super matrem suam
swæ geeædleænæst on sæwle   mine   gewenep isræhele
ita   retribues   in animam meam   **3.** *Speret   israel*
on drihten ob þisum   nu   7 oððe on worold
in domino ex   hoc   nunc et usque in seculum

131.

gemyne drihten dæuides 7 eælle geðwærnessæ his   Swæ
Memento domine david et omnis mansuetudinis eius   **2.** *Sicut*
swor drihten gehæt gehet gode iæcobes   Gif ic gonge
iuravi domino votum vovit deo iacob   **3.** *Si introiero*
on eærdunge   hus   min gif ic æstige on bedde s[t]rewene
in tabernaculum domus meae si ascendero in lectum   stratus
minum   Gif ic selle   slep   eægæn minum oððe
mei   **4.** *Si   dedero   somnum oculis meis   aut*
briewum minum hncæppungæ   oððe rieste on tidum
palpebris meis dormitationem   **5.** *aut requiem temporibus*
minum Oððette gemette stowe drihtnes eærdungæ gode
meis Donec inveniam locum domino tabernaculum deo
iæcobes   Eællengæ gehiræþ þæ on eufræten onge-
iacob   **6.** *Ecce   audivimus ea in   effrata inve-*

224 EADWINE'S CANTERBURY PSALTER. [PS. 131.

metton þæ on feldæ þes wides   On ingonge
nimus ea in campis silve   **7.** *Introibimus*
on geteldungæ his we gebiddæþ on stowe hwer stodon
in tabernaculum eius adoravimus in loco ubi steterunt
fet his Ærise drihten on reste ðine ðu 7
pedes eius   **8.** *Exurge domine in requiem tuam tu et*
bogæ gehælgungæ ðino   Sæcerdos þine gegirede
archa sanctificationis tuae   **9.** *Sacerdotes tui induantur*
soðfestnessæ 7 hælige þine blissiende   Fore dæuiþ
iustitia et sancti tui laetentur   **10.** *Propter david*
ðiow þinne ne æh hwirfe onsine cristes þines   swor
servum tuum non avertas faciem christi tui   **11.** *Iuravit*
drihten dæuiþ soðfestnesse 7 ne gebrec þæ be westme
dominus david veritatem et non frustrabitur eum De fructu
innoðes ðines ic sette ofer setl min   gif geheæl-
ventris tui ponam super sedem meam   **12.** *si custo-*
dæþ beærn þin gewitnessæ min 7 kiþnessæ mine ðæs
dierint filii tui testamentum meum et testimonia mea haec
ic liere hie 7 beærn hiræ oððet on worolde seton
quae docebo eos Et filii eorum usque in seculum sedebunt
ofer setl þin   Forðæn gesceæs drihten sion
super sedem meam   **13.** *Quoniam elegit dominus syon*
foregesceæs hie on eærdungæ him   ðios rest
preelegit eam in habitationem sibi   **14.** *Haec requies*
min on worold æworolde her eærdig[e] forðæn foregesceæs
mea in seculum saeculi hic habitabo quoniam preelegi
him   Wuduwe his gebletsie bletsiæ þeærfæn his
eam   **15.** *Viduam eius benedicens benedicam pauperes eius*
ic gefylle hlæf   Sæcerd his ongirge hielo 7
saturabo panibus   **16.** *Sacerdotes eius induam salutare et*
ðæ hælgæn his hihte hihte   ðer forðgelede
sancti eius exultatione exultabunt   **17.** *Illuc producam*
horn dæuides geærwæþ blicerno xp̄o minum   Fiend
cornu david paravi lucernam christo meo   **18.** *Inimicos*
his on gerelæn anddetnes ofer hine soðlice blosmæþ gehæl-
eius induam confusione super ipsum autem florebit sancti-
gungæ mine
ficatio mea

131. 12. *þin*, Latin to this word er. and *meam* (unglossed) wr. aft. the er.
13. *gesceæs*, top part of first *s* er.   14. *eardig[e]*, a fin. let. (e or o?) indistinct.
forðæn, bottom part of *r* rubbed out.

PS. 134.] EADWINE'S CANTERBURY PSALTER. 225

132.

    hu   god   7   hu   winsum   eærdigæn broðre on
Ecce quam   bonum et   quam iocundum habitare fratres in
ænum   Swæ smirnessæ on heæfde þet   æstæh on
unum   **2.** *Sicut unguentum in capite quod descendit in*
bærbæm bærbæm ææron ðet   æstæh on muþe hre[g]l his
barbam   barbam   aaron Quod descendit in hora vestimenti eius
swæ   dreærung hermon ðet   æstæh on   dune   sion
3. *sicut   ros   hermon   qui descendit in montem syon*
Forðæn hredlice bebæd   drihten   bletsunge 7   lif
Quoniam   illic   mandavit dominus benedictionem et vitam
oðð on world
usque in seculum

133.

Efne nu gebletsige drihten eælle ðiow drihten hwilc
Ecce nunc benedicite dominum omnes   servi domini   Qui
stondeþ on huse drihtnes on cæfortune hus godes ures
statis   in   domo   domini   in   atriis   domus dei nostri
    On nihtum nimæþ hændæ eowre on hælgum 7 gebletsæ
2. *In noctibus extollite manus vestras in sancta   et benedicite*
drihten   Gebletsa   drihten ob sion se worhte
dominum   **3.** *Benedicat te dominus ex syon qui   fecit*
hefon 7 eorðæn
caelum et terram

134.

heriað nomæn drihtnes hergæþ þio[w] drihten   ðæ
Laudate nomen domini laudate servi dominum   **2.** *Qui*
stondæð on huse drihtnes on cæfortune hus godes ures
statis   in   domo   domini   in   atriis   domus dei nostri
    herigæþ drihten forðæn estig is singæþ nomæn his
3. *Laudate dominum quoniam benignus est psallite nomini eius*
forðæn   winsum   is   Forðæn iæcob gescæs him
quoniam   suavis   est   **4.** *Quoniam iacob elegit sibi*
drihten isrælele on gesetnesse him   Forðæn ic oncniew
dominus israel   in possessionem sibi   **5.** *Quia ego cognovi*
ðet micel is drihten 7 god ure fore eællum dægum
quod magnus est dominus et deus noster pre omnibus diis

132. 2. *hora*, *h* pref. later.   133. 3. *Gebletsa*, *t* wr. over the line.

Q

Eællæ swæ wylcne wolde drihten worhte on hefenum 7 on
6. *Omnia quecumque voluit dominus fecit in caelo et in*
corðæ on sie 7 on niowelnessum 7 geledeþ wolcn
terra in mari et in abyssis 7. *Et educens nubes*
from corðæn leghtu on rene worhte Se forðliedeþ
ab extremo terrae fulgura in pluviam fecit Qui producit
wind be goldhordum his se þurhsliht formæ kinn
ventos de thesauris suis 8. *qui percussit primogenita*
egypti from monnum oððet to nietenæ Sende tacnæ
aegypti ab homine usque ad pecus 9. *Misit signa*
7 forebeæcn on middæn egyptum on phæræonem 7 on
et prodigia in medio tui aegypte in pharaonem et in
cællum þiowæs his Se ðurhslihþ ðiodæ monigæ 7
omnes servos eius 10. *Qui percussit gentes multas et*
æcweleþ cininges stronge Sion kining lufu hiræ
occidit reges fortes 11. *Seon regem amorreorum et*
7 cælle rice chænææa ofsloh 7
og regem basan et omnia regna chanaan occidit 12. *Et*
seælde corðæn hiræ yrfeweærð yrfeweærð isræhelum folc
dedit terram eorum haereditatem hereditatem israel populo
his drihten nomæn þinne on ecnesse drihten
suo 13. *Domine nomen tuum in aeternum domine*
gemindbliðe on world world Forðæn demæþ
memoriale tuum in seculum seculi 14. *Quia iudicabit*
drihten folc his 7 on þiowum his bið frefrende
dominus populum suum et in servis suis consolabitur
diobulgild ðiodæ siolfor 7 gold wiorc hændæ
15. *Simulachra gentium argentum et aurum opera manuum*
monnæ Muð hæbbæþ 7 ne sprecæþ cægæn hæbbæþ
hominum 16. *Os habent et non loquentur oculos habent*
7 ne gesioð Eæræn hæbbæð 7 ne geheræþ
et non videbunt 17. *Aures habent et non audient*
nosæ hæbbæþ 7 ne gebiddæþ hændæ hæbbæþ 7 ne græpiæþ
nares habent et non odorabunt Manus habent et non palpabunt
fiet hæbbæþ 7 ne gongað Ne clipiæð on cilæn his
pedes habent et non ambulabunt Non clamabunt in gutture suo
nimþe soðlice is gæst on muþe hiræ Gelic
neque enim est spiritus in ore ipsorum 18. *Similes*

134. 8. *nietenæ*, MS. = *metenæ*. 17. *is*, *s* from *c*.

PS. 135.] EADWINE'S CANTERBURY PSALTER. 227

him sien ðæ ðe doþ 7 eælle ðæ getriwæþ on his
illis fiant qui faciunt ea et omnes qui confidunt in eis
hus gebletsige drihten hus ææron bletsie
19. *Domus israel benedicite dominum domus aaron benedicite*
drihten hus ðenæs bletsiæ drihten dæ
dominum **20.** *domus levi benedicite dominum Qui*
ondredæþ drihten bletsige drihten gebletsige
timetis dominum benedicite dominum **21.** *benedictus*
drihten ob syon se cærðæð on hierusælem
dominus ex syon qui habitat in ierusalem

135.

Audęttęð drihten forðæn god forðæn on world mild-
Confitemini domino quoniam bonus quoniam in seculum miseri-
heortnes his Ondettæþ gode godæ forð
cordia eius **2.** *Confitemini deo deorum quoniam*
Ondettæþ drihten weældendra forþ Se worhte
3. *Confitemini domino dominorum quoniam* **4.** *Qui fecit*
wundor micel ænæ forþ Se worhte wundor on
mirabilia magna solus quoniam **5.** *Qui fecit caelos in*
andgicte Se gestæþolode corðæn ofer
intellectu quoniam **6.** *Qui fundavit terram super*
wet' Se geworhte lioht micel ænæ
aquas quoniam **7.** *Qui fecit luminaria magna solus*
Sunne on mihte dægæs Monæ
quoniam **8.** *Solem in potestatem diei quoniam* **9.** *Lunam*
7 steorræn on mihte nihtæ Se þurh-
et stellas in potestatem noctis quoniam **10.** *Qui per-*
slihþ egyptum mid ealdormon hiræ 7
cussit aegyptum cum primitivis eorum quoniam **11.** *Et*
geledde ob midlene hiræ On hændæ
eduxit israel de medio eius quoniam **12.** *In manu*
strængæ 7 cærm hihþo Se todieleþ on sie reædre
forti et brachio excelso **13.** *Qui divisit mare rubrum*
on todelnes 7 geledeþ þurh midlum
in divisiones quoniam **14.** *Et eduxit israel per medium*
his 7 wered his
eius quoniam **15.** *Et excussit pharaonem et exercitum eius*

135. *Audęttęd* by Cor.? 6. MS. = *wet'*. 8. *Sunne*, S (capital) er. twice
bef. this word.

Q 2

228 EADWINE'S CANTERBURY PSALTER. [PS. 136.

on sic riedre Se þurhledde folc
in mari rubro quoniam **16.** *Qui transduxit populum*
h[i]ræ þurh westæn Se geledde wetere ob
suum per desertum quoniam **17.** *Qui eduxit aquam de*
stæne rupis Se þurhsloh kiningæs micele
petra rupis quoniam Qui percussit reges magnos quoniam
7 æcweælde kiningæ wundor Seon
18. *Et occidit reges mirabiles quoniam* **19.** *Seon*
kining lufu hiræ 7 þet ewed bæson
regem amorreorum quoniam **20.** *Et og regem basan*
7 seælde corðæn hiræ yrfeweærð
quoniam **21.** *Et dedit terram eorum haereditatem quoniam*
Yrfeweærd isræhele þiow his Forðæn
22. *Haereditatem israel servo suo quoniam* **23.** *Quia*
on eæþmedum urum gemindig wes þu uræ drihten
in humilitate nostra memor fuit nostri dominus quoniam
7 æliesc us ob hændum fiondæ urræ
24. *Et redemit nos de manu inimicorum nostrorum quoniam*
Se seleþ mete egwylcum fliesce and-
25. *Qui dat escam omni carni quoniam* **26.** *Con-*
dettæþ gode heofonæs anddettæþ drihtne wcældende
fitemini deo celi quoniam Confitemini domino dominorum
forðon on worold mildheortnesse his
quoniam in seculum misericordia eius

136.

Ofer streæmæs bæbilonis þer we seton 7 wepon mid gemin-
1. *Super flumina babylonis illic sedimus et flevimus dum recor-*
dige þin sion On singendum on middæn his
daremur tui syon **2.** *In sallicibus in medio eius*
we hengon swegas ure Forðæn þer æxodon
suspendimus organa nostra **3.** *Quia illic interrogaverunt*
us ðæ heftniþ eow geleddon us word singendræ 7 ðæ
nos qui captivos duxerunt nos verba cantionum et qui
geleddon us Ymen singæþ us be þæm cwidum syon
abduxerunt nos Ymnum cantate nobis de canticis syon

---

20. Aft. *quoniam* is '*Et omnia regna chanáán occidit quoniam*' (all dotted);
7 *ewllæ* glosses *Et omnia*, but is not dotted.   23. *uræ*, MS. looks like
urie, prps. on account of top part of *a* being rubbed out.

PS. 137.] EADWINE'S CANTERBURY PSALTER. 229

    hu   we singæþ   singæþ   drihtne on corðæn ðæ fremdæn
4. *quomodo cantabimus canticum domini   in terra   aliena*
    Gif ofergietend ic bio þines   ofergietend me swidre
5. *Si oblitus fuero tui ierusalem obliviscatur me dextera*
  me   7 ic ætbio tunge min gomum minum gif ic ne bio
  mea   6. *adhereat lingua mea faucibus meis si   non*
  gemindi þine Gif ic fore ne gesette   on frumæn
  meminero tui Si non proposuero   ierusalem in principio
  blis   min   gemynde drihten beærnæ edom on deig
  laetitiae meo   7. *Memento domine filiorum edom in diem*
  ierusælem ðæ cw[e]ðæþ ob ænnesse ob ænnesse   oððet   to
  ierusalem qui dicunt   exinanite   exinanite   quo usque ad
  stoþolungæ   on him   beærn bæbylonis mildsiend eædig
  fundamentum in ea   8. *Filia babylonis   misera   beatus*
  se geedlcænæþ þe   edleænungæ   þcæh þu   edleænodes   us
  qui retribuet tibi retributionem quam tu   retribuisti nobis
    Eædig bið se ðe hefþ 7 tobroht litlingæs his to stæne
9. *Beatus   qui tenebit et allidet parvulos suos ad petram*

                           137.

  ic andette ðe   drihten on cælre heortæn minre   forðæn
  Confitebor tibi domine in toto corde   meo   quoniam
  gehire   cælle   word muð mines 7 on gesihþe   englæ
  exaudisti omnia verba oris mei et in conspectu angelorum
  ic singæ þe   To þe ic gebidde to þinum hælgum
  psallam tibi   2. *Adorabo   ad templum sanc-*
  temple 7 ic ondette nomon þinum Ofer mildheortnes þin
  tum tuum et confitebor nomini tuo Super misericordiam tuam
   7 soðfestnes þinc forðæn   micelodes   ofer   us nomæ
  et veritatem tuam quoniam magnificasti super nos nomen
  hælig   ðin   On swæ wilcum dæge ic gecige þe
  sanctum tuum   3. *In quacumque die invocavero te*
  gehire me gemonigfeældæst on sæwle min megen   þin
  exaudi me multiplicabis in anima mea virtutem tuam
    Ondeddæþ ðe drihten eælle kiningæs eorðæn   forðæn
4. *Confiteantur tibi domine omnes reges   terrae   quoniam*

    136. 4. *fremdæn*, MS. = *frendæn*.   5. *þines*, þ repeated. 137. ic
  andette by Cor.?

230   EADWINE'S CANTERBURY PSALTER.   [PS. 138.

gehirdon eælle word muð ðin   7 singæþ on songum
audierunt omnia verba oris tui   5. *et cantent in canticis*
drihtne Forðæn micel is wuldor drihtnes   forðæn
domino Quoniam magna est gloria domini   6. *quoniam*
hihþo drihten 7 eæþmod gelocæ 7 hihþo fiorr oncniweþ
excelsus dominus et humilia respicit et alta a longe agnoscit

Gif ic gonge on midlene eærfoþnes geliffeste me 7
7. *Si ambulavero in medio tribulationis vivificabis me et*

ofer fiondæ minræ þu æþenedæst hændæ þine 7
super iram inimicorum meorum extendisti manum tuam et

hælne me dide swiðre þine   drihten gecædleænæ for
salvum me fecit dextera tua   8. *Domine retribue pro*

me drihten mildheortnes ðin on worlde 7 wiore hændæ
me domine misericordia tua in seculum et opera manuum

þinræ ne forsioh
tuarum ne despicias

138.

Drihten þu costodes me 7 oncnewe me   7 þu oncniewe
Domine probasti me et cognovisti me   2. *tu cognovisti*

obsetnesse mine 7 ærise minne þu ongeæte
sessionem meam et resurrectionem meam   3. *Intellexisti*

geþohtæs mine fiorr stigæ mine 7 gerecnesse mine
cogitationes meas a longe semitam meam et directionem meam

þu geswæþodes 7 eælle wegæs mine forsæwe forðæn
investigasti   4. *et omnes vias meas praevidisti quia*

ne is sær on tungæn minre   Gesihþe ðu drihten
non est dolus in lingua mea   5. *Ecce tu domine*

oncniewe eællæ us þæ nixtæn 7 ðæ eældæn þu gehiwodes me 7
cognovisti omnia novissima et antiqua tu formasti me et

þu settes ofer me hændæ þine   Wundor geworden
posuisti super me manum tuam   6. *Mirabilis facta*

is wisdom þin ob me gestrængod is ic ne mihte to him
est scientia tua ex me confortata est nec potero ad eam

ðy ic gonge from gæstæ þinum 7 from onsine þine þy
7. *Quo ibo a spiritu tuo et a facie tua quo*

ic flioge   Gif ic æstige on hefonum þu þer is gif
fugiam   8. *Si ascendero in caelum tu illic es si*

138. *Drihten* by Cor.?   4. *forsæwe*, MS. = *forsære*.   7. *from* (2nd),
MS. = *fron*.

PS. 138.] EADWINE'S CANTERBURY PSALTER. 231

ic æstige on helle to him   Gif ic nime feðeræ
descendero in infernum ades   9. *Si sumpsero pennas*
mine beforæn liohte 7 ic cærdige on þet uteron sie
meas ante lucem et habitavero in postremo maris
7 soþlice ðer hænd þine geliedeþ me 7 hefþ me swiðre
10. *Etenim illuc manus tua deducet me et tenebit me dextera*
ðin   7 cwiðe is ðies wien ðistro   7
tua   11. *Et dixi forsitan tenebre conculcabunt me et*
niht onlihtnes min   Forðon þystro
nox inluminatio mea in deliciis meis   12. *Quia tenebre*
ne byd æþistrode from þe 7 niht swæ deg bið onlihteð
non obscurabuntur abs te et nox sicut dies inluminabitur
swæ þystro his swæ 7 lioht his   forðæn þu drihten
Sicut tenebre eius ita et lumen eius   13. *quia tu domine*
ægende æðræ minæ þu onfenge me ob innoðe modor minre
possedisti renes meos suscepisti me de utero matris meae
  Ic anddette þe drihten forðon egeslic wundriende
14. *Confitebor tibi domine quoniam terribiliter mirificatus*
is wundor wiore   7 sæwlæ min wæt swiþe   Ne
es mira opera tua et anima mea novit nimis   15. *Non*
is bedigled muð min from þe ðet þu dydes on diglæn 7
est occultatum os meum abs te quod fecisti in occulto et
spedæ min on þæm yterum eorðæn   On fulfremed-
substantia mea in inferioribus terrae   16. *Inper-*
nessum minum gesæwon eægæn þine 7 on bocum þinum eælle
fectum meum viderunt oculi tui et in libro tuo omnes
bioð writone dægæs getriemende 7   on him   me
scribentur Dies firmabuntur et nemo in eis   17. *michi*
sodlice swiþe wiorðionde sindon fiend þine god swiðe gestrængod
autem nimis honorificati sunt amici tui deus nimis confortatus
is cældordom hiræ   be þæm ic ærime hie 7 ofer
est principatus eorum   18. *Dinumerabo eos et super*
sond gemonigfældode ærist 7 nu mid þe ic bio
arenam multiplicabuntur resurrexi et adhuc tecum sum
  gif ic ofslcæ god ðæ firænfullæn wcræs   blod behildæþ
19. *si occidas deus peccatores*   *Viri sanguinum declinate*
from me   forðæn cweðæþ on geþohtum eowrum
a me   20. *quia dicitis in cogitationibus vestris*

16. After *dœgœs þeod* (or *þeod*?) is wr. over the line.   19. *ofsleœ*, *s* from *l*.

onfengon on ydelnesse cœster his   Ne cælles se ðe
accipient in vanitate civitates suas   21. Nonne qui te
fiodon god   fiodon hie 7 ofer   fiend þine ic onege
oderunt deus oderam illos et super inimicos tuos tabescebam
          þurhfulfremede fioung ic fioung hie fiend geworhte
22.   Perfecto   odio   oderam   illos   inimici   facti
sindon   me   Costæ me   god   7 wite heorte min
sunt   michi   23. Proba   me   deus et scito   cor   meum
æxæ   me 7 onenæw   stigæ   minæ   7 gesioh
interroga me et cognosce semitas meas   24. Et   vide
him   unriht   on me is 7 gelied me on weg ecnæ
si via iniquitatis in me est et deduc me in via eterna

139.

       genere ł alys me drihten from   men   yfel from yrre
2.   Eripe   me domine   ab homine malo   a   viro
on unriht gefriolsæ me   ðæ   þohton   hetenið on
   iniquo   libera   me   3. Qui cogitaverunt malitias in
heortæn elce deg   gesetton   gefioht   æscirpton tungæn
  corde tota die constituebant proelia   4. Acuerunt linguas
hiræ swæ niedræn ætrenum nedrenæ under welerum hiræ
suas sicut serpentes venenum aspidum   sub   labiis   eorum
      gehæl me drihten ob hændæ firenfulræ from mænnum
5. Custodi me domine de manu peccatoris ab hominibus
unrihtum gefrilsæ me   ðæ   ðohton   underwirtwæloden stepæs
  iniquis   libera   me Qui cogitaverunt subplantare gressus
mine   behyddon   oferhydig gesprecu me 7 ræpæs
meos   6. absconderunt superbi laqueos michi et funes
æðenedon on grino fotum minum næeh siðfæt geswic
extenderunt in laqueo pedibus meis iuxta iter scandalum
gesetton   me   Ic cwiðe drihten god   min is þu
posuerunt michi   7. Dixi domino deus meus es tu
gehire drihten stefne gebed min   drihten drihten
exaudi domine vocem orationis meae   8. Domine domine
megen helo mine ymscuwæþ hæfod min on deig gefiohtes
virtus salutis meae obumbra caput meum in   die   belli
     Ne sele me on wyllæn minne firenfulle ðohton
9. Ne tradas me a desiderio meo peccatores cogitaverunt

139. 2. genere ł alys by Cor.?

PS. 140.] EADWINE'S CANTERBURY PSALTER. 233

wið me ne forlet me ðielics efre bið uphæfen
adversum me ne derelinquas me ne umquam exaltentur
heæfod ymbgong hiræ gewin gewinnæ ætiewde
10. *Caput circuitus eorum labor labiorum ipsorum operiet*
hie Gefeællcþ ofer he gliedæ fier on firre
eos 11. *Cadent super eos carbones ignis in ignem*
æwirpeþ hie on yrmþum ne understondet   ðæ ærfes-
deicies eos in miseriis non subsistent 12. *Vir lin-*
tæn weræs ne bið gereht ofer eorðæn wer þæ unsoðfestæn
guosus non dirigetur super terram virum iniustum
yfel nimæþ on forwirð   Onenæwe forðæn dyde
mala capient in interitum 13. *Cognovi quoniam faciet*
drihten dom on hlewesæ 7 wrece þeærfenæ soð-
dominus iudicium inopum et vindictam pauperum 14. *Ve-*
lice þonne hweðere soðfeste *and*dettaþ noman þinum 7
runtamen iusti confitebuntur nomini tuo et
eærdigæd riehte mid ondwlitæn þinum
habitabunt recti cum vultu tuo

140.

Drihten ic clipie to þe gehire me behald steafne gebed
Domine clamavi ad te exaudi me intende voci orationis
min midti ic clipie to þe   Sie gereht gebed min
meae dum clamavero ad te 2. *Dirigatur oratio mea*
swæ onsegdnessum on gesihþe þinre upæhæfennes hændæ
sicut incensum in conspectu tuo Elevatio manuum
minræ onsægdnessum þæ æfenlicum   Sete drihten
mearum sacrificium vespertinum 3. *Pone domine*
geheæld muþ minne 7 to duræ ymbstondende weleræs mine
custodiam ori meo et ostium circumstantiae labiis meis
  ðet ne hilde heorte min on wordum yfel to onsceæ-
4. *Ut non declines cor meum in verbum malum ad excu-*
cænnæ ob sceæcnessum on sinnum Mid monnum wircendum
sandas excusationes in peccatis Cum hominibus operantibus
  unriht 7 ic ne wende mid gecorenum hiræ   Ge-
iniquitatem et non combinabor cum electis eorum 5. *Cor-*

14. *noman, a* from some other let. 140. *Drihten* by Cor.? 2. *onsegd-,
g* from *i*.

gripe me soðfest on mildheortnesse 7 ofercideþ me elo
ripiet me iustus in misericordia et increpabit me oleum
soðlice firenfulle ne gedipeð heæfod min Forðæn nu gio
autem peccatoris non inpinguet caput meum Quoniam adhuc
is gebed min on hiræ wellicungum hiræ   hleotende
est oratio mea in beneplacitis eorum   **6.** *absorti*
sindon niieh stænæs domæs hiræ gehirdon word min forðæn
sunt iuxta petram iudices eorum audient verba mea quoniam
mihton   swæ gemildre eorðæn utroccende ofer
potuerunt   **7.** *Sicut crassitudo terrae eructuat super*
eorðæn 7 tostenscede sindon bæn uræ neæh hellc
terram dissipata sunt ossa nostra secus infernum
Forðon to þe drihten drihten cægæn mine on þe ic wene ne
8. *Quia ad te domine domine oculi mei in te speravi ne*
æfirre sæwle mine   Geheæld me from gegrine þone
auferas animam meam   **9.** *Custodi me a laqueo quem*
gesetton me 7 beswice wyrcende unrihtnesse Ge-
statuerunt michi et ab scandalis operantibus iniquitatem **10.** *Ca-*
feællæþ on netteægæn his firenfulræ sinderlice eom ic oððet
dent in reciaculo eius peccatores singulariter sum ego donec
fereþ
transeam

141.

Mid stefne mine to drihten ic clipie stefne mine to gode
2. *Voce mea ad dominum clamavi voce mea ad dominum*
biddende eom   Ic ægite on gesihþe his gebed
deprecatus sum   **3.** *Effundam in conspectu eius orationem*
min 7 cærfoðnessæ mine beforæn him forekyþe
meam et tribulationem meam ante ipsum pronuntio **4.** *In*
Unæspringedo on me gæst min 7 þu onenewe stigæ
deficiendo in me spiritum meum et tu cognovisti semitas
mine On wege from þæm ic gonge behiddon þæ oferhidgæn
meas In via hac qua ambulabam absconderunt superbi
gegrino me   gescæwige to þæ swiðræn 7 ic gesio
laqueos michi   **5.** *considerabam ad dexteram et videbam*
7 ne bið se ongiteþ me Forewirþ flionde from me 7 ne
et non erat qui agnosceret me Periit fuga a me et non

141. 2. *Mid stefne* prob. by Cor.

PS. 142.] EADWINE'S CANTERBURY PSALTER. 235

is se ðe secct sæwl mine ic clipie to þe drihten
est qui requirat animam meam **6.** *clamavi ad te domine*
ic cwiðe þu eært hyht min gæto mine on corðæn lifgendræ
dixi tu es spes mea portio mea in terra viventium
behcæld on gebede mine forðæn geeæþmeded ic eom
7. *Intende in orationem meam quia humiliatus sum*
swiþe gefriolse me from ehtendum me forðæn gestrongode
nimis Libera me a persequentibus me quoniam confortati
sindon ofer me Geleæd ob cœrcern sæwle mine
sunt super me **8.** *Educ de carcere animam meam*
7 ic ondette nomæn þinum Me onbidæþ soðfeste oððet
ad confitendum nomini tuo Me expectant iusti donec
geedlcænæst me
retribuas michi

142.

Drihten gehire gebed min eærum onfoh benæ
Domine exaudi orationem meam auribus percipe obsecrationem
mine on soðfestnesse þine gehire me on þine soðfestnessæ
meam in veritate tua exaudi me in tua iustitia
7 ic ne gonge on domæs mid þiowe þine forðæn næ
2. *Et non intres in iudicium cum servo tuo quia non*
bið gesoðfest on gesihþe ðinre cællæ lifigende Forðæn
iustificabitur in conspectu tuo omnis vivens **3.** *Quia*
ehtende is fiond sæwl mine gecædmedeð on eorðæn
persecutus est inimicus animam meam humiliavit in terra
lif min Gestæþolæð me on ðisternessum swæ deæde
vitam meam Collocavit me in obscuris sicut mortuos
worold 7 geniered on me gæst min on me
seculi **4.** *et anxiatus est in me spiritus meus in me*
gedrefed is heort min Gemindig ic wes dægæ
turbatum est cor meum **5.** *Memor fui dierum*
eældenæ 7 smeægende ic eom on eællum wiorcum ðinum 7
antiquorum et meditatus sum in omnibus operibus tuis et
on dedum hændæ þinræ smeægende æþenede
in factis manuum tuarum meditabor **6.** *Expandi*
hændæ mine to þe sæule mine swæ eorðe buton weteræ þe
manus meas ad te anima mea sicut terra sine aqua tibi
hredlice gehire me drihten æspræng gæst min 7 ne
7. *velociter exaudi me Domine defecit spiritus meus ne*

æwyrfe onsiene þine from me 7 ic bio gelic æstigendum on
avertas faciem tuam a me et ero similis descendentibus in
seæþ   Gehiræð   me   do on morgen mildheortnesse
lacum   8. *Auditam michi fac mane misericordiam*
þine forðæn on þæ ic gewene drihten Cuð   me   do
tuam quia in te speravi domine Notam michi fac
on margan mildh[e]ortnesse forðæn to þe drihten upæhof
viam in qua ambulem quia ad te domine levavi
sæwle mine   Genere me of fiondum minum drihten
animam meam   9. *Eripe me de inimicis meis domine*
to ðe flioh   lære me don   willæn ðinne
ad te confugi   10. *doce me facere voluntatem tuam*
forðæn þu eært god min gæst þin god geliced me on
quia tu es deus meus Spiritus tuus bonus deducet me in
weg rihtne   forðæn nomæn þine drihten geliffeste me
via recta   11. *propter nomen tuum domine vivificabis me*
on emlicnesse þinra 7 geled of earfoðnesse saule mine
in aequitate tua Et educes de tribulatione animam meam
      7 on mildheortnesse þinre forspilde fiend   mine 7
12. *et in misericordia tua disperdes inimicos meos Et*
forspilde ealle ða earfoðiað   saule mine forþan þeow
perdes omnes qui tribulant animam meam quoniam servus
ðin ic com
tuus ego sum
                          143.

gebletsed drihten god min se liereð hande mine to gefioht
Benedictus dominus deus meus qui docet manus meas ad proelium
7 fingras mine to gefioht   Mildheortnes min 7 gescild
et digitos meos ad bellum   2. *Misericordia mea et refugium*
min   onfeng   min 7 friolsend min Gescild min 7 on him
meum susceptor meus et liberator meus Protector meus et in ipso
ic gewene underwiorpende folc   under me   dryhten
speravi subiciens populos sub me   3. *Domine*
hwæt is mon þet ðu gecirdes him oððe bearn monna
quid est homo quid innotuisti ei aut filius hominis
forþan geteles hine   Mon idel gelic geworden
quoniam reputas eum   4. *Homo vanitati similis factus*

142. 8. *on margan mildhortnesse* add. by Cor.; the Latin variant wh. it
glosses is wr. by the same Cor.   9. *Genere, G* on er.   11. With the
word *geliffeste* begins a fresh hand ending with the last word of Ps. 148.
143. 2. Er. aft. *Gescild*.

PS. 143.] EADWINE'S CANTERBURY PSALTER. 237

is deg his swa sceadu forwiorþað   dryhten onhield
est dies eius sicut umbra pretereunt **5.** *Domine inclina*
hefonas þine 7 astig ahrine duna 7 hi smokiað
caelos tuos et descende tange montes et fumigabunt
blatesung blatesunga ðina 7 tostente hie onsende strela
6. *Corusca coruscationes tuas et dissipabis eos emitte sagittas*
þine 7 gedrefde hie   Onsende handa þine of hihþo
tuas et conturbabis eos **7.** *Emitte manum tuam de alto*
genere me 7 gefriolsa me of wetrum miclum 7 be handa
eripe me et libera me de aquis multis et de manu
bearna fremdra   ðara muþ sprecendæ is idelnesse
filiorum alienorum **8.** *Quorum os locutum est vanitatem*
7 swiðre hira swiþre unrihtnes   god   sang
et dextera eorum dextera iniquitatis **9.** *Deus canticum*
niwne ic singe þe on saltre tien strengan ic singe
novum cantabo tibi in psalterio decem chordarum psallam
þe   ða þu sillest hielo kyningen þu gefriolsast
tibi **10.** *Qui das salutem regibus qui liberas*
dauid þiow þin of sweorde þa minnan   genere me
david servum tuum de gladio maligno **11.** *Eripe me*
7 gefriolsa me of wetrum miclum 7 of handa bearna fremde
et libera me de aquis multis et de manu filiorum alienorum
þara muþ sprecende is idelnesse 7 swiþre hira swiþre
Quorum os locutum est vanitatem et dextera eorum dextera
unrihtnes   þara bearn swa niwe wyrtwalunge
iniquitatis **12.** *Quorum filii sicut novelle plantationes*
staþolfestlice from giogoþa his bearn hira geseted ymb-
stabiliti   a   iuventute sua Filie eorum composite cir-
fretwed swa gelicnesse þes temples   ða fuslecan
cumornate ut similitudo templi **13.** *Promptuaria*
hira fulle utroccettaþ of þysum on þæt Sccap hira feðer-
eorum plena eructuantia ex hoc in illud Oves eorum fe-
fete genihtsumiað on siðfute his   oxa hira fętte
tose habundantes in itineribus suis **14.** *boves eorum crassi*
Ne is hriere wealles ne forliorende ne ceapung on
Non est ruina macerie neque transitus neque clamor in

5. *astig*, *s* er. bef. this word. *smokiað* or *smociað*?   6. *þine* in pl. of er.
8. *idelnesse*, MS. =*idelnesnesse*.   10. *kyningen* or *cyningen*? *þu gefriolsast*
on er.   11. *swiþre* (2nd), *r* er. betw. *þ* and *r*.   13. *fuslecan*, two lett. er.
betw. *e* and *c*.   14. *wealles* on er.

worðigum hira   Eadige cweðað   folc   þan þas
plateis   eorum   **15.** *Beatum dixerunt populum cui haec*
sindon eadige   folc   ðes is dryhten god hira
sunt beatus populus cuius est dominus deus eorum

144.

Ic uphebbe þe   god   min   kyning min 7 gebletsie noman
Exaltabo   te   deus meus   rex   meus et benedicam nomen
þinne on   ecnesse   7 on   worolde worolde   ðurh
tuum in aeternum et in   seculum   seculi   **2.** *Per*
sindrige dagas ic bletsige þe 7 ic herige noman þinne on
singulos   dies   benedicam te et laudabo   nomen tuum in
ecnesse 7 on worolda worold   micel dryhten 7
aeternum et in seculum seculi   **3.** *Magnus dominus et*
hergendlic swiþe 7 michelnes his ne is ende   kneow-
laudabilis nimis et magnitudinis eius non est finis **4.** *Gene-*
risn 7 kneowrisn hergeað wore þin 7 mihte   ðine fore-
ratio et generatio laudabunt opera tua et potentiam tuam pro-
ciðaþ   Micelnes   meigenþrim   ðinne 7
nuntiabunt   **5.** *Magnificentiam maiestatis   tuae et*
haligdom þinne bioþ sprecende 7 wundor ðin secgað
sanctitatem tuam   loquentur   et mirabilia tua narrabunt
   Megen   egeslicra ðinra cweþað 7 micelnesse   þine
6. *Virtutem terribiliorum tuorum dicent et magnitudinem tuam*
   secgað   gemynd   genihtsum   swetnesse þine
narrabunt   **7.** *Memoriam habundantiae suavitatis tuae*
utroccettað 7 soþfestnesse þinne wynsumiað   Mildheort
eructuabunt et iustitiam   tuam exaltabunt   **8.** *Misericors*
7 mildsigend dryhten geþyld 7 michel milðheort   Wynsum
et miserator dominus patiens et multum misericors   **9.** *Suavis*
dryhten   ealle   7   mildsa   his ofer   ealle weorc his
dominus universis et miserationes eius super omnia opera eius
       Ondettað   þe dryhten ealle weorc þine 7 halige þine
10. *Confiteantur tibi domine omnia opera tua et sancti tui*
bledsiað þe   Wuldor rices þines cweðað 7 mihte
benedicent te   **11.** *Gloriam regni tui dicent et potentiam*

---

144. *meus* (bef. *rex*) dotted; Eng. *min* not dotted. *kyning* or *cyning*?
4. *kneow-* or *eneow-*? (twice).

EADWINE'S CANTERBURY PSALTER.

þine sprecende þet cuð dyde bearn manna
tuam loquentur 12. Ut notam faciant filiis hominum
mihte þine 7 wuldor micelnesse rices þines Rice
potentiam tuam et gloriam magnificentiae regni tui 13. Regnum
þin dryhten rice ealra world 7 gewealdes þines
tuum domine regnum omnium seculorum et dominatio tua
on eallum cneowrisnum 7 forecneowrisn geleafful dryhten on
in omni generatione et progeniae Fidelis dominus in
wordum his 7 halig on eallum wiorcum his Upa-
verbis suis et sanctus in omnibus operibus suis 14. Alle-
hefð dryhten ealle þæ adunfeallað 7 gerecceð ealle afylledan
vat dominus omnes qui ruunt et erigit omnes elisos
Eagan ealra on ðe hopiað dryhten 7 þu sellest mete
15. Oculi omnium in te sperant domine et tu das escam
him on tide gehyðlic ðu untyns hand þine 7
illis in tempore oportuno 16. Aperis tu manum tuam et
gefylst ealle niotenu blitsunge Soðfest dryhten on
imples omne animal benedictione 17. Iustus dominus in
eallum wegum his 7 halig on eallum woreum his
omnibus viis suis et sanctus in omnibus operibus suis
Neah is dryhten eallum gecigendum hine on soþfes[t]nesse
18. Prope est dominus omnibus invocantibus eum in veritate
Willende ondriedende hine deð 7 gebed hira
19. voluntatem timentium se faciet et orationes eorum
gehireð 7 hale deð hie gehylt dryhten ealle
exaudiet et salvos faciet eos 20. Custodit dominus omnes
lufigenda hine 7 ealle firenfulle forspilð Lof
diligentes se et omnes peccatores disperdet 21. Laudem
dryhtenes sprecað muþ min 7 gebletsað eghwylene licomon
domini loquetur os meum et benedicat omnis caro
noman halig his on ęcnesse 7 on worlda 7 world
nomen sanctum eius in aeternum et in seculum seculi

145.

Here saule mine dryhten ic herige dryhten on life
2. Lauda anima mea dominum laudabo dominum in vita

14. *ruunt,* MS. = *corruunt, cor* having a line drawn through it for *er.*
15. *gehyðlic,* fin. *e* er. 16. *blitsunge, s* er. betw. *i* and *t.* 19. Er. aft.
deð (1st). 145. 2. *saule* repeated but second er.

minum ic singe gode minum swa longe swa ic libbe Ne cearo ðe
mea psallam deo meo quamdiu ero Nolite
getrywan on ealdormannum ne on bearnum monna
confidere in principibus 3. *neque in filiis hominum*
on þam ne is helo Utgieð gast his 7 bið
in quibus non est salus 4. *Exiet spiritus eius et rever-*
gecirred on eorþan his on þam dege forwiorþað ealle
tetur in terram suam in illa die peribunt omnes
geþancas hiera Eadig þæs god iacob tofultomiend
cogitationes eorum 5. *Beatus cuius deus iacob adiutor*
his 7 hiht his on dryhten god his Se geworhte
eius et spes eius in domino deo ipsius 6. *Qui fecit*
heofona 7 eorðan sæ 7 ealle þa on him siendon
celum et terram mare et omnia quae in eis sunt
Se gehealdaþ soðfestnesse on worlde deð dom
7. *Qui custodit veritatem in seculum facit iudicium*
ontionan geðyldiendum selleð mete hingriendum Dryhten
iniuriam pacientibus dat escam esurientibus Dominus
gerecaþ aspornena dryhten alisde efenemne dryhten
erigit elisos dominus solvit compeditos 8. *dominus*
onliehtað blinda dryhten lufað soþfeste dryhten
illuminat cecos dominus dirigit iustos 9. *Dominus*
gehyld unkuþan stiopcild 7 wuduwan onfehð 7 weg firen-
custodit advenam pupillum et viduam suscipiet et viam pecca-
fulra abrcgeð Rixað dryhten on ecnesse
torum exterminabit 10. *Regnabit dominus in aeternum*
god þin sion on world aworld
deus tuus syon in seculum seculi

146.

Hergeað dryhten forþan god is sealm gode urum
Laudate dominum quoniam bonus est psalmus deo nostro
wynsum sie herenes getymbrede hierusalem dryhten 7
iocunda sit laudatio 2. *Edificans ierusalem dominus et*
tostengnesse israhele gesamnode Se hieleð gestirgide
dispersiones israel congregans 3. *Qui sanat contritos*

3. *is*, let. (i?) er. bef. this word. 7. *ontionan*, fin. *n* orig.=*m*. 9. *un-kupan* or *uncupan*? *abregeð*, *a* er. bef. this word. 146. 3. *hieleð*, fin. *e* er.

PS. 147.] EADWINE'S CANTERBURY PSALTER. 241

heortan 7 gebindaðˢ þa unrettan hira   Se   rimæd
corde et alligat contritiones eorum   **4.** *Qui numerat*
mienigo   stiorrana 7 eallum his noman cigeaðˢ   Micel
multitudinem stellarum et omnes eis nomina vocans   **5.** *Magnus*
dryhten   ure   7   micel miegen his   7   snytro   his   ne is
dominus noster et magna virtus eius et sapientiae eius non est
hrim   Onfonde   geþwiernesse dryhten   geeaðˢmodaþ
numerus   **6.** *Suscipiens mansuetos dominus humiliat*
soðˢlice þa firenfulran oðˢðˢe to corþan   Onginnaðˢ dryhtene
autem peccatores usque ad terram   **7.** *Incipite domino*
on andetnesse singaðˢ gode ure on hearpan   Se worhte
in confessione psallite deo nostro in cythara   **8.** *Qui operit*
heofon wolcnum 7 gearwaðˢ eorþan ren   Se forþlæd on
caelum nubibus et parat terrae pluviam Qui producit in
dunum   hieg   7   wyrta   ðˢiowdomes monna   Se
montibus foenam et herbam servituti hominum   **9.** *Qui*
selleðˢ nietenum mete   hira   7 briddas crawan   oncigende
dat iumentis escam ipsorum et pullis corvorum invocantibus
hine   Nealles on   horses   willan   hæfþ   ne
eum   **10.** *Non in viribus equi voluntatem habebit neque*
on geteldungum weres wellicunga is him   Wellicunga
in tabernaculis viri beneplacitum est ei   **11.** *Beneplacitum*
is dryhtene ofer ondriedende hine 7 on him þa wenaðˢ on
est domino super timentes eum et in eis qui sperant in
mildheor([t]nesse) his
misericordia eius

147.

Hereðˢ   ierusalem   dryhten   hera   god   þinne   sion
12. *Lauda ierusalem dominum lauda deum tuum syon*
Forþan gestrangaðˢ sweoras   gato   ðˢinra   gebletsaðˢ
13. *Quoniam confortavit seras portarum tuarum benedixit*
bearn þine on þe   Se gesette ende þine sibbe 7
filios tuos in te   **14.** *Qui posuit fines tuos pacem et*
mid gefetnesse   hwętes   gefyllaðˢ þe   Se þe sendeðˢ
adipe frumenti satians te   **15.** *Qui emittit*

---

8. *wolcnum* on er. *forplæd*, a fin. er. (eþ?) made.   10. *viribus*, gloss to this word (*werum*) er. but still visible. *hæfþ*, *f* from *w*.   11. *dryhtene*, fin. *s* er. *ondried-*, *n* er. betw. *e* and *d*. *mildheor*, fin. *-nesse* er.   147. 13. Er. aft. *Forþan*.   15. Er. aft. *Se*.

R

gespreca his eorþe hredlice irneð word his Se
eloquium suum terrae velociter currit sermo eius 16. *Qui*
selleð snáw swa wullæ mist oððe axæ astreweð
dat nivem sicut lanam nebulam velut cinerem spargit
Sendeð cristalla his swa gehrino hlaf beforan onsiene
17. *Mittit cristallum suum sicut frusta panis ante faciem*
chiles his se aræfneð Sendeð word his 7
frigoris eius quis subsistet 18. *Mittit verbum suum et*
meltende gedeþ ða bleowæð gast his 7 floweð wæter
liquefaciet ea flavit spiritus eius et fluent aquae
Foresecgende word his iacobes soþfestnesse 7 dom his
19. *Pronuntians verbum suum iacob iustitias et iudicia sua*
israhele Ne deþ ðyllico eallunga 7 dom his
israel 20. *Non fecit taliter omni nationi et iudicia sua*
ne gekyððæþ him
non manifestavit eis

148.

Hergeað dryhten of hefonum hergeað hine on hyhþo
Laudate dominum de caelis laudate eum in excelsis
Hergeað hine calle englas his hergeað hine ealle mægen
2. *Laudate eum omnes angeli eius laudate eum omnes virtutes*
his Hergeað hine sunne 7 mona hergeað hine ealle
eius 3. *Laudate eum sol et luna laudate eum omnes*
stiorran 7 lioht Hergeaþ hine hefona hefona 7 weter
stelle et lumen 4. *Laudate eum caeli caelorum et aque*
þa ofer hefonas sint hergen nomon dryhtenes Forðan
quae super caelos sunt 5. *laudent nomen domini Quia*
he cwęð 7 gewordene sindon he bebead 7 gesceapene
ipse dixit et facta sunt ipse mandavit et creata
sindon gesette ða on ecnesse 7 on worolde world
sunt 6. *Statuit ea in eternum et in seculum seculi*
bebode gesette 7 ne forliorde hergeað dryhten
preceptum posuit et non preteribit 7. *Laudate dominum*
of eorðan dracon 7 ealle niowolnesse Fyr hagol
de terra dracones et omnes abyssi 8. *Ignis grando*
snaw ïs gast forspebiendra se doþ word his
nix glacies spiritus procellarum quae faciunt verbum eius

20. *gekgððaþ* or *yecyððaþ*?

PS. 149.]   EADWINE'S CANTERBURY PSALTER.   243

Duna 7 ealle hilla triow wæstmberendæ 7 ealle cedorbeam
9. *Montes et omnes colles ligna   fructifera   et omnes   cedri*
  wildeora 7   ealle   nietenu niedran 7 fuglas gefiþerede
10. *Bestie et universa   pecora   serpentes et volucres   pennate*
  kyningas eorþan 7 ealle   folc   ealdormen 7   ealle   dom
11. *Reges   terrae et omnes populi principes et omnes iudices*
eorðan   gionga 7 femnan þa yldran mid   giongum
terrae   12. *Iuvenes et virgines   seniores   cum iunioribus*
hergeaþ noman dryhtnes   Forðan   uphafen   is noman
laudent nomen   domini   13. *Quia   exaltatum est nomen*
his ana   andetnes   his   ofer   hefon 7 eorðan 7
eius solius   14. *confessio eius super caelum et terram Et*
upahefð horn folces his   ymen   eallum   halig   his bearn
exaltavit cornu populi sui   ymnum omnibus sanctis eius filiis
israele folc   tonealecende him
israel populo appropianti sibi

149.

Singæþ drihtne   sæng   niwne   herenes   his   on   circæn
Cantate   domino   canticum   novum   laudatio eius   in   aecclesia
  haligræ   Blissiæþ isræhele on him   se   deð   him 7
sanctorum   2. *Letetur   israhel   in eo   qui fecit ipsum et*
bœærn syon hihtæþ ofer kiningæs   Hergæð nomæn
filie syon exultent super   regem   suum   3. *Laudent nomen*
his on þrete on   swege · 7   sælteræ singæþ him   Forðan
eius in choro in tympano et psalterio psallant ei   4. *Quia*
wellicung   is drihtne on   folce   his 7 wynsumiæþ   geðwere
beneplacitum est domino in populo suo et   exaltavit   mansuetos
on helum   hihtæð   hælige on wuldre   blissæþ   on
in salutem   5. *Exultabunt sancti in gloria   letabuntur in*
bedcliofum his   Wynsumnessæ godes on gomum   hiræ
cubilibus suis   6. *Exultationes   dei   in faucibus eorum*
7 swiord nimende on   hændæ   hiræ   To   donne
et gladii ancipites in manibus eorum   7. *Ad faciendam*
  wrece   on kyðnessum ofercidungæ on   folce   To
vindictam   in   nationibus   increpationes in populis   8. *Ad*

148. 11. *kyningas* or *cyningas*?   149. A fresh hand begins here, ending with *stondende* (Cant. Moysi, v. 4). *his* repeated. 4. *geðwere, geð* on er.

R 2

244   EADWINE'S CANTERBURY PSALTER.   [PS. 150.

gebinddenne kiningas hiræ on gesettnessum 7 eþelum hiræ on
alligandos reges   eorum in compedibus et nobiles eorum in
bendum isenum   ðette ðeð on him   dom   emnwriten
vinculis ferreis 9. Ut faciant in eis iudicium conscriptum
wuldor ðis is eællum hælgum his
gloria haec est omnibus sanctis eius

150.

hergæþ god on hælige his hergæþ hine on trimnesse
Laudate deum in sanctis eius laudate eum in firmamento
megnes his   hergæþ hiene on   meigne   his hergæð
virtutis eius   2. Laudate eum in potentatibus eius laudate
hine efter   micelnes   micelnessæ   his   herigæð
eum secundum multitudinem magnitudinis eius   3. Laudate
hine on swege bymæn hergæþ hine on psæltere 7 herpe
eum in sono   tube laudate eum in psalter[i]o et cythara
    hergæð hine on hylsongæ 7 ðreæt hergæð hine on heortan
4. Laudate eum in tympano et choro laudate eum in cordis
7 orgænum   hergæð hine on cymbalum wel cwegendum
et organo   5. Laudate eum in cymbalis bene sonantibus
hergæd hine on cymbalum wynsumnesse   eælle gæst
laudate eum in cymbalis iubilationis   6. omnis spiritus
hergæd drihten
laudet dominum

. ðeð, so MS.   150. on (1st), MS. = ond.   in (2nd) of Latin repeated.

CANTICLES.

1.

CANTICUM YSAIAE PROPHETAE (Is. 12).

Ic andete ðe drihten forða[n] yrre is me gecyrred
1. *Confitebor tibi domine quoniam iratus es michi conversus*
is hatheortnes þin 7 þu frefrendest is me Eællengæ god
est furor tuus et consolatus es me 2. *Ecce deus*
helend min getreowlice ic doo 7 ic ne ondredo forðan
salvator meus fiducialiter agam et non timebo Quia
strengþo mine 7 hernes min drihten 7 geworden is me on
fortitudo mea et laudatio mea dominus et factus est michi in
helo hlædæð weter on gefean be wyllæn helendes
salutem 3. *Haurietis aquas in gaudio de fontibus salvatoris*
7 cweðæð on ðæm dege ondettæð drihtne 7 gecigæþ
4. *et dicetis in illa die confitemini domino et invocate*
nomæn his Cuð doð on folce 7 on gemetnesse his
nomen eius Notas facite in populis et inventionis eius
gemynde ðe forðan heæh is noma his Singæð
mementote quoniam excelsum est nomen eius 5. *Cantate*
drihten forðæn micel dide seigað ðis on eælre
domino quoniam magnifice fecit annuntiate hoc in universa
eorðæn Wynsumæ 7 here eærdunge syon forðan micel
terra 6. *Exulta et lauda habitatio syon quia magnus*
on midle þines hælig isræhele
in medio tui sanctus israhel

2.

CANTICUM EZECHIE REGIS (Is. 38. 10).

Ic cwiðe on midlene dægæ minræ ic gonge to gætum
10. *Ego dixi in dimedio dierum meorum vadam ad portas*
ðæm yterum Ic sohte gesetnesse geæræ minræ ic cwiðe
inferi Quesivi residuum annorum meorum 11. *dixi*

1. 1. From *gecyrred* to *þu* by Cor. on er. -*st* wr. above the line.

ne ic geseo drihten god on corðæn lifigendæ   Ne locigen
non videbo dominum deum in terra viventium   Non aspiciam
men   ofer ðet 7   eærdunge se gerest   cneowrisn
hominem ultra et habitatorem quievit   12. generatio
min tobroht is 7 onwylwed is from me swæ   seo geteldung
mea ablata est et convoluta est a me quasi   tabernaculum
hirdæ   Biddende is oððed from   þe obðe lif min midti
pastorum Precisa est velut a   texentae vita mea dum
þægiet   endebyrdnes   æcwerælde   me   From   morgne   oððet
adhuc   ordirer   succidit   me   De   mane   usque
to   efen   ende me   from efenne oððe to morgen
ad vesperam fines me   13. a vespere usque ad mane
swæ   sco leo swæ geearfegæþ eællæ bæn mine From morgne
quasi   leo   sic   contrivit   omnia ossa mea   De   mane
oððe to   efene   ende mines   swæ briddæs swealue
usque ad vesperam fines me   14. sicut pullus yrundinis
swæ ic   fræ Anumenne sint eagan mine
sic clamabo meditabor ut columba Attenuati sunt oculi mei
locigende on heænessum drihten þeæh drowige onswere fore
suspicientes in   excelso Domine vim   patior responde pro
me   hwet ic cwiðe oððe hwet onswærige me   ðiet
me   15. quid dicam aut quid respondebit michi quod
he   ic doo   Ic ðence   cælle   geær   mine on   biternesse
ipse fecerim   Recogitavi omnes   annos meos in   amaritudine
sawle minre   drihten gif swæ lifigende oððe on ðylcum
animae meae   16. Domine si sic vivitur   aut in talibus
lif gæst min gegrip me 7 geliffeste me   Eællenga
vita spiritus mei corripies me et vivificabis me   17. Ecce
on   sibbe   biterlic   min   biterlice   ðu   cællenge   genere
in   pace   amaritudo   meo   amarissima   tu   autem   eruisti
sawle   mine   ðiet ne forweorðe 7 ðu æwurpe ðæ uteron
animam meam ut   non perirem et proiecisti postergum
ðine eælle sinnæ minæ   forðon neælles on helle
tuum omnia peccata mea   18. quia   non   infernus
ic ondette ðe   ne   deæþ   hereþ   ðe   Neeæles   onbidon
confitebitur tibi neque mors laudabit te   Non   expectabunt
ðæ æstigaþ   on seæþ soðfestnesse þinre   lifigende
qui descundunt in lacum veritatem tuam   19. vivens

2. 12. *oððet*, MS. *dððet*.   14. Er. betw. *ic* and *fræ*.

lifigende he biðondettende ðe swæ 7 ic to dege Feder
vivens ipse confitebitur tibi sicut et ego hodie Pater
beærn kuð deð soðfestnesse þine drihten hæle us
filiis notam faciet veritatem tuam 20. *domine salvos nos*
ðeþ 7 hæle ure singæþ callum dægum lif ure on
fac et psalmos nostras cantabimus cunctis diebus vitae nostrae in
huse drihtnes
domo domini

3.

CANTICUM ANNE MATRIS SAMUELIS (1 SAM. 2. 1).

    heorte min on drihten 7 upæhæfen is horn min
1. *Gaudebat cor meum in domino et exultatum est cornu meum*
on god min Gebred is muð min ofer fiend mine
in deo meo Dilatatum est os meum super inimicos meos
forðæn blissigende ic eom on helo ðine   Neæles is
quia letata sum in salutari tuo 2. *Non est*
hælig þet is drihten nimðe soðlice is oðer butæn þe 7 ne
sanctus ut est dominus neque enim est alius extra te et non
is stræng swæ god ure   Ne cæero eow monigfeældigæn
est fortis sicut deus noster 3. *Nolite multiplicare*
sprece under wundriende gewitæþ eældæn of muðe owrum
loqui sublimia glorificantes recedant vetera de ore vestro
forðæn god wisdomæ drihten is 7 he geærwigende geðohtæs
Quia deus scientiarum dominus est et ipsi preparantes cogitationes
  Bogæ stræng oferigende is 7 untrume begirðe sindon
4. *Arcus fortium superatus est et infirmi accincti sunt*
strengðo   Gefillede er fore hlæfum 7 hine gestæðolode
robore 5. *Repleti prius pro panibus se locaverunt*
7 his lice gefilde sindon Oððe berendum kinde monigæ 7 dæ
et famelici saturati sunt Donec sterilis peperit plurimos et que
monigæ hefð beærn untrumod is   drihten deædberende
multos habebat filios infirmata est 6. *Dominus mortificat*
7 liffesteð geledeþ 7 to nietenum 7 geledeþ   Drihten
et vivificat deducit et inferos et reducit 7. *Dominus*
ðcærfæ deð 7 gedendeð geeæðmeðeþ 7 underðeoðeþ
pauperem facit et ditat humiliat et sublimat
  Æweæhte ob mille ðone wedlæn 7 of fulnesse upnimende
8. *Suscitans de pulvere egenum et de stercore erigens*

3. 1. *Gaudebat* al. *Exultavit.*   6. *-teð, ð* on er.?

ðcærfan 7 þ iesette mit eældormænnum 7 ænum wuldor
pauperem   Ut sedeat cum   principibus   et solium   glorie
hiefð ðrihtnes sodlice sindon   eorðe 7 gesette ofer hie
teneat Domini enim   sunt   cardines terrae et posuit super eos
ymbwyrft   Fot   hæligræ   hiræ   gehilt 7 eærleæsæ
orbem   9. *Pedes sanctorum suorum servabit et   impii*
on ðystrum on unsongum Forðæn   ne   on   strengþo   his
in tenebris   conticiscent   Quia   non   in fortitudine   sua
bið gestrongod wer   drihten   oneigeð   þæ wiðerweærdæn
roborabitur   vir   10. *dominum formidabunt   adversarii*
his 7 ofer his on hefone onthunað Drihten   demæþ   ende
eius et super ipsis in caelis   tonabit   Dominus iudicabit fines
eorðe 7 seleþ   ærleæsæ recedom his 7 underþeodeþ   horn
terre et dabit imperium   regi   suo et   sublimabit   cornu
cristes his
christi sui
                            4.
            CANTICUM MOYSI (EXOD. 15. 1).
              drihtne wuldor soðlice gewurðod   is Emlice 7
1. *Cantemus domino gloriosae enim honorificatus est Equum et*
æstigende æwcorpeð on sic   fultumend 7 scildend geworden
ascensorem proiecit in mare 2. *Adiutor et protector factus*
is me on helum her god min 7 ic weorðige hine god fieder
est michi in salutem Hic deus meus et honorabo   eum deus patris
min 7 ic uphebbe hine   Drihten brecende gefioht
mei et   exaltabo   eum   3. *Dominus conterens   bella*
drihten nomæn is him   Ryne phæræonis 7 weredes
dominus nomen est ei   4. *Currus pharaonis et exercitum*
his æweærp on siewe Gecorene upstigende þriræ stondende
eius proiecit in mare   Electus   ascensores   terni   stratores
he besencte on   þere readan sea   widsea oferwreah
demersit   in   rubro   mare   5. *Pelago   cooperuit*
hy becomon on   grund   swa swa stan   þeo swiþre
eos devenerunt in profundum tanquam lapis   6. *Dextera*
ðin laueord gewuldrud is on meagne swidre hand ðin
tua domine glorificata est   in virtute dextera   manus tua
laueord forbreac · fynd   7 þurh menege   megen
domine confregit inimicos   7. *Et per multitudinem maiestatis*

10. -*hunað* in p. ink in pl. of er. 4. 1. MS.=*gewurðdðð*o*d*. 4. With
he begins a fresh hand.

CANT. 4.] CANTICLES. 249

þin   þu forbrittest   wiþerlingas   þu asendest   yrre   þin 7
tuae   contrivisti   adversarios   Misisti   iram   tuam et
hit æt hi swa swa erbleadd   7 þurh   gast   corsunge
comedit eos tanquam stipulam   8. et per spiritum iracundiae
þinre todeled   is weter gefruron   swa swa weallas wetcru
tuae divisa   est aqua   Gelaverunt tanquam murus   aquae
gefruron   yþa on middele seas   cwæð   feond   ehtende
gelaverunt fluctus in medio maris 9. Dixit inimicus persequens
ic gegripe   ic dælc   hercreaf ic gefylle   saule   mine
comprehendam partibor spolia   replebo   animam   meam
ic cwelle sweord min bið wæeldend hænde mine   þu sendes
interficiam gladio meo dominabitur manus mea   10. Misisti
gæst   ðinne   7 bewræeh hie   sie   besencte   swæ swæ
spiritum tuum et cooperuit eos mare merserunt   tamquam
leæd   on weter   swiðæð   hwilc gelic þe on
plumbum in aqua validissimo   11. Quis similis tibi in
his dægum drihten hwylc gelic   ðe wuldorfest on hælgum
diis   domine quis similis tibi gloriosus in sanctis
wundrum on megenðrimimu doende forebeacc   ðu æþenedes
mirabilis in maiestatibus faciens prodigia 12. Extendisti
swiðræn ðine 7 forswealg hie corðc   gifernes soðfestnesse
dexteram tuam et devoravit eos terra 13. gubernasti iusticia
þine   folc   þin ðisne þone gefrilsodes Upcumen is on meigne
tua populum tuum hunc quem liberasti Exortatus es in virtute
ðinum 7 on gescildnesse halige ðine   gehiræþ ðiodæ
tua et in refectione sancta tua   14. Audierunt gentes
7 yrsiende sindon sær   gegripon   on cærdunge philistim
et iratae sunt dolores conprehenderunt inhabitantes philistiim
     þonne efstende weron læteow edom 7 eældormon
15. Tunc festinaverunt duces edom et principes Moabi-
      7 gegræp heo fyrhto Onegæn cælle oneærdigende
tarum adprehendit eos tremor Tabuerunt omnes inhabitantes
chænææn   gefeællæþ ofer hie eige 7 fyrhto micelnes
chanaan 16. decidant super eos timor et tremor magnitudinis
cærmes þines Sie swæ swæ stæn oððet leored   folc
brachii tui Fiant tanquam lapis donec transeat populus
þin drihten oððet midti þurhfereþ   folc   ðin ðisne
tuus domine usque dum pertranseat populus tuus hunc domine

8. þurh, u from some other let.   weteru, MS.=wetereu with third e dotted.
9. With sweord begins a fresh hand.   11. megenðrimimu, so MS.

250 EADWINE'S CANTERBURY PSALTER. [CANT. 5.

þonc tobegeate	Ongeliedde wyrtwælæs hie on dune
quem adquisisti	17. *Inducens plantas eos in montem*

yrfeweærdnesse ðine on gerwungum heærdungæ ðine ðet
hereditatis *tue in preparato habitaculo tuo quod*

ðu gearwodes drihten Gehælgunge ðine drihten ðiet
preparasti domine Sanctimonium tuum domine quod

geærwodon handa þine drihten se rixæþ on
preparaverunt manus tue 18. *domine qui regnas in*

ecnessum 7 on worolde 7 nugean Forðæn ingeð
eternum et in seculum et adhuc 19. *Quia introivit*

emlicnesse phæræonis mid feðerfealdum stigendum on sie
equitatus pharaonis cum quadrigis et ascensoribus in mare

7 ongeledde ofer hie drihten weter sewe beærn eællengæ
et induxit super eos dominus aquas maris Filii autem

isræhele eodon þurh drige þurh midde sie
israhel ambulaverunt per siccum per medium mare

5.

CANTICUM ABBACUC (HAB. 3).

                    ic gehire gehirnesse ðine 7 ic ondred Ic sceæwige
2. *Domine audivi auditum tuum et timui Consideravi*

weorc ðin 7 forhtaþ On midlene tweiæ nietenæ on
opera tua et expavi In medio duorum animalium in-

kiðnesse Midti toneælecton geæres oncnæwnesse midti
notesceris Dum adpropiaverint anni cognosceris dum

he tokymeð tid æteowð On him midti bið gedr[e]fed
advenerit tempus ostenderis In eo dum conturbata

bið sæwle mine on yrræ mildheortnes gemindig God
fuerit anima mea in ira misericordiae memor eris 3. *Deus*

from ðæm fremdon cumæþ 7 hælig of dune ymbscuæn
a libano veniet et sanctus de monte umbroso

7 ðicnes Ontynæþ hefon megenðrim him 7 lof his
et condempso Operuit celos maiestas eius et laude eius

full is eorðe birhtnes his swæ lioht bioð horn
plena est terra 4. *Splendor eius sicut lumen erit cornua*

sindon on hændæ his ðer getrimeþ is megen wuldor
sunt in manibus eius Ibi confirmata est virtus gloriae

5. 2. *tweiæ*? Probably orig.=*twegæ* (with bottom part of *g* er. and what
is left touched with darker ink to make it into *i*?)

CANT. 5.] CANTICLES. 251

his 7 gesette birhtnesse trimnes strengðo his   Beforæn
eius et posuit claritatem firmam fortitudinis sue **5.** *Ante*
onsine his eode word 7 utgieð on feldon fet his
faciem eius ibit verbum et exibit in campis pedes eius
stodon   7   ǽwend is eordæ forelocede 7 tofleowæn
6. *steterunt et mota est terra   Aspexit   et defluxerunt*
ðeodæ gebrocene sindon dunæ   swiþe   7 utfleowen hyllæ
gentes confracti sunt montes vehementer et defluxerunt colles
ecelecæn siðfiet ecnessum his   fore gewinnum weræ
aeternales itinera eternitatis eius **7.** *prae laboribus viri*
                            eærdungæ eorðe mædiæn
Tabernacula ethiopum expavescent tabernacula terrae madian
Nimðe on streæme yrre ðin drihten oððe on streæme
8. *Numquid in fluminibus ira tua domine aut in fluminibus*
wylm ðin oððe on se onblest þin Forðæn æstigende
furor tuus aut in mare inpetus tuus Quoniam ascendens
æstigende ofer hors þin 7 emlicnessæ þinc helæ beheælд-
ascendes super equos tuos et equitatus tuus sanitas **9.** *Tend-*
ende 7 æðene bogæn ðinne ofer þæ rihtæn cweð drihten
ens   extendes arcum tuum super sceptra   dicit dominus
streæmum   bið tosliten eorðæ   gesioþ   7 særgiæð
Fluminibus scindetur   terram **10.** *videbunt te et dolebunt*
folc Æstrewigende weter on soðfatum his seælde on
populi Aspaergens aquas in itineribus suis dedit
onewolnesse stefnc his ob heænnessum fulluhtes his
abyssus   vocem suam ab   altitudine phantasiae suae
Upæhæfæn is   sunne 7 monæ stod on endebyrdnesse
Elevatus est **11.** *sol et luna stetit in ordine*
his On lichte scotunge þine gongende on byrhtnesse ligetu
suo In lumine iacula tua ibunt in splendore fulgoris
wepnæ ðinræ   On wendunge þinræ gelitlunge eorþæn
armorum tuorum **12.** *In cominatione tua minorabis terram*
7 on wylme þinum wiðtihst þeodæ   þu were on hielum
et in furore tuo detrahes gentes **13.** *Existi in salutem*
folce ðinum 7 hale ðu dest criste þinum þu sende on
populi tui ut salvos facias christos tuos Misisti in
heæfde ðone unrihton deæþ 7 æweæhtes bendæ oð
capita iniquorum   mortem   excitasti vincula usque ad

5. 6. *his*, MS.= *hss*.   10. *-fatum*, a from some other let.   13. A let.
(*d*) bef. *sweoræ*, with prps. something er. bef. it.

sweoræ ðu æwurpe on ðæ frendon hcæfdæ mihte
cervices 14. *Precidisti in alienatione capita potentium*
onwende on him ðeoðæ from ontynende tid hiræ swæ
movebuntur in ea gentes Ad aperient ora sua sicut
ðeærfæ etende on diglæn ðu sendes on sie hors þin
pauper edens in occulto 15. *Misisti in mare equos tuos*
gedrefende weter monige Gehilt 7 onegð innoþ
turbantes aquas multas 16. *Custodivit et expavit venter*
min from stemfne gebed gewinnæ winræ 7 ineode
meus a voce orationis labiorum meorum Et introivit
fyrhto on bæn mine 7 beneoþæn me gedrefed is innoþmegen
tremor in ossa mea et subtus me turbata est virtus
min Ic reste on deg cærfoðnessæ mine þet ic æstige to
mea Requiescam in die tribulationis meae ut ascendam ad
folce ferende leorende min Forðæn ne fordswebed
populum transmigrationis meae 17. *Quoniam ficus non*
forðbringþ westm 7 neæles biþ cneowrisn on ende Liogende
afferet fructum et non erit generatio in vineis Mentietur
wiorc elebergæn 7 feld ne deþ mete Æspringon from
opus olive et campi non facient escas Defecerunt ab
metæ sceæpæ 7 na beoð on binne oxan Ic soðlice
esca oves et non erunt in praesepio boves 18. *Ego autem*
on drithne ic wuldrige ic gefagenie on gode hælende minum
in domino gloriabor gaudebo in deo ihesu meo
Drihten god megen min gescte fet mine on geend-
19. *Domine deus virtus mea constitue pedes meos in consum-*
unge 7 ofer on hyhðo gesette me þet oferswiðe on
matione et super excelsa statuit me ut vincam in
birhtnesse his
claritate ipsius

6.

CANTICUM MOYSI (DEUT. 32. 1).

hefon 7 sprece 7 geh[i]ræþ eorðe word of muþe
1. *Audite caelum et loquar et audiat terra verba ex ore*
minum Onbideþ swæ ren gesprec min 7 æstige
meo 2. *Exspectetur sicut pluvia eloquium meum et discendant*

17. From *na* to *minum* (of next verse) by Cor. 19. *his*, *s* on er. of about
two lett. 6. 1. *geh[i]ræþ*, MS.=*gehræþ*.

CANT. 6.]   CANTICLES.   253

swæ deæw word min Swæ scur ofer hegel 7 swæ snæw
sicut ros   verba mea Sicut ymber super gramen et sicut nix
ofer heg   forðæn   nomæn drihtnes ic cige   Sellæþ
super fenum   **3.** *quia nomen domini invocabo Date*
micelnesse gode urum   soðlice weorc his 7 cælle wegas
magnitudinem deo nostro **4.** *vera opera eius et omnes viae*
his domas God   7 ne is unrihtnes on him soðfest 7
eius iudicia Deus fidelis et non est iniquitas in eo iustus et
halig drihten   Gefirenedon neæles him beærn unwemme
sanctus dominus   **5.** *Peccaverunt non ei filii inmaculati*
cyðnessæ gerwæ 7 þurh ðæm isleæcæn   ðis drihten
natio   prava et   perversa   **6.** *hec domino*
ðu foregulde Gif folc disig 7 neæles snotor neæles þeos he
retribuisti Si plebs fatua et non sapiens nonne hic ipse
þin feder ægende þe worhte ðe 7 gesceop ðæ   On
tuus pater possedit te fecit te et creavit te   **7.** *In*
gemynde hæbbæþ dægæs worlde on andgite gear gecynnesse
mente   habete dies   seculi intelligite annos nationis
gecynda   axa   feder   ðinne 7 he bodaþ   ðe yldran
nationum [i]nterroga patrem tuum et annunciabit tibi seniores
ðine 7 hi secgað þe   ða þa todælde se meara þeoda
tuos et dicent tibi   **8.** *Cum diviserit excelsus gentes*
swa swa   he todælde bearn adames he gesette gemæro
quemadmodum dispersit filios adae Statuit terminos
ðeoda   efter   gerime   engle   godes   geworden is
gentium secundum numerum angelorum dei   **9.** *Et facta est*
dæl drihtnes folc his iacob rap   hyrfewcardnesse his
pars domini populus eius iacob funiculus hereditatis eius
israel   genihðsumiend hine he dyde him on westene on
israhel **10.** *Sufficientem eum fecit sibi in heremo in*
ðurst hæte þær na węs wæter he ymbledde hine 7 he lærde
sitim caloris ubi non erat aqua Circunduxit eum et erudivit
hine 7 he geheold hine swa swa   seon   eagæs   Swa swa
eum et custodivit eum   sicut pupillam oculi **11.** *Sicut*
earn   wrihð   nest   his 7 ofer briddas   his sit ï sæt
aquila tegit   nidum   suum et super pullos   suos considet
he aðenede fiþeru his 7 he anfeng hy 7 he underfeng hy ofer
Expandit alas suas et accepit eos et suscepit eos super

5. *perversa.* Compare gloss to same word, 6. 20.   7. With *gear* begins
a fresh hand.   11. *t* er. bef. *sit*; *sit t* in d. ink prob. add. by Cor.

sculdras his Drihten æn lierde hie 7 ne bioþ mid
scapulas suas **12.** *Dominus solus docebat eos et non erat cum*
him god fremdæn 7 togeledde hie on strengþo eorþæn
eis deus alienus **13.** *Adduxit eos in fortitudine terre*
gemetgode hie ðæ kennedæn londæ feddon hunigæ of stane
cibavit eos nascentias agrorum Suxerunt mel de petra
7 ele be ðæm trumæn stæne Buture oxnæ 7 meolc
et oleum de firma petra **14.** *Butyrum bovum et lac*
sceæpæ mid fetnesse londæ 7 weðeræ beærnæ feærræ 7
ovium cum adipe agnorum et arietum filiorum taurorum et
buccænæ mid fetnesse eþeræ hwetes 7 blod Drincþ
hyrcorum cum adipe renium tritici et sanguinem uvae Bibit
win 7 et iæcob 7 gefilled is 7 sporetungæ
vinum et manducavit iacob **15.** *et saciatus est et recalci-*
wiðtiehþ lustful fæt geworden is 7 on fetnesse gebreden
travit dilectus Pinguis factus est et incrassavit et dilatatus
is 7 forelet hine se worhte hine 7 gewæt fræm gode helo
est et dereliquit deum qui fecit eum et recessit a deo salutari
his Beeodon me on fremdum 7 fræm weældendum
suo **16.** *Exacerbaverunt me in alienis in abominationibus*
his æwehton me Er onsiedon dioblum 7 neæles
suis concitaverunt me **17.** *Sacrificaverunt demoniis et non*
godæ godæs þæ ne witon recedomæs comon to him
deo deos quos non noverunt novi recentes venerunt
ða ne wiston fieder hiræ God se ðe kende ðu forlete
quos nesciebant patres eorum **18.** *Deum qui te genuit dereliquisti*
7 tobroht wes god þæ fremdæn Geseæh drihten 7
et oblitus est deum alentem te **19.** *Vidit dominus et*
ellenwod 7 begongende wes for yrre beærnæ hiræ 7
zelatus est et exacerbatus est propter iram filiorum suorum et
dohtræ 7 cweð ic ærwyrfe onsiene mine from him 7
filiarum **20.** *Et dixit avertam faciem meam ab eis et*
ic etiewe þet bið his forðæn cneowrisn wyðerweærd 7
ostendam quid erit eis in novissimo Quia generatio prava et
þurh mislice beærn on þæm ne is geleæfæ on him him
perversa filii in quibus non est fides in ipsis **21.** *Ipsi*

12. With *Drihten* begins a fresh hand. 13. *stane, a* from *o.* 14. 7
(1st) part. er. *feærræ* repeated in MS., the Latin to the first er. 15. *spore-*,
MS. = *swore?* 17. ða on er. 19. Er. (*hiræ?*) aft. *dohtræ*; Latin to this
also er.

CANT. 6.] CANTICLES. 255

ellenwodnes todrifon 7 neæles on gode on irræ
in zelo conpulerunt me et non in deo in ira
æwehton me on diobolgild his 7 Ic on ellenwodnes ic adrife
concitaverunt me in idolis suis Et ego in zelo expellam
hie 7 ne on ðeode on ðeode on unsnitro ic lece hie
eos et non in gentem in gentem insipientem irritabo eos
Forðæn fyr bernþ from yrræ nimum 7 bernþ oððet
22. *Quia ignis exarsit ab ira mea et ardebit usque ad*
yteræn niþer Fretæþ eorðe kennessæ hiræ 7 gemylte
inferos deorsum Comedit terram nascentias eorum et concremavit
stæðolæs dunæ   Ic biere on him yfel 7 strelæ
fundamenta montium 23. *Congeram in ipsis mala et sagittas*
mine ic geendige on him   Oneægæn hungre 7 mete
meas consummabo in eis   24. *Tabescentes fame et esca*
sceæpæ 7 et gewene niþen on wedendum Teþ wyldeoræ
erunt avium et extentio dorsi insanabilis Dentes bestiarum
onsende on him mid wylme teondræ ofer eorðæn
inmittam in eis cum furore trahentium super terram
   From uton butæn beærn   hio sweord 7 on fusnesse
25. *A foris sine filiis privabit eos gladium et in promptuariis*
muð ege Geonge mid femnon fedende mid stæþlunge eældes
  timor Iuvenis cum virgine lactans cum stabilito sene
   Cwið Ic tostence hie ic gearwige soðlice ob mannunum
26. *Dixit dispergam eos privabo autem ex hominibus*
gemind hiræ   Nimþe for irre yrre feondæ on
memoriam eorum   27. *Misi propter iram inimicorum ne*
longræ tide sien ofer eorðæn Ne me geþæfetæþ ðæ wyðer-
longo tempore sint super terram Ne consensciant adver-
weærdæn 7 cweðæþ hændæ uræ ob hihþo 7 neæles god worhte
 sarii et dicant manus nostra excelsa et non deus faecit
þis eællæ   forðæn þeod ferspild geþeæhtung is 7 ne
haec omnia   28. *Quia gens perdito consilio est et non*
is on him æneþæn   Neæles wisdom ongitende ðæs 7
est in eis disciplina 29. *Non sapuerunt intellegere haec*
to onfonne on ðæ towerdæn tide   hu fylgende
percipient in futuro tempore 30. *Quomodo persequitur*
æn þusend 7 twæm leorende æstyred tien þusendæ Nimþe
unus mille et duo transmovebunt dena milia Nisi

24. *niþen*, sec. *n* from *r*.   26. *mannunum*, so MS.   27. *irre yrre*, so MS.
29. Latin to 7 er.

256 EADWINE'S CANTERBURY PSALTER. [CANT. 6.

forðæn drihten underfeælde hie 7 god seælle hie   forðæn
quia   dominus   subdidit   eos et deus tradidit illos   **31.** *Quia*
ne is god ure swæ godæ hiræ fiend soðlice urum on sefæn
non est deus noster sicut dii illorum inimici autem nostri insensati
      Ob wyngeærdum hiræ on sodomorum lif hiræ 7
32. *Ex   vinea   enim   sodomorum   vitis   eorum et*
for hiþenscipe ob gomorræ Songæs hiræ songæs geællenæ 7
propago eorum ex gomorra   Uva   eorum uva   fellis   et
gehweðres biternesse on him   Wylm dræcenæ wyn
botrus   amaritudinis   ipsis   **33.** *Furor draconum vinum*
hiræ 7 wylm niedrenæ on wedendum   Neæles þæs
eorum et furor aspidum   insanabilis   **34.** *Nonne haec*
gesomnede sindon mid me 7 tæcn on go[l]dhordum minum
congregata sunt aput me et signata in   thesaaris   meis
     on deg ofer þet ic gielde him on tide se slide bið
35. *In die ultionis   reddam   illis in tempore quo lapsus fuerit*
fotum hiræ Forðæn neæh is dægæs forwirde hiræ 7 þæs
pes   eorum   Quia   prope est   dies   perditionis eorum et haec
sindon gegeærwod eow   Forðæn dend drihten folce
sunt   parata   vobis   **36.** *Quia iudicabit dominus populum*
his 7 on þeowum his bið frefrende gesigþ soðlice geswencende
suum et in   servis suis consolabitur   Vidit enim eos fatigatos
     on utlednesse 7 toliesede   7 cweð wer sindon
et defectos in abduxione et dissolutos   **37.** *Et dixit ubi sunt*
godæ hiræ on þæm getriewæþ on him   ðæræ
dii   illorum in quibus confidebatis in ipsis   **38.** *Quorum*
fetnesse onsegdnessæ eton 7 druncon wyn fræcedon hiræ
adipem sacrificiorum edebatis et bibebatis vinum libationis eorum
   ærisæ   nu   tofultumæþ   eow 7 sien   eow   scildend
Exurgant nunc et adiuvent   vos et fiant   vobis   protectores
     Gesioþ gesioþ forðæn ic eom god 7 ne is oþer buton me
39. *Videte videte quoniam ego sum deus et non est alius preter me*
Ic æcwelle 7 to libbenne ic do þurhsleæ 7 ic helo 7 ne
Ego occidam et   vivere   faciam percutiam et ego sanabo et non
is se generæð of hændum minum   Forðæn ic nime on
est qui eripiat de manibus meis   **40.** *Quia   tollam   in*
hefen hændæ minum 7 ic swerige þurh   7 cwiðe
celum manum meam et iurabo   per   dexteram meam et dicam

36. dend, so MS.

CANT. 7.] CANTICLES. 257

lifige ic on ecnesse forðæn ob wetere oððet ligetunc
vivo ego in eternum **41.** *Quia exacuam velut fulgur*
sweord min ⁊ dom hændæ mine ⁊ ic gilde dom
gladium meum et aget iudicium manus mea Et retribuam iudicium
fiondum ⁊ ðæ ðe fiogæþ me ic gilde   strelæ
inimicis et his qui oderunt me reddam **42.** *Inhebriabo sagittas*
mine on blod ⁊ sweord min etæþ flesc from
meas in sanguine et gladius meus manducabit carnes A
blode wungendra ⁊ hæftnyde fram heafde ealdra ꝼ fromra
sanguine vulneratorum et captivitate a capite principium
feonda blissiað heofnas somod mid him ⁊ gebiddaþ hine
inimicorum Letamini celi simul cum eo et adorent eum
ealle engles godes blissiad þeoda mid folce his ⁊
omnes angeli dei **43.** *Letamini gentes cum populo eius et*
getrimmen hine ealle bearn godes forðan blod bearna his
confirment eum omnes filii dei Quia sanguis filiorum eius
bið gescild ⁊ he gescildeþ ⁊ he agildeþ dom feondum ⁊ þam
defendetur et defendet et retribuet iudicium inimicis et iis
þe hatedon hine he agildeþ ⁊ geclensade drihten eorðan folces
qui oderunt eum reddet Et emundabit dominus terram populi
his
sui

7.

YMNUS TRIUM PUERORUM (DAN. 3. 57).

Bletsige ealle wiorc drihtnes drihten herigæð ⁊ ofer
57. *Benedicite omnia opera domini domino laudate et super-*
him on worold bletsie englæs drihtnes drihten
exaltate eum in secula **58.** *Benedicite angeli domini domino*
bletsige hefonæs drihten Bletsige weter eælle
59. *benedicite caeli domino* **60.** *Benedicite aque omnes*
ðæ ofer hefonæs sindon drihten bletsige eæll
quae super caelos sunt domino **61.** *benedicite omnes*
mægen drihtnes drihten Bletsige sunne ⁊ monæ drihten
virtutes domini domino **62.** *Benedicite sol et luna domino*
bletsige stiorræn hefonæs drihten Bletsige scuræ
63. *benedicite stelle caeli domino* **64.** *Benedicite ymber*

---

42. With *wungendra* begins a fresh hand. 43. On the margin marked
to follow *gentes*, is *simul*, which is glossed by *somod*. *hi er. bef. hatedon.*
7. 57. With *Bletsige* begins a fresh hand.

7 deæwung drihten bletsige eælle gæstæs
et ros domino **65.** benedicite omnis spiritus dei domino
7 heto drihten bletsige ciele 7
66. Benedicite ignis et estus domino **67.** benedicite frigus et
hetæ drihten Bletsige 7 hrim drihten
estas domino **68.** Benedicite rores et pruina domino
bletsige 7 ciele drihten bletsige
69. benedicite gelu et frigus domino **70.** Benedicite glacies et
snæw drihten bletsige nihtæ 7 dægæs drihten blet-
nives domino **71.** benedicite noctes et dies domino **72.** Bene-
sige 7 þiestro drihten bletsige ligetu 7 wolcn
dicite lux et tenebrae domino **73.** benedicite fulgura et nubes
drihten eorðæ drihten heræþ 7 ofer
domino **74.** Benedicat terra dominum laudet et superexaltet
him on world Bletsige muntes 7 hillæ drihten
eum in secula **75.** Benedicite montes et colles domino
bletsige ealle upspringende on eorðæ drihten Blet-
76. benedicite universa germinantia in terra domino **77.** Bene-
sige wyllæn drihten bletsige se 7 streæmæs drihten
dicite fontes domino **78.** benedicite maria et flumina domino
Bletsige hwelæs 7 eælle ðæ beoð weonde on wetere
79. Benedicite caete et omnia quae moventur in aquis
drihten bletsige eælle fuglæs hefonæs drihten
domino **80.** benedicite omnes volucres caeli domino
Bletsiæ eælle wildeoræ 7 eælle nietenæ drihten blet-
81. Benedicite omnes bestiae et pecora domino **82.** bene-
sige beærn mænnæ drihten bletsige isræhel drihten
dicite filii hominum domino **83.** Benedicat israel dominum
herigæþ 7 ofer him on world bletsie æwe-
laudet et superexaltet eum in secula **84.** Benedicite sacer-
weærdæs drihtnes drihten bletsige þeow drihtnes drihten
dotes domini domino **85.** benedicite servi domini domino
Bletsige gæstæs 7 sæwules soðfeste drihten blet-
86. Benedicite spiritus et animae iustorum domino **87.** bene-
sige hælige 7 eæþmode heortæn drihtæn bletsige
dicite sancti et humiles corde domino **88.** Benedicite
ænæniæs æzæriæs misæhel drihten herigæþ 7 ofer
anania azaria misael domino laudate et superexaltate

81. *nietenæ, i* wr. above the line.

CANT. 8.]   CANTICLES.   259

hine on world   bletsige   fæder 7 sunu   mid hælig gæst
eum in secula Benedicamus patrem et filium cum sancto spiritu
þe herigæþ 7 ofer we uphebbæþ hine on world gebletsod is
laudemus   et   superexaltemus   eum in secula Benedictus es
drihten on trimnesse hefonæs 7 herigæþ 7 wuldorfest 7 ofer
domine in firmamento caeli et laudabilis et gloriosus et super-
upæhæfæn on worold
exaltatus in secula

8.

[TE DEUM LAUDAMUS.]

   þe God   we heriað   þe   drihten   we andetteð   þe
1. *Te deum   laudamus   te   dominum   confitemur*   2. *Te*
   ecne   fæder   eal   eorðe wurðað   þe ealle engles
aeternum patrem omnis terra veneratur   3. *Tibi omnes angeli*
þe heofenas 7   ealle   anwealdu   þe
tibi caeli et universae potestates   4. *Tibi cherubin et seraphin*
unablinnendlicere stefne   clypeð   halig   halig
   incessabili   voce proclamant   5. *Sanctus Sanctus*
halig drihten   god Sabaot   fulle beoð heofenas 7
Sanctus dominus deus sabaoth   6. *Pleni sunt   caeli   et*
eorðe   mægenþrymmes wuldres   þines   þe   wulderfull
terra   maiestatis   gloriae   tuae   7. *Te   gloriosus*
erendracen wered   þe   witegena   hergendlic   getel
apostolorum chorus   8. *Te prophetarum laudabilis numerus*
   þe   cyþra   iwitad   herað   here   þe
9. *Te martyrum candidatus laudat exercitus*   10. *Te per*
embhwyrft eorþene   halig   andet   gesomnung   fader
orbem   terrarum sancta confitetur aecclesia   11. *Patrem*
ormetes mægenþ[r]immes   arwurðne   þinne soðne 7
inmense   maiestatis   12. *Venerandum tuum verum et*
anlicne sune   haligne witodlice frefrigende   gast
unicum filium   13. *Sanctum quoque paraclytum spiritum*
   þu king wuldres crist   þu fæderes   ece
14. *Tu rex gloriae christe*   15. *Tu patris sempiternus*
þu eart sune   þu to alysenne þu anfenge   man
  es   filius   16. *Tu ad liberandum suscepturus hominem*

   8. 1. With *þe* (1st) begins a fresh hand.   4. -*ere*, first *e* dotted.

S 2

260 EADWINE'S CANTERBURY PSALTER. [CANT. 9.

þu ne ascunedest femnen innoð   þu oferswiðedum
non horruisti   virginis   uterum   **17.** *Tu   devicto*
deaþes ángan þu antendest gelyfedum rice heofena   þu
mortis   aculeo   aperuisti   credentibus regna caelorum   **18.** *Tu*
on ða swiðran godes settle on wuldre fæderes   Deme
ad   dexteram   dei   sedes   in   gloria   patris   **19.** *Iudex*
þu eart gelyfed wesen toward   þe eornostlice we halsiað
crederis   esse   venturus   **20.** *Te   ergo   quesumus*
þinum þeowum gehelp þa of deorwyrðum blode þu alysdest
tuis   famulis   subveni   quos   precioso   sanguine   redemisti
    ece   do   mid   halgum   þine   wuldor   beon forgefen
21. *Eterna   fac   cum   sanctis   tuis   gloria   munerari*
    hal   do   folc   þin drihten 7 bletsa yrfeweardnysse
22. *Salvum fac populum tuum domine et benedic   hereditati*
þine   7 gerece hy 7 upahef hy oððe on ecnesse
tuae   **23.** *Et   rege   eos et extolle illos usque in aeternum*
    þurh syndrige dages we bletsiað þe   7 we heriað
24. *Per   singulos   dies   benedicimus te*   **25.** *Et   laudamus*
namen þinne on worulde 7   awor[l]d   gemedeme
nomen   tuum   in   seculum et in seculum   seculi   **26.** *Dignare*
drihten dage þisum buten synne us gehealdan   gemiltse
domine   die   isto   sine   peccato   nos   custodire   **27.** *Miserere*
    us   drihten gemiltsa   us   beo mildheortnysse þin
nostri domine   miserere   nostri   **28.** *Fiat   misericordia   tua*
drihten ofer us   swa swa   we hyhtað on þe   on þe
domine super nos quemadmodum speravimus in te   **29.** *In te*
drihten ic hihte ne beo ic gescynd on ecnysse
domine   speravi   non   confundar   in aeternum

9.

PROPHETIA ZACHARIE (LUKE 1. 68).

    gebletsod béo drihten god getreowra forðan   he
68. *Benedictus   dominus   deus   israhel   quia   visitavit*
7 dyde gelysednesse folces his   7 he arerde horn
et fecit   redemptionem   plebis   suae   **69.** *Et   erexit   cornu*
hæle   us on huse dauiðes cnihtes his   swa swa
salutis nobis in domo david   pueri   sui   **70.** *Sicut*

23. *upahef*, MS. = *aipahef* (or *u* from *a* ?).   24. A leaf misplaced in MS.
aft. *singulos*.   9. 68. *gebletsod*, *t* from *l*.

CANT. 10.]   CANTICLES.   261

he spræc þurh muð haligra forðan woruldo beoð witegena
locutus est per os sanctorum quia seculo sunt prophetarum
his   hele of feondum   ure   7 of hande   ælre
eius   **71.** *Salutem ex inimicis nostris et de manu omnium*
ðe hatedon us   to   donne   mildheortnysse mid
qui oderunt nos   **72.** *Ad faciendum misericordiam cum*
fæderum urum 7 gemunen cyðnysse his haligre   ap-
patribus nostris et memorari testamenti sui sancti   **73.** *Ius-*
swering þane he swor to habrahame fæder   urum to gefene
jurandum quod iuravit ad abraham patrem nostrum daturum
hine selfne   us   þeð butan   ege of handen   fionda
se   nobis   **74.** *Ut sine timore de manu inimicorum*
uræ   alysede we þewien   him   On halignesse 7
nostrorum liberati serviamus   illi   **75.** *In sanctitate et*
rihtwisnesse beforan him   ealle dagum urum   7
iusticia   coram ipso omnibus diebus nostris   **76.** *Et*
þu cnapa witege þæs hehstan þu beost gecliped þu foregest
tu puer propheta   altissimi   vocaberis   preibis
soðlice beforan ansyne drihtnes gearwien wegas his   to
enim   ante faciem domini   parare   vias eius   **77.** *Ad*
gefene ingehid hele folce his on alysednysse   synne
dandam scientiam salutis plebi eius in remissionem peccatorum
heora   þurh innoðes mildheortnesse godes ure on   ðas
eorum   **78.** *Per viscera misericordiae dei nostri in quibus*
he neosode us upspringende of ufene   Onlihtan þa
visitavit nos   oriens   ex alto   **79.** *Illuminare his*
þe on þiostrum 7 on scade deaðes sittað to gerechenne
qui in tenebris et in umbra mortis sedent ad dirigendos
fet ure on weg sibbe
pedes nostros in viam pacis

10.

CANTICUM SANCTE MARIE (LUKE 1. 46).

  gemiclað   sauwl min drihten   7 gefægenode
46. *Magnificat anima mea dominum*   **47.** *Et exultavit*

70. From *woruldo* to *his* wr. on the illustration; part of the border of the illustration er. to make room for this English and the corresponding French of the other gloss.   79. Er. aft. *Onlihtan*.   10. 46. With *gemiclað* begins a fresh hand; *Magnificat* is also glossed by *Magnified*.

gast min on gode hælo minre
spiritus meus in deo salutari meo
eadmodnesse þinene his efne soþlice
humilitatem ancillae suae ecce enim
me seagaðealle cneoressa
me dicent omnes generationes
miclan seo þe mehtig is 7 halig name his 7
magna qui potens est et sanctum nomen eius 50. *Et*
mildheortnesse his fram kynne to kynne ondredende
misericordia eius a progenie in progenies timentibus
hine he dyde mihte on earme his he tosteincte
eum 51. *Fecit potentiam in brachio suo dispersit*
ofermode of mode heortan his he asette rice ł wlance
superbos mente cordis sui 52. *Deposuit potentes*
of setle 7 he upahof eaðmode hingriende he gefylde
de sede et exaltavit humiles 53. *Esurientes implevit*
of godum 7 welige he forlet idele ł ælæte he anfæng
bonis et divites dimisit inanes 54. *Suscepit*
israel cnapen his geþancol mildheor[t]nesse his swa
israel puerum suum recordatus misericordiae suae 55. *Si-*
swa he sprec to fædrum urum abraham 7 sædsworne his
cut locutus est ad patres nostros abraham et semini eius
on woruld ł awuorld
in secula

for he geseah
48. *Quia respexit*
heononforð eadige
ex hoc beatam
forðan þe dyde me
49. *Quia fecit michi*

11.

CANTICUM SIMEONIS (LUKE 2. 29).

Nu forlet þeow þinne drihten æfter word þine
29. *Nunc dimittis servum tuum domine secundum verbum tuum*
on sibbe forðan gesegen eagen mine hela ðine
in pace 30. *Quia viderunt oculi mei salutare tuum*
þet ðu garewodest beforan ansyne ælles folkes
31. *Quod parasti ante faciem omnium populorum*
leoht to awrigennesse þeoda 7 wuldor folkes ðines
32. *Lumen ad revelationem gentium et gloriam plebis tuae*
ISRAEL
israel

49. With *forðan* begins a fresh hand. 51. With *mihte* begins a fresh hand. 55. *awuorld*, *l* wr. above the line. 11. 29. With *Nu* begins a fresh hand. 31. From *þet* to *ansyne* wr. on the border of the illustration.

12.

[GLORIA IN EXCELSIS.]

wulder on heahnesse gode   7 on eorðan sib manne
1. *Gloria in excelsis deo*   2. *Et in terra pax hominibus*
gódes willan   We heriað þe   We bletsiað þe
bone voluntatis   3. *Laudamus te*   4. *Benedicimus te*
we   We wuldriað þe   þankes we doð
5. *Adoramus te*   6. *Glorificamus te*   7. *Gracias agimus*
þe fore wuldre þine miclum   drihten godd kining
tibi propter gloriam tuam magnam   8. *Domine deus rex*
heofonlic   God fæder ælmihtig   drihten sunu
caelestis   9. *Deus pater omnipotens*   10. *Domine fili*
ankenned helende crist   drihten god lamb godes sune
unigenite iesu christe   11. *Domine deus agnus dei filius*
fæderes   þu þe   synna middaneardes gemiltsa us
patris   12. *Qui tollis peccata mundi miserere nobis*
þu þe   synna middeneardes onfoh bene ł halsunga ure
13. *Qui tollis peccata mundi suscipe deprecationem nostram*
þu ðe sitest on þa swiþran healfe fæderes gemiltsa us
14. *Qui sedes ad dexteram patris miserere nobis*
forðan þu ana halig   þu ana drihten   þu
15. *Quoniam tu solus sanctus*   16. *Tu solus dominus*   17. *Tu*
ana se hegesta helende crist   Mid haligum gaste on
solus altissimus iesu criste   18. *Cum sancto spiritu in*
wuldre godes fadres gealage ł sy swa
gloria dei patris   Amen

13.

[PATER NOSTER.]

fæder ure þe ært on hefone sy gebletsod name ðin
1. *Pater noster qui es in caelis sanctificetur nomen tuum*
cume rice þin   gewurðe willæ þin swa swa
2. *Adveniat regnum tuum*   3. *Fiat voluntas tua sicut*
on heofone 7 on eorþan   breod ł hlaf ure degwamlich
in caelo et in terra   4. *Panem nostrum cotidianum*

12. 11. From *god* to end of v. wr. on the illustration.

geof us to dæg   7 forgeof us ageltes ura swa swa
da nobis hodie   **5.** *Et dimitte nobis debita nostra sicut   et*
we forgeofen agiltenden urum   7 ne led us   on
nos dimittimus debitoribus nostris   **6.** *Et ne nos inducas in*
costunge   Ac alys us fram yfele swa beo hit
temptationem   **7.** *Sed libera nos a   malo   Amen*

14.
[CREDO.]

Ic gelefe on gode fædera ælwealdend ꝼ ealmihtig sceppend
1. *Credo in deum patrem   omnipotentem   creatorem*
heofones 7 eorðan 7 on helende crist suna his anlich
caeli et terrae et in iesum christum filium eius unicum
drihten   ure   Syo þe akynned is of ðam halig gaste
dominum nostrum   **2.** *Qui conceptus est de spiritu sancto*
boran of M   pilate 7
natus ex maria virgine   **3.** *Passus sub pontio pilato*
on rode ahangen dead 7 beberiged   he adun astæh to
crucifixus   mortuus et sepultus   **4.** *Descendit ad*
hellæ ðriddan degge he aras fram deaþa   he astah
inferna tercia   die resurrexit a mortuis **5.** *Ascendit*
to heofone sit on swi[ð]ran healfe godes fæderes ealmihtig
ad caelos sedet ad   dexteram   dei   patris   omnipotentis
þanen he is to cumene   7 to demenna quiche 7 deade
inde   venturus   iudicare   vivos et mortuos
   Ic gelefe on halig gast 7 on halig gesomnunge
6. *Credo in spiritum sanctum   sanctam   aecclesiam*
fulfremede halegan   himennesse   forgyfenysse   synna
catholicam sanctorum communionem   remissionem   peccatorum
flecsces uparisnesse   lif   eche   beo hit swa
carnis resurrectionem vitam aeternam   Amen

15.
[QUICUMQUE VULT.]

Swa hwa swa wile hal beon beforan ealle ðinge þearf
1. *Quicumque vult salvus esse ante   omnia   opus*

---

14. 2. What is wanting aft. *M-* is cut out, somebody having stolen the tail of an illuminated capital *Q*.

CANTICLES.

is ꝥ he healde þane fulfremedon geleafan þane bute
est ut teneat catholicam fidem **2.** *Quam nisi*
hwilc halne 7 unwemne gehealde buton tweon on ecnesse
quisque integram inviolatamque servaverit absque dubio in aeternum
he forwyrð Geleafe soðliche fulfremed þis is ꝥ enne
peribit **3.** *Fides autem catholica haec est ut unum*
gode on þrynnysse 7 þrynnysse on annesse we arwurðien
deum in trinitate et trinitatem in unitate veneremur
7 na gemyngende hades 7 na spede syndriende
4. *Neque confundentes personas neque substantiam separantes*
Sum is soðliche had fæderes sum sunes sum hali
5. *Alia est enim persona patris alia filii alia spiritus*
gastes Ac fæderes 7 sunes 7 gastes haliges an is
sancti **6.** *Sed patris et filii et spiritus sancti una est*
godcundnesse gelic wuldor efeneche swylc
divinitas equalis gloria coaeterna maiestas **7.** *Qualis*
fæder swylc is sune swylc is se hali gast Vngesceapen
pater talis filius talis spiritus sanctus **8.** *Increatus*
fader ungesceapen sune ungesceapen gast halig Un-
pater increatus filius increatus spiritus sanctus **9.** *Im-*
ametenlic fæder unametenlic sune unametenlic gast halig
mensus pater immensus filius immensus spiritus sanctus
ece fæder ece sune ece gast halig
10. *Eternus pater aeternus filius aeternus spiritus sanctus*
7 þah na þrie ece ac an ece Swa swa
11. *Et tamen non tres aeterni sed unus aeternus* **12.** *Sicut*
na þry ungesceapene ne þry unametegude ac an un-
non tres increati nec tres immensi sed unus in-
gesceapen 7 an unametegod gelic ælmihtig fæder
creatus et unus immensus **13.** *Similiter omnipotens pater*
ælmihtig sunu ælmigti gast halig and þaeh
omnipotens filius omnipotens spiritus sanctus **14.** *Et tamen*
na þryo ælmihtige ac an ælmihtig swa god
non tres omnipotentes sed unus omnipotens **15.** *Ita deus*
fader god sune god gast halig And þeah na
pater deus filius deus spiritus sanctus **16.** *Et tamen non*
þryo godas ac an is god Swa drihten fæder
tres dii sed unus est deus **17.** *Ita dominus pater*

15. 1. *healde* on er. *geleafan* on er.? 3. Let. er. aft. *we.* 12. Let.
er. bef. *ungesceapene.*

drihten sune drihten gast halig
dominus filius dominus spiritus sanctus
pryo drihtnes ac an is drihten
tres domini sed unus est dominus
synderliche anne gehwylcne had gode oðð e drihten
singillatim unam quamque personam deum aut dominum
andetten cristenre soðfestnesse we beoð genyd Swa þrio
confiteri christiana veritate compellimur **20.** *Ita tres*
godes oðð e drihtnes cweþan of cyriclicre æfestnesse we beoð
deos aut dominos dicere catholica religione prohi-
forboden Fader of nanum is geworðen ne gesceapen
bemur **21.** *Pater a nullo est factus nec creatus*
ne gecenned Sune of fæder anum is ne geworðen
nec genitus **22.** *Filius a patre solo est non factus*
na gesceapen ac akenned Gast halig
nec creatus sed genitus **23.** *Spiritus sanctus*
fram fæder 7 sune na geworðen ne gesceapen ne
a patre et filio non factus nec creatus nec
akenned ac forðgewitende An eornostlice fader na
genitus sed procedens **24.** *Unus ergo pater non*
þryo faderes an sune nawith ðreo sunes an hali gast
tres patres unus filius non tres filii unus spiritus sanctus
nawith ðreo halie gastes 7 on þissan þrinnesse
non tres spiritus sancti **25.** *Et in hac trinitate*
nan þing hærest oðð e læter nan þing mare oðð e leasse
nichil prius aut posterius nichil maius aut minus
Ac ealle þrio hades euenece him beoð 7 euenlice
26. *Sed tote tres persone coaeternae sibi sunt et coequales*
swa ꝥ þurh ealle swa swa nu ió bufen gecweðen is 7
27. *Ita ut per omnia sicut iam supra dictum est et*
þrynnesse on annysse 7 annysse on þrynnesse to arwurðienne sy
trinitas in unitate et unitas in trinitate veneranda sit
se þe wile eornostlice hal beon swa be þare þrynnesse
28. *Qui vult ergo salvus esse ita de trinitate*
angite Ac neodbehefe is to þere ecen hele þeð
sentiat **29.** *Sed necessarium ad aeternam salutem ut*

---

18. *drihtnes, t* wr. above the line. **19.** *drihten*, MS. = *drihtnen*, with first *n* dotted. **24.** With *sune* begins a fresh hand. **26.** With *Ac* begins a fresh hand.

266 EADWINE'S CANTERBURY PSALTER. [CANT. 15.

drihten sune drihten gast halig And þeah na
dominus filius dominus spiritus sanctus **18.** *Et tamen non*
Forðan swa swa
19. *Quia sicut*

he flescnesse witodlice drihtnes ures helendes cristes getrywlice
incarnationem quoque domini nostri iesu christi fideliter
gelefe Is eornostlice geleafe riht þeð we gelefen 7
credat 30. *Est ergo fides recta ut credamus et*
andetten þeð drihten ure helend crist godes sune god 7
confiteamur quia dominus noster iesus christus dei filius deus et
man is God is of spede fæderes ær woruld acenned
homo est 31. *Deus est ex substantia patris ante secula genitus*
7 mann is of spede modor on wurulde acenned Fulfremed
et homo est ex substantia matris in seculo natus 32. *Perfectus*
god fulfremed man of saule gesceadwisre 7 menniscum flesce
deus perfectus homo ex anima rationali et humana carne
wuniende efenlic fæder æfter godcundnysse læsse
subsistens 33. *Equalis patri secundum divinitatem minor*
þam fæder æfter menniscnesse Syo þeac he byo god
patre secundum humanitatem 34. *Qui licet deus sit*
7 man na twu þæh hweðere ac an is crist An
et homo non duo tamen sed unus est christus 35. *Unus*
soðlice na of gecyrrednysse godcundnysse on flesce ac
autem non conversione divinitatis in carnem sed
of afangennysse mennisclicnysse on gode An eallunge
assumptione humanitatis in deum 36. *Unus omnino*
na of gemenge spede ac of annesse hades Witodlice
non confusione substantiae sed unitate persone 37. *Nam*
swa swa saul ˙gesceadwislic 7 fles an is mann swa god 7
sicut anima rationalis et caro unus est homo ita deus et
man an is crist Sye þeolade pine for healðe hure
homo unus est christus 38. *Qui passus est pro salute nostra*
lithte into helle 7 on ðan þriddan deige aras off deaðe
descendit ad inferos tercia die resurrexit a mortuis
Asteh to heouenan sitt on þes feaderes godes swiððran hond
39. *Ascendit ad caelos sedet ad dextram dei patris*
almithtin 7 þeonan is to cumane 7 deman quican 7 deadan
omnipotentis inde venturus est iudicare vivos et mortuos
7 to whæs tocuman alle menn sculen arisan mid
40. *Ad cuius adventum omnes homines resurgere habent cum*

---

30. *andetten*, MS. = *andentten*, with second *n* dotted. 32. *wuniende, i* in
pl. of er. 36. *gemenge*, fin. let. er. 38. With *Sye* begins a fresh hand
(to end of MS.).

268   EADWINE'S CANTERBURY PSALTER.   [CANT. 16.

heore lichoman 7 geouan antsweare off heore ahgen wercan
corporibus suis   et   reddituri   sunt   de   factis   propriis
mid sceadwisnesse   7 ðа god   duden sculen fearan to
rationem   41. *Et qui bona egerunt   ibunt   in*
hechan liue 7 to seoðan ða ðe huuel duden into hechan fure
vitam aeternam   qui vero mala   in ignem aeternum
þis his ðe hilæua himeane ðe hwilc mann ne hileaueð
42. *Haec est   fides   catholica   quam   nisi quisque fideliter*
festlice 7 treowlice ne meagen heo hiborhgen beon
firmiterque crediderit   salvus esse non poterit

16.

[HIC PSALMUS PROPRIE SCRIBTUS DAVID EXTRA NUMERUM CUM
PUGNAVIT CUM GOLIA.]

þes ilca   psalm is iwriten bi seoluan dauide 7   is wiðutan
Hic   psalmus proprie scribitur david   et   extra
ðere tale of dan hundrede 7 fifti psalman 7 ðeosne ilcan he
numerum
machede ða he feath wið goliam þes psalm nis nawiht on
cum pugnavit cum goliath   hic psalmus in   ebreis
hebreisse   bocan   hach   ða hundseouenti biqueðeres othðe
codicibus   non habetur sed   nec a septuaginta   inquit   inter-
latimeres hine habbað idon to þan heoðran 7   forþi   he is to
pretibus   additus est   et   iccirco   repu-
ascunianne   Ic wes lest imo[n]g mine broððran 7 alra
diandus   1. Pusillus eram   inter   fratres meos   et   ad-
gugest in mines feader huse ic wes sceapheorda mines feader
olescentior in domo patris mei   pascebam oves   patris mei
Heo[n]dan mine warhten organan 7 fingras mine gearcaden
2. *Manus   meae   fecerunt organum et   digiti   mei aptaverunt*
psalterium   7 wha   talde   mine lauerde off me
psalterium   3. Et quis annuntiavit domino meo   de   me
Himseolf þe lauerd himseolf off allan hiheret   Himseolf
4. *Ipse   dominus   ipse   omnium exauditor   5. Ipse*

16. Title taken from Vespas. Psalter.   From *þes ilca* to *ða he* wr. on the
border of the illumination ; the Latin from *Hic psalmus* to *repudiandus* wr. in
red. *hebreisse*, fin. *e* nearly er.

CANT. 16.] CANTICLES. 269

ansente   his engel   7 nom me from mines feader sceapan 7
misit   angelum suum et tulit me   de   ovibus patris mei   et
smirædæ me on þere miltse his smirælease   Mine broðõre
unxit   me in misericordia unctionis suae   6. *Fratres mei*
gode 7 michelæ 7 ne wes on heom godwillendæ þe lauerd
boni et   magni   et non fuit   beneplacitum   in   eis   domino
    Ic heodæ   ongean   anan uncuðõan 7 he me cursadæ on his
7. *Exivi   obviam   alienigene   et maledixit michi in sim-*
godes anlicnesse   Ic soðliches   atæh   from him his hagen
ulacris suis   8. *Ego autem evaginato ab   eo   ipsius*
sweord 7 achearf his heauod off 7 binom   þet ædwit off
gladio   amputavi caput eius   et abstuli opprobrium a
israheles sunan
filiis israel

7. *anlicnesse*, MS. = *anlitnesse.*

The manufacturer's authorised representative in the EU for product safety is Oxford University Press España S.A. of El Parque Empresarial San Fernando de Henares, Avenida de Castilla, 2 - 28830 Madrid (www.oup.es/en or product.safety@oup.com). OUP España S.A. also acts as importer into Spain of products made by the manufacturer.
Printed and bound by CPI Group (UK) Ltd, Croydon, CR0 4YY

22/04/2026
02094916-0005